南 阳 出 土 铜 镜

南阳市文物考古研究所
蒋宏杰　著

文物出版社
北京·2010年

封面设计　张希广
责任印制　王少华
责任编辑　于炳文　李克能
摄　　影　郑　华　张海滨

图书在版编目（CIP）数据

南阳出土铜镜／南阳市文物考古研究所编著.
—北京：文物出版社，2010.12
ISBN 978 – 7 – 5010 – 3099 – 6

Ⅰ.①南…　Ⅱ.①南…　Ⅲ.①古镜 – 铜器（考古） –
研究 – 南阳市　Ⅳ.①K875.24

中国版本图书馆 CIP 数据核字（2010）第 231615 号

南阳出土铜镜

南阳市文物考古研究所

*

文 物 出 版 社 出 版 发 行

（北京东直门内北小街 2 号楼）

http://www.wenwu.com

E-mail：web@wenwu.com

北京盛天行健印刷有限公司印刷

新 华 书 店 经 销

787×1092　1/16　印张：32.75　插 1

2010 年 12 月第 1 版　2010 年 12 月第 1 次印刷

ISBN 978 – 7 – 5010 – 3099 – 6　定价：258.00 元

目　录

插图目录

图版目录

图版一四

    1. 蟠螭叶纹镜（宛计生委 M60）   2. 蟠螭叶纹镜（宛计生委 M97）

图版一五

    1. 千金蟠螭叶纹镜（宛检察院 M84）   2. 蟠螭叶纹镜（市税局 M109）

图版一六

    1. 蟠螭镜（市一中 M224）   2. 蟠螭镜（宛计生委 M5）

图版一七

    1. 蟠螭叶纹镜（南阳理工大学 M203）   2. 蟠螭叶纹镜（市一中 M128）

图版一八

    1. 蟠螭菱纹镜（宛计生委 M23）   2. 蟠螭菱纹镜（宛计生委 M49）

图版一九

    1. 蟠螭菱纹镜（宛计生委 M15）   2. 蟠螭菱纹镜（市一中 M295）

图版二〇

    1. 蟠螭菱纹镜（市防爆厂 M256）   2. 蟠螭菱纹镜（市一中 M41）

图版二一

    1. 蟠螭菱纹镜（宛运三公司 M19）   2. 蟠螭菱纹镜（万家安防器材厂 M3）

图版二二

    1. 蟠螭叶纹镜（市防爆厂 M294）   2. 蟠螭叶纹镜（市一中 M27）

图版二三

    1. 蟠螭镜（宛审计局 M14）   2. 大乐贵富四叶蟠螭镜（市高管局 M12）

图版二四

    1. 叠压缠绕四蟠螭镜（市拆迁办 M142）   2. 三乳三蟠龙镜（市税局 M192）

图版二五

    1. 桃叶纹连弧镜（市高管局 M17）   2. 四乳四蟠龙镜（市一中 M221）

图版二六

    1. 四乳二蟠龙镜（市一中 M96）   2. 四乳四蟠龙镜（宛计生委 M36）

图版二七

    1. 云纹地四扁叶镜（市一中 M395）   2. 桃叶连弧纹镜（市体育馆 M46）

图版二八

    1. 云纹连弧纹镜（市体育馆 M29）   2. 连弧纹镜（市防爆厂 M246）

图版二九

    1. 连弧纹镜（市防爆厂 M27）   2. 连弧纹镜（市一中 M1）

图版三〇

    1. 蟠虺连弧纹镜（宛计生委 M22）   2. 云雷纹镜（市日报社 M90）

图版三一

    1. 云雷纹镜（南阳理工大学 M95）   2. 长宜子孙八连弧云雷纹镜（市日报社 M80）

图版五〇

    1. 日光对称连叠草叶镜（市拆迁办 M97）   2. 日光对称连叠草叶镜（市拆建公司 M40）

图版五一

    1. 日有熹对称连叠草叶镜（市一中 M23）   2. 日光对称单层草叶镜（宛计生委 M86）

图版五二

    1. 日光对称单层草叶镜（市防爆厂 M260）   2. 日光对称单层草叶镜（市税局 M116）

图版五三

    1. 对称单层草叶镜（市高管局 M41）   2. 日光对称单层草叶镜（市一中 M417）

图版五四

    1. 简化博局对称单层草叶镜（凤凰城 M115）   2. 日光连叠草叶镜（名门华府 M3）

图版五五

    1. 对称单层草叶镜（盛唐商务苑 M16）   2. 对称连叠草叶镜（盛唐商务苑 M4）

图版五六

    1. 单层草叶镜（东华新村 M22）   2. 博局对称单层草叶镜（东华新村 M18）

图版五七

    1. 星云镜（凤凰城 M109）   2. 星云镜（市财局 M27）

图版五八

    1. 星云镜（东华小区 M7）   2. 星云镜（宛检察院 M80）

图版五九

    1. 星云镜（市体育馆 M12）   2. 星云镜（市防爆厂 M304）

图版六〇

    1. 星云镜（市一中 M123）   2. 星云镜（市一中 M7）

图版六一

    1. 星云镜（市拆迁办 M168）   2. 星云镜（宛计生委 M75）

图版六二

    1. 星云镜（宛检察院 M116）   2. 星云镜（中建七局压铸厂 M3）

图版六三

    1. 星云镜（中建七局压铸厂 M2）   2. 星云镜（宛黄台岗 M32）

图版六四

    1. 星云镜（宛黄台岗 M30）   2. 星云镜（市体育馆 M17）

图版六五

    1. 星云镜（市税局 M188）   2. 星云镜（市税局 M102）

图版六六

    1. 星云镜（市税局 M50）   2. 星云镜（市防爆厂 M319）

图版六七

    1. 星云镜（南阳理工大学 M30）   2. 星云镜（市一中 M411）

图版八六

　　1. 日光、昭明重圈铭带镜（市防爆厂 M297）　　2. 昭明、清白重圈铭带镜（市三杰公司 M49）

图版八七

　　1. 四乳龙虎镜（市拆迁办 M20）　　2. 四乳龙虎镜（柴油机厂 M1）

图版八八

　　1. 四乳四禽鸟镜（淅川县东沟长岭 M50）　　2. 五乳禽兽镜（市财局 M10）

图版八九

　　1. 七乳禽兽镜（公路技校 M2）　　2. 四乳八禽镜（市拆迁办 M10）

图版九〇

　　1. 四花瓣四虺镜（市万家园 M244）　　2. 四乳四虺镜（市碘盐中心 M18）

图版九一

　　1. 四乳四虺镜（市万家园 M2）　　2. 四乳禽兽镜（市花鸟市场 M2）

图版九二

　　1. 几何纹博局镜（市审计局 M19）　　2. 几何纹简化博局镜（宛食品商贸城 M12）

图版九三

　　1. 四神博局镜（市一中 M73）　　2. 禽兽简化博局镜（市拆迁办 M193）

图版九四

　　1. 禽兽博局镜（南阳理工大学 M147）　　2. 禽兽博局镜（宛计生委 M123）

图版九五

　　1. 四神博局镜（市防爆厂 M186）　　2. 禽兽博局镜（陈棚村 M1）

图版九六

　　1. 善铜四神博局镜（牛王庙村三组 M1）　　2. 禽兽简化博局镜（东华小区 M3）

图版九七

　　1. 四神博局镜（金冠公司 M47）　　2. 神人禽兽博局镜（鸭电公司 M37）

图版九八

　　1. 四神禽兽博局镜（东风厂 M20）　　2. 八禽鸟博局镜（四福井 M6）

图版九九

　　1. 四乳连弧镜（宛检察院 M12）　　2. 四乳连弧镜（市税局 M52）

图版一〇〇

　　1. 羽状地纹四乳镜（市防爆厂 M303）　　2. 四乳镜（南阳理工大学 M14）

图版一〇一

　　1. 变形四叶对凤镜（市防爆厂 M208）　　2. 变形四叶夔纹镜（市防爆厂 M208）

图版一〇二

　　1. 变形四叶对凤镜（市一中 M49）　　2. 变形四叶兽首镜（牛王庙五组 M2）

图版一〇三

　　1. 长富直行铭文双夔镜（金冠公司 M28）　　2. 团凤镜（市防爆厂 M160）

序

    2009 年秋天，文物出版社总编葛承雍先生告诉我，他们下一本要出版的铜镜著作是南阳出土铜镜，此事我一直放在心上。早年撰写《中国古代铜镜》等著作时，南阳市博物馆收藏的几面有纪年的东汉兽首镜给我们留下了深刻印象。这几年在民间收藏家中"南阳镜"的名称颇为流行，被指认为"南阳镜"的铜镜我也见过一些。遗憾的是考古学界并不知晓这一名称，更不了解南阳镜的基本情况。据我所知，收藏家们认定的"南阳镜"主要是指汉代铜镜，其主要根据则是铜镜的表面腐蚀状态，即所谓的地子色泽、锈蚀。

    由于南阳所处的地理位置，被悠久的历史和传统文化积淀下来的遗物，不仅与自然环境有关，更与当地的历史与社会生活有关，铜镜也不会例外。我深信：以汉画像石和画像砖著称的南阳，被藏家誉为"南阳镜"的铜镜其特点和价值必然在一定的时候会体现出来。因此《南阳出土铜镜》的出版能让学者和读者认识它们的真实状态。于是我将这一出版的信息，通报给有关人士，希望给大家留下一种关注，一种期待。

    今年三月下旬，当我读过南阳市文物考古研究所蒋宏杰所著《南阳出土铜镜》书稿后，心里特别滋润、温馨，尽管这时北京真正意义上的春天尚未到来。我觉得这应是我盼望已久的又一部有关考古出土铜镜的研究者著作，它科学地展示了出土资料、给出土铜镜研究作出了明确的导向，也给学者及铜镜爱好者留下了探索的空间。

    一　资料丰富，内容重要

    《南阳出土铜镜》的学术价值，首先是以南阳地域为中心，以墓葬中的出土物铜镜为对象，进行了较全面的专题研究。将 1995 年以来，南阳市区一个相对集中区域内墓葬中出土的铜镜进行了整理。在四千余座墓葬中，有 453 座墓共出土了 500 面铜镜，9 面铁镜，出土的500 面铜镜全部列出。

    在中国古代铜镜研究领域，其实汉镜的研究最多，涉及的面也广泛，这当然是缘于汉镜出土数量大，发表的资料多。对某一特定时期，某一特定地域的出土铜镜进行专题研究，《长安汉镜》开其先河，特点突出，导向明确，330 余面出土铜镜数量也很可观。《鉴耀齐鲁》收录 480 余面铜镜，其中汉镜就有 460 多面，亦是有关汉镜的研究著作。

本书所列铜镜 500 面，这是目前铜镜著作中一次性报道出土铜镜数量最多的，实属难得。当然，数量多少只是问题的一个方面，我们还要特别注意其数量规模中显示的内涵，即铜镜的时代、类型、品相及出土状况等。再细究起来，诸如一般多见的、较为少见的，极为罕见的价值评定也会在考虑之列。

这 500 面铜镜都出于墓葬，绝大多数属于战国和西汉时期，即中国铜镜发展史上极为重要的两个时代，特别是战国晚期至西汉早期铜镜，昭示了铜镜第一个重大转变阶段的特点。从类型上看，这两个时代的各类型铜镜或多或少都有一些，但数量极不平衡，如素面镜 28 面、蟠螭镜 50 面、蟠虺镜 38 面、草叶纹镜 57 面、星云纹镜 68 面、日光镜 43 面、昭明镜 66 面（以作者的类型划分统计）。很明显，这种现象与战国晚期西汉时期铜镜的流行趋势是一致的。

我将这些铜镜与国内外发表的出土和传世铜镜资料作了初步比较，在标明地区并以铜镜发展史排序的诸多著作中，可以说本书收录的属于汉以前的铜镜数量最多，类型最丰富，而且看到了一些少见或罕见的铜镜。更为重要的是，从铜镜的区系划分看，这些铜镜主要是"楚镜"，也有中原地区风格的铜镜。本书作者说"丹江作为汉水的主要支流，是楚文化的发源地和楚文化与中原文化的交融地"，出土的铜镜就是一个很好的证明。

西汉及其稍晚时代的铜镜无疑是本书的重点，数量多且集中于几个类型。多年来，我仍然十分关注铜镜的类型学、年代学和地域学，希望有充分数量的铜镜，建立科学的数据库。在这里我只举一个例子。汉代草叶纹镜时下已成为中外学者研究的热门，据我看到的公私收藏资料，不同纹饰、铭文和构图的草叶纹镜估计有 200 多种，是否需要我们好好总结一下它们的类型、演变趋势和流行时期，再深入其历史文化背景研究呢。本书收集了 57 面墓葬出土草叶纹镜，又是一批成规模的极重要资料，其中还看到了一些新的类型。类似的情况在本书其他铜镜类型中也能发现，可以说本书为我们提供的不仅是数量，而是一座迈向深层次研究的平台。

依我的推测，东汉铜镜应是南阳出土铜镜的重要组成部分，但本书这个时期铜镜却较为薄弱，不够丰富，这是为什么呢？幸好，作者有所交待："东汉铜镜为数较少则是因为这个时期多砖室墓，而完整保留的砖室墓只占发掘的砖室墓还不足 1%。"这至少是对东汉铜镜不太多原因的一个科学回答，证明现在的著作并不能完全反映历史时期的实际情况。

西汉与东汉铜镜数量的反差，其实也应视为南阳铜镜的一个特色，它从某个侧面反映出由于埋葬制度的变化，历史变迁和人为因素，产生出如此意想不到的结果。作者指出这种现象是很重要的，会使我们此前对铜镜流行情况做出的一些结论进行反思。

二 研究规范，学术性强

我为什么特别强调考古出土的铜镜研究著作呢？

近几年来，民间收藏家研究铜镜的著作或已出版，或在撰写之中，其中不少书稿曾请我撰写序言和征询意见。我为这些著作写序，一定要求作者提供完整的文字和形象资料，以便我在浏览书稿时，总结著作的主题思想、章节结构、研究深度或藏品的特点。毋庸讳言，这些铜镜尽管有着不同程度价值，有些还很重要，但最大的问题是它们都不是科学发掘的出土品。

所见书稿多了，思路就变得复杂起来，久而久之，我曾经反复考虑的一个问题不时浮在眼前：我们文物考古工作者铜镜研究的瓶颈如何突破？所谓瓶颈其主要表现是：内容零散，缺少整体性和联系性；手法单一，缺少丰富性和可读性。本来文博考古单位收藏的铜镜许多是经过科学发掘的，其中绝大多数是墓葬中出土的，应该说这是我们的优势，是提升铜镜学科研究水平的契机和平台。遗憾的是，我们某些以较大规模墓葬出土铜镜为主的研究著作，仍然不能突破一般的出版模式。只是抽出出土铜镜，整理编排，列出图像，写个说明。尽管在书中交待了多少墓葬出土多少铜镜，但在读者的印象中这只是判断出土品、非出土品即铜镜真伪的一个标志而已，与铜镜没有整体联系。于是，有些铜镜研究著作出版以后，产生了一些误区或误解。铜镜学科的研究被忽略了，镜鉴价值的评估成为唯一。

我认为评价一部铜镜研究著作的学术性，其主要方面与其他学术著作一样，是看它的创新性、科学性和特色。在当前，文物考古单位的学者和民间藏镜家纷纷注目于出版著作的时候，更要考察其学术导向和对铜镜藏品的科学运用。

因此我在阅读此书稿时，就十分注意作者研究过程与研究方法的科学性，运用资料的详实性与准确性。此书虽然是铜镜专著，但作者自始至终将它们与放置它们的载体墓葬作为一个整体。第二章"出土铜镜及墓葬概况"第一节"墓葬概况"中，指出了四种不同形制的墓葬及其流行时期，这就为铜镜的流行趋势确定了座标。第二节"出土铜镜概况"介绍了宛城区东宛小区一带发掘墓葬出土的铜镜，确定了一定的地域范围。进而详述不同地点发掘多少墓葬、出土多少铜镜。本书附表中，还列出了每座出土铜镜墓葬的"保存状况"，为我们提供了墓葬保存完好或被扰乱的数据。能较科学地统计出墓葬出土铜镜的概率。三者综合起来，一幅当年铜镜埋葬的情况和发展的大趋势便清晰地展示在我们面前。

第三章"战国秦汉铜（铁镜）"是本书的主题内容，在介绍各类型铜镜数量及其要素后，又将其与墓葬中的其他出土物加以联系，分析时代。前面我们业已指出，此书许多铜镜的数量是呈规模的，墓葬的时代有先后，因此各类铜镜流行的年代范围及基本面貌能充分表述，得出合乎逻辑的结论。第七章"结语"第一节"南阳铜镜（铁镜）出土位置"是一个很新颖的内容，第二节"南阳铜镜的形制与区域特点"，水到渠成，这里不再重复。

此书读起来简洁明了，并不繁琐枯燥，其原因还有两点我认为十分突出：

第一点是其图像资料的丰富。众所周知，铜镜的魅力首先在于铜镜本身的价值：历史价值、科技价值和艺术价值。不容否认，它的平面几何和不大的尺寸，也带来观察它的局限性。因此，能使人们认识铜镜，在很大程度上还要取决于表现它们的传媒手段，如照片、拓本、摹本、局部特写等。可以说这是二度创作，不同的人以不同的方式进行艺术加工，以各自的认识和手段来诠释一面铜镜。

　　文字是通过抽象性的描述和概括来说明铜镜的特点，而照片及拓本等则是形象的描述。本书对能够进行摹拓的铜镜都作了拓本，将其与照片互为补充，对文字叙述的纹饰和铭文，提供了不容漠视的参照，铜镜的艺术价值得以升华。如此多的拓本，规模上的优势，体现了作者的踏实的学风和认真的精神。

　　第二点是书中附表的精彩和独特。本书后的附表"南阳市区出土铜镜统计表"，令我感慨不已。尽管称为附表，却是本书的重点所在、精华所在、创新所在。《长安汉镜》中"西安地区出土铜镜统计表"，列出了墓葬形制、同出随葬品、墓葬时代以及铜镜的形制、纹饰、铭文、尺寸、重量及出土位置、保存状况。此表与《长安汉镜》附表基本相同。让我们看到了铜镜与墓葬的关系，体现了它们的联系性和整体性，这是非常重要的，读者可以通过它们进行铜镜的考古学探讨。更为欣喜的是，此表又增加了一些新的项目，最突出的是表中加了"铜镜拓片"和"墓葬保存状况"。"墓葬保存状况"在此前的相关著作中很少涉及，其实，这种忽略实际上必然会影响铜镜时代特点及地域特点的研究。仅此细节，充分看出作者思考的缜密和独特。

　　表中每座墓葬出土栏里几乎都列出了铜镜拓片，拓本右侧的栏目内，是铜镜各方面内容的全面叙述，这种形象直观和文字描述以及排列紧凑，极有利于我们将一面面铜镜加以比较，再将它们与表中墓葬时代加以联系，某一类铜镜的不同型式的流行状况，就会在总结中留下深刻的印象。思维新颖、图文相映、点面结合、互为联系，墓葬中出土铜镜的研究，在这个附表中完成了整体框架的构建。

　　序写到这里，我深深地感到此书所取得的成果，与主持构建这座"大厦"的作者蒋宏杰的经历、学识、学风是有很大的关系的。蒋女士毕业于武汉大学历史系考古专业。主要从事田野考古发掘工作和对汉代墓葬及出土器物的系统研究，先后主持了七十余处战国、秦汉墓群和遗址的发掘工作。目前正在进行《南阳市一中汉墓考古发掘报告》、《南阳牛王庙汉墓考古发掘报告》的编写工作，长期的考古工作使她有了开阔的视野和实践的感受，提高了她深层思考和科学运用资料的能力。《南阳出土铜镜》再一次启迪我们：铜镜学科的构建，需要新的资料，更需要新的指导思想和研究规范。

孔祥星

2010 年 4 月 10 日

第一章　南阳地理位置与历史沿革

第一节　地理位置与气候环境

南阳市地处河南省西南部，属南襄盆地北区。是一个相对独立的自然地理单元，跨"黄淮海区"和"长江中下游区"两大区。区内北、西、东被伏牛山和桐柏山所环绕，中部平坦，南向敞开，构成马蹄型的"南阳盆地"。环绕西北的伏牛山，长达 200 多公里，是河南省境内四支山脉中最大的一支，气势雄伟，群峰巍峨，不少山峰海拔都在 1000 米以上。山势走向由西向东延伸，至方城东骤然中断、形成南阳盆地东北角之方城缺口，在历史上成为华北平原、南阳盆地与江汉平原之间的交通要道，即著名的"南襄隘道"。南阳是河南省面积最大的一个地级市，东西长 350 公里，南北宽 200 公里，总面积为 2.66 万平方公里。地里坐标介于东经 110°4′~113°4′，北纬 32°12′~33°48′之间。东与信阳和驻马店两地区毗连，北与平顶山、洛阳两市接壤，西和陕西省的商洛地区相接，南与湖北省的丹江口市、襄樊市、枣阳市、随州市连界。今辖县、市、区 13 个（卧龙区、宛城区、邓州市、西峡、淅川、内乡、镇平、南召、方城、社旗、新野、唐河、桐柏）（图一）。

南阳市属于北亚热带大陆性季风气候。四季分明，气候温和，全年平均气温为 14.5°~15.8°，年均无霜期为 229 天，年降雨量在 800 毫米左右。适宜多种动物、植物的生长发育。

地势由西北高而东南低，呈簸箕状盆地，与湖北襄樊盆地合称"南襄盆地"。本区地貌既有东西地貌过渡特征，也有南北地貌过渡性质。全市山地、丘陵、平原各占三分之一。河流受地形制约，由北、西、东三向分流，入长江、淮河及黄河水系，其中以唐河、白河水系为主。其特点是河流密集，水情具南北过渡特征，水系呈扇形分布，纵贯盆地中央。

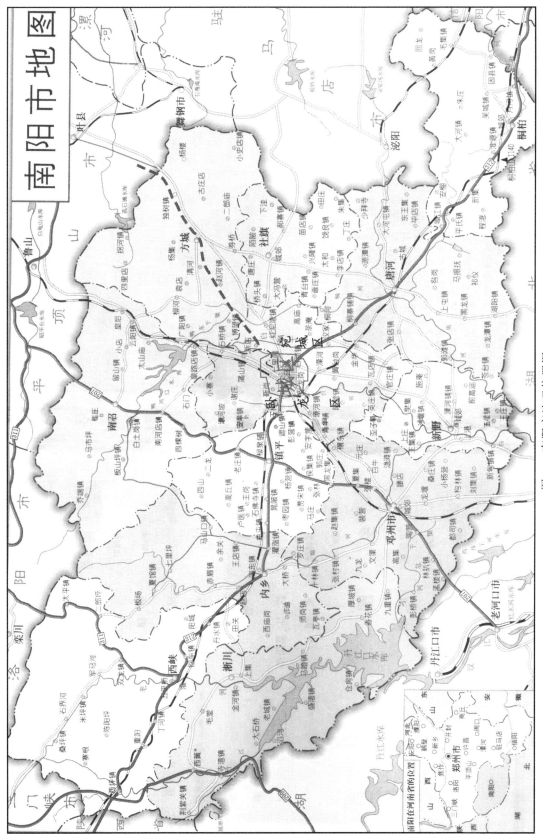

图一 南阳市地理位置图

第二节　历史沿革

南阳在这块土地上有着悠久的历史。从旧石器时代开始,我们的祖先就在这里劳动生息,并创造了灿烂的古代文化。大约四五十万年前"南召猿人"在白河上游繁衍生息。新石器时代出现了村落和房屋,产生了农业、畜牧业和制陶手工业。夏、商、周时期分封林立,属申、吕、谢、邓、楚等国。春秋时期楚灭申、吕等国之后,占有南(阳)襄(阳)盆地,置宛邑,筑城以御秦、韩,把南阳作为其扩大势力、问鼎中原的基地。因南阳是盆地,"宛"字义同碗、同盆,宛便由此得名。战国时为楚、韩、秦三国角逐之地,后曾入韩。公元前291年"秦攻韩拔宛"。公元前270年秦昭王始置郡,因地处伏牛山之南,汉水之北,故名南阳郡。汉沿用秦制设南阳郡,此时疆域最大辖36县。公元9年王莽改南阳郡为"前队"(队音遂),宛曰南阳。公元208年,曹操置荆州刺史于宛。公元278年晋武帝封南阳郡为南阳国。东晋时南阳复为郡。虽历朝变更,但皆沿称宛。北周称宛为上宛。隋文帝开皇三年(583年)改上宛为南阳县,废南阳郡,将前西鄂地改为向城县,俱属邓州。隋炀帝大业三年(607年),改邓州为南阳郡。唐高祖武德三年(620年)置宛州,并于南阳县析置上宛、云阳、安固等县。武德八年(625年)宛州废,复设邓州,以上宛、云阳、安固地入南阳县,仍属邓州。公元698年唐置宛州。唐玄宗天宝元年(742年)复改邓州称南阳郡。圣历元年,改南阳为武台,神龙初,复名南阳。南宋时,南阳割与金。金哀宗正大三年(1226年)置申州治南阳,元代升申州为南阳府。明、清仍设府。明成祖永乐六年(1408年)为唐王藩国。民国废府称县。民国二十一年(1932年)南阳划为河南省第六行政区,至1948年11月南阳解放,1949年3月机构合并,成立新的南阳专员公署,辖1市11县。从古至今,宛城一直是宛部落、宛侯国、宛县、南阳县、郡、府、专属、市的治所。

第二章 出土铜镜及墓葬概况

第一节 墓葬概况

南阳不但在政治、军事、经济、文化上占有重要地位，在交通上也是南北要冲。因此这一区域的考古学文化也颇具特色。如新石器时代的淅川下王岗遗址文化内涵，既有黄河流域仰韶文化、龙山文化的性质，又有江汉流域屈家岭文化特征。丹江作为汉水的主要支流，是楚文化的发源地和楚文化与中原文化的交融地。汉代更是以画像石与画像砖为学界所熟知。

20世纪90年代以来，因配合基本建设，在南阳中心城区发现了数十处墓地，清理了不同时代的墓葬数千座，这些资料为我们全面了解南阳古代文化面貌提供了宝贵资料。

这些墓葬，按其形制，大致可分为四大类：竖穴土坑墓、砖墓、砖石混合结构墓和浇浆墓。

第一类：竖穴土坑墓包括有：

1. 长方形竖穴土坑墓（有：①口底同大，直壁、平底；②墓口大于墓底，直壁、设二层台、平底；③墓口大于墓底，呈覆斗形、斜壁、平底；④墓口大于墓底，呈覆斗形、斜壁、设二层台、平底）。

2. 长方形竖穴土坑异穴合葬墓。

3. 凸字形竖穴土坑墓，由墓道和墓室组成（墓室：①口底同大，直壁、平底；②墓口大于墓底，直壁、设二层台、平底；③墓口大于墓底，呈覆斗形、斜壁、平底；④墓口大于墓底，呈覆斗形、斜壁、设二层台、平底）。

4. 双凸字形竖穴土坑异穴合葬墓。

5. 梯形竖穴土坑墓（有：①口底同大，直壁、平底；②墓口大于墓底，直壁、设二层台，平底。③墓口大于墓底，呈覆斗形、斜壁、平底）。

6. 刀形竖穴土坑墓。

第二类：砖墓（含空心砖墓）包括有

1. 长方形砖墓（包括：单室墓；前室和后室组成；两前室和两后室组成；三前室和三后室组成）；

2. 六边形砖室墓；

3. 凸字形砖室墓；

4. 尺曲形砖室墓；

5. 方形砖室墓；

6. ┝字形砖室墓；

7. T 字形砖室墓；

8. 十字形砖室墓；

9. 梯形砖室墓；

10. 双凸字形砖室墓；

11. 干字形砖室墓；

12. 凸字形和十字形组成的砖室墓；

13. 抹角长方形砖室墓；

14. 刀形砖室墓；

15. 品字形砖室墓；

16. 日字形砖室墓；

17. 目字形砖室墓；

18. 双十字形砖室墓；

第三类：砖石混合结构墓（含画像石墓）：

1. T 字形砖石混合结构墓；

2. 干字形砖石混合结构墓；

3. 长方形砖石混合结构墓；

4. 品字形砖石混合结构墓；

5. 吕字形砖石混合结构墓。

第四类：浇浆墓

是指以石灰、细砂石、糯禾拌合而成的所谓"三合土"混合浆料。其质地坚硬，色呈灰白，是作为密封层构筑墓室的一种墓葬类型。墓葬形制有：长方形、刀形等。

第一类：竖穴土坑墓，流行于战国及其以后各时期。第二类：砖室墓，流行于西汉晚期以后。第三类：砖石混合结构墓，见于西汉中期，流行于新莽至东汉时期。第四类：浇浆墓，主要见于明代墓葬中。

在这些墓葬中随葬了上万件随葬品，陶器是其中的主要随葬器物。以泥质灰陶为主，红陶次之，极少数为泥质黄红色陶。泥质灰陶烧制火候较低，质地较差，易破碎；而红陶烧成温度较高，陶质较好、陶胎较厚，外部多施以红黄釉，少数为黄绿色、酱色釉等，釉多未施到底。个别器物下部有刀削棱痕迹。素面陶占多数，少量陶器外饰以弦纹、篦纹及在足部刻划出兽首等。制法一般分为轮制、模制和手制三种。主要器型有鼎、盒、壶、小壶、车轮、瓶、罐、折肩罐、瓮、钫、方奁盒、圆盒、熏炉、炙炉、豆、灯、杯、耳杯、碗、豆、案、狗、鸡、鸭、牛、马、兽、虎、甑、盘、钵、盆、釜、猪圈、仓、灶、井、磨、碓、陶饰、俑头、勺、盖弓帽饰件、奁盒、器盖、楼房、俑、咒、泡钉、兔、盂、魁、瓦当等。

随葬品除陶器外，还有铜器、铁器、玉器、瓷器、银饰件、石器、骨器、铅器、金饰件、木漆器、玛瑙饰件、玻璃器、琉璃器、煤精、水晶块、海贝、料珠、钱币（铜钱、泥钱）等。

铜器：主要有鼎、壶、罐、钫、鍪、蒜头扁壶、盆、洗、钵、勺、匜、熏炉、灯、炙炉、炉、盏、耳杯、药臼、镜、带钩、印章、刷、镡、剑、刀、匕首、戈、镞、弩机、环、泡钉、足形器、铃、铺首衔环、车马饰件、马、碗、扣、鐎斗、铲、三足盘、鸠杖首、璜、球形饰、泡、珠、剑首等，部分器物上鎏金。

玉器：主要有猪、环、玉片、璜、玦、璧、瑗、璐、蝉、鸟、带钩、印章、珌、管形玉饰等。

铁器：主要有鼎、壶、罐、鍪、矛、戈、剑、刀、削、镜、勺、权、铁饰、锸、钩、剪、环、灯、带钩、支架等。

瓷器：主要有鼎、盒、壶、灯、罐、瓿、碗、盉、瓶等。

石器：主要有虎、猪、砚、饰件、口蝉、石卵、长方形石板、花生、环、圆形石片、莲花形嵌顶石等。

铅器：主要有车马饰件、耳杯、柿蒂形饰件、轴、圆柱形铅饰件等。

银饰件：主要有盒、簪子、环、戒指、银片等。

金饰件：主要有帛、环、戒指等。

钱币：主要有铜钱和泥钱。铜钱：有半两、五铢、大泉五十、货泉、小泉值一、太平通宝、天圣通宝、至道元宝、元丰通宝、祥符元宝、政和通宝、熙宁重宝、绍圣元宝、圣宋元宝、元祐通宝、天圣元宝、大定通宝、天禧通宝、宣和通宝、大观通宝等。泥钱：有五铢、大泉五十和无字钱。

这批墓葬绝大多数属中小型墓，随葬品多用成组的仿铜陶礼器或日用器等，多者随葬二三十件，少则1件。据结构、葬具和随葬品看墓主人身份相当于中小地主或平民，或贫民。少量大型墓葬随葬器物较多，多者达百余件，其墓主人身份相当于豪绅或较高级的官吏。

第二节　出土铜镜概况

考察南阳市馆藏和出土的两千余面铜镜，其时代为东周至明清。本书所介绍的是从 1995 年以来我们主要在宛城区东苑小区一带发掘墓葬出土的铜镜。其范围主要集中在独山大道与滨河路交叉口东北部、北至天山路、东至白河一带，一部分则分散于宛城区、卧龙区，极个别则出土于淅川县和高新区（图二）。

本书所收录的铜镜和铁镜出土情况为：

1. 1996 ~ 1997 年在宛城区安居新村住宅小区（简称 WAXC）发掘墓葬 24 座，出土铜镜 2 面；

2. 1997 年在高新区宏大建安公司办公楼（简称 GHD）发掘墓葬 2 座，出土铜镜 1 面；

3. 1998 年在宛城区牛王庙五组明珠鞋城批发市场（简称 WNWW）发掘墓葬 10 座，出土铜镜 2 面；

4. 1999 年在宛城区农行住宅小区（简称 WNH）发掘墓葬 6 座，出土铜镜 1 面；

5. 1999 年在南阳市汽车运输公司住宅小区（简称 NQY）发掘墓葬 43 座，出土铜镜 4 面；

6. 1999 ~ 2000 年在宛城区计生委住宅小区（简称 WJSW）发掘墓葬 131 座，出土铜镜 45 面；

7. 2000 年在南阳市拆迁办永泰住宅小区（简称 NCQB）发掘墓葬 281 座，出土铜镜 43 面、铁镜 1 面；

8. 2000 年在宛城区牛王庙村三组门面房（简称 WNWS）发掘墓葬 4 座，出土铜镜 1 面；

9. 2000 年在宛城区食品商贸城（简称 WSPC）发掘墓葬 56 座，出土铜镜 2 面；

10. 2001 年在南阳市一中新校区（简称 NYZ）发掘墓葬 447 座，出土铜镜 73 面，铁镜 1 面；

11. 2001 年在南阳理工大学学生宿舍区（简称 NLGD）发掘墓葬 313 座，出土铜镜 14 面；2003 年在南阳理工大学学生宿舍区（简称 NLGD）第七期发掘墓葬 147 座，出土铜镜 7 面；

12. 2001 年在南阳市碘盐监测中心（简称 NDY）发掘墓葬 44 座，出土铜镜 4 面；

13. 2001 年在宛城区陈棚村村东（简称 WCPC）发掘墓葬 4 座，出土铜镜 1 面；

14. 2002 年在南阳市审计局住宅小区（简称 NSJJ）发掘墓葬 109 座，出土铜镜 13 面；

15. 2002 年在南阳市电信公司（简称 NDX）发掘墓葬 1 座，出土铜镜 1 面；

16. 2002 年在南阳市墙改办住宅小区（简称 NQGB）发掘墓葬 54 座，出土铜镜 8 面；

17. 2002 年在南阳市自来水公司住宅小区（简称 NZLS）发掘墓葬 9 座，出土铜镜 2 面；

18. 2002 年在南阳市防爆厂丰泰住宅小区（简称 NFBC）发掘墓葬 387 座，出土铜镜 52 面、铁镜 5 面；

19. 2002 年在南阳市税局住宅小区（简称 NSJ）发掘墓葬 193 座，出土铜镜 30 面；

20. 2003 年在南阳市体育馆（简称 NTYG）发掘墓葬 127 座，出土铜镜 20 面；

21. 2003 年在宛城区审计局住宅小区（简称 WSJJ）发掘墓葬 14 座，出土铜镜 2 面；

22. 2004 年在南阳市经济适用房住宅小区（简称 NJJF）发掘墓葬 54 座，出土铜镜 3 面；

23. 2004 年在宛城区辛店乡高速公路取土区（简称 WXDX）发掘墓葬 28 座，出土铜镜 1 面；

24. 2003～2004 年南阳市三杰房产公司住宅小区（简称 NSJ）发掘墓葬 51 座，出土铜镜 6 面；

25. 2004 年在宛城区黄台岗刘官营高速公路取土区（简称 WHTG）发掘墓葬 110 座，出土铜镜 12 面；

26. 2004 年在宛城区环城一中办公楼（简称 WHYZ）发掘墓葬 15 座，出土铜镜 1 面；

27. 2004 年在宛城区公安局住宅小区（简称 WGAJ）发掘墓葬 28 座，出土铜镜 1 面；

28. 2004 年在南阳市质检站住宅小区（简称 NZJZ）发掘墓葬 33 座，出土铜镜 1 面、铁镜 1 面；

29. 2004 年在南阳市广电公司住宅小区（简称 NGD）发掘墓葬 61 座，出土铜镜 5 面；

30. 2005 年在南阳市中建七局压力厂住宅小区（简称 NZQJ）发掘墓葬 4 座，出土铜镜 2 面；

31. 2005 年在南阳市拆建公司住宅小区（简称 NCJ）发掘墓葬 68 座，出土铜镜 11 面；

32. 2005 年在南阳市高速公路管理局住宅小区（简称 NGGJ）发掘墓葬 48 座，出土铜镜 4 面；

33. 2005～2006 年在宛城区检察院御龙苑住宅小区（简称 WJCY）发掘墓葬 129 座，出土铜镜 9 面；

34. 2005 年在南阳市万家园房产公司华鑫苑住宅小区（简称 NWJY）发掘墓葬 245 座，出土铜镜 18 面；

35. 2005 年在南阳市日报社住宅小区（简称 NRBS）发掘墓葬 101 座，出土铜镜 6 面；

36. 2007 年在南阳市书香水岸住宅小区（简称 SXSA）第二期发掘墓葬 48 座，出土铜镜 5 面；

37. 2007 年在南阳市花鸟市场（简称 HNSC）发掘墓葬 2 座，出土铜镜 1 面；

38. 1999 年在南阳新光热电公司（简称 XGRD）发掘工地，出土铜镜 4 面；

39. 2007 年在卧龙区乐乐牛乳业公司（简称 LLNR）发掘工地，出土铜镜 2 面；

40. 2003 年在南阳市人行（简称 SRH）发掘工地，出土铜镜 1 面；

41. 2001 年在南阳宛运三公司（简称 WYGS）发掘工地，出土铜镜 3 面；

42. 2003 年在南阳市财局（简称 SCJ）发掘工地，出土铜镜 2 面；

43. 2004 年在南阳凤凰城（简称 FHC）发掘工地，出土铜镜 15 面；

44. 2003 年在南阳市万家安防器材厂（简称 WJAF）发掘工地，出土铜镜 2 面；

45. 2008 年在南阳市东华新村（简称 DHXC）发掘工地，出土铜镜 3 面；

46. 2003 年在南阳市金冠公司（简称 JGGS）发掘工地，出土铜镜 2 面；

47. 1995 年在南阳希望饲料公司（简称 XWSL）发掘工地，出土铜镜 3 面；

48. 2006 年在宛城区四福井建材市场（简称 JCSC）发掘工地，出土铜镜 1 面；

49. 2003 年在南阳鸭电公司（简称 YDGS）发掘工地，出土铜镜 1 面；

50. 1995 年在南阳柴油机厂（简称 NCYJ）发掘工地，出土铜镜 1 面；

51. 2002 年在南阳金汉丰住宅小区（简称 JHF）发掘工地，出土铜镜 1 面；

52. 2000 年在南阳星光小学（简称 XGXX）发掘工地，出土铜镜 1 面；

53. 2003 年在南阳锦江公寓（简称 JJGY）发掘工地，出土铜镜 1 面；

54. 1995 年在南阳市公安大厦（简称 GADS）发掘工地，出土铜镜 4 面；

55. 2003 年在南阳公路技校（简称 GLJX）发掘工地，出土铜镜 2 面；

56. 2003 年在南阳兴达电力花园（简称 DLHY）发掘工地，出土铜镜 1 面；

57. 2005 年在卧龙区东华小区（简称 DHXQ）发掘工地，出土铜镜 2 面；

58. 2005 年在南阳市裕华商城（简称 YHSC）发掘工地，出土铜镜 4 面；

59. 2010 年在南阳市八一路汽车城（简称 QCC）发掘工地，出土铜镜 2 面；

60. 2001 年在南阳市东风厂（简称 DFC）发掘工地，出土铜镜 1 面；

61. 2008 年在南阳市名门华府住宅小区（简称 MMHF）发掘工地，出土铜镜 7 面；

62. 2005 年在南阳市盛唐商务苑（简称 STSW）发掘工地，出土铜镜 7 面；

63. 2010 年在南阳市市综合训练馆（简称 XLG）发掘工地，出土铜镜 5 面；

64. 1995 年在南阳市罗庄变电站（简称 LZDZ）发掘工地，出土铜镜 1 面，铁镜 1 面；

65. 2000 年在南阳市市烟草公司（简称 YCGS）发掘工地，出土铜镜 1 面；

66. 2006 年在淅川县东沟长岭（简称 XCDG）发掘工地，出土铜镜 4 面；

67. 2008 年在淅川县郭庄（简称 XCGZ）发掘工地出土铜镜 1 面；

68. 2008 年在南阳明伦都市兰亭住宅小区（简称 DSLT）发掘工地，出土铜镜 1 面。

在前述的四千余座墓葬中，有 453 座墓葬共出土了 500（其中两面已成碎片）面铜镜、9 面铁镜。其中 410 座墓出土 1 面，35 座墓出土 2 面，5 座墓出土 3 面，2 座墓出土 4 面，1 座墓出土 6 面。而在市体育馆 M56、宛计生委 M88、市拆迁办 M231、盛唐商务苑 M13、市一中 M218、

M440、市防爆厂 M271 等七座墓葬分别出土了半面铜镜，其中市一中 M218、M440 出土的半面镜又可合并为一面铜镜。这种现象在《洛阳烧沟汉墓》第三期的后段[1]、西南区昭化出土晋墓[2]和在 1973 年星子县五里公社河东大队荆山北宋元祐七年夫妻合葬墓里[3]都出现过，这些合葬墓出土的半面铜镜可合并为一面铜镜。可见这种现象早在汉代就有，一直延续到后来。

后面的统计表中包括墓葬形制、出土的随葬品、铜镜所在墓葬中的位置以及墓葬年代。在这里需要说明两点：第一，统计表中的年代是指墓葬年代，而不是指铜镜的年代。如战国时期的铜镜在西汉早中期还常见，甚至个别镜类在西汉晚期还能见到，东汉时期虽有不少新的镜类出现，但仍然还沿用了许多西汉时期的镜类。因此，我们把这一类铜镜仍然放到同类品原来的时段中论述。第二，在铜镜的命名问题上，我们基本上参照孔祥星、刘一曼先生《中国古代铜镜》[4]与《中国铜镜图典》[5]两书中的定名。

蒋宏杰、宋耀辉主持田野发掘清理工作。另外，崔本信参加了市日报社住宅小区发掘工作；刘小兵参加了市拆迁办永泰住宅小区、市一中新校区、南阳理工大学学生宿舍区、市防爆厂丰泰住宅小区、市体育馆发掘工作；范海、曾庆硕参加了南阳理工大学学生宿舍区、市审计局住宅小区发掘工作；王伟参加了南阳理工大学学生宿舍区发掘工作；付建刚参加市万家园房产公司华鑫苑住宅小区、市日报社住宅小区、宛城区检察院御龙苑住宅小区、宛城区黄台岗刘官营高速公路取土区等工地的发掘工作；张晗参加了书香水岸住宅小区和市花鸟市场工地的发掘工作。

另外，由王凤剑主持了南阳新光热电公司、市人行、宛运三公司、市财局、万家安防器材厂、东华新村、金冠公司、南阳希望饲料公司、四福井建材市场、鸭电公司、柴油机厂、金汉丰住宅小区、星光小学、锦江公寓、市公安大厦、公路技校、兴达电力花园、裕华商城、东华小区、东风厂工地的发掘工作；崔本信、赫玉建主持了罗庄变电站、市烟草公司工地的发掘工作；杨俊峰主持了南阳凤凰城工地的发掘工作；刘小兵主持了淅川县郭庄工地的发掘工作；梁玉坡、曾庆硕主持了明伦都市兰亭住宅小区、市综合训练馆工地的发掘工作；柴中庆、王凤剑、乔保同、罗栋主持了名门华府住宅小区工地的发掘工作；乔保同主持了盛唐商务苑、淅川县东沟长岭工地的发掘工作；魏晓东主持了乐乐牛乳业公司工地发掘工作；王伟主持了八一路汽车城工地发掘工作。并提供了这些工地出土的部分铜镜。

本书介绍铜镜出土地点时第一次用全称，以后均用简称。

---

[1]　参照明、洪海《古代铜镜》P38，中国书店，1997 年。
[2]　沈从文：《铜镜史话》P25，万卷出版公司，2005 年 1 月。
[3]　程应麟：《星子县发现北宋墓一座》，《文物工作资料》1973 年第 5 期。
[4]　孔祥星、刘一曼：《中国古代铜镜》，文物出版社，1984 年。
[5]　孔祥星、刘一曼：《中国铜镜图典》，文物出版社，1992 年。

第三章　战国秦汉铜（铁）镜

铜　　镜

第一节　素镜

　　共28面。镜的背面素地或有弦纹。分别出自14个发掘工地27座墓葬中，其中全素镜16面、弦纹素镜6面、宽弦纹素镜6面。

　　素镜除名门华府 M32 出土一面方形镜外，余均为圆形。钮有双弦钮、三弦钮、四弦钮、橄榄形钮、桥形钮、连峰钮、圆钮等。其中2面有方形钮座。双弦钮显的粗壮，三弦钮中弦较高，橄榄形钮则较细小。钮的穿孔多为半圆形，极个别为圆形。

　　镜面直径 7.9 ~ 16.45 厘米，镜身厚度为 0.1 ~ 0.2 厘米。大部分镜身平直，部分微凸。镜边无棱较圆滑者居多。

　　根据这28面铜镜的特点，我们把它们分为三种。

　　一、全素镜　16面。分为方形和圆形两种。

　　（一）圆形，15面。按有、无钮座，分二型。

　　A 型，2面。方钮座。按钮的不同，分二亚型。Aa 型，1面。桥形钮。南阳理工大学 M264 出土（图三）。Ab 型，1面。橄榄形钮。市日报社 M30 出土（图四，图版一：2）。

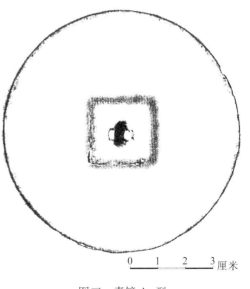

图三　素镜 Aa 型
（南阳理工大学 M264）

B 型，13 面。无钮座。按钮的不同，分五亚型。Ba 型，6 面。三弦钮。如市汽运公司 M42 出土者（图五）。Bb 型，4 面。橄榄形钮。如市拆迁办 M25 出土者（图六）。Bc 型，1 面。桥形钮。汽车城 M7 出土（图七）。Bd 型，1 面。四弦钮。市防爆厂 M103 出土（图八）。Be 型：1 面。圆钮。市拆建公司 M60 出土（图版一：1）

（二）方形，1 面。小环钮。名门华府 M32 出土（图九，图版四：2）。

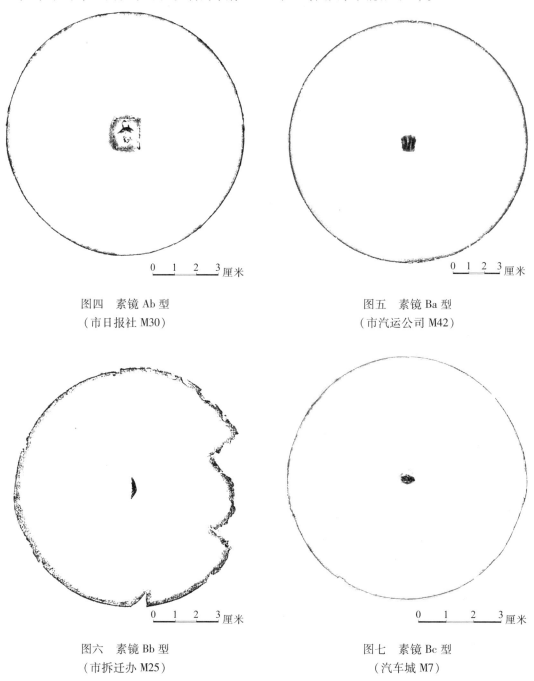

图四　素镜 Ab 型　　　　　　　　　　　图五　素镜 Ba 型
（市日报社 M30）　　　　　　　　　　　（市汽运公司 M42）

图六　素镜 Bb 型　　　　　　　　　　　图七　素镜 Bc 型
（市拆迁办 M25）　　　　　　　　　　　（汽车城 M7）

二、弦纹素镜　6 面。钮外二周细凸弦纹。分二型。

A 型　2 面。三弦钮。如市防爆厂 M197 出土者（图一〇）。

B 型　4 面。双弦钮。有无铭文，分二亚型。Ba 型，3 面。如市拆迁办 M76 出土者（图一一）。Bb 型，1 面。镜边缘处一字铭。市拆迁办 M73 出土（图一二，图版二：1）。

三、宽弦纹素镜　6 面。分三型。

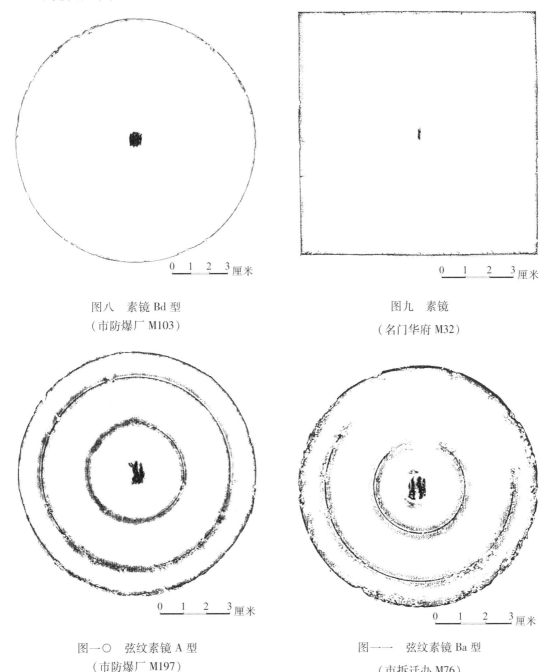

图八　素镜 Bd 型
（市防爆厂 M103）

图九　素镜
（名门华府 M32）

图一〇　弦纹素镜 A 型
（市防爆厂 M197）

图一一　弦纹素镜 Ba 型
（市拆迁办 M76）

A 型，2 件。三弦钮。分二亚型。Aa 型，1 面。钮外有三周凹面形圈带。市拆迁办 M140 出土（图一三，图版二：2）。Ab 型：1 面。钮外二周凹面形圈带。市防爆厂 M56 出土（图一四）。

B 型，3 面。三弦钮，钮外两组凹面形圈带和弦纹带，内向十六连弧纹缘。如市税局 M73 出土者（图一五，图版三：1）。

C 型，1 面。连峰钮。钮外一周凹面形带。内向十六连弧纹缘。市训练馆 M63 出土（图一六，图版四：1）。

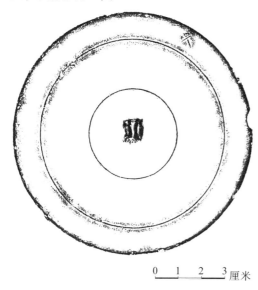

图一二　弦纹素镜 Bb 型
（市拆迁办 M73）

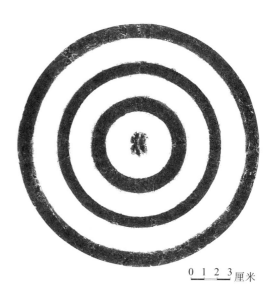

图一三　宽弦纹素镜 Aa 型
（市拆迁办 M140）

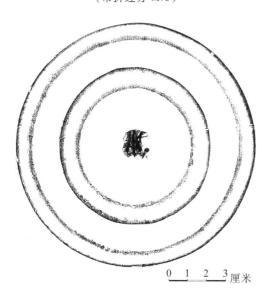

图一四　宽弦纹素镜 Ab 型
（市防爆厂 M56）

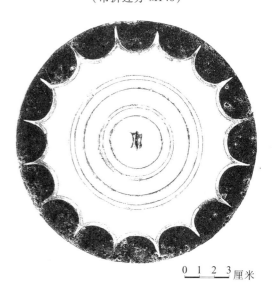

图一五　宽弦纹素镜 B 型
（市税局 M73）

这 27 座墓葬，除市拆迁办 M9 为长方形砖室墓外，其余均为长方形竖穴土坑墓。从墓葬形制和出土的随葬品看，名门华府 M32 墓中出土的铜鼎、铜敦、铜壶、铜盘、铜匜等，与战国中期同类器物相同；市拆迁办 M76、M208 墓中出土的铜蒜头扁壶、铜鍪与云梦秦代墓 M45[1] 出土的铜蒜头扁壶、铜鍪相同；市拆迁办 M95 出土的铜鍪与云梦战国晚期 M46[2] 出土的铜鍪相似，已接近西汉早期的铜鍪，时代为战国末西汉初。另有 16 面铜镜伴出有成套的鼎、盒、壶陶礼器、或出有陶罐、或铜鼎、铜钫等，器物形制与西汉早期同类器物相同。市汽运公司 M42、盛唐商务苑 M9 出土的陶礼器鼎、盒、壶等与西汉中期同类器物相同。市训练馆 M63 出土的陶罐和市拆迁办 M9 出土的红陶猪圈、灰陶狗与西汉晚期同类器物相同。

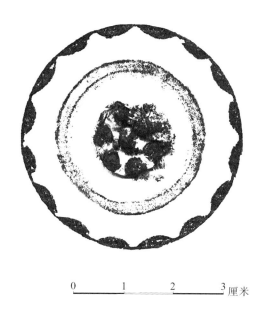

0　　　　1　　　　2　　　　3 厘米

图一六　宽弦纹素镜 C 型
（市训练馆 M63）

全素镜流行于战国中期到西汉早期，延续使用至西汉晚期；弦纹素镜流行于战国晚期到西汉早期；宽弦纹素镜则晚于全素镜和弦纹素镜，流行于西汉早期，延续使用至西汉晚期。

第二节　四叶羽状地纹镜

四叶羽状地纹镜，是在羽状地纹之上添加主纹四叶而形成的。而羽状地纹则由羽状、涡粒状等组成一个个长方形的花纹单位。

3 面。均圆形，弦钮，圆钮座。在地纹之上由钮座向外伸出桃形四叶。如市一中 M50、金汉丰 M12 出土者（图一七、一八，图版五：1）。

这三面铜镜均出自中小型竖穴土坑墓中，金汉丰 M12 伴出了陶鼎、扁形壶、豆，时代为战国晚期。而市一中 M50、M53 出土的陶礼器分别与西汉早期、中期同类器物相同。因此，此类镜流行于战国晚期至西汉早期，延续使用到西汉中期。

〔1〕　湖北省博物馆：《1978 年云梦秦汉墓发掘报告》，《考古学报》1986 年第 4 期，第 479～525 页。
〔2〕　湖北省博物馆：《1978 年云梦秦汉墓发掘报告》，《考古学报》1986 年第 4 期，第 479～525 页。

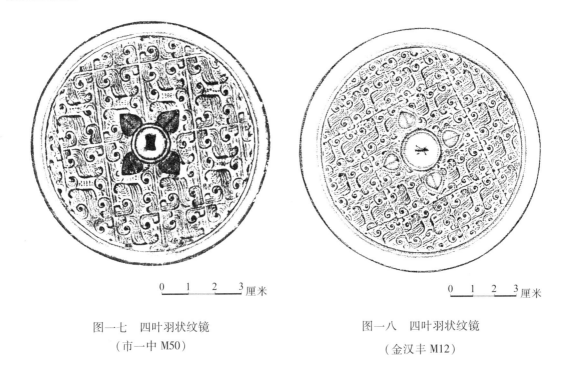

图一七　四叶羽状纹镜
（市一中 M50）

图一八　四叶羽状纹镜
（金汉丰 M12）

第三节　山字镜

山字镜中的"山"字纹，国外学者有的称为 T 字、T 字纹，而我国学者都采用山字纹的名称。镜均圆形，弦钮，有方钮座和圆钮座之分。地纹为羽状纹。在钮座外配列山字，山字有左旋、右旋两种。根据山字的数目，可分为四山镜和五山镜两种。

一、四山镜　4 面。方钮座。依山字之底边所对钮座不同，分二型。

A 型，3 面。山字之底边与方格平行，山字左旋或右旋，之间有花瓣等纹饰。如市一中 M210、市防爆厂 M59 出土者（图一九、二〇，图版六：1、2）。

B 型，1 面。山字之底边斜对方格四角，山字左旋，之间有叶纹。市一中 M36 出土（图二一，图版五：2）。

二、五山镜　1 面。圆钮座。座外有五山字纹，山字左旋。市万家园 M177 出土（图二二，图版七：1）。

不论是四山镜还是五山镜，均出自中小型竖穴土坑墓。市一中 M210 出土有吕后时期的半两钱；市万家园 M177、市一中 M36 出土了属于西汉早期鼎、盒、壶陶礼器；市一中 M207

出土了武帝时期的五铢钱和属于西汉中期的陶鼎、盒、小壶；市防爆厂 M59 出土有陶鼎、盒、壶、小壶，其器物形制与西汉晚期早段的同类器物相同。

因此，南阳出土的山字镜流行于西汉早、中期，西汉晚期中段后就不复出现。

图一九　四山镜 A 型
（市一中 M210）

图二〇　四山镜 A 型
（市防爆厂 M59）

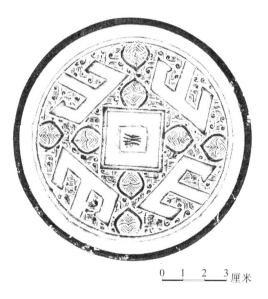

图二一　四山镜 B 型　（市一中 M36）

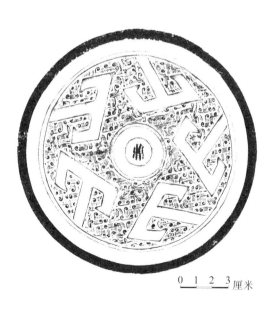

图二二　五山镜
（市万家园 M177）

第四节　折叠式菱纹镜

菱纹镜，以羽状纹为地纹，主纹为凹面粗线条，组成各式菱形图案。

出土两面。圆形，三弦钮，圆钮座。主纹将镜面分成为九个菱形小区。中心菱形及与它四边相接的四区，各有一凹圆形花蕊的四瓣花朵，与中心菱形顶点相对的四区，为半个折叠式菱纹，内有由镜缘向内伸出的一片花瓣纹。这八个菱纹区是以镜钮为中心的中心对称图形。素卷缘。如市拆迁办 M161 出土者（图二三，图版七：2）。

均出土自小型长方形竖穴土坑墓中，市拆迁办 M161 出土了昭宣时期的五铢钱；盛唐商务苑 M17 出土了鼎、盒、壶、小壶陶礼器，其器物形制与西汉中期同类器物相同。而这两面镜的特点，又体现了战国时期的特征，说明它的使用下限已到了西汉中期晚段。

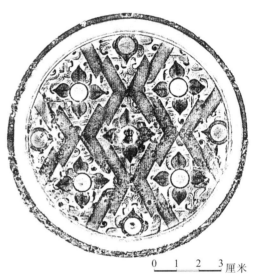

0　1　2　3　厘米

图二三　折叠式菱纹镜

（市拆迁办 M161）

第五节　龙凤镜

龙凤镜由地纹和主纹组成。地纹为云雷纹、羽状纹、菱形框状的雷纹并间隔点纹、也有在勾连纹中充填细密的点纹。主纹有凤鸟纹、龙纹。镜钮一般为三弦纹和双弦纹，座有圆钮座和方钮座之分，缘以素卷缘为主、少数为内向十二或十六连弧纹缘。

本书共收录 10 面铜镜，出自八个工地 10 座墓葬中，按主纹的不同分两种：

一、龙纹镜　5 面。圆钮座。纹饰由地纹和主纹组成。分三龙镜和四龙镜两种。

1. 三龙镜：4 面。三弦钮。分三型。

A 型，1 面。地纹为云雷纹，主纹为三龙三兽绕钮环列。三龙作回首状，身躯勾连缠绕，短足利爪。三兽作奔跑状。素卷缘。市税局 M191 出土（图二四，图版九：1）。

B 型，1 面。地纹为双线勾连雷纹，主纹为三龙绕钮分离配列。素卷缘。市防爆厂 M97 出土（图二五，图版八：1）。

C 型，2 面。地纹为双线折叠式菱形纹，菱形内为圆涡纹和三角云纹。主纹为三龙绕钮分离配列。内向十二连弧纹缘。市广电公司 M59 出土（图二六，图版九：2）。

2. 四龙镜，1 面。三弦钮。在地纹之上于钮座外圈伸出四扁叶。地纹为云雷纹，主纹为四龙绕钮分离配列。内向十六连弧纹缘。市一中 M219 出土（图二七，图版一一：1）。

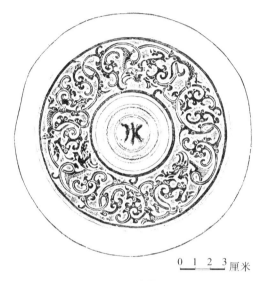

图二四　三龙镜 A 型

（市税局 M191）

图二五　三龙镜 B 型

（市防爆厂 M97）

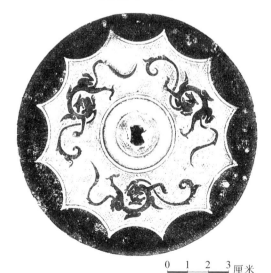

图二六　三龙镜 C 型

（市广电公司 M59）

图二七　四龙镜

（市一中 M219）

二、凤纹镜　5面（市万家园 M242 出土 1 面残，不在分型之列）。方钮座。纹饰由地纹和主纹组成。分四凤镜和三凤镜二种。

1. 四凤四菱镜，2面。双弦钮，方钮座。主纹为四个独立的个体凤，绕钮环列。素卷缘。分二型。

A 型，1 面。地纹为双线勾连雷纹，其间填以圆涡纹及三角纹，双线内有圆点纹。市一中 M22 出土（图二八，图版一〇：1）。

B 型，1 面。地纹为菱形格内的圆涡纹与碎点纹。在折叠菱形纹上站立四鸟。市一中 M133 出土（图二九，图版一〇：2）。

2. 三凤镜，2面。圆钮座。主纹为三个独立凤纹，绕镜钮环列。素卷缘。分二型。

A 型，1 面。弦钮。地纹为双线折叠式菱形纹，双线内有圆点纹。菱形格内为圆涡纹和三角雷纹。主纹凤纹已图案化。市拆迁办 M122 出土（图三〇，图版八：2）。

B 型，1 面。三弦钮。圆纽座。地纹为云雷纹。主纹为三叶与三凤相间环绕。南阳理工大学 M8 出土（图三一，图版一三：1）。

这 10 面铜镜均出自中小型长方形竖穴土坑墓中，从墓葬形制和出土器物看，出土凤纹镜的市拆迁办 M122 伴出有双耳陶罐，罐的器形特点已接近于西汉早期的双耳陶罐，但又有别，其时代为战国末西汉初。而出土四龙镜的市一中 M219 伴出的小口瓮与战国晚期晚段的同类器物相同；在龙纹镜和三凤镜中，有 7 面镜伴出有鼎、盒、壶陶礼器或陶罐等器物，这些器物形制与西汉早期同类器物相同。市防爆厂 M285 出土的成套陶礼器鼎、盒、壶、小壶，其器物形制与西汉中期同类器物相同。因此，龙纹镜流行于战国晚期至西汉早期，使用至西汉中期。凤纹镜流行于战国晚期至西汉早期。

| 0 | 1 | 2 | 3 厘米 |

图二八　四凤四菱镜 A 型
（市一中 M22）

图二九　四凤四菱镜 B 型
（市一中 M133）

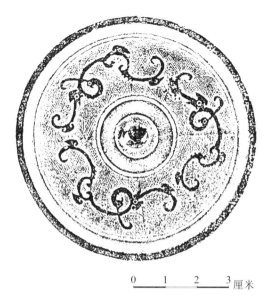

图三○　三凤镜 A 型
（市拆迁办 M122）

图三一　三凤镜 B 型
（南阳理工大学 M8）

第六节　兽纹镜

此类镜主纹为兽纹。共 3 面。三弦钮。素卷缘。按有无地纹，分两种。

一、纹饰由地纹和主纹组成。2 面。地纹为羽状纹。分二型。

A 型，1 面。主纹为四兽，兽躯体粗壮、有长尾，类似于熊罴，每只皆拉着前一只的长尾，绕钮环列。市一中 M436 出土（图三二，图版一一：2）。

B 型，1 面。主纹为五个变形独体兽，绕钮环列。宛计生委 M4 出土（图三三，图版一二：1）。

二、无地纹镜，1 面。钮外一周凹面形圈带。之外有四个图案化的兽纹同向环列。市一中 M168 出土（图三四，图版一二：2）。

图三二　兽纹镜 A 型
（市一中 M436）

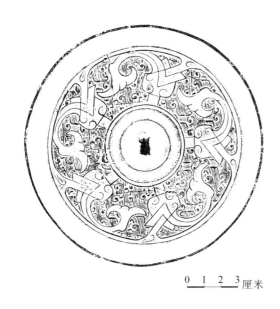

0 1 2 3 厘米

0 1 2 3 厘米

图三三　兽纹镜 B 型　　　　　　　图三四　兽纹镜（市一中 M168）
（宛计生委 M4）

市一中 M436、宛计生委 M4 均出土了成套的陶礼器鼎、盒、壶、小壶，其器物形制与西汉早期晚段的同类器物相同。市一中 M168 伴出的陶罐与西汉早期前段的陶罐相同。因此，兽纹镜使用于西汉早期。

第七节　蟠螭镜

蟠螭为盘曲流畅的线条图案，有的有首有尾、有腹有足，有的则完全图案化，很难辨其首足腹尾。它们互相缠绕，连绵不断，或独立个体互不相连。有的在蟠螭之间有变形叶纹相间，还有的身躯为一折叠菱纹、或尾部连一折叠菱纹。主纹大多为蟠螭纹，也有少数为凤鸟纹。学术界笼统地将它们称为蟠螭纹。

共 50 面，分别出自 19 个工地的 50 座墓葬中。根据主题纹饰，分为两大类。

甲类：纹饰保留了战国时期的特征。41 面，分四种：

一、蟠螭镜　3 面。圆形，弦钮。纹饰由地纹和主纹组成。地纹为云雷纹。分二型。

A 型，2 面。四个相互缠绕的蟠螭，螭头靠钮座外圈，身躯勾连缠绕。如市一中 M224 出土者（图三五，图版一六：1）。

B 型，1 面。三个互不相连的蟠螭纹，螭张口露齿、兽目。身躯勾连缠绕，肢爪伸张。宛计生委 M5 出土（图三六，图版一六：2）。

二、蟠螭叶纹镜 15 面。纹饰由地纹和主纹组成。分二型。

A 型，4 面。地纹为云雷纹。主纹为四蟠螭，四蟠螭间有变形叶纹。分二亚型。Aa 型，3 面。螭头较小、小眼，身躯勾连缠绕。南阳理工大学 M203、市拆迁办 M214 出土者（图三七、三八，图版一七：1）。Ab 型，1 面。蟠螭头部似禽鸟状，斑目、勾喙，腹呈环状，腹两侧有短翼，上身及尾呈 C 字形弯卷的枝条，以腹部为中心，左右对称。市一中 M128 出土（图三九，图版一七：2）。

B 型，11 面。地纹为圆涡纹。主纹为三蟠螭间有变形叶纹。分三亚型。Ba 型，1 面。在钮两侧和三叶正中有一字铭。宛检察院 M84 出土（图四○，图版一五：1）。Bb 型，7 面。蟠

0 1 2 3 厘米

图三五 蟠螭镜 A 型
（市一中 M224）

0 1 2 3 厘米

图三六 蟠螭镜 B 型
（宛计生委 M5）

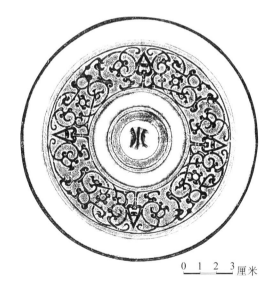

0 1 2 3 厘米

图三七 蟠螭叶纹镜 Aa 型
（南阳理工大学 M203）

螭已完全图案化。身躯弯卷柔长，与叶纹相勾连，腹部盘结作折叠菱形。如市税局 M109、市人行 M3 出土者（图四一、四二，图版一五：2）。Bc 型，3 面。螭头较小，张嘴作回首状，腹中部被一折叠菱形纹所叠压。如宛计生委 M97、市一中 M410 出土者（图四三、四四，图版一四：2）。

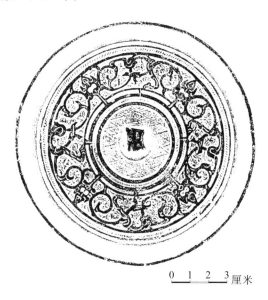

0 1 2 3 厘米

图三八　蟠螭叶纹镜 Aa 型
（市拆迁办 M214）

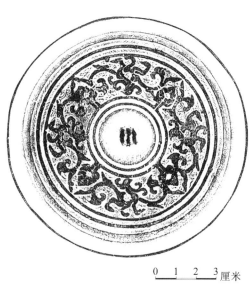

0 1 2 3 厘米

图三九　蟠螭叶纹镜 Ab 型
（市一中 M128）

0 1 2 3 厘米

图四〇　蟠螭叶纹镜 Ba 型
（宛检察院 M84）

0 1 2 3 厘米

图四一　蟠螭叶纹镜 Bb 型
（市税局 M109）

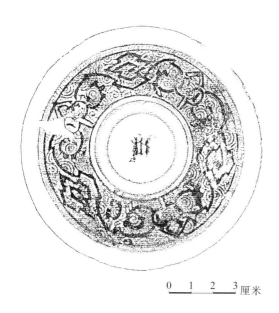

图四二　蟠螭叶纹镜 Bb 型
（市人行 M3）

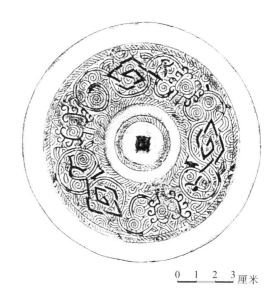

图四三　蟠螭叶纹镜 Bc 型
（宛计生委 M97）

三、蟠螭菱纹镜　19 面（市拆迁办 M112、市防爆厂 M287 出土的铜镜残，不在分型之列）。纹饰由地纹和主纹组成。分三型。

A 型，5 面。四蟠螭间有菱形纹，分二亚型。Aa 型，4 面。地纹为云雷纹或圆涡纹，主纹四蟠螭间有菱形纹相隔。如市防爆厂 M256 出土者（图四五，图版二〇：1）。Ab 型，1 面。地纹为云雷纹。蟠螭张嘴露齿，口吐长舌，头上有多歧枝冠，身躯勾连交错，一肢向后曲折作对菱形。市一中 M41 出土（图四六，图版二〇：2）。

B 型，7 面。地纹为云雷纹，主纹为三蟠螭纹和菱形纹。分二亚型。Ba 型，1 面。螭昂首、张口，头顶有角，前后两足，伸向镜缘。身躯呈连续 S 形，

图四四　蟠螭叶纹镜 Bc 型
（市一中 M410）

在近尾处压叠一菱形纹。万家安防器材厂 M3（图四七，图版二一：2）。Bb 型，6 面。螭与相邻菱形纹相勾连。如宛计生委 M23、宛运三公司 M19 出土者（图四八、四九，图版一八：1、二一：1）。

C 型，5 面。菱形纹间配有三凤鸟。分二亚型。Ca 型，2 面。三蟠禽间有三束缠绕的蔓枝。禽的双翼与蔓枝勾连，各束蔓枝又与一菱形纹相连。如宛计生委 M30 出土者（图五〇）。Cb 型，3 面。三组对菱形纹中各有一蟠龙纹，并在三组对菱形纹之间配三凤纹。凤双翅与相

邻的菱形纹相勾连。如市一中 M289 出土者（图五一）。

　　四、蟠螭龙纹镜　4 面。纹饰由地纹和主纹组成，主纹为乳钉和蟠龙组成。按乳钉和蟠龙纹的多少，可分三种。

　　1. 三乳三蟠龙镜，1 面。三弦钮。地纹为云雷纹，主纹为三乳与蟠龙相间环绕。素卷缘。市税局 M192（图五二，图版二四：2）。

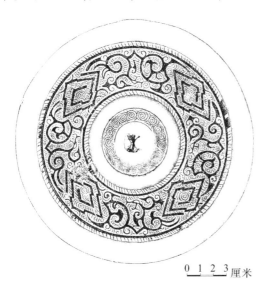

0　1　2　3 厘米

图四五　蟠螭菱纹镜 Aa 型
（市防爆厂 M256）

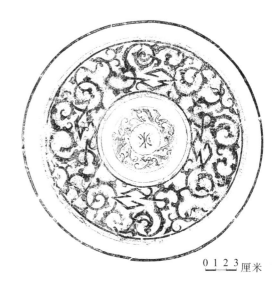

0　1　2　3 厘米

图四六　蟠螭菱纹镜 Ab 型
（市一中 M41）

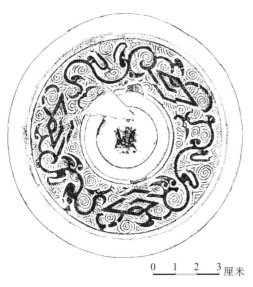

0　1　2　3 厘米

图四七　蟠螭菱纹镜 Ba 型
（万家安防器材厂 M3）

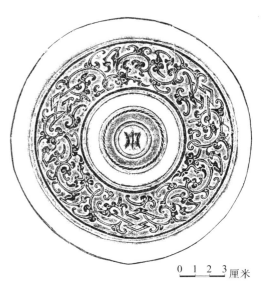

0　1　2　3 厘米

图四八　蟠螭菱纹镜 Bb 型
（宛计生委 M23）

2. 四乳二蟠龙纹镜，1 面。地纹为圆涡纹，主纹为四乳与二蟠龙，二蟠龙各环绕一乳，又与另二乳钉相隔。素卷缘。市一中 M96 出土（图五三，图版二六：1）。

3. 四乳四蟠龙镜，2 面。内向十六连弧纹缘。分二型。

A 型，1 面。连峰钮，圆钮座。四乳钉叠压在四蟠龙长舌上。市一中 M221 出土（图五四，图版二五：2）。

图四九　蟠螭菱纹镜 Bb 型
（宛运三公司 M19）

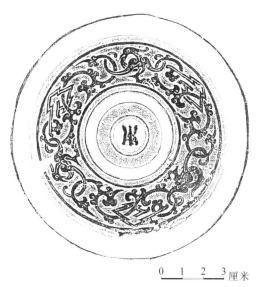

图五〇　蟠螭菱纹镜 Ca 型
（宛计生委 M30）

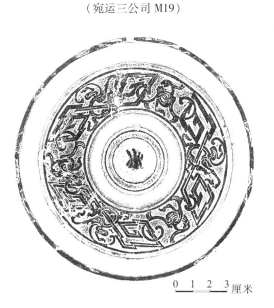

图五一　蟠螭菱纹镜 Cb 型
（市一中 M289）

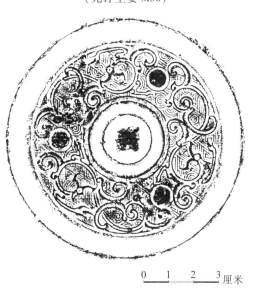

图五二　三乳三蟠龙镜
（市税局 M192）

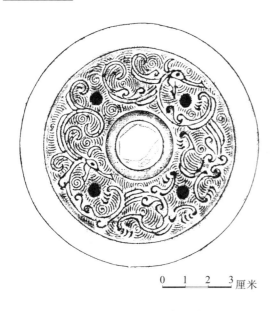

0 1 2 3 厘米

图五三　四乳二蟠龙纹镜
（市一中 M96）

0 1 2 3 厘米

图五四　四乳四蟠龙镜 A 型
（市一中 M221）

B 型，1 面。半圆钮，四叶纹钮座。蟠龙张嘴、回首，四足呈八字形位于身躯两侧，细长尾。宛计生委 M36 出土（图五五，图版二六：2）。

这 41 面铜镜除 3 面镜出自凸字形竖穴土坑墓外，其余则出土于长方形竖穴土坑墓。从墓葬形制和出土器物看，市防爆厂 M42 出土的陶罐与战国晚期陶罐相同。宛计生委 M5、市一中 M295 出土的大口瓮或陶鼎、壶与战国晚期同类器物相似，又与西汉早期同类器物接近，其时代为战国末西汉初。不论是蟠螭叶纹镜，还是蟠螭菱纹镜、蟠螭龙纹镜，有 23 面镜伴出有属于西汉早期的器物。另有 10 面镜伴出有属于西汉中期的器物。而在市一中 M27、M8、宛计生

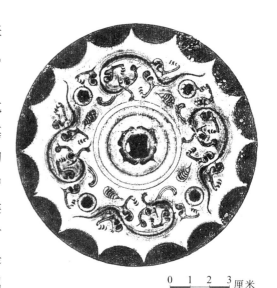

0 1 2 3 厘米

图五五　四乳四蟠龙镜 B 型
（宛计生委 M36）

委 M36 墓中，却出土了属于西汉晚期陶罐或鼎、盒、壶、小壶陶礼器。另外市一中 M410 和市防爆厂 M71 这两座墓虽都伴出有随葬器物，但因陶质极差或器物残而无法复原。根据残器形制和蟠螭镜流行及使用时间，这两座墓时代为西汉时期。总之蟠螭镜流行于战国晚期至西汉早期，延续使用至西汉中期，个别延续使用至西汉晚期。

乙类：纹饰既保留了战国时流行蟠螭纹镜的特征，同时也出现了新的形式和手法，这就使形态和构图发生了一些变化。此类镜共9面，分三种。

一、蟠螭镜　7面，分二型。

A型，2面。地纹为不清晰的云雷纹。主纹为四蟠螭绕钮环列。按有无铭文，分二亚型。Aa型，1面。蟠螭纹为双线勾勒的变形蟠螭纹。宛审计局M14出土（图五六，图版二三：1）。Ab型，1面。伏兽钮。钮外一周铭文。蟠螭纹为双线勾勒而成。裕华商城M26出土（图五七）。

B型，5面。四蟠螭被四叶分隔成四区。按有无铭文，分二亚型。Ba型，4面。钮外一周铭文。蟠螭纹为双线勾勒而成。如市高管局M12出土者（图五八，图版二三：2）。Bb型，1面。地纹粗拙，蟠螭纹饰已简化变得粗放。市防爆厂M294出土（图五九，图版二二：1）。

二、博局蟠螭镜，1面。钮外方格内有铭文。博局纹形成的四方各饰有线条式蟠螭纹一组。乐乐牛乳业公司M12出土（图六〇）。

三、圈带叠压蟠螭镜，1面。三周凸弦纹圈带叠压在蟠螭躯体上。圈带内外各分布三个折叠菱形纹，与三蟠螭相勾连。市拆迁办M142出土（图六一，图版二四：1）。

这9面铜镜，A型镜和圈带叠压蟠螭镜伴出的陶礼器鼎、盒、壶或铜鼎、铜壶等器物，器物形制与西汉早期同类器物相同。博局蟠螭镜和出土Ba型镜的市广电公司M30、

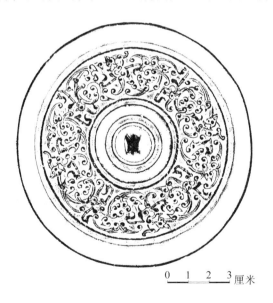

0　1　2　3厘米

图五六　蟠螭镜Aa型
（宛审计局M14）

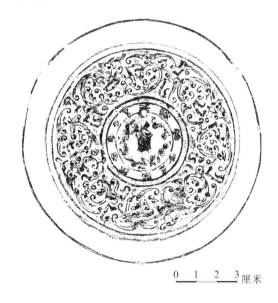

0　1　2　3厘米

图五七　蟠螭镜Ab型
（裕华商城M26）

市高管局 M12 都伴出了属于西汉中期器物。和 Bb 型镜同出的陶鼎、壶、仓与西汉晚期同类器物相同。

　　这时期的蟠螭镜，地纹已变的粗拙，纹饰已完全图案化，辨不出首、足、腹、尾。因此，这类镜流行于西汉早、中期，个别延续使用至西汉晚期。

图五八　蟠螭镜 Ba 型
（市高管局 M12）

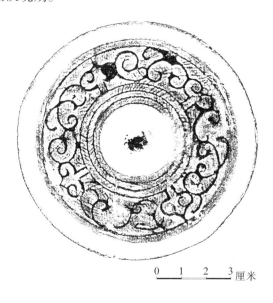

图五九　蟠螭镜 Bb 型
（市防爆厂 M294）

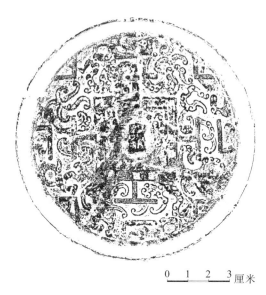

图六〇　博局蟠螭镜
（乐乐牛乳业公司 M12）

图六一　圈带叠压蟠螭镜
（市拆迁办 M142）

第八节　连弧纹镜

连弧纹镜是在镜背面以弧线或凹面宽弧带连成圈做为主纹。可分两类。

甲类：线状连弧纹。连弧纹分单线连弧纹和凹面宽带内向连弧纹。共 9 面。可分为素地连弧纹镜、云纹连弧纹镜和云雷纹地蟠虺连弧纹镜三种。

一、素地连弧纹镜　7 面。分二型。

A 型，3 面。单线连弧纹。座外一周凹面形圈带。素卷缘。分二亚型。Aa 型，1 面。内向十一连弧纹。之外一周弦纹。市防爆厂 M246 出土（图六二，图版二八：2）。Ab 型，2 面。内向八连弧纹，连弧的外角直抵镜缘处的弦纹圈。在连弧之八内角每隔一角就有一凹面带围成的桃叶状纹。如市高管局 M17 出土者（图六三，图版二五：1）。

B 型，4 面。钮外围凹面形圈带和凹面宽条带围成的内向连弧纹。素卷缘。分三亚型。Ba 型，2 面。凹面宽条带围成的七内向连弧圈，连弧的外角直抵镜缘处的弦纹圈。如市防爆厂 M27 出土者（图六四，图版二九：1）。Bb 型，1 面。凹面宽条带围成的八内向连弧圈和八内

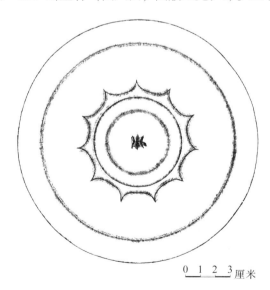

图六二　素地连弧纹镜 Aa 型
（市防爆厂 M246）

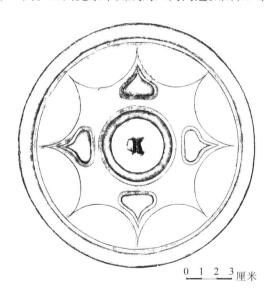

图六三　素地连弧纹镜 Ab 型
（市高管局 M17）

向连弧纹相对应，连弧的外角直抵镜缘处的弦纹圈上。市一中 M1 出土（图六五，图版二九：2）。Bc 型，1 面。凹面宽条带围成的八内向连弧圈，连弧的外角直抵镜缘处的弦纹圈上。市广电公司 M31 出土（图六六）。

二、云纹连弧纹镜 1 面。纹饰为凹面宽带组成的六内向连弧纹圈。连弧纹之交角直抵镜缘的弦纹圈，形成六个区，在六区内饰云纹。市体育馆 M29 出土（图六七，图版二八：1）。

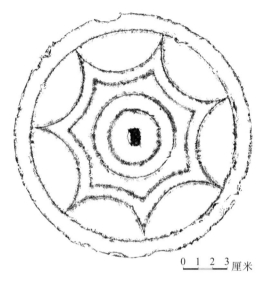

0 1 2 3 厘米

图六四　素地连弧纹镜 Ba 型
（市防爆厂 M27）

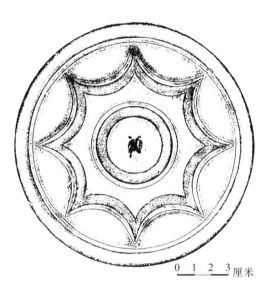

0 1 2 3 厘米

图六五　素地连弧纹镜 Bb 型
（市一中 M1）

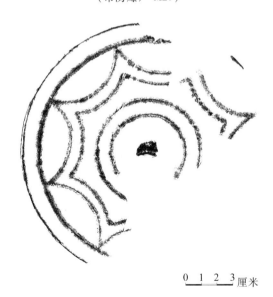

0 1 2 3 厘米

图六六　素地连弧纹镜 Bc 型
（市广电公司 M31）

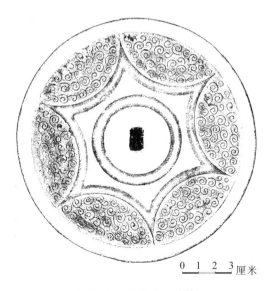

0 1 2 3 厘米

图六七　云纹连弧纹镜
（市体育馆 M29）

三、云雷纹蟠螭连弧纹镜　1 面。纹饰由地纹和主纹组成。地纹为细密的云雷纹。在地纹之上为蟠螭纹。凹面带围成的内向六连弧纹又叠压在其上，形成三层花纹。宛计生委 M22 出土（图六八，图版三〇：1）。

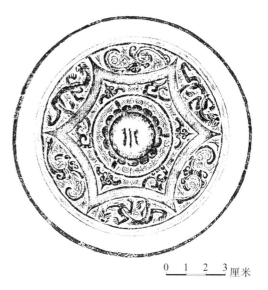

0　1　2　3 厘米

图六八　云雷纹蟠螭连弧纹镜
（宛计生委 M22）

这 9 面铜镜均出自中、小型竖穴土坑墓。从墓葬形制和器物形制看，市一中 M1 出土陶鼎、盒、壶、小壶与西汉中期同类器物相同；另 8 面素地连弧纹镜伴出的陶罐，或陶鼎、盒、壶，或铜钫等器物，这些器物与西汉早期同类器物相同。

因此，素地连弧纹镜流行于西汉早期，延续使用至西汉中期。云纹连弧纹镜和云雷纹地蟠螭连弧镜使用于西汉早期。

乙类：半月状连弧纹。此类镜的特征是以内向连弧纹为主题纹饰，铭文处于装饰从属地位。共 4 面。可分为云雷纹连弧纹镜、君宜官位连弧纹镜两种。

一、云雷纹连弧纹镜　3 面。主纹是圆涡纹和三角纹组成的云雷纹，连弧纹缩小。素平缘。分三型：

A 型，1 面。半圆钮，连珠纹钮座。座外内向八连弧纹，其外一周云雷纹。市日报社 M90 出土（图六九，图版三〇：2）。

B 型，1 面。半圆钮，四叶纹钮座。四叶间置铭文"长宜子孙"。内向八连弧纹，其外一周云雷纹。市日报社 M80 出土（图七〇，图版三一：2）。

C 型，1 面。半圆钮，圆钮座，座外凸弦纹和内向八连弧纹各一周，其外一周云雷纹。南阳理工大学 M95 出土（图七一，图版三一：1）。

二、君宜官位连弧纹镜　1 面。半圆钮，蝙蝠形四叶钮座。四叶间置铭文"君宜官位"。其外八连弧纹内有四乳钉纹。一周凹面形圈带。素平缘。市防爆厂 M62 出土（图七二，图版三二：1）。

云雷纹连弧纹 C 型镜伴出有陶鼎、盒、钫与西汉中期同类器物相同。A 型镜出土于长方形砖室墓，伴出有陶仓、灶、井、磨、猪圈、狗、鸡等模型明器，与西汉晚期同类器物相同。B 型镜出土于长方形砖室墓，从出土的陶片和墓葬特征看，时代为西汉晚期至东汉早期。而君宜官位连弧纹镜则出土于干字形砖室墓中，伴出有东汉五铢和属于东汉晚期的随葬品。因此，云雷纹连弧纹镜出现于西汉中期,延续使用于东汉早期;君宜官位连弧镜在南阳汉墓中,目前见于东汉晚期的墓葬中。

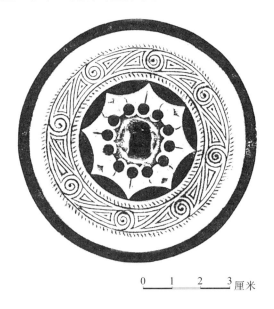

0　1　2　3厘米

图六九　云雷纹连弧纹镜 A 型

（市日报社 M90）

0 1 2 3厘米

图七〇　云雷纹连弧纹镜 B 型

（市日报社 M80）

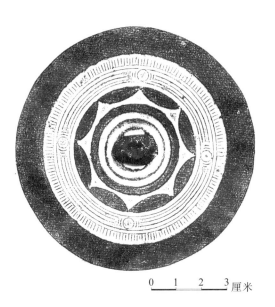

0　1　2　3厘米

图七一　云雷纹连弧纹镜 C 型

（南阳理工大学 M95）

0　1　2　3厘米

图七二　君宜官位连弧纹镜

（市防爆厂 M62）

第九节 蟠螭透雕镜

又称夹层透纹镜。即镜面和镜背各由一块铜板构成，镜面仅为一光面铜片，镜背是一透雕图案的青铜片，然后镜面嵌于镜背之中铆合为一个整体。

此类镜仅在淅川县郭庄出土1面。圆形、小环钮，圆钮座。钮座外有四条粗短直线，呈十字形把镜背分为四区，每区二蟠螭，蟠螭两两背靠背与短直线相对。螭头靠近钮座，张嘴，螭嘴相连，螭身则由简单纹饰和十六个圆圈纹相连。窄平缘（图七三，图版一三：2）。

该墓出土了灰陶鼎、壶、浴缶、敦、豆、铜戈、铜盘、铜匜、铜盖豆、铜鼎、铜壶等器物，时代为战国中期。

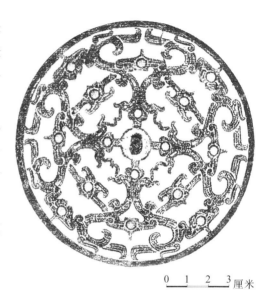

0 1 2 3 厘米

图七三 蟠螭透雕镜（淅川县郭庄 M2）

第一〇节 蟠虺纹镜

蟠虺纹是指与蟠螭纹相似，但图案更简化，形体较鲜明的纹饰。常见有方格四虺纹镜、连弧蟠虺纹镜、圈带叠压蟠虺镜、蟠虺纹镜。均圆形、三弦钮、纹饰由地纹与主纹组成，匕缘。共38面，分三种。

一、日明方格蟠虺镜 4面。钮外凹面双线方格及大方格间有八字铭文："见日之明，天下大明"。地纹为斜线纹及重叠三角纹。主纹为四虺纹，虺纹由三个C形相连，中间大C形中有一乳钉，两侧小C形与大C形同向配置。如宛计生委 M6 出土者（图七四，图版三二：2）。

二、圈带蟠虺纹镜 26面（名门华府 M25 出土一面残，不在分型之列）。圆形，钮外一周凹面形圈带，纹饰由地纹与主纹组成。匕缘。按有无乳钉分二型。

　　A 型，9 面。主纹为四虺纹。之外为内向十六连弧纹。分三亚型。Aa 型，4 面。地纹为斜线纹，主纹是四组极度涡化的虺纹，虺纹呈 S 形。如市税局 M116 出土者（图七五）。Ab 型，4面。地纹为斜线纹或较稀疏的圆涡纹。主纹是由 C 形弧线连续相接形成的四个 S 形虺纹。如市环城一中 M6 出土（图七六，图版三五：2）。Ac 型，1 面。地纹为斜线纹，主纹是四组极度涡化的虺纹，虺纹呈 S 形。市税局 M116 出土（图七七，图版三三：2）。

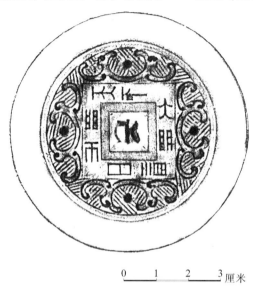

图七四　日明方格蟠虺镜
（宛计生委 M6）

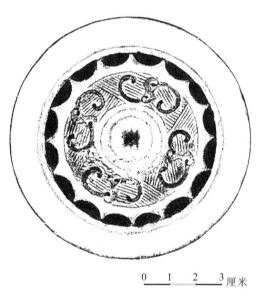

图七五　圈带蟠虺纹镜 Aa 型
（市税局 M116）

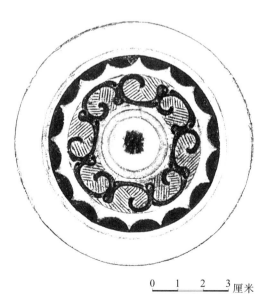

图七六　圈带蟠虺纹镜 Ab 型
（环城一中 M6）

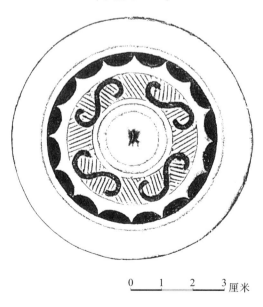

图七七　圈带蟠虺纹镜 Ac 型
（市税局 M116）

B 型，16 面。主纹为四乳与四虺纹。分四亚型。Ba 型，10 面。地纹为斜线纹或圆涡纹。主纹是四组极度涡化的虺纹与四乳相间环绕。如南阳理工大学 M179、宛计生委 M8 出土者（图七八、七九，图版三五：1，三四：2）。Bb 型，3 面。地纹为斜线纹及三角纹。主纹为四乳钉及由 C 形弧线连续相接形成的四个 S 形虺纹。如宛计生委 M44 出土者（图八〇）。Bc 型，1 面。地纹为圆涡纹。主纹为四虺纹，虺纹中有一乳钉。虺纹由两个 C 形弧线连成反 S 形，虺首位于中部，作回首张嘴吞珠状。市一中 M266 出土（图八一，图版三四：1）。Bd 型，

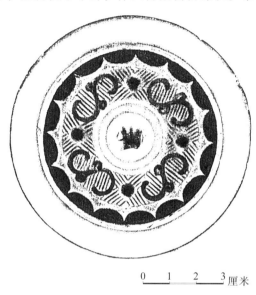

0 1 2 3厘米

图七八　圈带蟠虺纹镜 Ba 型

（南阳理工大学 M179）

0 1 2 3厘米

图七九　圈带蟠虺纹镜 Ba 型

（宛计生委 M8）

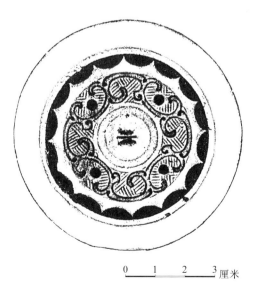

0 1 2 3厘米

图八〇　圈带蟠虺纹镜 Bb 型

（宛计生委 M44）

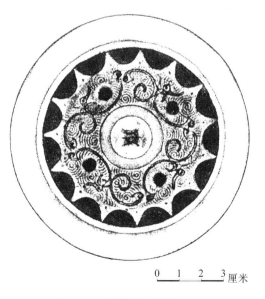

0 1 2 3厘米

图八一　圈带蟠虺纹镜 Bc 型

（市一中 M266）

2 面。地纹为较稀疏的圆涡纹。主纹为四乳钉及由 C 形弧线连续相接形成的四个 S 形虺纹。虺纹关节及卷曲的顶端均为圆涡纹。市税局 M116、南阳理工大学 M83 出土（图八二、图八三，图版三三：1）。

三、圈带叠压蟠虺镜。8 面。主纹被一圈凹面形圈带叠压，圈带上均匀分布四枚乳钉。分三型。

A 型 6 面，分二亚型。Aa 型，4 面。地纹为圆涡纹。主纹是四组极度涡化的虺纹，每个虺纹由大小不等的 4 个 C 形弧线连接而成。虺纹关节及卷曲的顶端均为圆涡纹。如市防爆厂 M199 出土者（图八四）。Ab 型，2 面。地纹为斜线纹。主纹是四组极度涡化的虺纹，每个虺纹由大小不等的 4 个 C 形弧线连接而成。如市训练馆 M63 出土者（图八五）。

B 型，1 面。地纹为圆涡纹。主纹为四条虺纹，龙头前伸，圆眼，张嘴，身躯作 C 形卷曲，每个虺纹由 4 个 C 形弧线连接而成，关节及卷曲的顶端均为圆涡纹。市税局 M38 出土（图八六，图版三六：1）。

C 型，1 面。地纹为圆涡纹。主纹为两条虺纹，龙头前伸，圆眼，张嘴，有角，身躯为连续的 C 形弧线相接而成。关节及曲线的顶端均为圆涡纹。市防爆厂 M265 出土（图八七）。

出土日明方格蟠虺镜的宛计生委 M6 伴出有陶罐、小口瓮，与西汉晚期同类器物相同，另 3 面铜镜同出于宛计生委 M39 中，伴出的陶罐则与西汉早期陶罐相同。因此，这类铜镜使用于西汉早期，延续使用至西汉晚期。

出土圈带蟠虺纹镜的市一中 M266、市体育馆 M81、宛计生委 M8、M58、市防爆厂 M199、南阳理工大学 M83、市万家园 M227，伴出有陶鼎、盒、壶、小壶或罐与西汉早期同

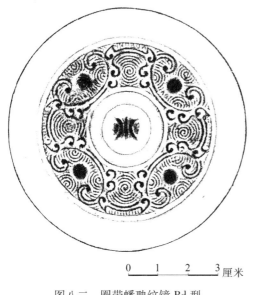

0 1 2 3 厘米

图八二　圈带蟠虺纹镜 Bd 型
（市税局 M116）

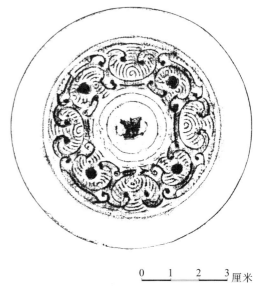

0 1 2 3 厘米

图八三　圈带蟠虺纹镜 Bd 型
（南阳理工大学 M83）

类器物相同。而宛计生委 M118、M130、市一中 M214、市训练馆 M63、市拆建公司 M43 分别伴出了属于西汉晚期的陶罐或陶钫、小壶和五铢钱。另有 18 面铜镜分别伴出了半两钱、五铢钱或属于西汉中期的器物。因此圈带蟠虺镜出现于西汉早期，流行于西汉中期，延续使用至西汉晚期。

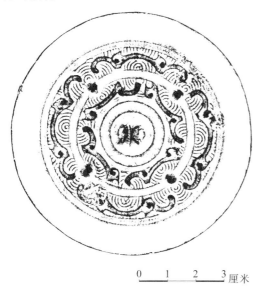

图八四 圈带叠压蟠虺镜 Aa 型
（市防爆厂 M199）

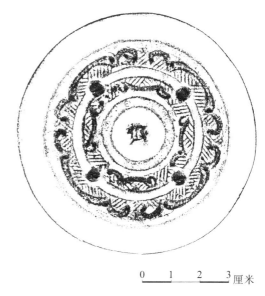

图八五 圈带叠压蟠虺镜 Ab 型
（市训练馆 M63）

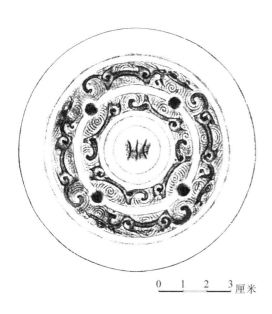

图八六 圈带叠压蟠虺镜 B 型
（市税局 M38）

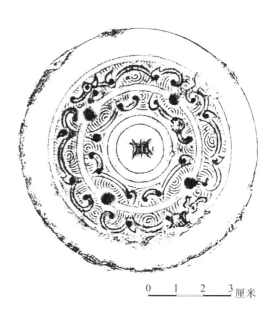

图八七 圈带叠压蟠虺镜 C 型
（市防爆厂 M265）

第一一节　花瓣镜

花瓣镜亦称花叶镜。一般花叶简单、比较图案化。从出土的 10 面铜镜看，可分四花镜和花叶镜两种。

一、四花镜　6 面。分三型。

A 型，2 面。三弦钮。钮外大圈带上叠压着四花瓣。分二亚型。Aa 型，1 面。四乳钉间有一苞二叶纹与双叶纹分别位于大圈带内外，叶纹不仅大小不同，而且方向相反。内向十六连弧纹缘。宛计生委 M51 出土（图八八，图版三七：2）。Ab 型，1 面。圈带内外有猴、有鱼。匕缘。市一中 M371 出土（图八九，图版三七：1）。

B 型，3 面。内向十六连弧纹缘。分三亚型。Ba 型，1 面。三弦钮，方钮座。座外四角有四花，四边有变形蟠龙纹。市体育馆 M101 出土（图九〇）。Bb 型，1 面。半圆钮，四叶纹钮座。四花与四蟠螭纹相间环绕。宛计生委 M88 出土（图九一，图版三八：2）。Bc 型，1 面。博山炉式钮。钮外蟠虺纹与四花环绕。市拆迁办 M61 出土（图九二，图版三八：1）。

C 型，1 面。伏螭钮。钮外方框内有铭文：“镜以此行，服者君卿，所言必当，千秋万岁，长毋相忘”。框外四角饰以对称蟠龙，中间配以连叠花瓣纹。四边中心有四花，并向外伸

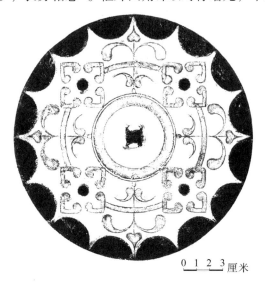

0 1 2 3 厘米

图八八　四花镜 Aa 型
（宛计生委 M51）

0 1 2 3 厘米

图八九　四花镜 Ab 型
（市一中 M371）

出一桃形花苞。市审计局 M68 出土（图九三，图版四〇：1）。

　　出土 Aa 型、Ba、Bc 型镜及伴出的陶鼎、盒、壶、小壶与西汉早期同类器物相同；出土 Bb 型镜的伴出器物小口瓮与西汉中期同类器物相同；而 Ab 型、C 型镜伴出的陶鼎、盒、壶及仓、灶、井、磨则与西汉晚期同类器物相同。

　　二、花叶镜，4 面。内向十六连弧纹缘。按有无铭文，分二型。

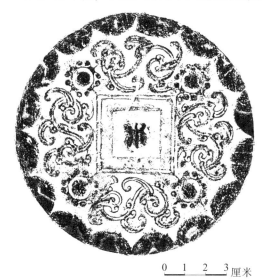

0　1　2　3 厘米

图九〇　四花镜 Ba 型
（市体育馆 M101）

0　1　2　3 厘米

图九一　四花镜 Bb 型
（宛计生委 M88）

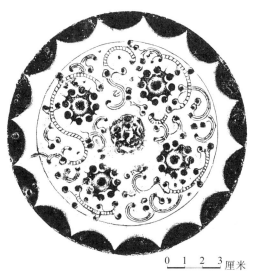

0　1　2　3 厘米

图九二　四花镜 Bc 型
（市拆迁办 M61）

0　1　2　3 厘米

图九三　四花镜 C 型
（市审计局 M68）

A 型，1 面。三弦钮。钮外有两个凹面形圈带。大圈带上叠压四乳钉，圈带内外有一苞二叶纹和双叶纹，叶纹不仅大小不同，而且方向相反。市拆迁办 M72（图九四，图版三九：1）。

B 型，3 面。八花叶，方框内有铭文，内向十六连弧纹缘。分三亚型。Ba 型，1 面。半球钮，四叶纹钮座。座外方框内有铭文："……乐□毋相忘，……者……"。框外四边和四角各有双瓣一苞花叶纹。市一中 M338 出土（图九五）。Bb 型，1 面。三弦钮。钮外方框内有铭文"见日之光，天下大"。框外四边和四角各有一苞双叶花枝纹。市税局 M63 出土（图九六）。Bc 型，1 面。三弦钮，方钮座。座外方框内有铭文"见日之光，天下大明"。框外四角有花苞纹、四边中心有乳钉和一苞双叶花枝纹。市体育馆 M69 出土（图九七，图版三九：2）。

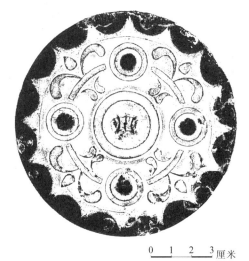

图九四　花叶镜 A 型
（市拆迁办 M72）

图九五　花叶镜 Ba 型
（市一中 M338）

图九六　花叶镜 Bb 型
（市税局 M63）

图九七　花叶镜 Bc 型
（市体育馆 M69）

这 4 面铜镜均出自小型长方形竖穴土坑墓。A 型、Ba、Bc 型镜的伴出器物与西汉晚期的同类器物相同。Bb 型镜伴出的成套陶礼器与西汉中期同类器物相同。

从整个发掘出土情况看，四花镜流行于西汉早期，延续使用至西汉晚期。而花叶镜晚于四花镜，流行于西汉中、晚期。

第一二节　四扁叶镜

此类镜，仅在市一中 M395 出土一面。圆形，三弦钮，钮外围凹面形圈带及短斜线纹各一周。纹饰由地纹与主纹组合而成。地纹为卷云纹。在地纹之上于钮外有凹面宽带围成的四大扁叶形纹饰（图九八，图版二七：1）。

该镜出土于长方形竖穴土坑墓，伴出有鼎、盒、壶、小壶陶礼器，器形与西汉中期同类器物相同，其时代为西汉中期。

0　1　2　3 厘米

图九八　四扁叶镜（市一中 M395）

第一三节　圈带镜

共两面，均圆形、半球钮，内向十六连弧纹缘。分二型

A 型，1 面。并蒂十二连珠纹钮座，之外一周细弦纹圈带，在弦纹圈带内外各有四组短直线纹（每组五线）。市一中 M217 出土（图九九，图版四〇：2）。

B 型，1 面。圆钮座。座外有月牙纹和钉字形纹。之外有凸弦纹和短斜线纹各一周，在短斜线纹外有四条短直线纹。书香水岸 M18 出土（图一〇〇，图版四一：1）。

从墓葬形制和出土的昭宣帝时期的五铢钱或陶鼎、壶、小壶等器物看，这类镜使用于西汉中期。

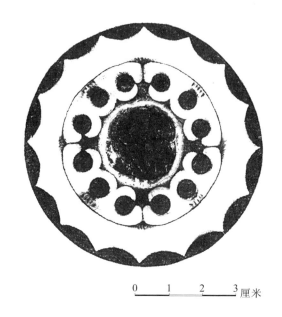

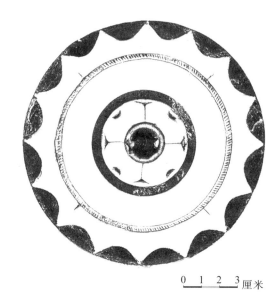

图九九　圈带镜 A 型　　　　　　　　图一〇〇　圈带镜 B 型
　　（市一中 M217）　　　　　　　　　　（书香水岸 M18）

第一四节　草叶纹镜

　　草叶纹镜是将自然界的花卉、草叶高度概括简化、使其图案化。纹饰一反战国铜镜地纹和主纹的两层构图法，使主纹成为镜背单一图案，这种构图方式是西汉早期出现的新类型，同时也是西汉早期铜镜与战国铜镜的一个分水岭。从这些草叶镜纹饰看，同全国各地出土的草叶镜纹饰大同小异。

　　本书收录了 57 面草叶纹镜，分别出自 16 个工地 55 座墓葬中。均为圆形，钮有半球钮、三弦钮、兽钮、伏螭钮等。以四叶形钮座为主。大部分钮座外有双重方框，框间有铭文，框外有草叶纹或乳钉纹、博局纹、花叶纹等。除宛计生委 M8 外，其余均为内向连弧纹缘。草叶纹的组成有单层、双叠和三层之分。

　　在 57 面铜镜中，其中 50 面镜有铭文（3 面残镜铭文不清），这些铭文大多是常见之铭。铭文有：

　　见日之光，天下大明（18 面）。

　　见日之光，长毋相忘（6 面）。

见日之光，长乐未央（4面）。

见日之明，长毋相忘（1面）。

见日之光，所言必当（1面）。

□□□，毋相忘，常贵富，□未央。（1面）

长相忘，毋相忘，常富贵，乐未央。（1面）

见日之光，天下大阳（2面）。

见日之光，君毋相忘（1面）。

见日之光，天下大□（1面）。

见日之明，天下大明（4面）。

长相思，毋相忘，常贵富，乐未央（1面）。

长贵富，乐毋事，日有憙，宜酒食（2面）。

富贵长相，□毋相忘（1面）。

见日光，天下大阳，服者君卿，延年益寿，敬毋相忘，幸至未央（1面）。

服者君王，幸至未央（1面）。

长毋相□，□未□阳（1面）。

根据纹饰的不同，将这 57 面铜镜（其中 3 面镜残，不在分类之列）分四种。

一、八草叶镜　39 面。分两型。

A 型，36 面。均有铭文。钮有半球钮、三弦钮、半环钮、兽钮、伏螭钮。座有四叶纹钮座、圆钮座、方钮座。方框四边有八草叶纹，四外角有一苞双叶花枝纹或一株双叶花枝纹。内向十六连弧纹缘。分二亚型。Aa 型，29 面。八字铭文，每边二字，按顺时针或逆时针环列，部分字间有界隔。八草叶有单层或双层。方框内角有装饰图案。如市一中 M225、市拆迁办 M70、市拆建公司 M40、宛计生委 M109 出土者（图一〇一，图版四七：1，图一〇二、一〇三，图版五〇：2，图一〇四，图版四六：1）。Ab 型，7 面。铭文字数有八字和十二字之分。八草叶，草叶为单层、双层或三层。如宛计生委 M33、市防爆厂 M271 出土者（图一〇五、一〇六，图版四五：2、四三：1）。

B 型，3 面。无铭文。半球钮。内向十六连弧纹缘。八个单层草叶纹，方框内有装饰图案。如市高管局 M41、凤凰城 M44、盛唐商务苑 M16 出土者（图一〇七，图版五三：1，图一〇八、一〇九，图版五五：1）。

二、四草叶镜　6 面。分两型。

A 型，5 面。均有铭文。分五亚型。Aa 型，1 面。桥形钮。钮外一周凹面形双线方格及一周绹纹。之外乳钉与草叶纹间各有一字铭。匕缘。宛计生委 M8 出土（图一一〇，图版四一：2）。Ab 型，1 面。伏螭钮。钮外两方格间有铭文。大方格四内角有装饰图案，四外角向外伸出一草叶纹，四边各一乳钉和多瓣屈曲的卷叶纹。内向十六连弧纹缘。市体育馆 M66 出土（图一一一，图版四四：1）。Ac 型，1 面。半球钮，四叶纹钮座。座外两方格间有八字

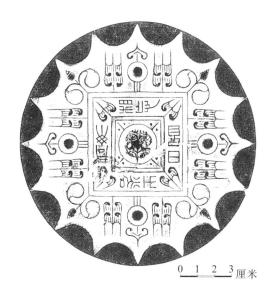

图一〇一　八草叶镜 Aa 型
（市一中 M225）

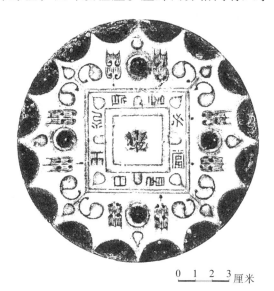

图一〇二　八草叶镜 Aa 型
（市拆迁办 M70）

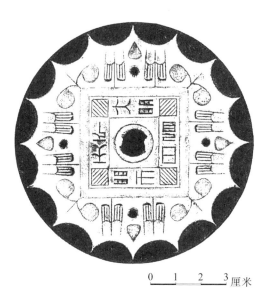

图一〇三　八草叶镜 Aa 型
（市拆迁办 M40）

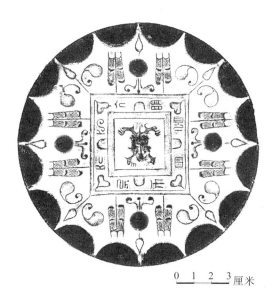

图一〇四　八草叶镜 Aa 型
（宛计生委 M109）

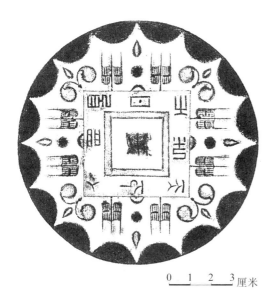

0 1 2 3 厘米

图一〇五 八草叶镜 Ab 型
（宛计生委 M33）

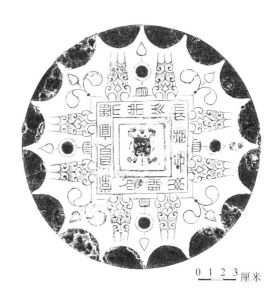

0 1 2 3 厘米

图一〇六 八草叶镜 Ab 型
（市防爆厂 M271）

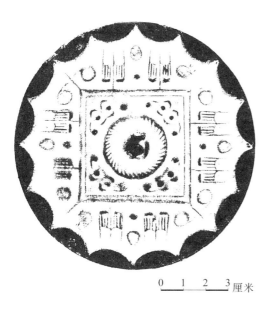

0 1 2 3 厘米

图一〇七 八草叶镜 B 型
（市高管局 M41）

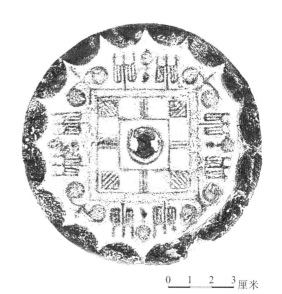

0 1 2 3 厘米

图一〇八 八草叶镜 B 型
（凤凰城 M44）

铭文。大方格内四角有桃形花苞，四外角则各套入双线弧形纹饰，四边中心点外各一二叠草叶纹，两侧垂一叶瓣。内向十六连弧纹缘。宛检察院 M121 出土（图一一二，图版四八：2）。
Ad 型，1 面。伏螭钮。座外两方格间环列二十三字铭文。大方格四外角伸出一苞双叶花枝纹，四边中心各一株二叠草叶纹。内向十六连弧纹缘。名门华府 M3 出土（图一一三，图版五四：2）。Ae 型，1 面。三弦钮。两方格内有八字铭文。大方格四内角有乳钉纹，四外角向外伸出一短直线纹，四边中心各一单层草叶纹，两侧各垂一叶瓣。匕缘。东华新村 M22 出土（图一一四，图版五六：1）。

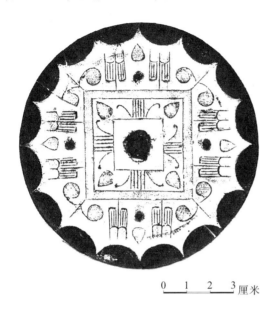

0　1　2　3 厘米

图一〇九　八草叶镜 B 型
（盛唐商务苑 M16）

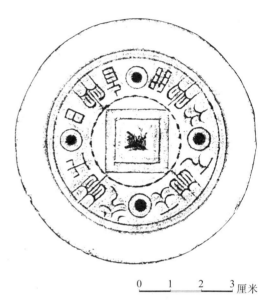

0　1　2　3 厘米

图一一〇　四草叶镜 Aa 型
（宛计生委 M8）

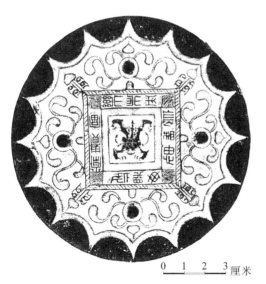

0　1　2　3 厘米

图一一一　四草叶镜 Ab 型
（市体育馆 M66）

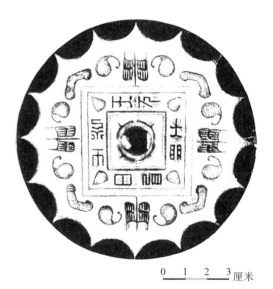

0　1　2　3 厘米

图一一二　四草叶镜 Ac 型
（宛检察院 M121）

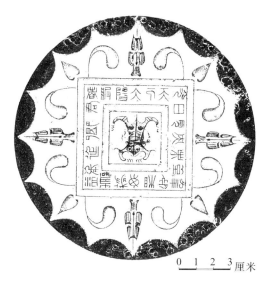

图一一三　四草叶镜 Ad 型
（名门华府 M3）

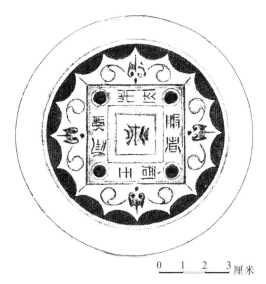

图一一四　四草叶镜 Ae 型
（东华新村 M22）

B 型，1 面。兽钮。方钮座。座外方格四外角各一二叠草叶纹，四边中心点有乳钉纹，乳钉围以单线方格，以乳钉为中心呈十字形分为四小方格，每个小方格内有一花苞纹，在其两侧有简单的纹饰相间。内向十六连弧纹缘。市拆迁办 M98 出土（图一一五，图版四二：1）。

三、博局纹草叶镜　7 面。分三型。

A 型，5 面。四边中有 T、L 纹和八草叶纹，四角有 V 形纹和乳钉纹。向十六连弧纹缘。分二亚型。Aa 型，3 面。方框外 T 形纹两侧有八字铭文。草叶纹有单层、双层和三层。如南阳理工大学 M301、市防爆厂 M356、宛计生委 M108 出土者（图一一六～一一八，图版四四：2）。Ab 型，2 面。伏螭钮。钮外方框内有八字铭文。草叶有单层、双层。如市一中 M413、东华新村 M18 出土者（图一一九、一二〇，图版四五：1、五六：2）。

B 型，1 面。三弦钮。钮外方格内有八字铭文，方格四角外有一株双叶花枝纹，四边中心有 T 纹和草叶纹。缺少 L、V 形纹。凤凰城 M115 出土（图一二一，图版五四：1）。

C 型，无铭文。1 面。兽钮。钮外方格四外角有 V 形纹，四边有乳钉和草叶纹。缺少 T、L 形纹。盛唐商务苑 M4 出土（图一二二，图版五五：2）。

四、蟠龙纹草叶镜　2 面。蟠龙与四草叶纹相间环绕。内向十六连弧纹缘。分二型。

A 型，1 面。半球钮，并蒂四叶纹钮座。方框四角各有一蟠龙与四边中心草叶纹相间环绕。市税局 M90 出土（图一二三，图版四三：2）。

B 型，1 面。伏螭钮。方框四角伸出一单层草叶纹与四边蟠龙相间环绕，蟠龙回首，张嘴、回首作吞珠状。市一中 M421 出土（图一二四，图版四二：2）。

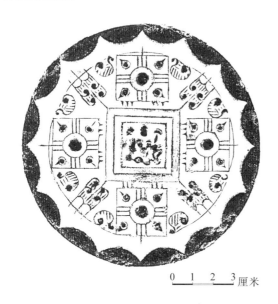

图一一五　四草叶镜 B 型
（市拆迁办 M98）

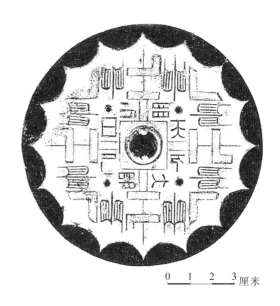

图一一六　博局纹草叶镜 Aa 型
（南阳理工大学 M301）

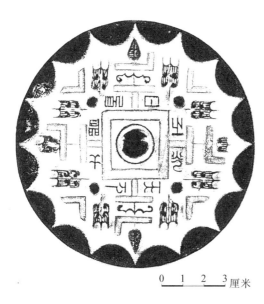

图一一七　博局纹草叶镜 Aa 型
（市防爆厂 M356）

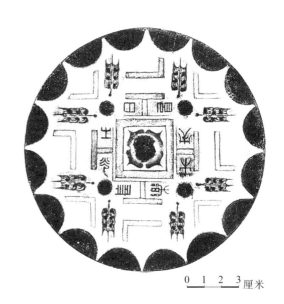

图一一八　博局纹草叶镜 Aa 型
（宛计生委 M108）

在这 55 座墓葬中，除市一中 M249 为方形空心砖墓、市墙改办 M28 为 L 形砖墓、市拆建公司 M42 和东华新村 M22 为长方形砖墓外，其余 53 面铜镜均出自长方形或凸字形竖穴土坑墓。根据墓葬形制、随葬器物，出土这 57 面铜镜的墓葬年代如下：

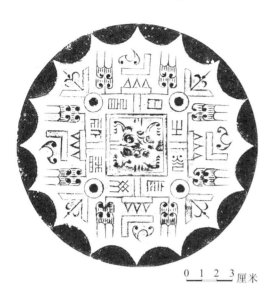

图一一九 博局纹草叶镜 Ab 型
（市一中 M413）

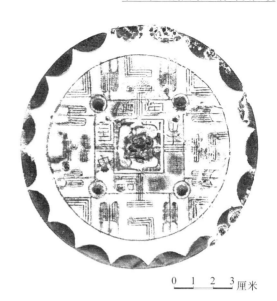

图一二〇 博局纹草叶镜 Ab 型
（东华新村 M18）

图一二一 博局纹草叶镜 B 型
（凤凰城 M115）

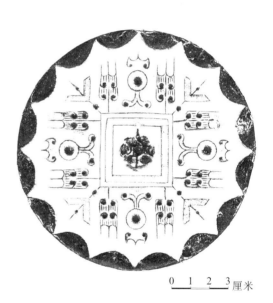

图一二二 博局纹草叶镜 C 型
（盛唐商务苑 M4）

南阳理工大学 M84、书香水岸 M41 等墓葬出土的 9 面铜镜，伴出有陶鼎、盒、钫、小壶或陶瓮等器物，这些器物与西汉早期同类器物相同。市拆建公司 M40、M42，市墙改办 M28，宛计生委 M95、M32、M36，市一中 M417、M27、M421，市防爆厂 M181、M356，市税局 M2，

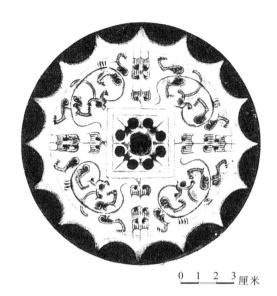

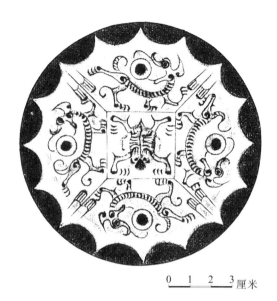

图一二三　蟠龙纹草叶镜 A 型　　　　　　　图一二四　蟠龙纹草叶镜 B 型
（市税局 M90）　　　　　　　　　　　　　　（市一中 M421）

名门华府 M3、M25，东华新村 M18、M22 伴出有五铢钱或出有属于西汉晚期器物。另有 29 面镜分别伴出有五铢钱和成套的陶礼器或陶罐等器物，其器物形制与西汉中期同类器物相同。在市一中 M218 和 M440 墓中各出有半面镜，又可合并为一面铜镜。M440 仅出有镜，无伴出物，埋葬时间应在 M218 前后，M218 时代为西汉早期晚段，因此 M440 时代也应为西汉早期。另根据墓葬形制和草叶镜流行年代，市拆迁办 M33 时代为西汉时期。

　　由此可见，八草叶纹镜、四草叶纹镜、博局级草叶纹镜最早见于西汉早期晚段，流行于西汉中期，延续使用至西汉晚期。而蟠龙纹草叶镜则见于西汉中期和西汉晚期。

第一五节　星云纹镜

　　星云镜在《博古图录》中称百乳鉴、素鉴。其特点是点线结合。它的钮似山峰相连，被称为连峰钮、博山炉钮。主题纹饰是在四个大乳钉纹间排列众多的小乳钉，每枚小乳又用弧线相连。内向十六连弧纹缘。

　　在本书收录的 68 面星云镜中，连峰钮的 65 面、半球钮的 2 面、1 面钮残。以四乳钉将纹饰划分为四区的有 67 面，以三乳钉将纹饰划分为三区的 1 面。而又以四叶状围以乳钉为主的有 11 面、带圆座乳钉 57 面。每个大乳间的小乳钉数目不等，少则二乳、多则十几乳。

根据以上特点，我们把这 68 面铜镜按四分布局和三分布局的不同，分为二种。

一、四乳钉划分四分布局，67（其中市防爆厂 M277 出土者残，不在分型之列）面。内向十六连弧纹缘。分二型。

A 型，11 面。四枚并蒂四叶座大乳钉，四乳间有不等的小乳。内向十六连弧纹缘。分四亚型。Aa 型，4 面。连峰钮，圆钮座，座外围以短弧线纹、月牙纹等装饰纹饰，内向连弧纹。四乳间有多枚小乳。如宛黄台岗 M32 出土者（图一二五，图版六三：2）。Ab 型，4 面。连峰钮，钮外一周短斜线纹或弦纹圈带。四乳间有四至七枚小乳。如市一中 M227、市拆迁办 M168 出土者（图一二六、一二七，图版六一：1）。Ac 型，2 面。连峰钮。钮外为主纹区。四乳间有六至九枚乳小乳和月牙纹。如市一中 M7 出土者（图一二八，图版六〇：2）。Ad 型，1 面。兽钮。钮座由十二组卷曲云纹组成。其外一周内向十六连弧级。四乳间有众多小乳和卷曲云纹组成。看上去更似蟠螭纹。宛检查院 M80 出土（图一二九，图版五八：2）

B 型，55 面。连峰钮或半圆钮，四枚带圆座乳钉，分七亚型。Ba 型，2 面。半球钮，圆钮座。座外有内向连弧纹带。如市防爆厂 M319、宛黄台岗 M30 出土者（图一三〇、一三一，

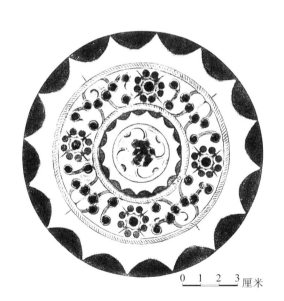

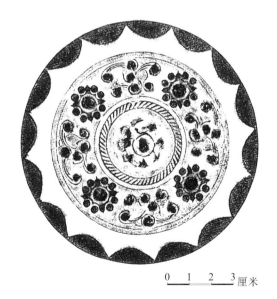

图一二五　星云纹镜 Aa 型
（宛黄台岗 M32）

图一二六　星云纹镜 Ab 型
（市一中 M227）

图版六六：2，六四：1）Bb 型，18 面。连峰钮，钮外一周短斜线纹。如宛计生委 M26、南阳理工大学 M30、市体育馆 M12 出土者（图一三二～一三四，图版七〇：1、六七：1、五九：1）。Bc 型，5 面。连峰钮，钮外有短斜线纹、月牙纹等装饰。如南阳市税局 M188、市

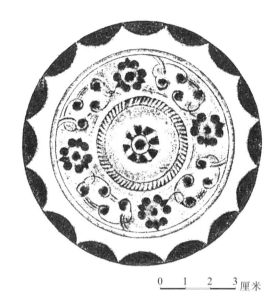

图一二七　星云纹镜 Ab 型
（市拆迁办 M168）

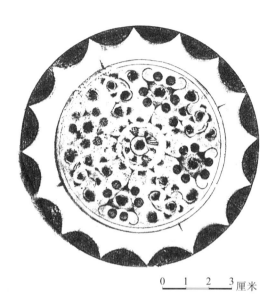

图一二八　星云纹镜 Ac 型
（市一中 M7）

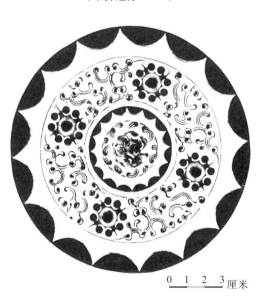

图一二九　星云纹镜 Ad 型
（宛检察院 M80）

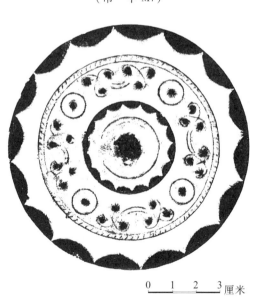

图一三〇　星云纹镜 Ba 型
（市防爆厂 M319）

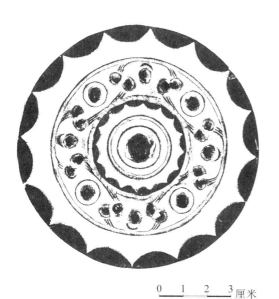

0　　1　　2　　3厘米

图一三一　星云纹镜 Ba 型
（宛黄台岗 M30）

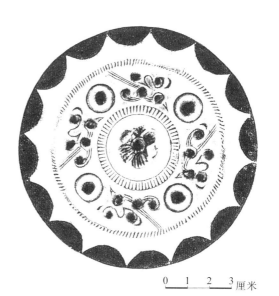

0　　1　　2　　3厘米

图一三二　星云纹镜 Bb 型
（宛计生委 M26）

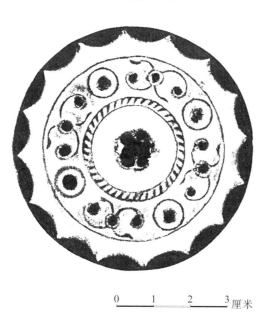

0　　1　　2　　3厘米

图一三三　星云纹镜 Bb 型
（南阳理工大学 M30）

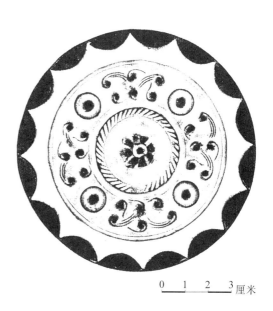

0　　1　　2　　3厘米

图一三四　星云纹镜 Bb 型
（市体育馆 M12）

防爆厂 M57 出土者（图一三五、一三六，图版六五：1）。Bd 型，12 面。连峰钮，钮外有短斜线纹、月牙纹等装饰，内向十六连弧纹。如市防爆厂 M304、宛检察院 M116 出土者（图一

三七、一三八，图版五九：2、六二：1）。Be 型，17 面。连峰钮。钮外有弦纹或短斜线纹。内向十六连弧纹。如宛黄台岗 M1、市体育馆 M28 出土者（图一三九、一四〇）。Bf 型，1 面。

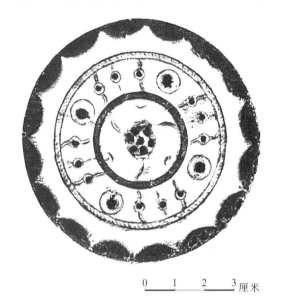

图一三五　星云纹镜 Bc 型
（市税局 M188）

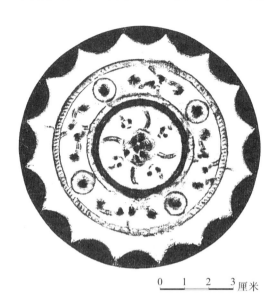

图一三六　星云纹镜 Bc 型
（市防爆厂 M57）

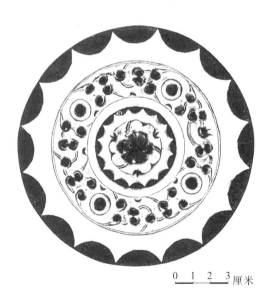

图一三七　星云纹镜 Bd 型
（市防爆厂 M304）

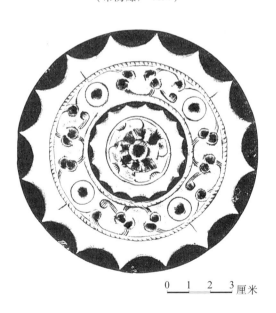

图一三八　星云纹镜 Bd 型
（宛检察院 M116）

钮外四乳钉间有七小乳钉。凤凰城 M109 出土（图一四一，图版五七：1）Bg 型，1 面。兽钮，外一周内向十六连弧纹。四乳间有众多小乳和卷曲云纹组成。宛计生委 M128 出土（图一四二，图版六八：1）。

二、三乳钉划分三分布局。

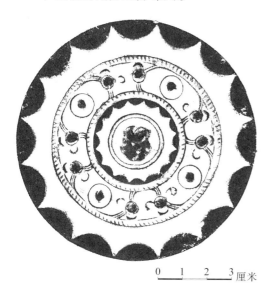

0　1　2　3 厘米

图一三九　星云纹镜 Be 型
（宛黄台岗 M1）

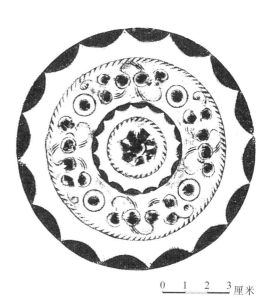

0　1　2　3 厘米

图一四〇　星云纹镜 Be 型
（市体育馆 M28）

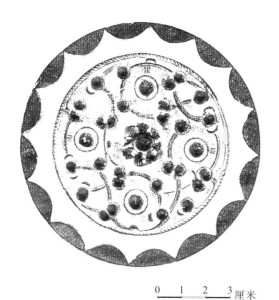

0　1　2　3 厘米

图一四一　星云纹镜 Bf 型
（凤凰城 M109）

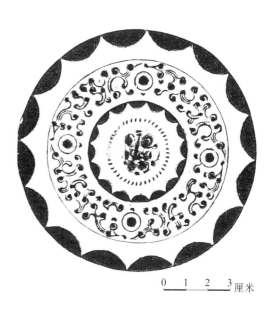

0　1　2　3 厘米

图一四二　星云纹镜 Bg 型
（宛计生委 M128）

仅市税局 M102 出土 1 面。连峰钮，钮外即主纹区（图一四三，图版六五：2）。

除市防爆厂 M22、M319 和市财局 M27 为长方形砖室墓外，其余 65 面铜镜均出自竖穴土坑墓中。宛计生委 M26 出土的陶罐与西汉早期同类器物相同。市一中 M56、市财局 M27 墓中出土有大泉五十铜钱、泥钱和陶鼎、盒、壶、小壶、或狗、井、磨、小壶等器物，与新莽时期同类器物相同。

从墓葬形制、出土器物和伴出的铜钱看，属于西汉中期的星云镜有 30 面，西汉晚期的有 31 面。因此，星云镜见于西汉早期，流行于西汉中、晚期，延续使用到新莽时期。

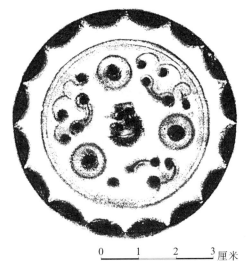

图一四三　星云纹镜（市税局 M102）

第一六节　家常贵富四乳铭文镜

四乳铭文镜，是在四乳间各置一字。

此类镜，仅出土 2 面。半球钮、圆钮座。座内有八条短斜竖线。铭文为："家常贵富"。内向十六连弧纹缘。分二型。

A 型，1 面。座外四枚带圆座乳钉间各有一铭文。之外一周弦纹带。宛检察院 M47 出土（图一四四，图版七〇：2）。

B 型，1 面。座外一周内向十六连弧纹。之外两周短斜线间有四乳及铭文相间配列。四乳有并蒂四叶纹座。凤凰城 M66 出土（图一四五，图版七一：1）。

凤凰城 M66 出土有五铢钱和鼎、盒、小壶陶礼器，时代为西汉中期。宛检察院 M47 为长方形单室砖墓，出土的铜镜与陕西省交通学校（尤家庄）M281：2[1] 出土的铜镜相似，从墓葬形制和出土的残陶片看，时代为西汉中期。

---

〔1〕　程林泉、韩国河，《长安汉镜》陕西人民出版社 2002 年出版。

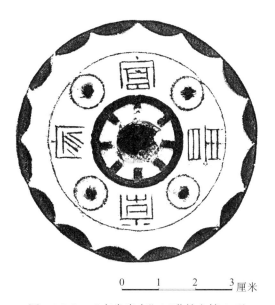

0 1 2 3 厘米

图一四四 "家常贵富"四乳铭文镜 A 型
（宛检察院 M47）

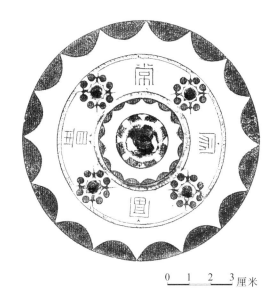

0 1 2 3 厘米

图一四五 "家常贵富"四乳铭文镜 B 型
（凤凰城 M66）

第一七节　清白连弧铭带镜

清白镜，因铭文句首为"絜清白而事君"而得名。铭文全文为："絜清白而事君，怨阴骧之弇明，焕玄锡之流泽，志疏远日忘，慎靡美之穷皑，处承骧之可说，慕窈窕于灵泉，愿永思而毋绝。"

六面铜镜铭文分别为：

1. 絜清白而事君，志骧之合明，伋玄锡之泽，疏远日忘，慎美之弇，而忘绝。

2. 絜清白而事君，志清污之弇明，玄锡，□而日忘，外承□泉，永思之毋绝，而之。

3. 絜清白而事君，志骧之合明，作玄锡之泽，恐疏远日忘，怀（?）美之穷皑，承□之可。

4. 絜而清而白而事君，怨而污之弇明，光玄锡而泽，而日忘，不泄。

5. 絜清白而事君，志骧之合而明，伋玄锡而泽，怨疏远日忘，心怀而美之突之可毋绝。

6. 絜而清白而事君，塞而污志弇明，光玄而锡之泽，而泽而恐□而日忘。

此类镜共出土 6 面，半球钮，连珠纹钮座。两周短斜线间有铭文。素平缘。可分二型。

A 型，2 面。座外一周凸弦纹和内向八连弧纹间饰有简单纹饰。如市审计局 M54 出土者

（图一四六，图版七一：2）。

B 型，4 面。座外一周短斜线纹、凸弦纹和内向八连弧纹间饰有简单纹饰。如市审计局 M32 出土者（图一四七，图版七二：1）。

不论是从墓葬形制和出土铜钱、器物看，这六座墓葬时代为西汉晚期。此类镜也流行于西汉晚期。

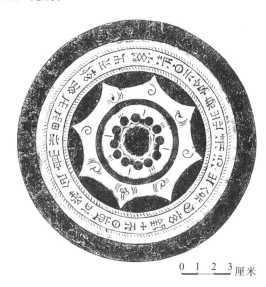

图一四六　清白连弧铭带镜 A 型
（市审计局 M54）

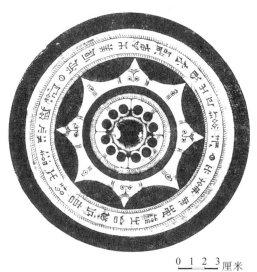

图一四七　清白连弧铭带镜 B 型
（市审计局 M32）

第一八节　日光镜

日光镜，铭文首句皆为"见日之光"，故名"日光镜"。收录铭文有：

见日之光，天下大明（19 面）。

见日之光，长毋相忘（6 面）。

见日之光，长不相忘（4 面）。

见日之光，长毋忘□（1 面）。

见日之光，□下大一（1 面）。

见日之光，长不相下（忘）（1 面）。

见之光，长不□□日（1 面）。

光而日忘，□大下而（1面）。

□日之光，大不□□（1面）。

见之光日，长毋忘毋，毋君长，日之光，忘之（1面）。

见□光，光，长毋忘君（1面）。

见日之光，天下大而（1面）。

见日之而，天下大明（3面）。

见日之而，天下大昌（1面）。

见日之一，长不大下（1面）。

根据纹饰的不同，这43面铜镜可分为连弧铭文镜和圈带铭文镜两种。

一、日光连弧铭带镜，33面。座外内向连弧纹，素平缘。分三型

A型，4面。圆钮座。铭文每字或每两字间有"◇"或"℃"形符号。分二亚型。Aa型，2面。半球钮。钮外有短线纹饰。之外在连弧纹和短斜线纹之间有铭文带。如南阳理工大学M300出土者（图一四八）。Ab型，2面。桥形钮或半球钮。连弧纹外两周短斜线纹间有铭文。如市万家园M37出土者（图一四九）。

B型，28面。半球钮。钮座外饰有月牙纹、短斜线纹等。铭文每字间或每两字间饰有"◇"、"℃"形符号或短弧线纹、鸟纹等相隔。分三亚型。Ba型，7面。圆钮座。连弧纹外为铭文带。之外一周短斜线纹。如市体育馆M27、宛检察院M80出土者（图一五○、一五一，图版七三：2）。Bb型，1面。连珠纹钮座。连弧纹之外有两周短斜线纹间有铭文。市万家园

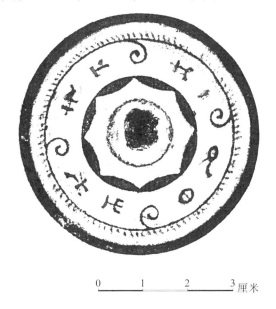

图一四八　日光连弧铭带镜 Aa 型
（南阳理工大学 M300）

图一四九　日光连弧铭带镜 Ab 型
（市万家园 M37）

M136 出土（图一五二）。Bc 型，20 面，圆钮座。连弧纹之外有两周短斜线纹间有铭文。如南阳市防爆厂 M215、市拆迁办 M217 出土者（图一五三、一五四，图版七五：2）。

C 型，1 面。半圆钮，圆钮座。座外一周短斜线纹之外一周内向连弧纹和一周短斜线纹，间有铭文带，每字间有"✧"、"☕"形符号相隔。素平缘。南阳理工大学 M7 出土（图一五五）。

二、日光圈带铭带镜　10 面，半圆钮，素平缘。分三型。

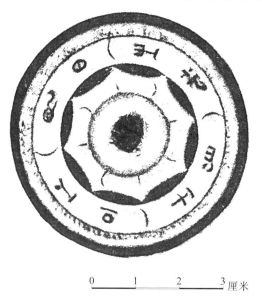

图一五〇　日光连弧铭带镜 Ba 型
（市体育馆 M27）

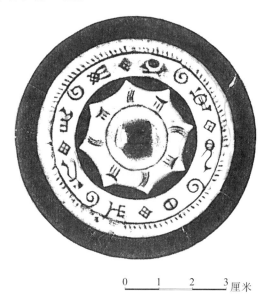

图一五一　日光连弧铭带镜 Ba 型
（宛检察院 M80）

图一五二　日光连弧铭带镜 Bb 型
（市万家园 M136）

图一五三　日光连弧铭带镜 Bc 型
（市防爆厂 M215）

A 型，3 面。圆钮座。座外圆周均匀地伸出四组短斜线或短直线条，间以"V"形纹或短弧线纹，其外有铭文，每二字或每字间饰有"◈"、"ᴄ"形符号或短弧线纹。如市自来水公司 M5 出土者（图一五六）。

B 型，4 面。半球钮，铭文每字间或每两字间饰有乳钉或有"◈"、"ᴄ"形符号。分二亚型。Ba 型，3 面。圆钮座。座外四条粗短竖线。之外二周凸弦纹间有短竖线或弦纹等，字间有"◈"形或"6"形符号。如南阳理工大学 M55、宛检察院 M78 出土者（图一五七、一五八，图版七七：1）。Bb 型，1 面。钮外二周凸弦纹间有四乳和"◈"形符号相间环绕。之外

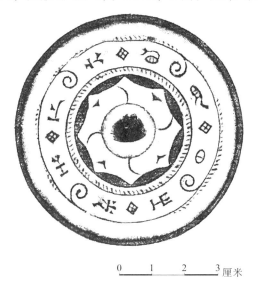

0 1 2 3 厘米

图一五四 日光连弧铭带镜 Bc 型
（市拆迁办 M217）

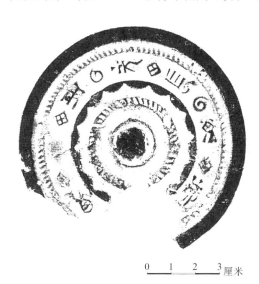

0 1 2 3 厘米

图一五五 日光连弧铭带镜 C 型
（南阳理工大学 M7）

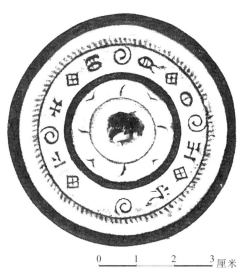

0 1 2 3 厘米

图一五六 日光圈带铭带镜 A 型
（市自来水公司 M5）

0 1 2 3 厘米

图一五七 日光圈带铭带镜 Ba 型
（南阳理工大学 M55）

有铭文，每字间有乳钉纹或"◈"形符号相隔。市墙改办 M16 出土（图一五九）。

　　C 型，3 面。半圆钮，圆钮座，座外有四组短竖线或短弧线纹间有月牙纹或短直线纹。铭文每字间有"◈"、"◖"形符号或短弧线纹相隔。素平缘。分三亚型。Ca 型，1 面。座外一周凸弦纹。之外两周短斜线纹间有铭文。宛黄台岗 M40 出土（图一六〇，图版七六：2）。Cb 型，1 面。座外两周短斜线纹间有铭文。市拆迁办 M107 出土（图一六一）。Cc 型，1 面。座外一周凸弦纹和一周短斜线纹间有铭文。凤凰城 M125 出土（图一六二）。

图一五八　日光圈带铭带镜 Ba 型
（宛检察院 M78）

图一五九　日光圈带铭带镜 Bb 型
（市墙改办 M16）

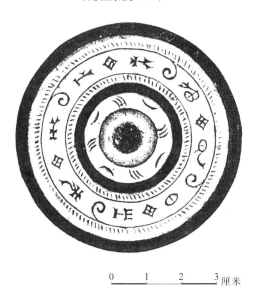

图一六〇　日光圈带铭带镜 Ca 型
（宛黄台岗 M40）

图一六一　日光圈带铭带镜 Cb 型
（市拆迁办 M107）

日光连弧铭带镜，出土 Aa 型、Bc 型镜的南阳理工大学 M300、M302、凤凰城 M11 伴出有灰陶罐或鼎、盒、壶等陶礼器，与西汉中期同类器物相同。Aa 型、B 型、C 型镜中有 16 面铜镜伴出有西汉元成帝时期的五铢钱。Ab 型、Ba 型、Bc 型铜镜伴出有陶仓、灶、井、磨、鸡、鸭、狗等模型明器或罐、壶等器物，其器物形制与西汉晚期同类器物相同。出土 Bc 型镜的市防爆厂 M44、市拆迁办 M58 伴出有大泉五十钱，其时代为新莽时期。因此，此类镜使用于西汉中期，流行于西汉晚期，延续使用至新莽时期。

日光圈带铭带镜，均出土于长方形竖穴土坑墓中。出土 Ba 型镜的南阳理工大学 M55 伴出

0　1　2　3 厘米

图一六二　日光圈带铭带镜 Cc 型
（凤凰城 M125）

有属于西汉中期的灰陶罐；A、B 型镜中有 4 面铜镜伴出有元成帝时期的五铢钱，未出铜钱的墓则出土有属于西汉晚期的随葬品。因此，这类镜使用于西汉中期，流行于西汉晚期。

第一九节　昭明镜

昭明镜，半圆钮，圆钮座或连珠纹钮座、四叶纹钮座，座外有凸弦纹或内向连弧纹一周。外区为铭文带。因其铭文首句为"内清质以昭明"，取其中"昭明"二字为铜镜之名。此型镜铭内容根据镜体大小多有减句减字现象。完整的铭文应是："内清质以昭明，光辉象夫兮日月，心忽扬而愿忠，然雍塞而不泄。"

书中收录了 66 面昭明镜，铭文分别为：

内清之以昭明，光而象夫明，心忽乎而忠，然而不泄。

内而清□以而昭而明而，之日□。

内而清以昭而明，光而象日月，心不。

内清质而昭□明之，光象日月，心忽杨而忠，塞不泄。

内而清而以昭明，光而日月，不泄。

内而清而质而以而昭而明而，光而夫而象日而月而，不而可而泄。

内清质以昭明，光辉象夫日月，心忽乎而愿忠，乎而泄。

内而青而以而昭明，光而象夫日月□。

内而清而以昭而明，光而象夫日月，心不泄。

内而清而以昭明，光而象夫日月，心，泄。

内而清而以□昭而明，光而象而日月而，心而忽而，不泄。

内而清而以昭而明，光而象夫日之月，心忽，而不泄已。

内清而以昭明，光象夫日而月，心忽而忠，不泄。

内清而以昭明，光象日月，心而忽而忠，雍塞而不泄。

内清之以昭明，光而象夫日月，心忽。

内而清而以昭而明，光而象夫日月，心而忽忠，而不泄。

内清之以昭明，光之象而日月，心忽。

内而清而以昭而明，光而象夫而日之月而，兮而不。

内而清而以而昭而明而，光而象而日而月。

内清而以昭明，光而象夫日月，心忽，不泄。

内而清而以昭明，光而象夫而日之月兮而，心而日而，不泄。

内清以昭□，光而□夫□□□忽□。

内而清而以而昭明，光而□夫日月，不泄。

内清质以昭明，光之象夫日月，心忽杨，雍塞不泄。

内而清而以而昭而明，光而象夫日月。

内而清而以昭明，光而象夫日之月，心忽而忠，然雍塞而不泄。

内而青而以而昭而明而，光而夫而象而日而月而，不。

内而清而以而昭而明，光而象夫日月。

内而清而以而昭而明而，光而夫而日而月。

内清质以昭明，光之象而夫日月，心忽而愿忠，雍然而塞，不而泄乎。

内清质以昭明，光辉象夫日月而，心而然忠忽，雍塞□。

内清质以昭明，光象夫日月，心忽而愿忠，雍塞而不泄。

内而清而以而昭明，光而象夫日月。

内而清而以而昭而明，光而象夫日月，心夫日月，而不。

……昭而明，光而象夫日月，……

内而清而以而昭而明，光而象夫日月，心而忽扬而忠而，不泄

内清之以昭明，光而象夫日月，……不。

内清质以昭明，光象夫日而月，心忽杨而忠，而不泄。

内而清而以昭而明而，光象夫日月，不而泄。

内而清而以昭而明，光而象夫而日月而，……泄。

内而清而昭明，光而象夫日月。

内而清而以而昭而……而日月而，心而忽。

内清质以昭明，光□象夫日月，心忽，而不泄。

内清之以昭明，光而象夫日月，心忽，而不。

内而清而以昭而□，光而象……忽□泄。

内清而以昭而明，光而象□日而月，心而□扬□□。

内而青而以昭而明，光而兮而象夫而日月，之光，而不泄。

内而清而以而昭而明，光而象夫日月，心不。

内而清而□□昭而明而，光□象而夫日□月。

内清质以昭明，光辉象夫……杨而愿忠，然雍塞而不泄。

内而清而以昭而明，光而象夫日月，心而忽杨而忠，而不。

内清而以昭明，光象夫日月，而日，心，而泄。

内而清而以昭明，光而日月，不。

内清之以昭明，光之象夫日月，心，而不泄。

内而清而以昭而明，光而象夫日月，心而忽，不泄。

内而清而质而以而昭而明而，光而象而夫而日而月而，不而□泄.

内而清而以昭明，光□象夫日月，□泄。

内清而质□而昭而明，光而象夫而日月，心忽而□□□。

……质而……"

内清质以昭明，光辉而象日月，心忽杨而愿忠，然雍塞不泄。

内清之以昭明，光而象规日月而，心急雍杨忠，塞尔泄。

内清而以昭明，光象夫日月，心而不泄。

内清之以昭明，光之象日月，不泄

内清质以昭明，日月，心忽杨而忠愿，然雍塞而不泄。

内清之以昭明，光而象夫日月，心忽乎而忠，然而不泄。

内而清以昭而明，光而象夫日月，心，不。

内清质以昭明，光□象夫日月，心忽而杨忠然，雍塞不泄。

内清而以昭明，光象夫日月，心忽而忠，不。

根据纹饰的不同，这 66 面镜可分为连弧铭带镜和圈带铭带镜二种。

一、昭明连弧铭带镜　60 面。座外一周凸弦纹和连弧纹间有短弧线纹、三角纹、山字纹、短竖线纹等纹饰。之外两周短斜线纹间有铭文，铭文按顺时针方向环列。素平缘。分二型。

A 型，39 面。半球钮，其外一周凸弦纹和一周内向八连弧纹间有简单的纹饰。两周短斜线纹间有铭文。分三亚型。Aa 型，29 面。圆钮座。座外有短直线纹和简单的纹饰。如市防爆厂 M146、市税局 M103 出土者（图一六三、一六四，图版七九：2）。Ab 型，9 面。连珠纹钮座。如宛辛店乡 M11、市税局 M43 出土（图一六五、一六六，图版七八：2）。Ac 型，1 面。四叶纹钮座。宛安新村 M2（图一六七）。

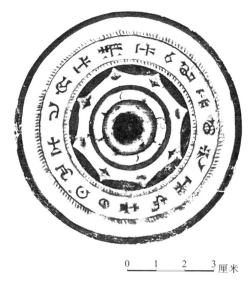

图一六三　昭明连弧铭带镜 Aa 型
（市防爆厂 M146）

图一六四　昭明连弧铭带镜 Aa 型
（市税局 M103）

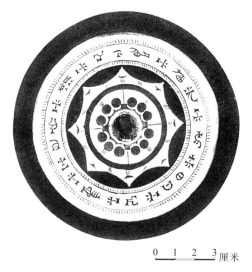

图一六五　昭明连弧铭带镜 Ab 型
（宛辛店乡 M11）

图一六六　昭明连弧铭带镜 Ab 型
（市税局 M43）

B 型，21 面。半球钮。钮座与连弧纹间有短斜线纹、短弧线纹、圆圈纹、三角纹、"℮"或"◈"形符号等纹饰。之外两周短斜线纹间有铭文。分二亚型。Ba 型，20 面。圆钮座。如市万家园 M5、市税局 M103 出土者（图一六八、一六九，图版八〇：1）。Bb 型，1 面。并蒂十二连珠纹钮座。市拆建公司 M49 出土（图一七〇）。

二、昭明圈带铭带镜　6 面（宛黄台岗 M38 出土 1 面残，不在分型之列）。半球钮。铭文按顺时针方向环列。素平缘。分四型。

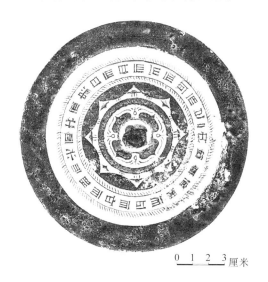

0　1　2　3厘米

图一六七　昭明连弧铭带镜 Ac 型
（宛安新村 M2）

0　1　2　3厘米

图一六八　昭明连弧铭带镜 Ba 型
（市万家园 M5）

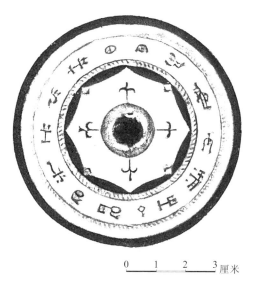

0　1　2　3厘米

图一六九　昭明连弧铭带镜 Ba 型
（市税局 M103）

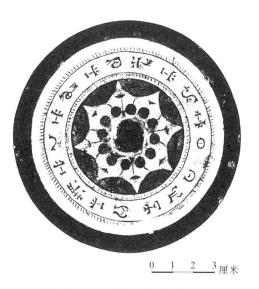

0　1　2　3厘米

图一七〇　昭明连弧铭带镜 Bb 型
（市拆建公司 M49）

A 型，1 面。圆钮座，座外一周凸弦纹和一周短斜线纹间有铭文。市拆迁办 M211 出土（图一七一，图版八四：1）。

B 型，2 面。连珠纹钮座，座外一周短斜线纹、凸弦纹。之外两周短斜线纹间有铭文带。如市拆迁办 M39 出土者（图一七二）。

C 型，1 面。并蒂十二连珠纹钮座。座外两周凸弦纹和两周短斜线纹间有简单的纹饰和铭文带。宛黄台岗 M2 出土（图一七三，图版八三：2）。

D 型，1 面。圆钮座。座外一周凸弦纹间有"V"或"◈"形符号。之外两周短斜线纹间有铭文带。南阳理工大学 M119 出土（图一七四）。

出土圈带铭带镜的市防爆厂 M111、市拆迁办 M39、宛黄台岗 M2、M38、南阳理工大学 M119 伴出成组的陶鼎、盒、壶或陶罐，其器形与西汉晚期同类器物相同。

在连弧铭带镜中，39 面 A 型镜中有 20 面镜伴出有五铢钱，3 面镜伴出有陶礼器鼎、盒、小壶或壶、盒；11 面镜伴出有模型明器，这些器形与西汉晚期同类器物相同。20 面 B 型镜中有 11 面伴出有五铢钱，5 面镜伴出有成组的陶礼器鼎、盒、壶、小壶或模型明器，这些器物形制与西汉晚期同类器物相同。市税局 M103、宛检察院 M65、凤凰城 M11、M69 出土的陶礼器鼎、盒、壶、小壶，其器形与西汉中期同类器物相同。从宛安新村 M2 出土的器物及画像雕到技法看，时代为新莽时期。市一中 M130 为 T 字形砖室墓，出土有五铢钱、货泉和陶器，与东汉早期同类器物相同。

从这 66 面铭带镜看，昭明连弧铭带镜使用于西汉中期，流行于西汉晚期，延续使用至东汉早期。而昭明圈带铭带镜流行于西汉晚期。

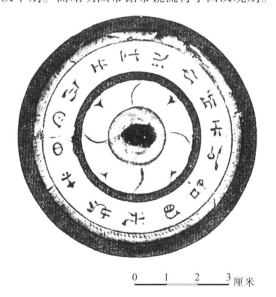

图一七一　昭明圈带铭带镜 A 型
（市拆迁办 M211）

图一七二　昭明圈带铭带镜 B 型
（市拆迁办 M39）

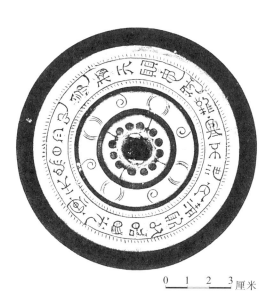

图一七三　昭明圈带铭带镜 C 型
（宛黄台岗 M2）

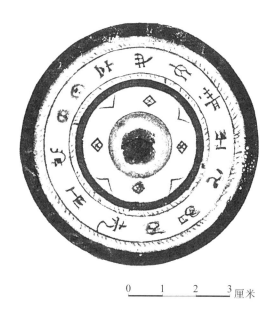

图一七四　昭明圈带铭带镜 D 型
（南阳理工大学 M119）

第二○节　久不相见连弧铭带镜

此类镜仅在凤凰城 M17 出土一面。圆形，连峰钮，钮座由四组短弧线纹、卷云纹、三角纹组成。座外一周内向八连弧纹。之外两周短斜线纹间有铭文，铭文为"久不相见，长毋相忘"，每字间有"◎"形和"❋"形符号相隔。宽素平缘（图一七五，图版七七：2）。

该镜出土于长方形竖穴土坑墓中，同出的有鼎、盒、壶、小壶陶礼器。时代为西汉中期。

图一七五　久不相见连弧铭带镜（凤凰城 M17）

第二一节　重圈铭带镜

重圈铭带镜，即主纹内外两区都有铭文带的铜镜。共 11 面，铭文有五种组合，即：

1. 日光、昭明重圈铭带镜（7 面）。

内圈：见日之光，长毋相忘（6 面）。

见日之光，长不相忘（1 面）。

外圈：内清质以昭明，光辉象而夫日月，心忽扬而愿忠，然雍塞而不泄。

内清质以昭明，光辉象而夫乎日月，心忽而愿忠，雍塞而不泄。

内清之以昭明，光而象夫日月，心忽扬而愿忠，然雍塞而不泄。

内清质以昭，光辉象夫日月，心忽忠愿，日塞而不。

内清质以昭明，光辉象日月，心忽扬而愿忠，然而雍塞而乎不而泄佳君。

内清质以昭明，光象夫日月，心忽扬而忠，然雍塞不泄。

内清质以昭明，辉象夫日月，心忽扬而愿忠，然雍塞而不泄。

2. 日光、铜华连弧铭带镜（1 面）：

内圈：见日之光，长毋相忘。

外圈：清治铜华以为镜，昭察衣服观容貌，清光乎宜佳人。

3. 日光重圈铭带镜（1 面）：

内圈：见日之光，长毋忘尹（君）。……

外圈：见日之光，长毋忘尹（君），见日之光，长忘尹（君）之。

4. 昭明、清白重圈铭带镜（1 面）：

内圈：内清质以昭明，光辉象而日月，心忽扬而愿，然雍塞而不泄。

外圈：絜精白而事君，怨驩之弇明。彼玄锡之流泽，忽疏远而日忘，怀靡美之穷皑，
外承驩之可说，慕窔佻之灵泉，愿永思而毋绝。

5. 重圈铭带镜（1 面）：

内圈：长毋相忘……

外圈：……竝执而不衰，精照折而待君，姚蛟光而耀……。

根据内、外区铭文的不同，可分五种。

一、日光、昭明重圈铭带镜　7面。半球钮。素平缘。分三型。

A 型，1面。并蒂四叶纹钮座。座外两周凸弦纹和一周短斜线纹间有两周铭文。内圈铭文每字间有"⌒"形符号相隔。市墙改办 M2 出土（图一七六）。

B 型，1面。并蒂十二连珠纹钮座。座外一周短斜线纹。之外两周凸弦纹和两周短斜线纹间各有一周铭文，内圈铭文每字间有"⌒"形符号相隔，外圈铭文每五字或六字间有"⌒"形符号相隔。市拆迁办 M165 出土（图一七七）。

C 型，5面。座外两周凸弦纹和两周短斜线纹间各有一圈铭文。分三亚型。Ca 型，3面。并蒂十二连珠纹钮座。内圈铭文每字间有"⌒"形符号相隔。如市防爆厂 M275 出土者（图一七八）。Cb 型，1面。并蒂十二连珠纹钮座。内圈铭文每字间有"⌒"形和"※"符号相隔。宛食品商贸城 M24 出土（图一七九，图版八五：2）。Cc 型，1面。十六连珠纹钮座。内圈铭文每二字间有"⌒"形符号相隔。南阳理工大学 M189 出土（图一八〇）。

二、日光重圈铭带镜　1面。半球钮，圆钮座。座外四条短竖线。之外二周凸弦纹和一周短斜线纹间各有一周铭文。内圈铭文每字间有"◇"、"⌒"形符号相隔，外圈铭文每二字间有"⌒"形和"◇"形符号相隔。素平缘。市质检站 M23 出土（图一八一）。

三、日光、铜华重圈铭带镜　1面。半球钮，并蒂四叶纹钮座。座外两周凸弦纹和一周短斜线纹间各有一圈铭文。内圈铭文每字间有"⌒"形符号相隔。素平缘。市拆建公司 M44 出土（图一八二，图版八五：1）。

图一七六　日光、昭明重圈铭带镜 A 型
（市墙改办 M2）

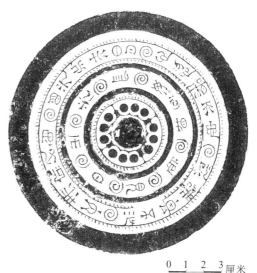

图一七七　日光、昭明重圈铭带镜 B 型
（市拆迁办 M165）

四、昭明、清白重圈铭带镜 1 面。半球钮，并蒂十二连珠纹钮座。座外一周短斜线纹，
之外两组凸弦纹、短斜线纹和两周短斜线纹间各有一圈铭文。素平缘。市三杰公司 M49 出土
（图一八三，图版八六：2）。

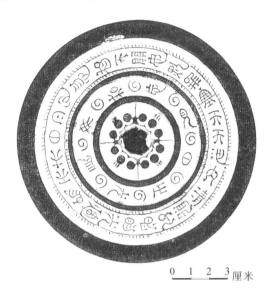

0 1 2 3 厘米

图一七八　日光、昭明重圈铭带镜 Ca 型
（市防爆厂 M275）

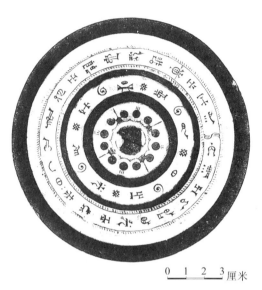

0 1 2 3 厘米

图一七九　日光、昭明重圈铭带镜 Cb 型
（宛食品商贸城 M24）

0 1 2 3 厘米

图一八〇　日光、昭明重圈铭带镜 Cc 型
（南阳理工大学 M189）

0 1 2 3 厘米

图一八一　日光重圈铭带镜
（市质检站 M23）

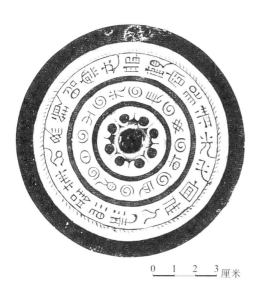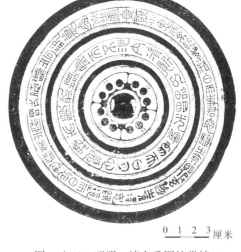

图一八二 日光、铜华重圈铭带镜
（市拆建公司 M44）

图一八三 昭明、清白重圈铭带镜
（市三杰公司 M49）

五、重圈铭带镜 1面。半球钮，并蒂十二连珠纹钮座。座外两周凸弦纹和一周短斜线纹间各有一圈铭文，内圈铭文每字间有"⌒"形符号相隔。素平缘。凤凰城 M93 出土（图一八四）。

日光昭明重圈铭带镜中，除出土 Ca 型镜的市防爆厂 M275 伴有五铢钱和成套的陶礼器，与西汉中期同类器物相同外；其余类型的 6 面镜伴出的器物与西汉晚期同类器物相同。凤凰城 M93 出土的器物与西汉中期同类器物相同。市三杰公司 M49 出土的昭明、清白重圈铭带镜、市拆建公司 M44 出土的日光、铜华重圈铭带镜、市质检站 M23 出土的日光重圈铭带镜，它们均伴出有元、成帝时期的五铢钱，时代为西汉晚期。

图一八四 重圈铭带镜
（凤凰城 M93）

从出土的情况看，日光昭明重圈铭带镜使用于西汉中期，流行于西汉晚期。重圈铭带镜使用于西汉中期。其他类型重圈铭带镜见于西汉晚期。

第二二节 四乳四虺镜

四乳四虺镜以镜中突出的四乳钉为特点，在乳钉间饰有极为简化的四虺纹，并在虺背腹的空处填饰鸟纹图案。共 14 面。圆形，半球钮。主纹为四乳钉和极为简化的四虺，四虺成钩形躯体。宽素平缘。分二型。

A 型，3 面。并蒂十二连珠纹钮座。分二亚型。Aa 型，1 面。四乳钉围以并蒂四叶纹。四虺内侧各有一鸟，外侧分别饰有虎头、凤首、龙头、兽首。市万家园 M244 出土（图一八五，图版九〇：1）。Ab 型，2 面。四乳钉带圆座。在四虺身躯外侧有冠羽鸟纹和立鸟，身躯内侧为一立鸟。如市碘盐中心 M18 出土者（图一八六，图版九〇：2）。

B 型，11 面。四乳钉带圆座。在四虺身躯内外侧有鸟纹。如市万家园 M2、市汽运公司 M2 出土者（图一八七、图一八八，图版九一：1）。

根据墓葬形制及伴出的陶片看，市拆迁办 M18 时代为东汉早期。市万家园 M2、宛计生委 M65、牛王庙五组 M4 出土的四乳四虺镜和伴出的大泉五十、货泉和陶猪圈、仓、灶、井、磨、鸡、狗等器物与新莽时期同类器物相同。市拆迁办 M38、市碘盐中心 M18 均出土有昭宣

0 1 2 3 厘米

图一八五 四乳四虺镜 Aa 型
（市万家园 M244）

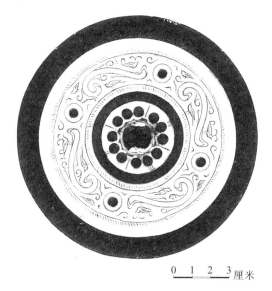

0 1 2 3 厘米

图一八六 四乳四虺镜 Ab 型
（市碘盐中心 M18）

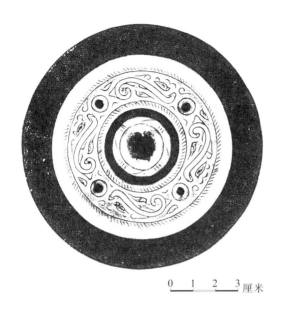

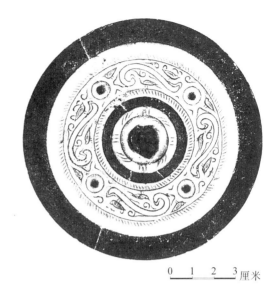

图一八七　四乳四虺镜 B 型　　　　　　　　　　图一八八　四乳四虺镜 B 型
　　　（市万家园 M2）　　　　　　　　　　　　　　（市汽运公司 M2）

时期的五铢钱。而未出铜钱的墓，出土的器物与西汉晚期同类器物相同。因此，四乳四虺镜
流行于西汉晚期至新莽时期，延续使用至东汉早期。

第二三节　禽兽镜

在龙虎、禽鸟等纹饰间饰有乳钉纹。共 12 面（市一中 M256 出土一面，残，不在分型之
列）。按乳钉的多少，分三种。

一、四乳禽兽镜　9 面。圆形，半球钮，圆钮座。按四乳间所填纹饰的不同，可分为四种。

1. 四乳龙虎镜，2 面。四乳与龙虎相间环绕。宽平缘上饰有波折纹。如市拆迁办 M20 出
土者（图一八九，图版八七：1）。

2. 四乳神兽镜，1 面。座外弦纹圈将镜背分为三区，内区为龙虎两两对峙。中区四乳钉
纹间饰有青龙、白虎、朱雀、羽人、神兽等。外区为铭文："宋氏作竟大毋伤，交龙辟邪辟
阴阳，子□□具居中央，象□□富乐未央。"铭文首尾间以三圆点纹相隔。之外一周短竖线
纹。宽平缘上饰两周锯齿纹夹一周双线波纹缘。花鸟市场 M2 出土（图一九〇，图版九一：2）。

0　1　2　3厘米

图一八九　四乳龙虎镜

（市拆迁办 M20）

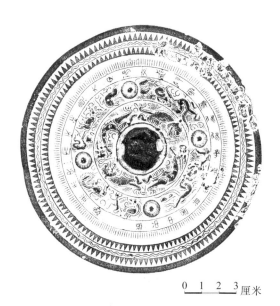

0　1　2　3厘米

图一九〇　四乳神兽镜

（花鸟市场 M2）

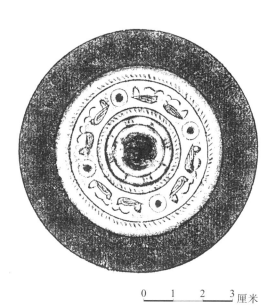

0　1　2　3厘米

图一九一　四乳八禽镜

（市拆迁办 M10）

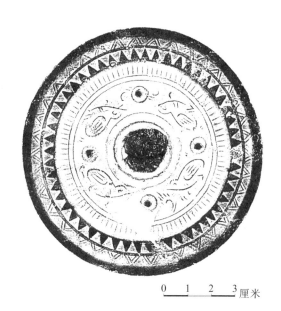

0　1　2　3厘米

图一九二　四乳四禽镜

（淅川县东沟长岭 M50）

3. 四乳八禽镜，5 面。主纹四乳间有八禽鸟，禽鸟两两相对。宽素平缘。如市拆迁办
M10 出土者（图一九一，图版八九：2）。

4. 四乳四禽镜，1 面。主纹四乳间有四禽鸟。禽鸟隔乳钉纹两两相对。之外一周短斜线纹。宽平缘上饰锯齿纹和双线波折纹。淅川县东沟长岭 M50 出土（图一九二，图版八八：1）。

二、五乳禽兽镜　1 面。钮座外四组短竖线与短弧线相间环绕。其外一周凸弦纹圈带。之外两周短斜线纹之间为主纹带。主纹是五乳钉与五禽兽相间环绕。宽平缘上饰双线波折纹和圆点纹。市财局 M10 出土（图一九三，图版八八：2）。

三、七乳禽兽镜　1 面。钮外一周内圈铭文，（铭文不清）每字间有一乳钉。其外一周由横竖线纹组成的纹饰。之外两周凸弦纹和一周短斜线纹间有铭文带和主纹带。主纹为七乳间有禽兽纹。外圈铭文为"角王巨虚□□（日有）意，上有龙虎三时置，常保二亲□□事。"宽平缘上饰锯齿纹和云气纹。公路技校 M2 出土（图一九四，图版八九：1）。

出土四乳龙虎镜、四乳八禽镜的市拆迁办 M20、M10、M103 和市一中 M322 均伴出有昭宣帝和哀平帝时期的五铢钱，而未出铜钱的墓，出土的器物与西汉晚期同类器物相同。出有五乳禽兽镜、四乳龙虎镜的市财局 M10、柴油机厂 M1 伴出有陶鼎、仓、井、磨、狗 1、鸡、鸭等器物，与新莽时期同类器物相同。出四乳四禽镜和四乳神兽镜的墓均为凸字形砖室墓，并伴出有东汉时期五铢钱、陶狗、鸡、鸭、灶、猪圈、井等器物，与东汉中期同类器物相同。而与七乳禽镜同出的陶礼器与西汉晚期同类器物相同。

因此，四乳龙虎镜流行于西汉晚期至新莽时期；四乳八禽镜、七乳禽兽镜使用于西汉晚期。五乳禽兽镜使用于新莽时期；而四乳神兽镜、四乳四禽镜则使用于东汉中期。

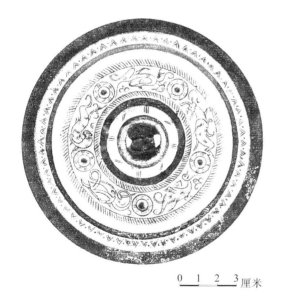

0　1　2　3 厘米　　　　　　　　　0　1　2　3 厘米

图一九三　五乳禽兽镜　　　　　图一九四　七乳禽兽镜
（市财局 M10）　　　　　　　　　（公路技校 M2）

第二四节 博局纹镜

博局纹镜，又称规矩镜。是汉代镜中常见的典型的一种装饰图案，它始于西汉晚期，盛于东汉前期。其主要特征是纹饰中有 T、L、V 的符号，并在这些符号间填饰四神、禽兽或几何纹，其外往往有一周至三周铭文带，在宽平缘上饰流云纹或锯齿纹、波折纹，少数饰有禽兽纹，或宽素平缘。

此次共收录 17 面（市防爆厂 M7 出土一面残，不在分型之列）铜镜，按镜背纹饰的不同，可分为三种。

一、四神博局镜 6 面。分三型。

A 型，3 面，有铭文。博局纹将内区分为四方八区，区内填有四神、禽兽纹和乳钉纹。分三亚型。Aa 型，1 面。圆钮座，座外方框内有十二地支铭。宽平缘上饰锯齿纹及缠枝叶纹。市一中 M332 出土（图一九五）。Ab 型，1 面。圆钮座，座外方框有十二地支铭和一周铭文。主纹有外区铭文带。宽平缘上饰锯齿纹和云气纹。牛王庙三组 M1 出土（图一九六，图版九六：1）。Ac 型，1 面。四叶纹钮座。主纹外一周铭文带。宽平缘上饰锯齿纹和双线波折纹。东风厂 M20 出土（图一九七，图版九八：1）。

B 型，2 面。分二亚型。Ba 型，1 面。四叶纹钮座。四乳及博局纹将镜背纹饰划分四方，分别配置四神。宽平缘。市防爆厂 M186 出土（图一九八，图版九五：1）。Bb 型，1 面。圆钮座。博局纹将内区分为四方八区，区内填有四神、禽兽纹和乳钉纹。宽平缘上饰锯齿纹和双线波折纹。市一中 M73 出土（图一九九，图版九三：1）

C 型，1 面。四叶纹钮座。博局纹将镜背纹饰划分四方八区，区内填有四神和禽兽纹。而在青龙、白虎头部，对着有一个内有金乌的日轮和内有蟾蜍的满月。宽平缘上饰锯齿纹和云气纹。金冠公司 M47 出土（图二〇〇，图版九七：1）

二、禽兽博局镜 8 面。分三型。

A 型，2 面。圆钮座或四叶纹钮座。博局纹将内区分为四方八区，区内填有禽兽纹和乳钉纹。主纹外一周铭文带。宽平缘上饰锯齿纹等纹饰。如陈棚村 M1 出土者（图二〇一，图版九五：2）

B 型，5 面。无铭文。按有无乳钉，分二亚型。Ba 型，3 面。四叶纹钮座。博局纹将内区分为四方八区，在四方或八区内填有禽兽、乳钉纹。宽平缘上饰锯齿纹。如宛计生委 M123 出土者（图二〇二，图版九四：2）。Bb 型，2 面。圆钮座或四叶纹钮座。博局纹将内区分为四方八区，在四方或八区内填有禽兽纹。宽平缘或上饰双线波折纹。如市折迁办 M193 出土者（图二〇三，图版九三：2）。

C 型，1 面。座外一凹面形方格。博局纹将镜背分为四方八区，每区各一乳钉和一禽鸟，两禽鸟隔 V 形纹相对。宽素平缘上饰两周锯齿纹夹波折纹。四福井建材市场 M6 出土（图二〇四，图版九八：2）。

三、几何纹博局镜　2 面。分二型。

图一九五　四神博局镜 Aa 型
（市一中 M332）

图一九六　四神博局镜 Ab 型
（牛王庙三组 M1）

图一九七　四神博局镜 Ac 型
（东风厂 M20）

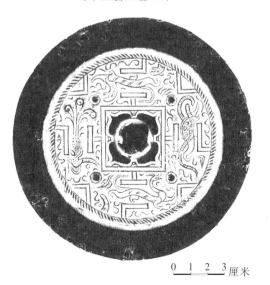

图一九八　四神博局镜 Ba 型
（市防爆厂 M186）

0 1 2 3 厘米

图一九九　四神博局镜 Bb 型
（市一中 M73）

0 1 2 3 厘米

图二○○　四神博局镜 C 型
（金冠公司 M47）

0 1 2 3 厘米

图二○一　禽兽博局镜 A 型
（陈棚村 M1）

0 1 2 3 厘米

图二○二　禽兽博局镜 Ba 型
（宛计生委 M123）

　　A 型，1 面。四叶纹钮座，博局纹将镜背分为四方八区，区内有小乳及短线、卷云纹。宽平缘上饰锯齿纹和双线波折纹。市审计局 M19 出土（图二○五，图版九二：1）。

　　B 型，1 面。钮外方框四边中心伸出四个 T 形纹，缺 L、V 形纹。空间填短线纹和卷云纹。宽平缘上饰锯齿纹。宛食品商贸城 M12 出土（图二○六，图版九二：2）。

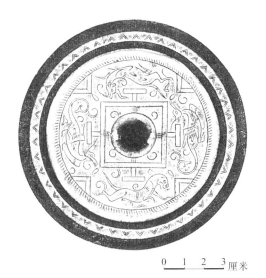

0　1　2　3厘米

图二〇三　禽兽博局镜 Bb 型
（市拆迁办 M193）

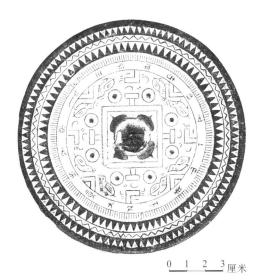

0　1　2　3厘米

图二〇四　禽兽博局镜 C 型
（四福井建材市场 M6）

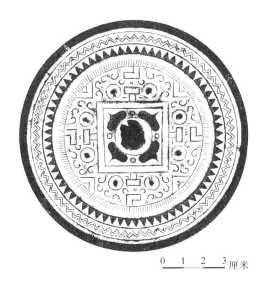

0　1　2　3厘米

图二〇五　几何博局镜 A 型
（市审计局 M19）

0　1　2　3厘米

图二〇六　几何博局镜 B 型
（宛食品商贸城 M12）

　　出土四神博局镜的市一中 M332、牛王庙三组 M1 伴出有大泉五十、货泉及随葬器物，与新莽时期同类器物相同。东风厂 M20、市防爆厂 M186、市一中 M73 出土的陶罐、仓、磨、井等器物与东汉早期同类器物相同。金冠公司 M47 为凸字形砖室墓，从墓葬形制和出土的随葬器物看，时代为东汉中期。

　　出土几何纹博局镜的市审计局 M19 伴出有昭宣帝和哀平帝时期的五铢钱及成套的鼎、盒、壶陶礼器，时代为西汉晚期。宛食品商贸城 M12 伴出有东汉五铢钱和属于东汉早期的陶狗、灶、磨等模型明器。

出土禽兽博局镜的南阳理工大学 M147 伴出的陶罐与西汉晚期陶罐相同；宛计生委 M123、陈棚村 M1 伴出有大泉五十、陶罐等器物，时代为新莽时期。其他铜镜虽未伴出铜钱，但出土的陶仓、灶、猪圈、鸡等模型明器，与东汉早期同类器物相同。

从整个出土情况看，禽兽博局镜出现于西汉晚期，流行于新莽时期和东汉早期，延续使用于东汉中期。四神博局镜流行于新莽时期和东汉早期，延续使用于东汉中期，到东汉中期以后逐渐减少。几何纹博局镜使用于西汉晚期和东汉早期。因此博局镜出现于西汉晚期，流行于新莽时期和东汉早期，到东汉中期以后逐渐减少。

第二五节　四乳镜

这类镜较为特殊，不易归类，故以主纹四乳为名。共四面，分三型。

A 型，1 面。半球钮，四叶纹钮座。纹饰由地纹和主纹组成，地纹为简化的羽状纹，主纹为带圆座乳钉。匕缘。市防爆厂 M303 出土（图二○七，图版一○○：1）。

B 型，2 面。三弦钮（1 面钮残），圆钮座。四枚乳钉叠压在双线圈带。内向十二连弧纹一周。匕缘。如宛检察院 M12 出土者（图二○八，图版九九：1）。

C 型，1 面。半球钮，圆钮座。座外两周弦纹和一周短直线纹间有四乳和卷云纹、短斜线纹。宽平缘上饰锯齿纹。南阳理工大学 M14 出土（图二○九，图版一○○：2）。

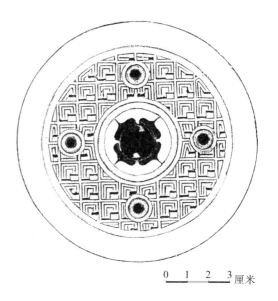

0　1　2　3 厘米

图二○七　四乳镜 A 型
（市防爆厂 M303）

与 B 型镜同出的有昭宣帝时期的五铢钱，A 型镜伴出的陶礼器鼎、盒、壶、小壶等器物，与西汉中期同类器物相同。而 C 型镜出土于方形砖室墓，从伴出的陶片和墓葬形制看，时代为西汉晚期。A 型镜应是纯地纹镜演变而来的。这类镜使用于西汉中期至西汉晚期。

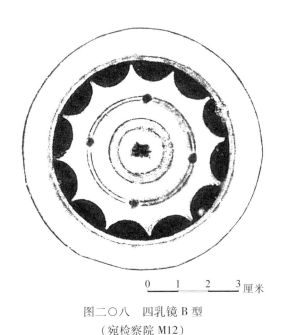

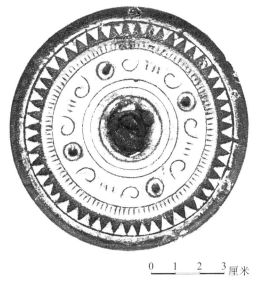

图二〇八　四乳镜 B 型
（宛检察院 M12）

图二〇九　四乳镜 C 型
（南阳理工大学 M14）

第二六节　变形四叶纹镜

变形四叶纹镜，半圆钮或盘龙钮，圆钮座。其特征在座外四蝙蝠形叶向外呈放射状，把镜背分为四区，在四叶内各填一字，叶间饰以兽首、夔纹或凤纹。这类镜纹饰华美精致，就像剪纸图案，给人以清新华美的感觉。

此本书收录 5 面，按四叶间所填纹饰的不同，可分三种。

一、变形四叶兽首镜　2 面。四叶间填饰兽首纹。几何形菱纹缘。分二型。

A 型，1 面。半圆钮。四叶内各置一字，连读为"位至三公"。主纹外为二十四内向连弧纹。牛王庙村五组 M2 出土（图二一〇，图版一〇二：2）。

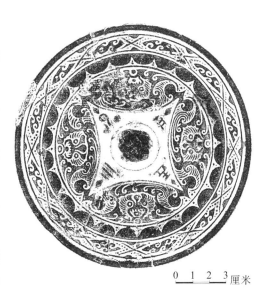

图二一〇　变形四叶兽首镜 A 型
（牛王庙五组 M2）

B 型，1 面。兽钮。四叶内各置一字，连读为"□宜高官"。主纹外一周铭文："延喜六年五月丙午日，作竟广汉西蜀……"。之外内向二十三连弧纹圈带。罗庄变电站 M15 出土（图二一一）。

二、变形四叶夔纹镜 1面。半圆钮，蝙蝠形四叶内各置一字，连读为"位□三公"。四叶间填有涡云纹，之外一周连续涡云带。窄平缘。市防爆厂M208出土（图二一二，图版一○一：2）。

三、变形四叶对凤镜 2面。四叶间为图案化的对凤纹，窄平缘。分二型。

A型，1面。盘龙纹钮。四叶内置一字，连读为"长宜高官"。在十六连弧纹内有四组戳印的铭文"富昌"、"日宜君（？尹人？）"、"王乐未虫（央）"、"其阵（师）命长"。市防爆厂M208（图二一三，图版一○一：1）。

B型，1面。半圆钮，四叶间置一字，"长宜高官"，四叶间对凤头上方置铭文"□至三

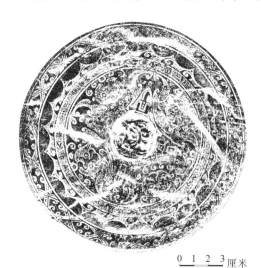

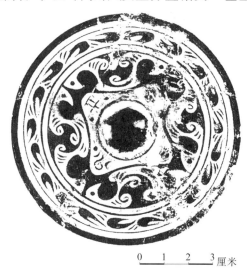

图二一一 变形四叶兽首镜B型　　　　　图二一二 变形四叶夔纹镜
　（罗庄变电站M15）　　　　　　　　（市防爆厂M208）

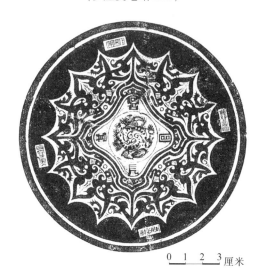

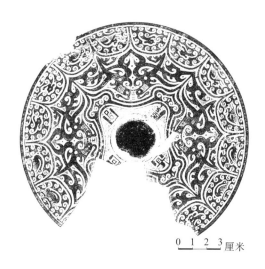

图二一三 变形四叶对凤镜A型　　　　　图二一四 变形四叶对凤镜B型
　（市防爆厂M208）　　　　　　　　　（市一中M49）

公"。在十六连弧纹内有奇禽异兽。市一中 M49（图二一四，图版一〇二：1）。

这 5 面镜出土于品字形、凸字形或凸字形和十字形组成的砖室墓，这些墓葬形制流行于东汉中、晚期。从变形四叶兽首镜伴出的器物和陶片看，时代为东汉晚期。变形四叶夔纹镜和变形四叶对凤镜均伴出有货泉、东汉五铢钱、陶罐或壶、井等器物，这些器物与东汉中期同类器物相同。因此，这类镜流行于东汉中、晚期。

第二七节　夔凤镜

夔凤镜的主要特征是双夔或凤左右夹钮相对，形成轴对称。此类镜仅出土两面。

夔凤镜，半面。圆形。凤形态简化，作 S 形卷曲，身躯有锚形图案，外有长短线条似羽毛。宽平缘。市体育馆 M56 出土（图二一五）。

长富直行铭文双夔镜，1 面。圆形，半球钮、圆钮座。以钮的轴线为界两边各有一双夔纹。夔纹之间用两字隔开，"长富"。其外为内向十二连弧纹和一周凹面形圈带。宽平缘。金冠公司 M28 出土（图二一六，图版一〇三：1）。

市体育馆 M56 出有五铢钱和鼎、盒、壶、小壶陶礼器，其器形与东汉早期同类器物相同。长富直行铭文双夔镜出土于凸字形砖室墓中，这种砖室墓流行于东汉中晚期。因此，夔凤镜使用于东汉早期，流行于东汉中晚期[1]。

图二一五　夔凤镜（市体育馆 M56）　　　图二一六　长富直行铭文双夔镜（金冠公司 M28）

---

〔1〕 孔祥星、刘一曼：《中国古代铜镜》，文物出版社，1984 年 P102 页

第二八节　团凤镜

　　此镜较小，半球钮、圆钮座。主纹为一神鸟，外有铭文"□氏作竟自宜古市兮"。之外有短直线纹和锯齿纹各一周。市防爆厂 M160 出土（图二一七，图版一〇三：2）。

　　此镜出土于长方形竖穴土坑墓中，伴出有货泉、东汉五铢钱和陶罐，陶罐则与东汉中期的陶罐相同，其时代为东汉中期。

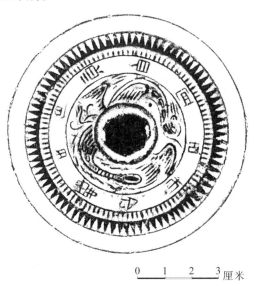

0　　1　　2　　3 厘米

图二一七　团凤镜（市防爆厂 M160）

第二九节　龙虎镜

　　龙虎镜的半球钮较大、圆钮座。主题纹饰主要是圆雕的龙虎或单一的龙、虎。宽平缘上饰有纹饰。共 3 面，分三种。

　　一、二虎对峙镜　1 面。主题纹饰为圆雕的二虎隔钮对峙。之外一周铭文"□□□□大毋伤，宜侯王□"。市碘盐中心 M44 出土（图二一八，图版一〇四：1）。

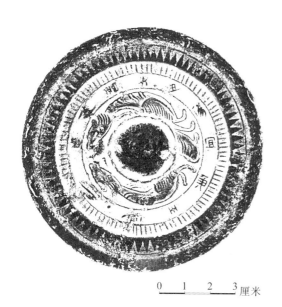

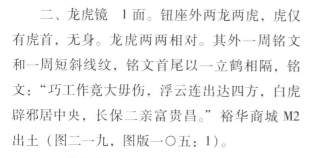

图二一八　二虎对峙镜
（市碘盐中心 M44）

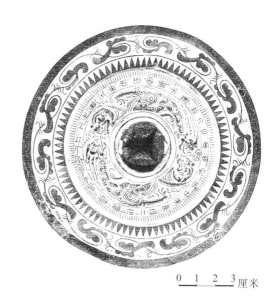

图二一九　龙虎镜
（裕华商城 M2）

二、龙虎镜　1 面。钮座外两龙两虎，虎仅有虎首，无身。龙虎两两相对。其外一周铭文和一周短斜线纹，铭文首尾以一立鹤相隔，铭文："巧工作竟大毋伤，浮云连出达四方，白虎辟邪居中央，长保二亲富贵昌。"裕华商城 M2 出土（图二一九，图版一〇五：1）。

三、盘龙镜　1 面。钮座压在龙的身躯上，龙张嘴露齿，回首，四肢作奔驰状。在身躯外侧空白处有铭文，铭文"作竟宜子孙"。之外一周短直线纹。裕华商城 M2 出土（图二二〇，图版一〇四：2）。

这三面镜均出土于砖室墓，虽都出有东汉五铢钱，但市碘盐中心 M44 出土的二虎对峙镜和同出的陶鼎、盒、壶、仓等器物，与东汉中期同类器物相同。

图二二〇　盘龙镜
（裕华商城 M2）

而裕华商城 M2 出土的盘龙镜、龙虎镜和同出的陶鼎瓮、仓、灶、井、磨等器物，与东汉晚期早段的同类器物相同，因此，龙虎镜流行于东汉中晚期。

第三〇节　画像镜

　　画像镜以浅浮雕手法，表现神人、龙虎、车马、历史故事等题材的铜镜。

　　仅在裕华商城 M2 出土一面。圆形，半球钮，钮较大，圆钮座。四枚带圆座乳钉纹分成的四区内配置有四组人物，其中两组为东王公和西王母相对而坐，一组为白虎，一组为神兽。外区铭文为："尚方作竟大毋伤，辛有善同出丹羊，和已银锡"。宽平缘上饰禽鸟神兽纹（图二

0　1　2　3 厘米

图二二一　画像镜（裕华商城 M2）

二一，图版一〇五：2）。

　　该镜出土于长方形砖室墓，伴出有东汉五铢钱和红陶猪圈、灯、鸡、磨、仓、灶、井、鼎、灰陶瓮等陶器，器物形制与东汉晚期早段的同类器物相同，时代为东汉晚期。

铁　镜

　　铁镜，此次共收录9面，均圆形，扁圆钮。锈蚀较严重，有的取出时已成碎块。直径一般在13~16.5厘米，钮径2.6~4.7厘米（图二二二、二二三，图版一一二）。

　　从墓葬形制和出土器物看，市防爆厂M265出土了属于西汉早期的器物；市质检站M15出土的五铢钱和瓷罐等器物，与西汉晚期同类器物相同；从墓葬形制和出土的陶片看，市一中M84时代为西汉晚期。而另六面铁镜则伴出了属于东汉晚期的器物。因此，南阳铁镜见于西汉早期，流行于东汉晚期。

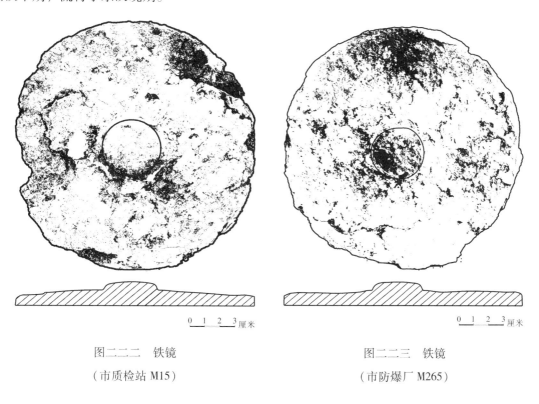

图二二二　铁镜　　　　　　　　　　　图二二三　铁镜
（市质检站M15）　　　　　　　　　　　（市防爆厂M265）

第四章 唐 镜

　　唐朝是我国铜镜发展的又一盛期。这时期铜镜既没有战国镜的轻巧，也摆脱了汉镜的规整，总的来说是一个承上启下的时期，又是一个创新的时代。镜的形式也突破了圆形、方形的传统，适应主题纹饰的变化，出现了菱花形、葵花形等花式镜，使内容与形式更完美地结合起来。铜镜的主要纹饰由瑞兽到禽鸟到以植物纹饰为主的演变，与整个唐代纹饰图案的演变趋势是相一致的。其最大的特点就是艺术样式或艺术手法的多样化。

　　从这些年的发掘情况看，唐代墓葬在南阳发现不多，在这四千余座墓葬中，清理的唐墓不到20座，我们仅对这次收录的四面唐镜予以介绍。

　　四鹊绕花枝镜　1面。八瓣菱形花，内切圆形。半圆钮。钮外四鹊鸟四折枝花相间环绕，鹊鸟展翅飞翔。边缘八瓣上有展翅的四蜂蝶与四朵两叶一苞的折枝花相间环绕。宛农行 M1 出土（图二二四，图版一〇六：2）。

0　1　2　3厘米

图二二四　四鹊绕花枝镜
（宛农行 M1）

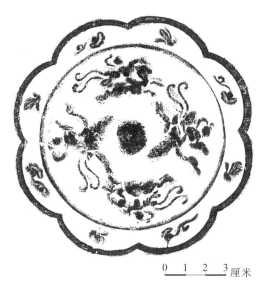

0　1　2　3厘米

图二二五　四仙骑镜
（市税局 M13）

四仙骑镜　1面。八出葵花形，半圆钮，内切圆。主纹为四仙人骑兽跨鹤，腾空飞翔，同向绕钮。花枝蜂蝶纹缘。市税局 M13 出土（图二二五）。

贴银鎏金鸟兽菱花镜　1面。六瓣菱花形。镜背贴银鎏金，伏兽钮。主纹为鸟、兽及缠枝花纹。以繁密的点纹为地纹。市税局 M13 出土（图二二六，图版一〇六：1）。

六瑞兽葡萄镜　1面。圆形，伏兽钮。六瑞兽与葡萄枝蔓相间环绕。素平缘。市万家园 M130 出土（图二二七）。

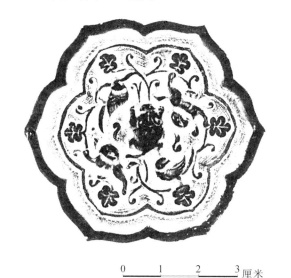

图二二六　贴银鎏金鸟兽菱花镜
（市税局 M13）

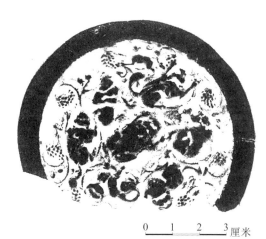

图二二七　六瑞兽葡萄镜
（市万家园 M130）

第五章 宋 镜

从整体情况看，宋代铜镜工艺处于缓慢发展阶段。从沿袭、模仿唐镜，到改变唐镜形制，又是一个创新时期，除传统的圆形、方形、亚方形和菱花形、葵花形之外，还出了特异盾形、钟形、鼎形、长条形、扇形、瓶形、带柄形等形制。而宋镜的重要特征之一是形式多样化，以题材集中为特点，以字号商标铭镜为特征，以细线雕为表现技法。

宋代墓葬在南阳发现相对于唐代墓葬来说较多，但完整墓葬和出土铜镜墓则极少。我们仅对其中四面宋镜予以介绍。

河水蜂鸟镜 1面。圆形，半圆钮，钮较扁。蜂鸟飞舞在河边草丛中。南阳理工大学 M74 出土（图二二八，图版一〇八：1）。

弦纹素镜 1面。圆形，半圆钮，钮较扁。钮外一周凸弦纹。市墙改办 M27 出土（图版一〇七：2）。

三虎镜 2面。圆形，半圆钮，钮较扁。钮外环列三虎，其中两虎对峙。之外两周弦纹带及波折纹之间有两周短直线纹。素卷缘。如市墙改办 M27 出土者（图二二九）。

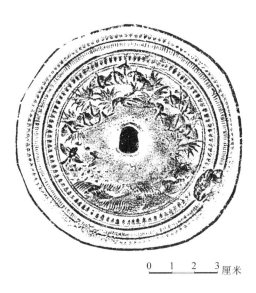

图二二八 河水蜂鸟镜
（南阳理工大学 M74）

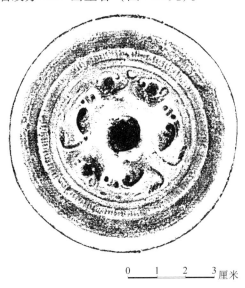

图二二九 三虎镜
（市墙改办 M27）

第六章 明 镜

明代铜镜已处于我国铜镜发展史的尾声，玻璃镜逐渐取而代之。这时期的铜镜缺乏创新，主要是仿唐汉镜，且多有铭文。而这时的铜镜多作为象征吉祥、团圆的信物或礼品出现，纹饰也很简略，有花草、双鱼等。

明代中小形墓在南阳发现较多，一般多随葬铜钱、小瓷罐等，出土铜镜的墓则较少。我们仅对此次收录的13面铜镜予以介绍。

分十一类。

一、弦纹素镜 1 面。半圆钮，钮外两周弦纹。高卷缘。市一中 M68 出土（图二三〇，图版一〇八：2）。

二、四瑞兽葡萄镜 2 面。伏兽钮。双线高圈将镜背分为内外二区。内外区有四瑞兽攀援葡萄枝蔓，葡萄枝蔓回旋缠连，六只禽鸟飞翔或栖息其间。云纹缘。如市一中 M76 出土者（图二三一）。

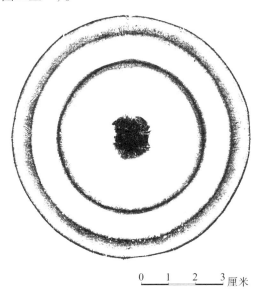

图二三〇 弦纹素镜
（市一中 M68）

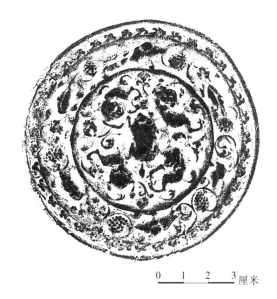

图二三一 四瑞兽葡萄镜
（市一中 M76）

三、四乳四神镜　1面。半圆钮、圆钮座。座外两周短线纹之间为主纹带。主纹是四乳与四神相间环绕。宽平缘上饰有双线波折纹。宛安新村 M13 出土（图二三二）。

四、四乳四兽镜　1面。半圆钮、圆钮座。座外两周短斜线纹之间为主纹，四乳与四兽相间环绕。四兽均作行走态。市电信公司 M1 出土（图二三三）。

五、双鹤镜　1面。扁平钮。钮上下各饰一鹤，双鹤脖颈细长，展开双翅，两腿直伸。首尾相对配置，钮两侧各有一圭形框，框内有铭文。市一中 M43 出土（图二三四，图版一〇九：1）。

六、日光连弧铭带镜　1面。圆形，半圆钮，圆钮座。座外内向八连弧纹内有四条短斜线纹。之外两周短斜线纹之间有铭文"见日之光，天下大明"，每字间有"◈"、"◎"形符号。宽平缘。市一中 M149 出土（图二三五）。

七、昭明镜　2面。圆形，半圆钮，圆钮座。宽平缘。分二种。

昭明圈带铭带镜　1面。钮座外一周凸弦纹圈带内有四组（每组三线）短直线条与短斜线相间环列。之外两周短斜线纹之间有铭文，为："内而清而以昭而明而，光而象而夫而日而"，铭文首尾以一横相隔。市一中 M76 出土（图二三六，图版一〇九：2）。

昭明连弧铭带镜　1面。座外一周内向十二连弧纹内有四组短直线（每组三线）与四短弧线相间。之外两周短斜线纹间有铭文，为："内而清而以而昭而明而，光而夫而日而月"，铭文首尾以一长方形小框相隔。市公安大厦 M28 出土（图二三七）。

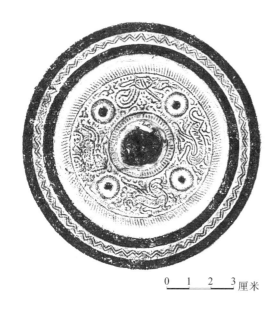

图二三二　四乳四神镜
（宛安新村 M13）

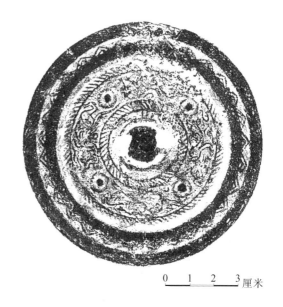

图二三三　四乳四兽镜
（市电信公司 M1）

图二三四　双鹤镜
（市一中 M43）

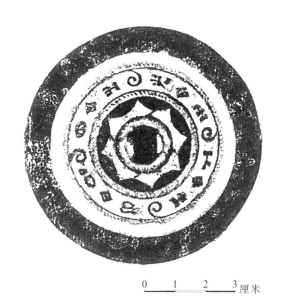

图二三五　日光连弧铭带镜
（市一中 M149）

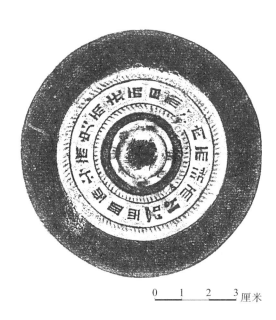

图二三六　昭明圈带铭带镜
（市一中 M76）

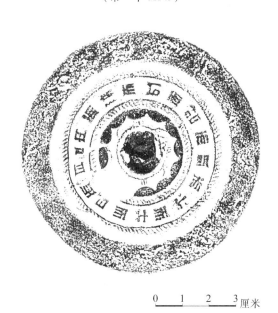

图二三七　昭明连弧铭带镜
（市公安大厦 M28）

　　八、神兽简化博局镜　1 面。圆形，半圆钮，圆钮座。座外一凹面双线方格，方格四边中点有 T 形纹，四角与 V 形纹相对，缺 L 形纹，V 形纹分成的四区内有青龙、神兽、白虎、神兽。之外一周短斜线纹。宽平缘上饰锯齿纹和双线波折纹。市公安大厦 M29 出土（图二三八）。

九、为善最乐镜 1面。圆形，银锭钮。钮左右两侧各有二字铭，"为善最乐"。素卷缘。市公安大厦 M21 出土（图二三九，图版一一一：2）。

一〇、兽纹镜 1面。座外围有四兽，兽回首，作奔跑状。之外一周凸弦纹和一周短斜线纹间有铭文，"□得秦王□□□□千金□□秋□□□□自□心"。素卷缘。市公安大厦 M21 出土（图二四〇，图版一一一：1）。

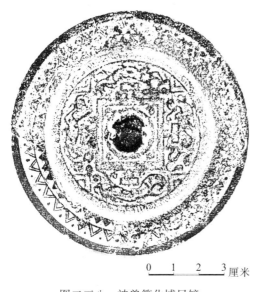

0 1 2 3 厘米

图二三八 神兽简化博局镜
（市公安大厦 M29）

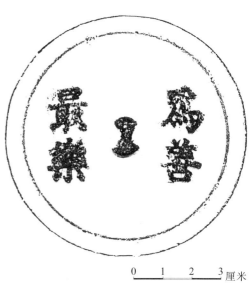

0 1 2 3 厘米

图二三九 为善最乐镜
（市公安大厦 M21）

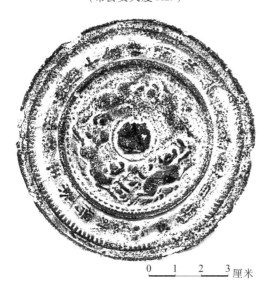

0 1 2 3 厘米

图二四〇 兽纹镜
（市公安大厦 M21）

0 1 2 3 厘米

图二四一 人物车马画像镜
（兴达电力花园 M18）

一一、人物车马画像镜　1 面。座外一周连珠纹，六枚带圆座乳钉分成六区，分别是：第一组车马，一马驾车，车有华盖；第二组房舍；第三组庭院；第四组骑马；第五组车马，二马驾车，车上座二人，另二人骑马；第六组骑马。外区为铭文带，"张氏作竟□□□有宜□□"，铭文首尾以四圆点相隔。宽平缘上饰锯齿纹和禽兽纹。兴达电力花园 M18（图二四一，图版一一〇：2）。

第七章 结 语

第一节 南阳铜镜（铁镜）出土位置

由于特殊的地理环境和土质，在已发掘的墓葬中只有极少数保存有人骨残块和棺椁痕迹。因此铜镜出土的位置只能根据发掘现状来说：在竖穴土坑墓中，有棺椁痕迹的则说明镜在棺椁内的位置，无则只能说明镜位于墓室中某个位置。除去扰乱的墓葬外，从整个发掘情况看，无棺椁痕迹的铜镜主要放置在墓室内四周：西北部有 64 面、西部 27 面、西南部 39 面、南部 59 面、东南部 33 面、东部 18 面、东北部 34 面、北部 45 面、中部 24 面。而有棺椁痕迹的，铜镜也主要放置在棺内四周，有 36 面；椁内的铜镜主要放置在西北部和北部，有 6 面；在棺外四周放置的有 30 面和 1 面铁镜；椁外主要放置在西部和东部，有 6 面。而砖室墓出土的铜镜和铁镜，放置则无一定规律，在甬道、前室、中室、后室、侧室都出土有。极个别铜镜在出土时可看出，镜在入土时是放在漆木盒中，如名门华府 M20（图版一一三：1、2）、宛计生委 M4、M39 等。另有少部分铜镜还伴出有铜刷、铁镊等修容用具。

在葬俗中镜放置是有一定规律的，一般多放置于墓主的头部附近，如《洛阳烧沟汉墓》[1] 中，放在头部附近有 28 面；《河南荥阳晋墓、唐墓发掘简报》[2] 中记载，三棺内头部各放置一面镜；《河北邯郸赵王陵》[3] 载两镜"均在南棺内人头骨旁"等。还有放置在墓主人的胸部、脚部等位置，如《苏州太仓县明黄元会夫妻合葬墓》[4] 中记载，两镜放于人的胸部；《北京顺义临河村东汉墓发掘简报》[5]、《海州西汉霍贺墓清理简报》[6]、《山东微山县微山

---

〔1〕 中国科学院考古研究所：《洛阳烧沟汉墓》，科学出版社，1959 年。

〔2〕 郑州市文物考古研究院：《河南荥阳晋墓、唐墓发掘简报》，《文物》2009 年第 9 期。

〔3〕 河北省文管处等：《河北邯郸赵王陵》，《考古》1982 年第 6 期。

〔4〕 苏州博物馆考古组等：《苏州太仓县明黄元会夫妻合葬墓》，《考古》1987 年第 3 期。

〔5〕 北京市文管处：《北京顺义临河村东汉墓发掘简报》，《考古》1977 年第 6 期。

〔6〕 南京博物院等：《海州西汉霍贺墓清理简报》，《考古》1974 年第 3 期。

岛汉代墓葬》[1]中均记载镜位于死者盆骨、脚下或脚周围；《洛阳烧沟汉墓》[2]中统计有 6 面镜放于胸、足等部位等。

我们仅在名门华府 M20、M3 和宛城区计生委 M4、M8、M36、M39、M123、M130 八座墓中发现有牙齿。名门华府 M20、M3 和宛计生委 M36 牙齿位于棺内南部或墓室西南部；宛计生委 M39 牙齿位于墓室西南部；宛计生委 M8、M123 牙齿位于墓室东部；而宛计生委 M130 牙齿是围于镜周边，M4 有 5 个乳牙位于镜下，因此，这两面镜应位于头部上方。

第二节 南阳铜镜的形制与区域特点

1. 形制

南阳出土的铜镜基本上反映了南阳各时期铜镜的特点，但东汉时期以后铜镜种类较少，这主要是因为东汉以后多为砖室墓，大多数盗扰毁坏严重。从发掘出土的情况看，完整保留的砖室墓只占发掘的砖室墓还不足 1%。因此，下面关于形制与区域特点的分析，主要局限于战国秦汉时期。

本书收录的 500 面镜，除 1 面战国中期方镜和三面唐镜外，余均为圆形。战国至西汉早期的钮多为三弦钮、橄榄形钮等，少数为桥形钮、双弦钮、四弦钮、五弦钮、小环钮。钮体较小、钮足较宽、钮弓较窄。到了西汉，半球形钮代替了战国时期的弦钮、桥形钮等。而半球形钮、伏螭钮、兽钮见于西汉早期的草叶纹镜；博山炉式钮见于西汉早期的四花瓣四螭镜；盘龙钮则见于东汉中期的变形四叶对凤镜。东汉中期以后半球形钮又有加大的趋势，并出现了扁圆大钮。

钮座：主要有圆钮座；方钮座；四叶纹钮座始见于西汉早期的草叶纹镜；连珠纹钮座见于西汉中期的连弧铭带镜；伏螭钮座见于西汉早期的蟠螭纹镜。

镜缘：有素卷缘、匕缘、窄平缘、素平缘、宽平缘、内向连弧纹缘、宽平缘上饰有装饰纹、斜宽素平缘（断面近三角形）。

纹饰：战国时期的铜镜，不但纹饰多样，而且镜背上纹饰的配置也极为巧妙。其有两个明显特点：1. 纹饰的形态和内容在商周时期青铜器上都能见到相似的纹饰。2. 其构图的方式

---

〔1〕 微山县文管所：《山东微山县微山岛汉代墓葬》，《考古》2009 年第 10 期。

〔2〕 中国科学院考古研究所：《洛阳烧沟汉墓》，科学出版社 1959 年。

为地纹与主纹相组合,战国晚期又出现了三重花纹组成的纹饰。到了西汉,铜镜纹饰承袭了战国以来的纹饰特征,并加入了新的内容:一是,以四乳钉为基点的四分法布局结构方式;二是,地纹逐渐消逝,多层次的重叠构图法亦不复出现,以突出主纹占主导地位;三是,铭文成了镜背构图的一个重要组成部分;四是,在装饰图案上内向连弧纹被广泛采用。到了东汉中晚期,纹饰结构复杂。以神兽纹为主,并在表现手法上有了新的发展,高浮雕技法的使用和"轴对称"的布局方式出现,使的主题纹饰更突出,并有了明显的立体感。由此铜镜纹饰形成了由简单到复杂、再到简单,由粗率到工精的过程。

铭文:在西汉早、中期比较普遍,每句多为三字或四字,也有五字、七字句。书体由原来的篆体或隶中带篆,演变到成熟的隶书。但铭文中多通假、错别、减笔、省偏旁和反写是经常有的,掉字漏句的现象也屡见不鲜[1]。

2. 区域特点

其一,战国晚期到东汉晚期总体来看,铜镜纹饰的主要种类基本齐全:战国晚期主要镜类有:素镜、弦纹镜、连弧纹镜、花叶镜、折叠式菱纹镜、山字镜、龙凤镜、蟠螭镜、兽纹镜、透雕镜等。汉代主要镜类有:素镜、禽兽纹镜、蟠螭镜、蟠虺镜、草叶镜、星云镜、日光镜、昭明镜、清白连弧纹铭带镜、重圈铭文镜、博局镜、四乳镜、四乳禽兽镜、连弧纹镜、变形四叶纹镜、夔纹镜、龙虎镜、神兽镜、画像镜等。同时,通过这些资料,我们也可看到南阳各个时期使用和流行的镜类,以及晚期还使用有早期镜类的现象。

战国中期:素镜(全素镜)、透雕镜。

战国晚期:素镜(全素镜、弦纹素镜);四叶羽状地纹镜;龙凤镜(凤纹镜、龙纹镜);蟠螭镜(蟠螭叶纹镜、蟠螭菱纹镜、蟠螭镜)

西汉早期:素镜(全素镜、弦纹素镜、宽弦纹素镜);四叶羽状地纹镜;龙凤镜(凤纹镜、龙纹镜);蟠螭镜(蟠螭叶纹镜、蟠螭菱纹镜、蟠螭镜、蟠龙纹镜、圈带叠压蟠螭纹镜);连弧纹镜(素地连弧纹镜、云纹连弧纹镜、蟠螭连弧纹镜);花瓣镜(四花镜);山字镜(五山镜、四山镜);蟠虺纹镜;草叶镜(八草叶纹镜、博局纹草叶镜、四草叶纹镜);兽纹镜、星云镜。

西汉中期:素镜(全素镜、宽弦纹素镜);四叶羽状地纹镜;山字镜(四山镜);折叠式菱纹镜;龙凤镜(龙纹镜);蟠螭镜(蟠螭叶纹镜、蟠螭菱纹镜、蟠螭纹镜、蟠龙纹镜、博局纹蟠螭镜);连弧纹镜(素地连弧纹镜、云雷连弧纹镜);家常贵富四乳铭文镜;花瓣镜(四花镜、花叶镜);蟠虺纹镜;草叶镜(八草叶纹镜、四草叶纹镜、博局纹草叶镜、蟠龙纹草叶镜);星云镜;重圈铭文镜(日光昭明重圈铭文镜、重圈铭文镜);昭明镜(昭明连弧铭

---

〔1〕 参见罗振玉:《辽居杂著·镜话》。

带镜）；日光镜（日光连弧铭带镜、日光圈带铭带镜）；久不相见铭文镜；四乳镜；四扁叶镜；圈带镜。

西汉晚期：素镜（全素镜、宽弦纹素镜）；山字镜（四山镜）；蟠螭镜（蟠螭叶纹镜、蟠龙纹镜）；连弧纹镜（云雷连弧纹镜）；蟠虺纹镜；草叶镜（八草叶纹镜、四草叶纹镜、博局纹草叶镜、蟠龙纹草叶镜）；花瓣镜（四花镜、花叶镜）；星云镜；清白连弧铭带镜；日光镜（日光连弧铭带镜、日光圈带铭带镜）；昭明镜（昭明连弧铭带镜、昭明圈带铭带镜）；重圈铭文镜（日光昭明重圈铭文镜、日光重圈铭文镜、日光铜华重圈铭文镜、昭明清白重圈铭文镜）；博局镜（禽兽博局镜、几何博局镜）；四乳四虺镜；禽兽镜（四乳龙虎镜、四乳八禽镜、七乳禽兽镜）；四乳镜。

新莽时期：连弧纹镜（云雷连弧纹镜）；星云镜；日光镜（日光连弧铭带镜）；昭明镜（昭明连弧铭带镜）。四乳四虺镜；禽兽镜（四乳龙虎镜、五乳禽兽镜）；博局镜（四神博局镜、禽兽博局镜）。

东汉早期：连弧纹镜（云雷连弧纹镜）；博局镜（四神博局镜、禽兽博局镜、几何博局镜）。昭明镜（昭明连弧铭带镜）、四乳四虺镜、夔凤镜。

东汉中期：团凤镜；龙虎镜（二虎对峙镜）；博局镜（四神博局镜、禽兽博局镜）；禽兽镜（四乳四禽镜、四乳禽兽镜）；变形四叶纹镜（变形四叶夔纹镜、变形四叶对凤镜）。

东汉晚期：连弧纹镜（君宜官位连弧纹镜）；变形四叶纹镜（变形四叶兽首镜、变形四叶对凤镜）；夔凤镜；画像镜；龙虎镜（盘龙镜、龙虎镜）。

其二，南阳战国时期铜镜的延续使用时间非常长。如：羽状地纹镜主要流行于战国晚期至西汉早期，延续使用至昭宣时期。山字镜流行于西汉早期，延续使用至西汉晚期前段。龙凤镜流行于战国晚期至西汉早期，龙纹镜则延续使用至西汉中期。兽纹镜使用于西汉早期。蟠螭镜流行于战国晚期至西汉早期，延续使用于西汉中期，极个别则到了西汉晚期。总之，至西汉晚期中晚段以后，战国铜镜才基本消失不见。

其三，汉代铜镜纹饰种类流行的时间亦往往极长。

孔祥星先生在《中国古代铜镜》[1]中分蟠螭镜为缠绕式蟠螭镜、间隔式蟠螭镜、规矩蟠螭镜，其中前二者为西汉早期，后者为西汉中期。杨平先生则把陕西出土的蟠螭镜都定在西汉早期的文景之际[2]。南阳汉墓出土的蟠螭镜出现的年代大致与之相符，只是往往有延续至西汉晚期者。

蟠虺镜有方格蟠虺镜、圈带叠压蟠虺镜等，一般认为前者属西汉早期，后者属西汉中期。

〔1〕　孔祥星、刘一曼：《中国古代铜镜》，文物出版社，1984年12月。
〔2〕　杨平：《陕西出土汉镜研究》，《文博》1993年五期。

南阳汉墓出土的蟠螭镜，除少数属西汉早期外，绝大部分在西汉中期至西汉晚期。

草叶纹镜中，孔祥星先生认为单层草叶镜属西汉早期，四乳双层草叶镜及规矩草叶镜属西汉中期[1]。杨平先生认为陕西地区的草叶镜均属西汉早期[2]。而白云翔先生则认为草叶镜一般出现于西汉前期和中期，"日光大明草叶纹镜出现于西汉初年，流行于西汉前期的中期，个别的可延续到西汉晚期"[3]。南阳汉墓出土的草叶镜最早出现于西汉早期晚段，流行于西汉中期，延续使用至西汉晚期。

星云镜据杨平先生认为："星云镜在陕西流行于西汉中期武昭时，与该型镜在中原洛阳地区的流行时期是一致的，比江苏一带要略早一些。江苏此类镜大部分出在西汉晚期墓中，中期墓葬也偶有出土，但极少见。所以，星云纹镜的流行最早可能在陕西，其次为中原洛阳一带，再其次为江苏等地。"[4]《长安汉镜》认为此类镜"出现于武帝时期，流行于昭宣时期。"[5]而南阳汉墓出土的星云镜最早见于西汉早期，流行于西汉中、晚期，延续使用至新莽时期。

铭文镜中，一般认为日光镜和昭明镜出现于西汉中期，流行于西汉中、晚期。杨平先生认为："西汉中期，盛行日光连弧纹镜；西汉晚期，盛行'昭明'、'清白'、'忘君'连弧纹镜；西汉末至东汉初，盛行'志君'、'铜华'、'日有熹'连弧纹镜。"[6]南阳汉墓出土的日光镜与昭明镜都流行在西汉中、晚期，延续使用至新莽时期，而极个别昭明连弧铭带镜则使用到了东汉早期。双圈铭文镜如：日光昭明重圈铭带镜出现于西汉中期，常见于西汉晚期，其他类型重圈铭带镜见于西汉晚期。

四神规矩镜及禽兽规矩镜，是汉代最典型的镜类。孔祥星先生认为出现于西汉后期，流行于西汉末及东汉初[7]。杨平先生认为规矩镜从新莽时期开始流行[8]。南阳汉墓所出此类镜出现于西汉晚期，流行于新莽和东汉早期，到东汉中期以后逐渐减少。

其四，团凤镜一般认为流行于两晋时期，而防爆厂 M160 出土的一面团凤镜则属东汉中期。

其五，南阳汉代铜镜中有少量纪年镜，其中偶见北方地区少见的神兽镜。孔祥星先生认为："从已知的纪年镜看，纪年镜的盛行是在东汉中期以后，以神兽镜和变形四叶纹镜的纪

〔1〕 孔祥星、刘一曼：《中国古代铜镜》，文物出版社，1984 年 12 月。
〔2〕 杨平：《陕西出土汉镜研究》，《文博》1993 年五期。
〔3〕 白云翔：《西汉时期日光大明草叶纹镜及其铸范的考察》，《考古》1999 年 4 期。
〔4〕 杨平：《陕西出土汉镜研究》，《文博》1993 年五期。
〔5〕 程林泉、韩国河：《长安汉镜》、陕西人民出版社，2002 年 6 月。
〔6〕 杨平：《陕西出土汉镜研究》，《文博》1993 年五期。
〔7〕 孔祥星、刘一曼：《中国古代铜镜》，文物出版社，1984 年 12 月。
〔8〕 杨平：《陕西出土汉镜研究》，《文博》1993 年五期。

年镜最多。"南阳汉代纪年镜从已报道和出土情况看，有元兴、延熹、建宁等年号，纹饰多饰以四叶变形兽首纹，如在罗庄变电站 M15 出土的"延喜（熹）六年"变形四叶兽首镜，在唐河县马振扶乡汉画像石墓中出土了一面"延熹二年神兽镜"（图二四二，图版一一四）。神兽镜在江浙一带出土最多，河南及其它黄河流域地区不多见。它的出土填补了这一地区这类镜的一个空白，为研究这一时期的铸造工艺、化学防锈、南北文化交流等方面提供了实物资料。

其六，独特的加工工艺。市防爆厂 M71 出土一件蟠螭菱纹镜，镜缘饰一周变形重三角形纹饰（图二四三、二四四），纹饰只有在镜子倾斜时才能看清楚（图版一一五：1、2），其效果类似于错银纹，但又不是，这种现象还是首次发现，使用的什么材料、用的什么工艺？是如何形成的，还有待于进一步研究。

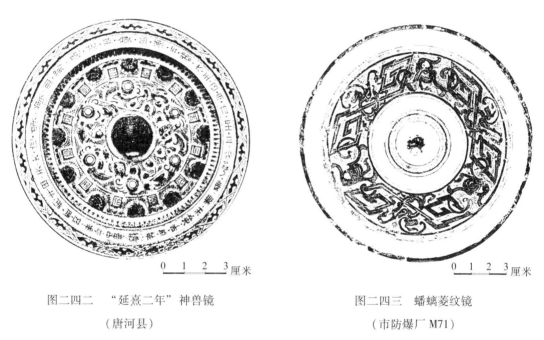

图二四二　"延熹二年"神兽镜　　　　　图二四三　蟠螭菱纹镜
（唐河县）　　　　　　　　　　　　（市防爆厂 M71）

在众多的草叶镜纹饰中，有一种现象，就是草叶纹镜中四角伸出的双叶纹，有用刀刮削的痕迹，且刮削痕迹方向一致，这种现象在其他镜类上的部分宽凹面带纹上也能看到。这应是后期对镜面纹饰修整所形成的一种现象。另一种现象就是在近镜缘处有一周很细的线纹（图二四五）、或是在镜中心用几条细线将镜面分成几等份（图二四六）、或是两种现象同时出现（图二四七）。这种现象应是在制模过程中所形成的。从一个侧面也说明古人在手工业生产中已广泛使用了规和矩。

图二四四　蟠螭菱纹镜　　　　　　　　　图二四五　草叶镜

（市防爆厂 M71）　　　　　　　　　　（市拆迁办 M98）

图二四六　草叶镜　　　　　　　　　　　图二四七　草叶镜

（宛计生委 M36）　　　　　　　　　　（市税局 M116）

　　其七，铁镜的出土相对较少，共有九面。其中防爆厂墓地 3 座墓葬共出土铁镜 5 面、市
一中墓地 1 座墓葬出土铁镜 1 面、市拆迁办墓地 1 座墓葬出土铁镜 1 面、市质检站墓地 1 座
墓葬出土铁镜 1 面、罗庄变电站墓地 1 座墓葬出土铁镜 1 面。出铁镜的 7 座墓葬时代分别为
西汉早期 1 座，西汉晚期 2 座，东汉晚期 4 座。由此可知，南阳铁镜见于西汉早期，流行于
东汉晚期。

第三节　南阳冶铁铸铜与铜镜的铸造业

南阳在汉代之所以成为五大都市之一，与发达的冶铁铸铜业有着密切的关系。当时的南阳郡所辖 42 个县和侯国，为著名的大郡之一。其中有 8 个县分布在今湖北省境内。而桐柏、方城、内乡、镇平、南召、西峡、淅川、泌阳（今属驻马店）、鲁山（今属平顶山市）等九个县均产铁矿和铜矿。

已发现的冶铁铸铜遗址，有中商时期的十里庙冶铜遗址、西周时期的南阳市十字街冶铜遗址、汉代的南阳北关冶铜遗址、南阳北关瓦房庄冶铁铸铜遗址、南阳东关外冶铜遗址、方城县赵河冶铁遗址、镇平县安国城冶铁遗址、桐柏县张阪冶铁遗址、桐柏县铁炉村冶铁遗址、南召县银沙岭冶铁遗址、南召县沙堌堆冶铁遗址、南召县太山庙冶铁遗址、南召县拐角铺冶铁遗址等，它们都发现有铁渣、铜渣、范片、陶片等，有的还见有鼓风管、炉壁残块、铁块等遗物。这些发达的冶铁铸铜业，不仅满足了南阳郡的使用，还外输到江西、湖北、陕西和西南的许多地区。这已从考古中得以证实，如在陕西省西部的寿县、江西省中部的清江县出土有铸有"阳二"（南阳铁官）铭文的铁臿等器物[1]。说明南阳郡铁官的铁器产量是非常大的。

已发掘的部分冶炼遗址，还未见镜范模具，但并不代表南阳郡不生产铜（铁）镜。南阳市新野县博物馆和南阳市博物馆就藏有延熹年间的"子孙千人出南阳"四叶变形兽首镜（图二四八，图版一一六），这类镜的发现，至少说明在东汉晚期南阳就铸造有此类镜了。也由此可以证明，南阳地区在汉代曾经有过自己的铜镜铸造业。

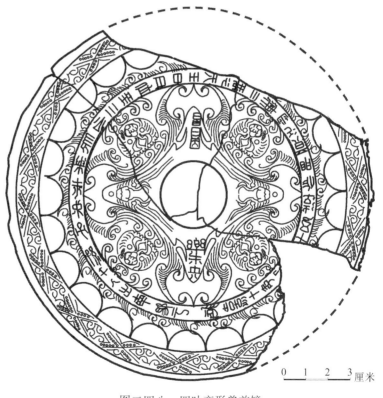

图二四八　四叶变形兽首镜

────────

〔1〕　李京华：《中原古代冶金技术研究》中州古籍出版社 1994 年 6 月。

南阳市区出土铜镜统计表

序号	镜名	出土时间地点	墓号	方向	墓葬形制		葬具	墓葬保存状况
					平剖面示意图	形制、尺寸（厘米）（长×宽－墓口－墓底）		
1	素面镜	2000.5.1，市拆迁办永泰住宅小区（建设东路南侧）	NCQB M95	342°		长方形竖穴土坑墓，直壁。270×140－120－360	不详	保存完好
2	素面镜	1999.11.26，市汽运公司住宅小区（建设东路北侧）	NQY M42	90°		长方形竖穴土坑墓，直壁、四边设二层台。墓口：440×270－120 墓底：360×190－425	木棺木椁	保存完好
3	素面镜	2000.3.10，市拆迁办永泰住宅小区（建设东路南侧）	NCQB M25	348°		长方形竖穴土坑墓，直壁。260×140－170－360	不详	保存完好
4	素面镜	2001.1.7，南阳理工大学（长江路南侧）	NLGD M264	22°		长方形竖穴土坑墓，直壁、东西两边设二层台。墓口：270×120－110 墓底：270×60－240	不详	保存完好

随葬品	镜出土位置	铜镜拓片	铜镜描述	镜保存状况	墓葬时代	备注
铜鍪1、铜镜1、玉璧1。	东北部		圆形。三弦钮,中弦略高。钮外素面。镜面平直。面径:16.45厘米,背径:16.4厘米,缘厚:0.4厘米。重量:343.5克。	残	战国末西汉初	
灰陶鼎2、盒2、壶2、小壶2、车轮4、铜镜1、五铢钱8、铁器6。	椁外东南部		圆形。三弦钮。钮外素面。镜面微凸。面径:15.3厘米,背径:15.3厘米,缘厚:0.2厘米。重量:170.5克。	破(修复)	西汉中期	图五
灰陶罐3、铜镜1、铜盖弓帽2。	东北部		圆形。橄榄形钮。钮外素面。镜面微凸。面径:11厘米,背径:10.9厘米,缘厚:0.1厘米。重量:63.5克。	残(修复)	西汉早期	图六
灰陶罐2、铜镜1。	西南部		圆形。桥形钮。方钮座。钮座外素面。镜面平直。面径:8.55厘米,背径:8.35厘米,缘厚:0.2厘米。重量:40克。	稍残(修复)	西汉早期	图三

续表

序号	镜名	出土时间 地点	墓号	方向	墓葬形制		葬具	墓葬保存状况
					平剖面示意图	形制、尺寸（厘米）（长×宽－墓口－墓底）		
5	素面镜	2002.8.5，市防爆厂丰泰住宅小区（建设东路南侧）	NFBC M86	10°		长方形竖穴土坑墓，斜壁、四边设二层台。墓口：324×244－130墓底：264×136－245	不详	保存完好
6	素面镜	2002.8.23，市防爆厂丰泰住宅小区（建设东路南侧）	NFBC M103	20°		长方形竖穴土坑墓，斜壁、四边设二层台。墓口：320×220－180墓底：210×130－300	不详	保存完好
7	素面镜	2002.9.27，市防爆厂丰泰住宅小区（建设东路南侧）	NFBC M182	8°		长方形竖穴土坑墓，直壁。280×180－130－347	不详	保存完好
8	素面镜	2002.11.15，市防爆厂丰泰住宅小区（建设东路南侧）	NFBC M220	110°		长方形竖穴土坑墓，直壁、四边设二层台。墓口：314×172－160墓底：226×122－330	不详	保存完好

随葬品	镜出土位置	铜镜拓片	铜镜描述	镜保存状况	墓葬时代	备注
灰陶鼎1、壶1、小壶1、铜镜1。	西北角		圆形。三弦钮,中弦略高。钮外素面。镜面微凸。面径:13.75厘米,背径:13.65厘米,缘厚:0.2厘米。重量:134.5克。	稍残(修补)	战国晚期	
灰陶壶2、铜镜1、铜环1、石塞3。	北部		圆形。四弦钮。钮外素面。镜面平直。面径:14.15厘米,背径:14.15厘米,缘厚:0.15厘米。重量:143.5克。	稍残(修补)	战国晚期	图八
灰陶罐2、铜镜1、铜铃3、铜璜5。	中部偏南		圆形。三弦钮。钮外素面。镜面微凸。面径:9.7厘米,背径:9.6厘米,缘厚:0.12厘米。重量:45克。	破(修补)	战国晚期	
灰陶鼎1、盒1、壶1、小壶1、铜镜1、玉瑗1。	南部		圆形。三弦钮。钮外素面。镜面微凸。面径:7.9厘米,背径:7.84厘米,缘厚:0.1厘米。重量:22.5克。	稍残(修补)	西汉早期	

序号	镜名	出土时间地点	墓号	方向	墓葬形制		葬具	墓葬保存状况
					平剖面示意图	形制、尺寸（厘米）（长×宽－墓口－墓底）		
9	素面镜	2003.5.3，市体育馆（滨河东路北侧）	NTYG M74	114°		长方形竖穴土坑墓，斜壁。墓口：280×190－190 墓底：230×110－275	不详	保存完好
10	素面镜	2005.1.18，市拆建公司住宅小区（建设东路南侧）	NCJ M30	270°		长方形竖穴土坑墓，直壁。300×200－160－330	不详	保存完好
11	素面镜	2005.10.5，市日报社住宅小区（许南路南侧）	NRBS M30	15°		长方形竖穴土坑墓，直壁。280×110－85－132	不详	保存完好
12	素面镜	2005.1.8，市拆建公司住宅小区（建设东路南侧）	NCJ M60	190°		长方形竖穴土坑墓，由东西两室组成。东室：斜壁。440×640－150－380 西室：斜壁、东西两边设二层台。墓口：320×225－150 墓底：310×166－400	不详	保存完好

随葬品	镜出土位置	铜镜拓片	铜镜描述	镜保存状况	墓葬时代	备注
灰陶罐 2、铜镜 1。	东南角		圆形。橄榄形钮。钮外素面。镜面平直。面径：7.25 厘米，背径：7.25 厘米，缘厚：0.1 厘米。重量：22 克。	完整	西汉早期	
灰陶鼎 2、铜镜 1、铜铲 1、铜带钩 1。	西南角		圆形。三弦钮。钮外素面。镜面微凸。面径：14.4 厘米，背径：14.2 厘米，缘厚：0.21 厘米。重量：128 克。	稍残（修补）	西汉早期	
铜镜 1、陶罐 1。	西北部		圆形。橄榄形钮。方钮座。钮座外素面。镜面平直。面径：10.78 厘米，背径：10.74 厘米，缘厚：0.1 厘米。重量：90 克。	破（修复）	西汉早期	图四，图版一：2
西室：铜鼎 2、铜勺 2、陶钫 2；东室：灰陶鼎 2、壶 2、铜镜 1。	东室北部		圆形。圆钮。钮外素面。镜面微凸。面径：9.4 厘米，背径：9.25 厘米，缘厚：0.13 厘米。重量：41.5 克。	稍残（修复）	西汉早期	图版一：1

续表

序号	镜名	出土时间地点	墓号	方向	墓葬形制		葬具	墓葬保存状况
					平剖面示意图	形制、尺寸（厘米）（长×宽－墓口－墓底）		
13	素面镜	2000.3.5，市拆迁办永泰住宅小区（建设东路南侧）	NCQB M9	75°		长方形单室砖墓。238×130－325－376	不详	打破西北角
14	素面镜	2010.1.4，八一路汽车城（八一路720号）	QCC M7	194°		凸字形竖穴土坑墓，由墓道、墓室组成。墓道：长方形斜坡状。835－220－75－355 墓室：方形、四边设三级台阶。墓口：565×510－75 墓底：350×320－510	两椁、一棺	打破墓道
15	素面镜	2010.1.4，八一路汽车城（八一路720号）	QCC M7	194°		凸字形竖穴土坑墓，由墓道、墓室组成。墓道：长方形斜坡状。835－220－75－355 墓室：方形、四边设三级台阶。墓口：565×510－75 墓底：350×320－510	两椁、一棺	打破墓道
16	弦纹素镜	2000.4.18，市拆迁办永泰住宅小区（建设东路南侧）	NCQB M76	12°		长方形竖穴土坑墓，直壁。274×132－230－304	不详	叠压

随葬品	镜出土位置	铜镜拓片	铜镜描述	镜保存状况	墓葬时代	备注
灰陶狗1、甑1、釜1、盆1、红陶猪圈1、铜镜1。	东南部		圆形。橄榄形钮。钮外素面。镜面平直。面径：8.7厘米，背径：8.5厘米，缘厚：0.1厘米。重量：31克。	稍残（修补）	西汉晚期	
灰陶鼎6、陶器1、高柄壶4、壶2、敦1、铜镜2、铜盘1、铜匜1、铜敦1、铜鼎2、铜曹2、铜勺2、铜壶2、铜提梁卣1、铁器1。	外椁内西南部2		圆形。桥形钮。钮外素面。镜面平直。面径：17厘米，背径：17厘米，缘厚：0.1厘米。重量：193.5克。	破（修复）	战国晚期	图七
灰陶鼎6、陶器1、高柄壶4、壶2、敦1、铜镜2、铜盘1、铜匜1、铜敦1、铜鼎2、铜曹2、铜勺2、铜壶2、铜提梁卣1、铁器1。	外椁内西南部2		圆形。橄榄形钮。钮外素面。镜面平直。面径：10.3厘米，背径：10.3厘米，缘厚：0.1厘米。重量：38.5克。	残缺（修复）	战国晚期	
铜鼎2、铜管2、铜带钩2、铜蒜头扁壶1、铜鍪1、铜镜1、玉环1、玉印章1、铁架1、铁器1。	东南部		圆形。双弦钮。钮外有二周细凸弦纹。镜面平直。面径：9.3厘米，背径：9.18厘米，缘厚：0.15厘米。重量：63克。	稍残（修补）	秦	图一一

序号	镜名	出土时间地点	墓号	方向	墓葬形制		葬具	墓葬保存状况
					平剖面示意图	形制、尺寸（厘米）（长×宽－墓口－墓底）		
17	弦纹素镜	2000.7.14，市拆迁办永泰住宅小区（建设东路南侧）	NCQB M208	25°		长方形竖穴土坑墓，斜壁。墓口：393×266－195墓底：242×108－407	不详	保存完好
18	弦纹素镜	2001.9.21，市一中（建设东路北侧）	NYZ M351	12°		长方形竖穴土坑墓，直壁。360×150－170－240	木棺	保存完好
19	弦纹素镜	1999.11.29，宛计生委住宅小区（建设东路北侧）	WJSW M1	174°		长方形竖穴土坑墓，直壁。347×170－330－434	不详	保存完好
20	弦纹素镜	2000.4.16，市拆迁办永泰住宅小区（建设东路南侧）	NCQB M73	356°		长方形竖穴土坑墓，直壁。256×103－173－330	不详	打破东部

随葬品	镜出土位置	铜镜拓片	铜镜描述	镜保存状况	墓葬时代	备注
铁鼎 1、铜耳杯 2、铜剑 1、铜蒜头扁壶 1、铜鍪 1、铜镜 1、玉珌 1、玉环 1、残玉片 2。	东南部		圆形。双弦钮。钮外有二周细凸弦纹。镜面平直。面径：10.22 厘米，背径：10.1 厘米，缘厚：0.13 厘米。重量：66 克。	完整	秦	
铜鼎 2、铜钫 1、铜勺 1、铜灯 1、铜带钩 1、铜镜 1、铜鸠杖首 1、铜戈鐏 1。	棺内西南部		圆形。双弦钮。钮外有两周细凸弦纹。镜面平直。面径：13.5 厘米，背径：13.4 厘米，缘厚：0.18 厘米。重量：123 克。	残（修复）	西汉早期	
灰陶鼎 2、盒 2、壶 2、小壶 2、钵 1、狗饰 4、禽饰件 5、小口瓮 1、铜镜 1、半两钱 1、铁锸 1。	中部偏北		圆形。三弦钮。钮外有二周细凸弦纹。镜面平直。面径：11.6 厘米，背径：11.6 厘米，缘厚：0.12 厘米。重量：79 克。	破（修复）	西汉早期	
灰陶小罐 2、铜镜 1、铜珠 3、铜铃 5。	东南部		圆形。双弦钮。钮外有二周细凸弦纹。在镜边缘处有一"人"字。镜面平直。面径：10.2 厘米，背径：10.3 厘米，缘厚：0.2 厘米。重量：95.5 克。	稍残（修复）	西汉早期	图一二，图版二：1

续表

序号	镜名	出土时间地点	墓号	方向	墓葬形制		葬具	墓葬保存状况
					平剖面示意图	形制、尺寸（厘米）（长×宽－墓口－墓底）		
21	弦纹素镜	2002.10.13，市防爆厂丰泰住宅小区（建设东路南侧）	NFBC M197	5°		长方形竖穴土坑墓，直壁、四边设二层台。墓口：250×156－180墓底：190×66－280	不详	保存完好
22	宽弦纹素镜	2002.9.27，市防爆厂丰泰住宅小区（建设东路南侧）	NFBC M56	10°		长方形竖穴土坑墓，直壁、四边设二层台。墓口：280×160－270墓底：230×110－345	不详	保存完好
23	宽弦纹素面镜	2000.5.31，市拆迁办永泰住宅小区（建设东路南侧）	NCQB M140	3°		长方形竖穴土坑墓，直壁。280×150－140－230	不详	保存完好
24	宽弦纹素镜	2002.8.7，市税局住宅小区（建设东路南侧）	NSJ M73	195°		长方形竖穴土坑墓，直壁。320×250－260－350	不详	保存完好

随葬品	镜出土位置	铜镜拓片	铜镜描述	镜保存状况	墓葬时代	备注
灰陶罐 2、铜镜 1。	东部		圆形。三弦纹钮,中弦略高。钮外两周细凸弦纹。镜面平直。面径:10.35 厘米,背径:10.25 厘米,缘厚:0.12 厘米。重量:57 克。	稍残(修复)	战国晚期	图一〇
灰陶鼎 1、盒 1、壶 1、小壶 1、铜镜 1、铜铃 7、铜饰 3、铜剑首 1、琉璃珠 28。	西部		圆形。三弦纹钮。钮外及边缘有二周宽约 0.9 厘米的凹面形带,配列成重轮形。镜面平直。面径:12.65 厘米,背径:12.6 厘米,缘厚:0.2 厘米。重量:106.5 克。	破(修复)	西汉早期	图一四
灰陶罐 1、铜镜 1。	西北部		圆形。三弦钮。钮外有三周凹面形带配列成三轮形。内外两周凹面形带宽度为 1 厘米、中圈较窄,宽 0.8 厘米。镜面平直。面径:18.4 厘米,背径:18.4 厘米,缘厚:0.2 厘米。重量:325.5 克。	稍残(修补)	西汉早期	图一三,图版二:2
灰陶鼎 2、盒 2、壶 2、小壶 2、车轮 3、铜镜 1。	东北部		圆形。三弦钮。圆钮座。钮座外两组凹面形环带和细弦纹圈带。之外一周细线连弧纹与内向十六连弧纹缘相对应。内向十六连弧纹缘。镜面微凸。面径:16.1,背径:15.95,缘厚:0.15。重量:209.5。	稍残(修补)	西汉早期	图一五,图版三:1

续表

序号	镜名	出土时间地点	墓号	方向	墓葬形制		葬具	墓葬保存状况
					平剖面示意图	形制、尺寸（厘米）（长×宽－墓口－墓底）		
25	宽弦纹素镜	2005.10.30，盛唐商务苑（独山大道与滨河路交叉口东北角）	STSW M13	210°		长方形竖穴土坑墓，斜壁。墓口：360×220－221墓底：300×160－361	不详	保存完好
26	宽弦纹素镜	2005.11.3，盛唐商务苑（独山大道与滨河路交叉口东北角）	STSW M9	35°		长方形竖穴土坑墓，斜壁。墓口：460×350－190墓底：300×190－390	不详	保存完好
27	宽弦纹素镜	2005.11.3，市训练馆（滨河东路北侧）	XLG M63	185°		长方形竖穴土坑墓，斜壁。墓口：250×190－120墓底：210×150－240	不详	保存完好
28	素面镜	2008.9.20，名门华府住宅小区（工业路与建设路交叉口西北角）	MMHF M32	180°		凸字形竖穴土坑墓，由墓道、墓室组成。墓道：梯形、斜坡状。1350×300（240）－30－680墓室：长方形、四边设多层台阶。墓口：1000×850－30墓底：540×550－680	两棺、两椁	打破

随葬品	镜出土位置	铜镜拓片	铜镜描述	镜保存状况	墓葬时代	备注
陶罐2、铁带钩1、铜镜1。	西南部		圆形。三弦钮。圆钮座。钮座外两组凹面形环带和细弦纹圈带。之外一周细线连弧纹与内向十六连弧纹缘相对应。内向十六连弧纹缘。镜面微凸。面径：16厘米，背径：15.9厘米，缘厚：0.1厘米。重量：107.5克。	残	西汉中期	仅出土半面
灰陶鼎2、盒2、壶2、小壶2、铜镜1。	北部		圆形。三弦钮。圆钮座。钮座外两组凹面形环带和细弦纹圈带。之外一周细线连弧纹与内向十六连弧纹缘相对应。内向十六连弧纹缘。镜面微凸。面径：16.2厘米，背径：16.1厘米，缘厚：0.1厘米。重量：119克。	稍残（修复）	西汉中期	图版三：2
铜镜2、陶罐2。	西南部2		圆形。连峰钮。圆钮座。钮座外一周凹面形圈带。内向十六连弧纹缘。镜面微凸。面径：4.4厘米，背径：4.2厘米，缘厚：0.2厘米。重量：25克。	完整	西汉晚期	图一六，图版四：1
陶盘1、壶形豆4、鼎7、罐1、敦3、豆12、壶4、玉环13、管形玉饰2、玉璧1、兽形玉饰1、玉璜2、铅害2、铜饰件10、铜盘1、铜匜1、铜敦2、铜壶2、铜鼎2、铜镜1、铜刀1、铜害2、鹿角1、磨石2、料管21、玛瑙环1。	外椁内西北部		方形。小环钮。钮外素面。镜面平直。面径：9.9厘米，背径：9.9厘米，缘厚：0.1厘米。重量：53克。	破（修复）	战国中期	图九，图版四：2

续表

序号	镜名	出土时间 地点	墓号	方向	墓葬形制		葬具	墓葬保存状况
					平剖面示意图	形制、尺寸（厘米）（长×宽－墓口－墓底）		
29	四叶羽状地纹镜	2001.2.25，市一中（建设东路北侧）	NYZ M50	190°		长方形竖穴土坑墓，直壁、四边设二层台。墓口：390×310－180 墓底：314×134－364	不详	保存完好
30	四叶羽状地纹镜	2001.2.24，市一中（建设东路北侧）	NYZ M53	198°		长方形竖穴土坑墓、直壁、南部设二层台。墓口：286×160－130 墓底：240×160－350	不详	保存完好
31	四叶羽状地纹镜	2002.12.6，金汉丰住宅小区（八一路北侧）	JHF M12	25°		长方形竖穴土坑墓，直壁。280×60－100－180	一棺	保存完好
32	四山镜	2001.2.22，市一中（建设东路北侧）	NYZ M36	280°		长方形竖穴土坑墓，斜壁、四边设二层台。墓口：580×380－150 墓底：340×210－495	不详	保存完好

随葬品	镜出土位置	铜 镜 拓 片	铜 镜 描 述	镜保存状况	墓葬时代	备注
灰陶鼎1、壶1、小壶1、模型狗2、车轮1、铜镜1、铜带钩1、玉饼1。	东南角		圆形。三弦钮。圆钮座。纹饰由地纹与主纹组合而成。地纹为羽状纹。在地纹之上，由钮座向外伸出桃形四叶。素卷缘。镜面平直。面径：8.9厘米，背径：8.7厘米，缘厚：0.3厘米。重量：63克。	破（修复）	西汉早期	图一七，图版五：1
灰陶鼎2、盒2、壶2、小壶2、车轮2、铜镜1、铜带钩1。	南部		圆形。三弦纹钮。圆钮座。纹饰由地纹与主纹组合而成。地纹为羽状纹。在地纹之上，由钮座向外伸出桃形四叶。素卷缘。镜面平直。面径：11.15厘米，背径：11.1厘米，缘厚：0.35厘米。重量：67克。	稍残（修复）	西汉中期	
灰陶豆1、扁形壶1、鼎1、石器2、漆器1、铜镜1。	棺内东北角		圆形。三弦纹钮。圆钮座。纹饰由地纹与主纹组合而成，地纹为羽状纹。在地纹之上，由钮座向外伸出桃形四叶。素卷缘。镜面平直。面径：11厘米，背径：10.9厘米，缘厚：0.3厘米。重量：73.5克。	完整	战国晚期	图一八
灰陶鼎2、盒2、小壶2、虎座钫壶2、模型狗1、陶盖弓帽3、铜镜1、铜器耳1、铜器钮1、铁钩2、铜泡钉1。	棺内西部		圆形。四弦钮。方钮座。外围凹面带方格。镜背纹饰由地纹与主纹组合而成。地纹为羽状纹。主纹为四个左倾的山字纹。山字之底边斜对方格的四角。四山字之间，各有一从边缘往内伸的叶纹与方格各边中心向外伸出的一叶纹相对。素宽卷缘。镜面微凸。面径：11.25厘米，背径：11.1厘米，缘厚：0.3厘米。重量：208.5克。	破（修复）	西汉早期	图二一，图版五：2

序号	镜名	出土时间 地点	墓号	方向	墓葬形制		葬具	墓葬保存状况
					平剖面示意图	形制、尺寸（厘米）（长×宽－墓口－墓底）		
33	四山镜	2001.9.6，市一中（建设东路北侧）	NYZ M210	275°	北	长方形竖穴土坑墓，直壁。252×180－130－188	不详	保存完好
34	四山镜	2001.9.8，市一中（建设东路北侧）	NYZ M207	190°	北	凸字形竖穴土坑墓，由墓道和墓室组成。墓道：长方形、斜坡状。450×160－120－280 墓室：直壁、四边设二层台。墓口：454×336－120 墓底：355×230－343	不详	保存完好
35	四山镜	2002.9.20，市防爆厂丰泰住宅小区（建设东路南侧）	NFBC M59	305°	北	长方形竖穴土坑墓、直壁。280×170－210－284	不详	保存完好

随葬品	镜出土位置	铜 镜 拓 片	铜 镜 描 述	镜保存状况	墓葬时代	备注
灰陶车轮 2、铜镜 1、铜刷 1、半两钱 13、石饰件 1。	西北部		圆形。三弦钮。方钮座。外围凹面带方格。纹饰由地纹与主纹组合而成。地纹为羽状纹。在地纹之上，于凹面方格的四角，向外伸出四组连贯式的花瓣，每组二瓣，花瓣之顶端，又伸出一棒槌状的长叶纹。花瓣、长叶纹将镜背分为四区，每区内有一左倾的山字，在各山字之右胁，还有一片花瓣与长叶纹相对。花瓣之间连以绚纹。全镜共十二花瓣、四长叶。素卷缘。镜面平直。面径：13.8 厘米，背径：13.7 厘米，缘厚：0.32 厘米。重量：190 克。	稍残（修复）	西汉早期	图一九，图版六：1
灰陶鼎 2、盒 2、壶 2、小壶 2、小口瓮 1、五铢钱 8、铁勺 1、铜镜 1、玉环 1。	西北部		圆形。三弦钮。方钮座。外围凹面带方格。纹饰由地纹与主纹组合而成。地纹为羽状纹。在地纹之上，于凹面方格的四角向外伸出四组连贯式的花瓣，每组二瓣，它们将镜背分为四区，每区置一山字，山字之底边与方钮座边平行。全镜共八个花瓣。素卷缘。镜面平直。面径：11.6 厘米，背径：11.55 厘米，缘厚：0.4 厘米。重量：92 克。	残（修复）	西汉中期	
灰陶鼎 1、盒 1、壶 1、小罐 1、铜镜 1。	西北部		圆形。三弦钮。方钮座。外围凹面带方格。纹饰由地纹与主纹组合而成。地纹为羽状纹。在地纹之上，于凹面方格的四角向外伸出四组连贯式的花瓣，每组二瓣，它们将镜背分为四区，每区内有一倾斜的山字，山字之底边与方格边平行。在各山字之左胁，有一片花瓣纹，花瓣之间连以绚纹。全镜共十二个花瓣。素宽卷缘。镜面微凸。面径：13.5 厘米，背径：13.25 厘米，缘厚：0.5 厘米。重量：179 克。	稍残（修补）	西汉晚期	图二〇，图版六：2

序号	镜名	出土时间 地点	墓号	方向	墓葬形制		葬具	墓葬保存状况
					平剖面示意图	形制、尺寸（厘米）（长×宽－墓口－墓底）		
36	五山镜	2005.4.2，市万家园住宅小区（独山大道东侧）	NWJY M177	12°		长方形竖穴土坑墓，斜壁、四边设二层台。墓口：340×220－130 墓底：240×100－200	不详	保存完好
37	折叠式菱纹镜	2000.6.7，市拆迁办永泰住宅小区（建设东路南侧）	NCQB M161	72°		长方形竖穴土坑墓、直壁。236×130－110－290	不详	保存完好
38	折叠式菱纹镜	2005.10.21，盛唐商务苑（独山大道与滨河路交叉口东北角）	STSW M17	170°		长方形竖穴土坑墓，直壁。320×190－190－290	不详	保存完好

随葬品	镜出土位置	铜镜拓片	铜镜描述	镜保存状况	墓葬时代	备注
灰陶鼎2、盒2、壶2、小壶2、豆5、杯2、钵1、铜镜1、铜带钩1、铜饰1、铜璜2、玉环2、金帛1。	西部		圆形。三弦钮。圆钮座。外围凹面形环带。纹饰由地纹与主纹组合而成。地纹为羽状纹。在地纹之上，五个山字绕钮作左旋排列。山字中画较长，倾斜度较大。素宽平缘。镜面平直。面径：15.厘米，背径：15厘米，缘厚：0.9厘米。重量：588.5克。	稍残（修补）	西汉早期	图二三，图版七：1
灰陶罐2、铜镜1、铜带钩1、铜印章1、五铢钱7、铁锯1。	北部偏西		圆形。三弦钮。圆钮座。镜背纹饰由地纹与主纹组合而成。地纹为羽状纹。在地纹之上，有凹面宽条带组成的菱形纹，将镜面分成为九个菱形小区。菱形的内角度数为60度与120度两种。中心菱形及与它四边相接的四区，各有一凹圆形花蕊的四瓣花朵，与中心菱形顶点相对的四区，为半个折叠式菱形纹，内有由镜缘向内伸出的一片花瓣纹。这八个菱纹区是以镜钮为中心的中心对称图形。素宽卷缘。镜面平直。面径：11厘米，背径：11厘米，缘厚：0.45厘米。重量：159.5克。	破（修复）	西汉中期	图二三，图版七：2
灰陶鼎1、盒1、壶1、小壶1、铜镜1。	西北部		圆形。钮残。圆钮座。镜背纹饰由地纹与主纹组合而成。地纹为羽状纹。在地纹之上，有凹面宽条带组成的菱形纹，将镜面分成为九个菱形小区。菱形的内角度数为60度与120度两种。中心菱形及与它四边相接的四区，各有一凹圆形花蕊的四瓣花朵，与中心菱形顶点相对的四区，为半个折叠式菱形纹，内有由镜缘向内伸出的一片花瓣纹。这八个菱纹区是以镜钮为中心的中心对称图形。素宽卷缘。镜面平直。面径：11.8厘米，背径：11.6厘米，缘厚：0.3厘米。重量：97克。	残（修复）	西汉中期	

序号	镜名	出土时间 地点	墓号	方向	墓葬形制		葬具	墓葬保存状况
					平剖面示意图	形制、尺寸（厘米）（长×宽－墓口－墓底）		
39	三龙镜	2002.8.25，市防爆厂丰泰住宅小区（建设东路南侧）	NFBC M97	8°		长方形竖穴土坑墓，斜壁、四边设二层台。墓口：325×250－190 墓底：250×140－440	木棺	保存完好
40	三凤镜	2000.5.14，市拆迁办永泰住宅小区（建设东路南侧）	NCQB M122	82°		长方形竖穴土坑墓，直壁。260×144－225－375	不详	保存完好
41	三龙三兽镜	2002.8.31，市税局住宅小区（建设东路南侧）	NSJ M191	15°		长方形竖穴土坑墓，直壁。230×110－230－290	不详	保存完好

随葬品	镜出土位置	铜镜拓片	铜镜描述	镜保存状况	墓葬时代	备注
灰陶鼎1、钫1、铜镜1、铜蒜头扁壶1、玉瑗1。	棺外东北部		圆形。环钮。圆钮座。外围一周凹面形环带。纹饰由地纹与主纹组合而成。地纹为双线勾连雷纹,双线内外均填以密集的细点纹。在地纹之上三龙绕钮分离配列。龙头较小,长唇外卷,头上有角,长颈,身躯纠结成扁桃形,有C字形的长尾,其中二龙尾之中部有燕形小翼,一龙尾中部有花苞状饰。三龙的足部弯曲,伫立于凹面形环带外之弦纹圈上。三龙绕钮追逐。素宽卷缘。镜面微凸。面径:15.4厘米,背径:15.3厘米,缘厚:0.4厘米。重量:262.5克。	稍残(修补)	西汉早期	图二五,图版八::1
灰陶罐2、碗1、铜镜1。	西南部		圆形。弦钮。圆钮座。外围一周凹面形环带。纹饰由地纹与主纹组合而成。地纹为双线折叠式菱形纹,双线内有一排圆点纹,菱形格内为圆涡纹和三角雷纹。在地纹之上,三凤绕钮同向排列。凤短喙斑眼,头上有末端弯卷的长冠,伸向镜缘。从颈以下,凤身作涡形卷曲,穿过凤冠后往右逶迤,尾端上卷,在凤的腹部,向左伸出一岐枝,与尾部相对称。素宽卷缘。镜面微凸。面径:7.55厘米,背径:7.5厘米,缘厚:0.15厘米。重量:29.5克。	完整	战国末西汉初	图三0,图版八::2
灰陶鼎1、盒1、壶1、小壶1、铜镜1。	北部		圆形。三弦钮。圆钮座。座外围两周绳纹和一周凹面形环带。之外两组凸弦纹、短斜线纹间有地纹与主纹组合而成的纹饰带。地纹为云雷纹。主纹为三蟠龙纹和三兽纹。龙头近镜钮之外弦纹带,张嘴露齿,头顶有角,作回首状,身躯勾连缠绕,线条交接处及蟠龙的腹背关节上有涡状阴线,蟠龙足较短,上有利爪。三兽引颈张嘴,为实心圆点眼,尾上翘,作奔跑状。素卷缘。镜面平直。面径:16.3厘米,背径:16厘米,缘厚:0.7厘米。重量:298克。	破(修复)	西汉早期	图二四,图版九::1

续表

序号	镜名	出土时间地点	墓号	方向	墓葬形制		葬具	墓葬保存状况
					平剖面示意图	形制、尺寸（厘米）（长×宽－墓口－墓底）		
42	三龙镜	2002.11.29，市防爆厂丰泰住宅小区（建设东路南侧）	NFBC M285	10°		长方形竖穴土坑墓，斜壁、四边设二层台。墓口：500×428－170墓底：320×176－340	不详	保存完好
43	三龙镜	2004.9.7，市广电公司住宅小区（建设东路南侧）	NGD M59	27°		长方形竖穴土坑墓，直壁。310×130－150－240	不详	保存完好
44	四凤四菱镜	2001.2.25，市一中（建设东路北侧）	NYZ M22	22°		长方形竖穴土坑墓，斜壁、北部设二层台。墓口：420×320－160墓底：310×170－480	不详	保存完好

随葬品	镜出土位置	铜镜拓片	铜镜描述	镜保存状况	墓葬时代	备注
灰陶鼎2、盒2、壶2、小壶2、车轮2、铜镜1、铜盆1、铁刀1。	东北部		圆形。三弦钮。圆钮座。外围一周凹面形环带。纹饰由地纹与主纹组合而成。地纹为双线勾连雷纹，双线内外均填以密集的细点纹。在地纹之上三龙绕钮分离配列。龙头较小，长唇外卷，头上有角，长颈，身躯纠结成扁桃形，有C字形的长尾，其中一龙尾之中部有燕形小翼，二龙尾中部有花苞状饰。三龙的足部弯曲，伫立于凹面形环带外之弦纹圈上。三龙绕钮追逐。内向十二连弧纹缘。镜面平直。面径：16.6厘米，背径：16.5厘米，缘厚：0.2厘米。重量：124.5克。	残缺（修复）	西汉中期	
灰陶鼎2、盒2、壶2、小壶2、铜镜1、铜环1、铁器1、半两钱40。	北部偏东		圆形。弦钮。圆钮座。外围一周凹面形环带。纹饰由地纹与主纹组合而成。地纹为双线折叠式菱形纹，双线内有一排圆点纹，菱形内为圆涡纹和三角云纹。在地纹之上，三龙绕钮分离配列。龙头上有角，张嘴回首，从颈部以下，身躯向左作圆涡状蟠曲，臀部肥大，尾巴呈S形上翘，前肢抬起，后肢伫立。从龙的胸下，向左侧伸出一花枝状弧形线条，末端向内勾卷。内向十二连弧纹缘。镜面微凸。面径：11.8厘米，背径：11.7厘米，缘厚：0.15厘米。重量：116克。	稍残（修复）	西汉早期	图二六，图版九：2
灰陶鼎2、盒2、壶2、小壶2、车轮2、模型狗1、铜镜1、玉带钩1。	东南部		圆形。双弦钮。方钮座。座外围以凹面形方格。纹饰由地纹与主纹组合而成。地纹为双线勾连雷纹，双线内有一排圆点纹，勾连雷纹间填以圆涡纹及三角纹。在地纹之上，与凹面方格四隅，立有四凤。凤斑目、勾喙，头上有冠，双翼舒展，身躯呈环状弯卷，下腹与颈交叠后往上延伸，尾部分叉，对着镜缘。凤身和双翅有阴线圆涡纹和涡纹。在四凤之间，有四个折叠式菱形纹。素宽卷缘。镜面微凸。面径：10.3厘米，背径：10.2厘米，缘厚：0.2厘米。重量：47克。	稍残（修补）	西汉早期	图二八，图版一〇：1

续表

序号	镜名	出土时间 地点	墓号	方向	墓葬形制		葬具	墓葬保存状况
					平剖面示意图	形制、尺寸（厘米） （长×宽-墓口-墓底）		
45	凤鸟镜	2001.3.7，市一中（建设东路北侧）	NYZ M133	18°		长方形竖穴土坑墓，斜壁。 墓口：310×230-90 墓底：240×180-370	不详	保存完好
46	凤纹镜	2005、5、3，市万家园华鑫苑住宅小区（独山大道东侧）	NWJY M242	15°		长方形竖穴土坑墓，直壁。 210×140-62-180	不详	扰乱
47	四龙镜	2001.9.17，市一中（建设东路北侧）	NYZ M219	11°		长方形竖穴土坑墓，直壁。 308×190-170-244	不详	保存完好

随葬品	镜出土位置	铜镜拓片	铜镜描述	镜保存状况	墓葬时代	备注
灰陶罐 4、铜镜 1、铜钱 1 串、玉管 1。	东部		圆形。双弦钮。方钮座。座外围以凹面形方格。纹饰由地纹与主纹组合而成。地纹为菱形格内的圆涡纹与碎点纹。在方格四隅各有一形态相同的凤纹。凤勾喙，头上有冠，面向身躯一侧，凤身向左旋，伸向头部上方，尾较细，有弯卷的岐枝，凤爪短小，呈八字形。与钮座各边中部相对的边缘处各有一折叠式菱形纹，其上站立四鸟，立鸟振翅垂尾。素宽卷缘。镜面平直。面径：11.2 厘米，背径：11.1 厘米，缘厚：0.2 厘米。重量：85 克。	残缺（修补）	西汉早期	图二九，图版一〇：2
铜镜 1、玉环 1、铜铺首 2、铜铃 7、铜环 2、料珠 3、铜带钩 1、玉璧 1、铜鼎足 1、玉剑饰 3、铜璜 19。	室内扰土中		圆形。三弦钮。钮外一凹面形方格。纹饰由地纹与主纹组合而成。地纹为菱形格内的圆涡纹与碎点纹。在地纹之上，与凹面方格四隅各嵌一扁桃形纹，其上各立一凤。之外一周弦纹。素宽卷缘。面径：13 厘米，背径：13 厘米，缘厚：0.25 厘米。重量：51.5 克。	残缺（修复）	西汉早期	
灰陶小口瓮 1、铜镜 1、铜球形饰 2、铜刷 2、铜饰 2。	北部		圆形。三弦钮。圆钮座。外围一周凹面形环带。纹饰由地纹与主纹组合而成。地纹为圆涡纹及三角雷纹组合成的细云雷纹。在地纹之上，于钮座外圈伸出四扁叶。在叶间有四龙分离配列。龙头回首后顾，身躯作圆涡形蟠曲，双爪扬起，居身躯两侧。从腹部左右侧，各向外伸出末端向内弯卷的花枝状线条，象征龙的双翼。四龙以钮为中心两两对称。内向十六连弧纹缘。镜面微凸。面径：19.1 厘米，背径：19 厘米，缘厚：0.3 厘米。重量：436 克。	稍残（修补）	战国晚期	图二七，图版一一：1

续表

序号	镜名	出土时间 地点	墓号	方向	墓葬形制		葬具	墓葬保存状况
					平剖面示意图	形制、尺寸（厘米）（长×宽－墓口－墓底）		
48	四兽镜	2001.9.28，市一中（建设东路北侧）	NYZ M436	7°		长方形竖穴土坑墓、直壁、四边设二层台。墓口：276×196－140 墓底：230×130－306	不详	保存完好
49	变形兽纹镜	1999.11.26，宛计生委住宅小区（建设东路北侧）	WJSW M4	177°		长方形竖穴土坑墓、直壁。250×186－100－281	不详	保存完好
50	变形兽纹镜	2001.3.6，市一中（建设东路北侧）	NYZ M168	16°		长方形竖穴土坑墓。直壁。310×220－150－420	不详	保存完好

随葬品	镜出土位置	铜镜拓片	铜镜描述	镜保存状况	墓葬时代	备注
灰陶鼎1、盒1、壶1、小壶1、罐1、铜镜1。	西北部		圆形。三弦钮。外围一周凹面形环带。纹饰由地纹与主纹组合而成。地纹为羽状纹。主纹为四怪兽绕钮作同向排列。四兽分两组，一组头部似熊，作回首反顾状。另一组头部似狐，张口露齿，头部斜对镜钮，它们同向排列。四怪兽姿态相同，身躯与尾部呈S形卷曲，一后肢踏在凹面形环带上，一前肢与一后肢踏在镜之边缘上，另一前肢攀握前面怪兽之长尾。素宽卷缘。镜面平直。面径：15.7厘米，背径：15.45厘米，缘厚：0.52厘米。重量：256克。	破（修复）	西汉早期	图三二，图版一二：2
灰陶鼎2、盒2、壶2、小壶2、车轮2、甬头2、勺2、禽饰5、狗饰4、铜镜1、铜匕形器1、铜刷1、半两钱6、铁镤1、铅车马饰、铁条。	东南部		圆形。三弦钮。钮外围一周凹面形环带。纹饰由地纹与主纹组合而成。地纹为羽状纹。在地纹之上，于钮座外圈，均匀地伸出五个小方块，它们与五个变形兽纹相接。兽纹已图案化，身躯作C形卷曲，头部较宽大，由两个向内卷曲的涡纹组成，中腰细长，尾部似喇叭花形。素卷缘。镜面平直。面径：14.3厘米，背径：14.2厘米，缘厚：0.5厘米。重量：214克。	稍残（修补）	西汉早期	图三三，图版一二：1
灰陶罐1、钵1、铜镜1。	东北部		圆形。三弦钮。钮外一周凹面形圈带。之外有四个图案化的变形兽纹，作同向环列。兽张口、吐长舌，与前一兽后部相接，作匍匐状。之外一周弦纹。素卷缘。镜面平直。面径：18.7厘米，背径：18.5厘米，缘厚：0.4厘米。重量：406.5克。	破（修复）	西汉早期	图三四，图版一二：2

序号	镜名	出土时间 地点	墓号	方向	墓葬形制		葬具	墓葬保存状况
					平剖面示意图	形制、尺寸（厘米） （长×宽－墓口－墓底）		
51	三花叶三凤镜	2001.9.1，南阳理工大学（长江路南侧）	NLGD M8	290°		长方形竖穴土坑墓，直壁，南北两边设二层台。 墓口：270×160－90 墓底：270×60－152	不详	保存完好
52	蟠螭透雕镜	2008.7.10，淅川县郭庄	XCGZ M2	90°		凸字形竖穴土坑墓，由墓道和墓室组成。 墓道：长方形斜坡状 1400×250－15－640 墓室：长方形、直壁、四边设多层台阶 墓口：910×720－40 墓底：460×200－840	一椁、两棺	保存完好
53	蟠螭叶纹镜	2005.10.23，盛唐商务苑（独山大道与滨河路交叉口东北角）	STSW M15	7°		长方形竖穴土坑墓，直壁。 230×160－180－360	北部	不详

随葬品	镜出土位置	铜镜拓片	铜镜描述	镜保存状况	墓葬时代	备注
灰陶罐 1、壶 1、铜镜 1。	南部		圆形。三弦钮。圆钮座。座外两个双线圈带间为主纹。纹饰由地纹与主纹组合而成。地纹为稀疏的圆涡纹与三角雷纹组成的云雷纹。在钮座外圈伸出三叶，将镜背纹饰分为三区，每区配一凤，凤头部似禽鸟状，靠近镜之外缘，斑目，勾啄，回首，双翼为弧形线条，向两侧展开，翼端向上，做奔跑状。素卷缘。镜面平直。面径：8 厘米，背径：7.9 厘米，缘厚：0.12 厘米。重量：32 克。	完整	西汉早期	图三一，图版一三：1
灰陶鼎 4、壶 2、浴缶 1、敦 2、豆 5、玉料 1、铜戈 7、铜矛 1、铜剑 2、铜冓 6、铜衔 8、铜盖弓帽 17、铜饰件 20、铜簪 4、铜镜 1、铜盘 1、铜匜 1、铜盖豆 1、铜鼎 2、铜壶 2、铜器盖 1、铜合叶 6。	北棺内东部		圆形。环钮。圆钮座。夹层，镜面嵌于镜背之中。钮座外有四条粗短直线，呈十字形把镜背分为四区，每区有二个相对的蟠螭，而相邻两区的蟠螭又两两相背。螭头靠近钮座，张嘴，螭嘴相连，螭身则由简单纹饰和十六个圆环纹相连。窄平缘。镜面微凸。面径：11.4 厘米，背径：11.4 厘米，缘厚：0.2 厘米。重量：184.5 克。	完整	战国中期	图七三，图版一三：2
陶盒 2、壶 1、小壶 1、铜镜 1。	北部		圆形。钮残。圆钮座。外围一周凹面圈带。之外两周短斜线纹间有地纹与主纹组合而成的纹饰带。地纹为云雷纹。主纹为四蟠螭纹，蟠螭回首、张口、大眼，顶部向后伸出长角，角端分二歧枝，身躯作 S 形蟠曲，从腹部向两侧伸出弯卷的蔓枝，螭的二足位于身躯两侧，呈八字形外展，四蟠螭间有四小叶纹相隔。素卷缘。镜面平直。面径：14.4 厘米，背径：14.3 厘米，缘厚：0.4 厘米。重量：186 克。	残缺（修复）	西汉中期	

序号	镜名	出土时间 地点	墓号	方向	墓葬形制		葬具	墓葬保存状况
					平剖面示意图	形制、尺寸（厘米）（长×宽－墓口－墓底）		
54	蟠螭叶纹镜	2001.10.6，市一中（建设东路北侧）	NYZ M410	200°		长方形竖穴土坑墓，直壁。250×170－230－310	不详	保存完好
55	蟠螭叶纹镜	1999.9.5，宛计生委住宅小区（建设东路北侧）	WJSW M60	176°		凸字形竖穴土坑墓。由墓道和墓室组成。墓道：长方形斜坡状230×230－170－340 墓室：长方形、斜壁、东西北三面设二层台。墓口：480×410－170 墓底：330×210－406	木棺	保存完好
56	蟠螭叶纹镜	1999.10.31，宛计生委住宅小区（建设东路北侧）	WJSW M97	354°		长方形竖穴土坑墓，直壁。345×225－230－322	木棺	保存完好

随葬品	镜出土位置	铜 镜 拓 片	铜 镜 描 述	镜保存状况	墓葬时代	备注
铜镜1、铜柿蒂叶饰3、铜熏炉1。	西南部		圆形。三弦钮。圆钮座。座外两周短斜线纹及一周凹面圈带。其外两周短斜线间有地纹与主纹组合而成的纹饰带。地纹为圆涡纹。在地纹之上，于钮座外伸出三叶，将镜背纹饰分为三区，每区配一蟠螭纹。蟠螭头近镜缘处，作回首状，张嘴，头顶有角，一足踏于钮外斜线纹圈带上，一足踏于镜缘斜线纹带上。身躯如弯卷柔长的枝条，腹中部被一折叠菱形纹所叠压。主纹皆双线。素卷缘。镜面平直。面径：13.3厘米，背径：13.2厘米，缘厚：0.3厘米。重量：111.5克。	稍残（修补）	西汉	图四四
灰陶鼎2、盒2、壶2、车轮2、铜镜1、铜带钩1、铜印章1、铁钩2、铁削1。	棺外东南部		圆形。三弦钮。圆钮座。座外三周短斜线间有凹面形圈带和有地纹与主纹组合而成的纹饰带。地纹为圆涡纹。在地纹之上，于钮座外伸出三叶，将镜背纹饰分为三区，每区配一蟠螭纹。蟠螭头居中，作回首状，张嘴，头顶有角，一足踏于钮外斜线纹圈带上，身躯弯卷柔长，从颈向后曲折作菱形。主纹皆双线。素卷缘。镜面平直。面径：14.6厘米，背径：14.5厘米，缘厚：0.32厘米。重量：184克。	完整	西汉早期	图版一四：1
灰陶鼎2、盒2、壶2、小壶2、盖弓帽饰19，铜镜1、铜印章1、铜带钩1、铜泡1、铜管洛饰1、铜盖弓帽1、铁剑1、铁鋬1、铁钩10。	棺外北部		圆形。三弦钮。圆钮座。座外三周短斜线间有凹面形圈带纹和有地纹与主纹组合而成的纹饰带。地纹为圆涡纹。在地纹之上，于钮座外伸出三叶，将镜背纹饰分为三区，每区配一蟠螭纹，蟠螭作回首状，张嘴，身躯如弯卷柔长的枝条，一足踏于钮外斜线纹圈带上，腹中部被一折叠菱形纹所叠压。主纹皆双线。素卷缘。镜面平直。面径：12.6厘米，背径：12.6厘米，缘厚：0.32厘米。重量：118克。	稍残（修复）	西汉早期	图四三，图版一四：2

续表

序号	镜名	出土时间地点	墓号	方向	墓葬形制		葬具	墓葬保存状况
					平剖面示意图	形制、尺寸（厘米）（长×宽－墓口－墓底）		
57	千金蟠螭叶纹镜	2005.1.26，宛检察院玉龙苑住宅小区（独山大道西侧）	WJCYM84	295°		长方形竖穴土坑墓，直壁。380×270－170－210	不详	保存完好
58	蟠螭叶纹镜	1999.11.25，宛计生委住宅小区（建设东路北侧）	WJSWM3	180°		长方形竖穴土坑墓，直壁。270×207－100－288	木棺	打破南部
59	蟠螭叶纹镜	2002.8.16，市防爆厂丰泰住宅小区（建设东路南侧）	NFBCM42	10°		长方形竖穴土坑墓，直壁、四边设二层台。墓口：225×150－155墓底：202×120－310	不详	保存完好
60	蟠螭叶纹镜	1999.9.10，宛计生委住宅小区（建设东路北侧）	WJSWM83	270°		长方形竖穴土坑墓，直壁。300×170－130－280	不详	打破东南角

随葬品	镜出土位置	铜 镜 拓 片	铜 镜 描 述	镜保存状况	墓葬时代	备注
灰陶壶2、铜镜1。	东北部		圆形。三弦钮。圆钮座。在镜钮两侧和三叶中有铭文,分别为"千金"、"宜、主、千金"。座外一周凹面形圈带纹。之外两周短斜线纹间有地纹与主纹组合而成的纹饰带。地纹为较稀疏的圆涡纹。主纹为三蟠螭纹,间以三叶纹。蟠螭身躯弯卷柔长,与叶纹相勾连,腹部盘结作折叠菱形。主纹皆双线。素卷缘。镜面微凸。面径:11.3厘米,背径:11.1厘米,缘厚:0.25厘米。重量:65克。	完整	西汉早期	图四〇,图版一五:1
灰陶鼎1、盒1、壶1、小壶1、熏炉1、铜镜1、半两钱40、铜刷1、铜泡钉2、铁带钩1、铁勺1、残玉片1。	棺外西北部		圆形。三弦钮。圆钮座。座外有一周凹面形圈带。主区纹饰由地纹与主纹组成。地纹为圆涡纹。主纹为三蟠螭纹,间以三叶纹。蟠螭身躯弯卷柔长,与叶纹相勾连,腹部盘结作折叠菱形。之外一周短斜线纹。主纹皆双线。素卷缘。镜面微凸。面径:9.2厘米,背径:9.0厘米,缘厚:0.24厘米。重量:44克。	残缺(修复)	西汉早期	
灰陶罐1、铜镜1。	西北部		圆形。三弦钮。圆钮座。钮座外有凹面形圈带一周。主区纹饰由地纹与主纹组成。地纹为较稀疏的圆涡纹,主纹为三蟠螭纹,间以三叶纹。蟠螭身躯弯卷柔长,与叶纹相勾连,腹部盘结作折叠菱形。近缘处饰短斜线纹一周。主纹皆双线。素卷缘。镜面微凸。面径:8.66厘米,背径:8.55厘米,缘厚:0.28厘米。重量:37.5克。	残缺(修复)	战国晚期	
灰陶鼎1、盒1、小壶1、铜镜1。	西南部		圆形。三弦钮。圆钮座。座外有凹面形圈带一周,主区纹饰由地纹与主纹组成。地纹为较稀疏的圆涡纹。主纹为三蟠螭纹,间以三叶纹。蟠螭身躯弯卷柔长,与叶纹相勾连,腹部盘结作折叠菱形。之外一周弦纹。主纹皆双线。素卷缘。镜面微凸。面径:8.2厘米,背径:8.13厘米,缘厚:0.2厘米。重量:31克。	稍残(修补)	西汉早期	

序号	镜名	出土时间 地点	墓号	方向	墓葬形制		葬具	墓葬保存状况
					平剖面示意图	形制、尺寸（厘米） （长×宽 - 墓口 - 墓底）		
61	蟠螭叶纹镜	2002.8.23，市税局住宅小区（建设东路南侧）	NSJ M109	105°		长方形竖穴土坑墓，直壁。 230×130 - 190 - 290	不详	保存完好
62	蟠螭叶纹镜	2003.5.31，宛审计局住宅小区（建设东路北侧）	WSJJ M15	15°		长方形竖穴土坑墓，直壁。 260×160 - 260 - 323	不详	保存完好
63	蟠螭镜	2001.8.6，市一中（建设东路北侧）	NYZ M224	28°		长方形竖穴土坑墓，直壁、四边设二层台。 墓口：500×388 - 140 墓底：316×202 - 308	木棺	保存完好
64	蟠螭镜	1999.11.29，宛计生委住宅小区（建设东路北侧）	WJSW M5	85°		长方形竖穴土坑墓，直壁。 286×138 - 230 - 361	木棺	保存完好

随葬品	镜出土位置	铜 镜 拓 片	铜 镜 描 述	镜保存状况	墓葬时代	备注
灰陶鼎1、盒1、钫1、铜镜1。	南部		圆形。三弦钮。圆钮座。座外有凹面形圈带一周。主区纹饰由地纹与主纹组成。地纹为较密的圆涡纹。主纹为三蟠螭纹,间以三叶纹。蟠螭身躯弯卷柔长,与叶纹相勾连,腹部盘结作折叠菱形。之外一周弦纹。主纹皆双线。素卷缘。镜面平直。面径:7.8厘米,背径:7.7厘米,缘厚:0.2厘米。重量:33克。	完整	西汉早期	图四一,图版一五:2
灰陶罐1、铜镜1。	南部		圆形。三弦钮。圆钮座。座外有凹面形圈带一周。主区纹饰由地纹与主纹组成。地纹为较密的圆涡纹,主纹为三蟠螭纹,间以三叶纹。蟠螭身躯弯卷柔长,与叶纹相勾连,腹部盘结作折叠菱形。之外一周弦纹。主纹皆双线。素卷缘。镜面平直。面径:7.1厘米,背径:6.9厘米,缘厚:0.15厘米。重量:23克。	稍残(修复)	西汉早期	
灰陶鼎2、盒2、壶2、小壶2、车轮2、铜镜1、铁勺1。	棺内北部		圆形。三弦钮。圆钮座。座外围有凹面形环带一周。纹饰由地纹与主纹组合而成。地纹为细密的云雷纹,较模糊。主纹为四个相互缠绕的蟠螭,蟠螭头靠钮座外圈,张嘴露齿,兽目,身躯勾连缠绕,一足伸至镜外缘的弦纹圈带上。之外一周短斜线纹。素卷缘。镜面平直。面径:16.8厘米,背径:16.6厘米,缘厚:0.4厘米。重量:261克。	稍残(修复)	西汉中期	图三五,图版一六:1
灰陶大口瓮1、铜镜1、半两铜钱6、铁錾1。	棺内西北角		圆形。四弦钮。圆钮座。座外围有绳纹、弦纹和凹面形圈带各一周。之外两周短斜线纹间有地纹与主纹组合而成的纹饰带。地纹为云雷纹。主纹为三个互不相连的蟠螭纹,螭头伸向钮座外的短斜线圈带,张口、露齿,兽目,有角,身躯勾连缠绕,肢爪伸张,一足伸向镜外缘的斜纹圈带上。素卷缘。镜面微凸。面径:15.6厘米,背径:15.5厘米,缘厚:0.46厘米。重量:198克。	完整	战国末西汉初	图三六,图版一六:2

序号	镜名	出土时间 地点	墓号	方向	墓葬形制		葬具	墓葬保存状况
					平剖面示意图	形制、尺寸（厘米）（长×宽－墓口－墓底）		
65	蟠螭叶纹镜	2000.7.18，市 拆 迁办永泰住宅小区 （建设东路南侧）	NCQB M214	12°		长方形竖穴土坑墓，直壁。 286×100－140－370	不详	保存完好
66	蟠螭叶纹镜	2001.1.3，南阳理 工大学（长江路南 侧）	NLGD M203	22°		长方形竖穴土坑墓，直壁。 256×156－140－190	不详	保存完好
67	蟠螭叶纹镜	2001.3.3，市一中 （建设东路北侧）	NYZ M128	25°		长方形竖穴土坑墓，直壁。 320×190－120－190	不详	保存完好

随葬品	镜出土位置	铜镜拓片	铜镜描述	镜保存状况	墓葬时代	备注
灰陶鼎1、盒1、壶1、小壶1、耳杯1、铜镜1。	西南部		圆形。三弦钮。圆钮座。座外为圆涡纹及两个底边相对的单线三角纹排列及一周凸弦纹圈带。之外两组短斜线纹、凸弦纹圈带间有地纹与主纹组合而成的纹饰带。地纹为不大清楚的云雷纹。在钮座外圈伸出四叶，将镜背均匀地分为四区，每区有一蟠螭纹，蟠螭张嘴、小眼，头斜对镜钮，体躯弯曲，一足踏在钮座外圈凸弦纹圈带上。螭两两相对。素卷缘。镜面微凸。面径：13厘米，背径：12.9厘米，缘厚：0.35厘米，重量：103.5克。	稍残（修复）	西汉早期	图三八
灰陶罐2、铜镜1。	东北部		圆形。三弦钮。圆钮座。座外围綯纹、短斜线纹及凹面形圈带各一周。之外两周短斜线纹间有地纹与主纹组合而成的纹饰带。地纹为云雷纹。在地纹之上，于钮座外围伸出四叶，将镜背均匀地分为四区，每区有一蟠螭纹，蟠头较小，贴近钮座外短斜线纹圈带，张嘴，头顶部有向后伸出的长角，从颈以下，身躯蟠旋成环形，胸腹交叠后，往镜钮延伸呈C形，尾卷曲。腹下有双足，呈八字形向镜缘伸展。素卷缘。镜面平直。面径：14.5厘米，背径：14.5厘米，缘厚：0.45厘米。重量：212克。	破（修复）	西汉早期	图三七，图版一七：1
灰陶鼎1、盒1、壶1、铜镜1。	西北部		圆形。三弦钮。圆钮座。座外围二周凸弦纹和两组短斜线、凸弦纹圈带间有由地纹与主纹组合而成的纹饰带。地纹为云雷纹，已模糊不清。在钮座外围伸出四叶，将镜背纹饰分为四区，每区配一蟠螭纹，两两相对。蟠螭头部似禽鸟状，头近钮座、斑目、勾喙，腹呈环状，腹两侧有短翼，上身及尾呈C字形弯卷的枝条，以腹部为中心，左右对称。素卷缘。镜面平直。面径：11.6厘米，背径：11.5厘米，缘厚：0.25厘米，重量：86克。	稍残（修复）	西汉早期	图三九，图版一七：2

续表

序号	镜名	出土时间 地点	墓号	方向	墓葬形制		葬具	墓葬保存状况
					平剖面示意图	形制、尺寸（厘米）（长×宽－墓口－墓底）		
68	蟠螭菱纹镜	1999.12.16，宛计生委住宅小区（建设东路北侧）	WJSW M23	174°		长方形竖穴土坑墓，直壁。268×180－205－358	木棺、木椁	保存完好
69	蟠螭菱纹镜	1999.11.25，宛计生委住宅小区（建设东路北侧）	WJSW M30	85°		长方形竖穴土坑墓，直壁。248×136－230－370	木棺	保存完好
70	蟠螭菱纹镜	1999.9.14，宛计生委住宅小区（建设东路北侧）	WJSW M49	282°		长方形竖穴土坑墓，直壁。243×136－220－270	不详	保存完好

随葬品	镜出土位置	铜镜拓片	铜镜描述	镜保存状况	墓葬时代	备注
灰陶鼎2、盒2、壶2、小壶2、铜镜1、铜环4、铜器1、铜盖钮饰1、铜泡钉10、铜饰4、铁刀1、铅盖弓帽1。	椁内西北部		圆形。三弦钮。圆钮座。座外围短斜线纹、绹纹及凹面形圈带。之外两组短斜线纹、凸弦纹间有地纹与主纹组合而成的纹饰带。地纹为细密的云雷纹。主纹为三蟠螭纹，蟠螭纹间有折叠半菱形纹相隔。蟠头对镜钮座外的凸弦纹圈带，作回首反顾状，张嘴露齿，大眼，蟠螭的身躯和足均为弧形蔓枝，勾连缠绕，又与相邻的菱形纹相连接。主纹皆双线。素卷缘。镜面微凸。面径：16.2厘米，背径：15.9厘米，缘厚：0.8厘米。重量：400.5克。	破（修复）	西汉中期	图四八，图版一八：1
灰陶鼎1、盒1、壶1、小壶1、车轮2、铜镜1、铜带钩1、铜环1、半两铜钱25、铁鏊1、圆形玉片1。	棺外西南部		圆形。三弦钮。圆钮座。座外围绹纹及凹面形圈带各一周。其外两组凸弦纹、短斜线纹间有地纹与主纹组合而成的纹饰带。地纹为云雷纹。在地纹之上，有三蟠禽仁立于钮座外圈上，禽为实心圆点纹眼，长冠上勾，嘴衔卷尾，作回首反顾状，双翼为弧形线条，向两侧展开，翼端向上勾卷。三禽之间配三束缠绕的蔓枝，禽的双翼与蔓枝勾连，各束蔓枝又与一菱形纹相连。主纹多双线。素卷缘。镜面平直。面径：11.3厘米，背径：11.2厘米，缘厚：0.66厘米。重量：131克。	稍残（修复）	西汉早期	图五〇
灰陶鼎1、盒1、壶1、小壶1、铜镜1。	西北部		圆形。五弦钮。圆钮座。座外围绹纹及凹面形环带各一周。其外两组凸弦纹、短斜线纹间有由地纹与主纹组合而成的纹饰带。地纹为云雷纹。在地纹之上，有三蟠禽仁立于钮座外圈上，禽为实心圆点纹眼，长冠上勾，嘴衔卷尾，作回首反顾状，双翼为弧形线条，向两侧展开，翼端向上勾卷。三禽之间配三束缠绕的蔓枝，禽的双翼与蔓枝勾连，各束蔓枝又与菱形纹相接。主纹皆双线。素卷缘。镜面平直。面径：11.8厘米，背径：11.5厘米，缘厚：0.5厘米。重量：132.5克。	破（修复）	西汉早期	图版一八：2

序号	镜名	出土时间地点	墓号	方向	墓葬形制		葬具	墓葬保存状况
					平剖面示意图	形制、尺寸（厘米）（长×宽－墓口－墓底）		
71	蟠螭菱纹镜	1999.11.6，宛计生委住宅小区（建设东路北侧）	WJSW M15	32°		长方形竖穴土坑墓，直壁。288×222－120－296	木棺	打破北部
72	蟠螭菱纹镜	2001.9.30，市一中（建设东路北侧）	NYZ M289	23°		长方形竖穴土坑墓，直壁、四边设二层台。墓口：260×194－130 墓底：220×122－240	不详	保存完好
73	蟠螭菱纹镜	2002.9.25，市防爆厂丰泰住宅小区（建设东路南侧）	NFBC M71	18°		长方形竖穴土坑墓，直壁、东西两边设二层台。墓口：250×150－170 墓底：250×110－320	不详	保存完好

随葬品	镜出土位置	铜 镜 拓 片	铜 镜 描 述	镜保存状况	墓葬时代	备注
灰陶鼎1、盒1、壶1、车轮2、铜镜1、半两钱30、铁锸1、铅盖弓帽1。	棺内东部		圆形。五弦钮。圆钮座。座外围短斜线纹、绹纹及凹面形圈带各一周。之外两组凸弦纹、短斜线纹间有地纹与主纹组合而成的纹饰带。地纹为细密的雷纹。主纹为三蟠螭纹。螭头对镜钮座外的凸弦纹圈带，作回首反顾状，张嘴露齿，大眼，螭的身躯和足均为弧形蔓枝，勾连缠绕，又与相邻的菱形纹相连接。主纹皆双线。素卷缘。镜面微凸。面径：16.3厘米，背径：16.1厘米，缘厚：0.78厘米。重量：403.5克。	完整	西汉早期	图版一九：1
灰陶鼎1、盒1、壶1、小壶1、铜镜1。	中部		圆形。三弦钮。圆钮座。座外围绹纹及凹面形圈带各一周，其外两组凸弦纹、短线纹间有地纹与主纹组合而成的纹饰带。地纹为云雷纹。在地纹之上的三组对菱形纹中间各有一相同的蟠龙纹，龙的躯体与尾巴呈S形蜷曲，与菱形之侧栏相交叠，龙头俯视镜之外缘，张嘴露齿，肢爪伸张。在三组菱形纹之间配三凤纹。凤为实心圆点纹眼，长冠上勾，嘴衔卷尾，作回首反顾状。一足伫立于钮座外圈上，身体两侧有展开并向上卷的双翅，与相邻的菱形纹相连接。主纹多双线。素宽卷缘。镜面平直。面径：14.1厘米，背径：14厘米，缘厚：0.34厘米。重量：182克。	稍残（修补）	西汉早期	图五一
灰陶鼎1、壶1、小壶1、铜镜1。	东部		圆形。三弦钮。圆钮座。座外围绹纹及凹面形圈带各一周。其外两组凸弦纹、短线纹间有地纹与主纹组合而成的纹饰带。地纹为云雷纹，纹饰不大清晰。在地纹之上的三组对菱形纹中间各有一相同的蟠龙纹，龙的身躯与尾巴呈S形蜷曲，与菱形之侧栏相交叠，龙头俯视镜之外缘，张嘴露齿，肢爪伸张。在三组菱形纹之间配三凤纹。凤为实心圆点纹眼，长冠上勾，嘴衔卷尾，作回首反顾状。一足伫立于钮座外圈上，身体两侧有展开并向上卷的双翅，与相邻的菱形纹相勾连。主纹多双线。镜面平直。面径：13.9厘米，背径：13.8厘米，缘厚：0.3厘米。重量：167克。	稍残（修补）	西汉	

序号	镜名	出土时间 地点	墓号	方向	墓葬形制		葬具	墓葬保存状况
					平剖面示意图	形制、尺寸（厘米）（长×宽－墓口－墓底）		
74	蟠螭菱纹镜	2001.9.30，市一中（建设东路北侧）	NYZ M295	194°		长方形竖穴土坑墓，直壁、四边设二层台。墓口：296×184－170 墓底：210×110－340	不详	保存完好
75	蟠螭菱纹镜	2003.6.4，市体育馆（滨河东路北侧）	NTYG M127	97°		长方形竖穴土坑墓，直壁。248×150－210－270	不详	保存完好
76	蟠螭菱纹镜	1999.9.12，宛计生委住宅小区（建设东路北侧）	WJSW M50	0°		长方形竖穴土坑墓，直壁。216×120－200－300	不详	保存完好

随葬品	镜出土位置	铜镜拓片	铜镜描述	镜保存状况	墓葬时代	备注
灰陶鼎1、壶1、铜镜1、银簪子2。	西南部		圆形。三弦钮。圆钮座。座外围绹纹及凹面形圈带各一周。其外两组弦纹、短线纹间有地纹与主纹组合而成的纹饰带。地纹为云雷纹，纹饰不太清晰。在地纹之上的三组对菱形纹中各有一相同的螭龙纹，龙的躯体与尾巴呈S形蜷曲，与菱形之侧栏杆相交叠，龙头俯视镜之外缘，张嘴露齿，肢爪伸张，在三组菱形纹之间配三凤纹，凤为实心圆点纹眼，长冠上勾，嘴衔卷尾，作回首反顾状。一足伫立于钮座外圈上，身体两侧有展开并上卷的双翅，与相邻的菱形纹相勾连。主纹多双线。素宽卷缘。镜面微凸。面径：13.9厘米，背径：13.6厘米，缘厚：0.35厘米。重量：156.5克。	完整	战国末西汉初	图版一九：2
灰陶鼎1、盒1、壶1、罐1、车轮2、铜镜1。	东部		圆形。环钮。圆钮座。座外一周凸弦纹、绹纹和凹面形圈带各一周。其外两组凸弦纹、短线纹间有地纹与主纹组合而成的纹饰带。地纹为云雷纹，较模糊。主纹为三蟠螭纹，螭头靠近镜之外缘，张嘴露齿，大眼，两足踏在镜之外缘处，身躯勾连交错，向后曲折作折叠菱形纹。素宽卷缘。镜面微凸。面径：13.9厘米，背径：13.7厘米，缘厚：0.3厘米。重量：179.5克。	稍残（修补）	西汉早期	
灰陶罐1、铜镜1、铜带钩1、铁削1。	南部		圆形。三弦钮。圆钮座。钮座外一周凹面形圈带。之外两周短斜线纹间有地纹与主纹组合而成的纹饰带。地纹为不清晰的云雷纹。主纹为四蟠螭纹，蟠螭头近镜缘处，张嘴，躯体及足呈弧形蔓枝蜷曲。四螭之间有四折叠菱形纹相隔。素卷缘。镜面微凸。面径：12.7厘米，背径：12..7厘米，缘厚：0.15厘米。重量：92克。	稍残（修补）	西汉早期	

续表

序号	镜名	出土时间 地点	墓号	方向	墓葬形制		葬具	墓葬保存状况
					平剖面示意图	形制、尺寸（厘米） （长×宽－墓口－墓底）		
77	蟠螭菱纹镜	2002.12.9，市防爆厂丰泰住宅小区（建设东路南侧）	NFBC M256	275°		长方形竖穴土坑墓，直壁、东西两边设二层台。 墓口：370×260－160 墓底：350×260－270	不详	保存完好
78	蟠螭菱纹镜	2001.2.1，市一中（建设东路北侧）	NYZ M41	28°		长方形竖穴土坑墓，斜壁、四边设二层台。 墓口：540×480－120 墓底：350×230－380	不详	保存完好
79	蟠螭菱纹镜	2001.9.28，市一中（建设东路北侧）	NYZ M433	21°		长方形竖穴土坑墓，直壁、四边设二层台。 墓口：291×208－160 墓底：230×150－378	不详	保存完好
80	蟠螭菱纹镜	2004.12.25，市经济适用房住宅小区（建设东路南侧）	NJJF M49	12°		长方形竖穴土坑墓，直壁。 320×210－148－290	不详	保存完好

随葬品	镜出土位置	铜镜拓片	铜镜描述	镜保存状况	墓葬时代	备注
灰陶鼎2、盒2、壶2、铜镜1、铜鍪1、半两钱15、五铢钱1。	西部		圆形。三弦钮。圆钮座。座外一周凹面形圈带。其外两组凸弦纹、短线纹间有地纹与主纹组合而成的纹饰带。地纹为稀疏的圆涡纹。主纹为四蟠螭纹，螭头靠近镜钮处，张嘴、大眼、躯体及足呈弧形蔓枝蜷曲，四螭间以菱形纹相隔。素卷缘。镜面平直。面径：17.9厘米，背径：17.85厘米，缘厚：0.5厘米。重量：307.5克。	稍残（修补）	西汉中期	图四五，图版二〇：1
灰陶鼎2、盒2、大壶2、小壶2、红陶盖弓帽4、铜镜1。	西北部		圆形。三弦钮。圆钮座。座外等距离同向环绕三兽，兽回首，头顶上有向上弯卷的长角，四肢作奔逐状，尾端勾卷。其外一周凹面形圈带。之外两组弦纹、短线纹间有地纹与主纹组合而成的纹饰带。地纹为不清晰的云雷纹。主纹为四蟠螭纹，浅浮雕。蟠螭头近镜缘处，引颈扬首，张嘴露齿，口吐长舌，头上有多歧枝冠，身躯勾连交错，一肢向后曲折作对菱形纹。素宽卷缘。镜面平直。面径：23.5厘米，背径：23.5厘米，缘厚：0.65厘米。重量：378克。	稍残（修补）	西汉中期	图四六，图版二〇：2
灰陶鼎1、盒1、壶1、小壶1、车轮1、铜镜1。	北部		圆形。三弦钮。圆钮座。座外围涡纹圈带和凹面形圈带各一周。之外有四蟠螭，螭头靠近镜缘，两螭张嘴，作行走状，尾上扬卷曲。另两螭纹饰不清晰。四螭间有双折菱纹相隔，空白处饰有箆点纹。素卷缘。镜面微凸。面径：22.9厘米，背径：22.85厘米，缘厚：0.45厘米。重量：384克。	残缺（修复）	西汉早期	
灰陶鼎2、盒2、壶2、陶饰2、铜镜1、铜饰2、铜泡钉1。	北部		圆形。三弦钮。圆钮座。座外围凸弦纹、绚纹和凹面形圈带各一周。其外两组弦纹、短线纹间有地纹与主纹组合而成的纹饰带。地纹为不清晰的云雷纹。主纹为三蟠螭纹，螭头靠近镜缘处，张嘴露齿，大眼，两足踏在镜之外缘弦纹圈上，身躯勾连交错，向后曲折作折叠菱形纹。素卷缘。镜面微凸。面径：13.8厘米，背径：13.8厘米，缘厚：0.3厘米。重量：113.5克。	稍残（修补）	西汉早期	

续表

序号	镜名	出土时间地点	墓号	方向	墓葬形制 平剖面示意图	墓葬形制 形制、尺寸（厘米）（长×宽－墓口－墓底）	葬具	墓葬保存状况
81	蟠螭菱纹镜	2003.12.5，市人行（白河大道南侧）	SRH M3	335°		梯形竖穴土坑墓，直壁 290×200（180）－60－110	不详	保存完好
82	蟠螭菱纹镜	2001.8.18，宛运三公司（北京大道西侧）	WYGS M18	15°		刀形竖穴土坑墓，由墓道、墓室组成。墓道：长方形斜坡状 400×170－90－260 墓室：长方形、斜壁、四边设二层台。墓口：660×420－90 墓底：600×360－390	一棺、一椁	保存完好
83	蟠螭菱纹镜	2008.8.5，名门华府住宅小区（工业路与建设路交叉口西北角）	MMHF M20	195°		长方形竖穴土坑墓，斜壁、四边有熟土二层台。墓口：288×192－30 墓底：236×160－260	一棺、一椁	保存完好
84	蟠螭菱纹镜	2001.8.26，宛运三公司（北京大道西侧）	WYGS M19	210°		凸字形竖穴土坑墓，由墓道、墓室组成。墓道：长方形斜坡状。660×150－70－360 墓室：长方形、斜壁。墓口：540×410－70 墓底：460×330－420	一棺、一椁	保存完好

随葬品	镜出土位置	铜 镜 拓 片	铜 镜 描 述	镜保存状况	墓葬时代	备注
灰陶鼎 1、敦 1、壶 1、小壶 1、铜镜 1。	北部		圆形。三弦钮。圆钮座。座外一周凹面形圈带。其外两组弦纹、短斜线纹间有地纹与主纹组合而成的纹饰带。地纹为圆涡纹。主纹为三蟠螭纹间以三叶纹，蟠螭身躯弯卷柔长，与叶纹相勾连，腹部盘结作折叠菱形。素卷缘。镜面平直。面径：10.8 厘米，背径：10.8 厘米，缘厚：0.1 厘米。重量：59.5 克。	残缺（修复）	西汉中期	图四二
灰陶鼎 2、盒 2、壶 2、小壶 2、车轮 7、铜镜 1。	椁内西北角		圆形。三弦钮。圆钮座。座外一周凹面形圈带。其外两周短斜线纹间有地纹与主纹组合而成的纹饰带。地纹为稀疏的圆涡纹。主纹为四蟠螭纹，螭头靠近镜缘处，张嘴、大眼，躯体及足呈弧形蔓枝蜷曲，四螭间以菱形纹相隔。其中三菱形纹中间有一"十"字形纹。素卷缘。镜面微凸。面径：22.8 厘米，背径：22.8 厘米，缘厚 0.3 厘米。重量：584.5 克。	稍残（修复）	西汉中期	
陶罐 3、瓮 1、杯 2、铜镜 1、漆器 2。	棺外西南部		圆形。三弦钮。圆钮座。座外一周凹面形圈带。其外两组弦纹、短斜线纹间有地纹与主纹组合而成的纹饰带。地纹为云雷纹，较模糊。主纹为三蟠螭纹，螭头靠近钮座外圈，张嘴露齿，大眼，头顶有角，两足踏在镜之外缘弦纹圈上，身躯勾连交错，又与菱形纹相连接。素卷缘。镜面平直。面径：11.3 厘米，背径：11.1 厘米，缘厚：0.5 厘米。重量：139 克。	完整	西汉早期	
灰陶鼎 2、盒 2、壶 2、小壶 2、车轮 4、铜镜 1、铜钵 1、铁剑 2。	椁内北部		圆形。三弦钮。圆钮座。座外一周凹面形圈带。其外两周绳纹间有地纹与主纹组合而成的纹饰带。地纹为云雷纹。主纹为三蟠螭纹，蟠螭回首、张嘴、露齿，两足呈八字形伸展，身躯勾连缠绕，在近尾处折叠一菱形纹。素卷缘。镜面平直。面径：13.8 厘米，背径：13.6 厘米，缘厚：0.6 厘米。重量：273.5 克。	破（修复）	西汉中期	图四九，图版二二：1

序号	镜名	出土时间地点	墓号	方向	墓葬形制		葬具	墓葬保存状况
					平剖面示意图	形制、尺寸（厘米）（长×宽－墓口－墓底）		
85	蟠螭菱纹镜	2003.3.17，市万家安防器材厂（工业路与八一路交叉口）	WJAF M3	205°		长方形竖穴土坑墓，直壁、四边设二层台。墓口：310×230－150 墓底：270×170－180	木棺	保存完好
86	大乐贵富蟠螭镜	2005.5.25，裕华商城（工业路与八一路交叉口东北角）	YHSC M26	195°		长方形竖穴土坑墓，直壁。400×300－40－140	一棺、一椁	保存完好
87	蟠螭菱纹镜	2000.5.11，市拆迁办永泰住宅小区（建设东路南侧）	NCQB M112	78°		长方形竖穴土坑墓，直壁。290×160－280－350	木棺	保存完好
88	蟠螭菱纹镜	2002.12.7，市防爆厂丰泰住宅小区（建设东路南侧）	NFBC M287	195°		长方形竖穴土坑墓，斜壁、四边设二层台。墓口：354×300－210 墓底：240×130－430	不详	保存完好

随葬品	镜出土位置	铜 镜 拓 片	铜 镜 描 述	镜保存状况	墓葬时代	备注
灰陶鼎2、盒2、壶2、小壶2、铜带钩1、铜镜1。	棺内西部		圆形。三弦钮。圆钮座。座外一周凹面形圈带和一周短斜线纹间有地纹与主纹组合而成的纹饰带。地纹为云雷纹。主纹为三蟠螭纹，蟠螭昂首、张嘴，头顶有角，蟠螭前后两足，伸向镜缘。身躯呈连续S形，在近尾处叠压一菱形纹。素卷缘。镜面平直。面径：10.8厘米，背径：10.7厘米，缘厚：0.2厘米。重量：81克。	残缺（修复）	西汉中期	图四七，图版二一：2
灰陶鼎2、盒2、壶2、小壶2、车轮2、铜镜1、铁器1。	棺内东南部		圆形。三弦钮。伏兽钮座。座外四周绳纹间有铭文带及主纹。铭文为："大乐贵富，千秋万岁，宜酒食。"主纹为四蟠螭纹，蟠螭头小圆眼尖嘴，居中近缘处，两肢爪向左右伸张，身躯勾连缠绕。主纹皆双线。素卷缘。镜面微凸。面径：11.5厘米，背径：11.3厘米，缘厚：0.5厘米。重量：128.5克。	稍残（修复）	西汉早期	图五七
灰陶壶1、小壶2、罐1、铜镜1、铁器1。	棺外东北部		圆形。钮残。圆钮座。座外一周弦纹和一凹面形圈带。纹饰由地纹与主纹组合而成。地纹为不清晰的云雷纹。主纹为三蟠螭纹，螭身勾连交错，又与菱形纹相连接。素卷缘。面径：17.9厘米，背径：17.9厘米，缘厚：0.5厘米。重量：243克。	残缺（修复）	西汉早期	
灰陶鼎1、盒1、壶1、小壶1、车轮2、铜镜1、铜带钩1、玉片1。	西北部		圆形。桥形钮，圆钮座。座外一周凹面形圈带纹。纹饰由地纹与主纹组合而成。地纹为篦点纹。主纹为四蟠螭纹和菱形纹组成。素卷缘。镜面微凸。面径：9.4厘米，背径：9.4厘米，缘厚：0.28厘米。重量：42克。	残缺（修复）	西汉早期	

序号	镜名	出土时间 地点	墓号	方向	墓葬形制		葬具	墓葬保存状况
					平剖面示意图	形制、尺寸（厘米）（长×宽-墓口-墓底）		
89	蟠螭叶纹镜	2001.2.18，市一中（建设东路北侧）	NYZ M8	280°		长方形竖穴土坑墓，直壁、四边设二层台。墓口：320×200-150 墓底：220×140-380	不详	保存完好
90	蟠螭叶纹镜	2002.11.7，市防爆厂丰泰住宅小区（建设东路南侧）	NFBC M294	115°		长方形竖穴土坑墓，直壁。266×160-150-180	木棺	保存完好
91	蟠螭叶纹镜	2001.2.20，市一中（建设东路北侧）	NYZ M27	290°		长方形竖穴土坑墓，直壁。250×145-200-350	不详	保存完好
92	蟠螭叶纹镜	2004.9.9，市广电公司住宅小区（建设东路南侧）	NGD M30	21°		长方形竖穴土坑墓，直壁、四边设二层台。墓口：480×310-130 墓底：330×210-310	不详	保存完好

随葬品	镜出土位置	铜镜拓片	铜镜描述	镜保存状况	墓葬时代	备注
灰陶鼎1、盒1、壶1、小壶1、车轮2、小口瓮1、俑头1、磨1、铜镜1铜带钩1。	南部		圆形。三弦钮。圆钮座。座外一周凹面形圈带。之外二周弦纹间有地纹与主纹组合而成的纹饰带。地纹为圆涡纹。主纹为蟠螭纹间以叶纹。蟠螭身躯弯卷柔长，与叶纹相勾连，腹部盘结作折叠菱形。主纹皆双线。素卷缘。镜面微凸。面径：10.75厘米，背径：10.45厘米，缘厚：0.3厘米。重量：36克。	残	西汉晚期	
灰陶鼎1、壶1、仓5、铜镜1。	棺外南部		圆形。双弦钮。圆钮座。座外饰短斜线纹三周。纹饰由地纹与主纹组合而成。地纹已模糊不清，似线状纹。在地纹之上，于钮座外圈伸出四叶，将镜背分为四区，每区配一蟠螭纹，螭的身躯为柔长弯卷的枝条。素卷缘。镜面平直。面径：9.7厘米，背径：9.7厘米，缘厚：0.15厘米。重量：53.5克。	稍残（修补）	西汉晚期	图五九，图版二二：1
大口瓮1、模型洗3、铜镜2。	西部2		圆形。三弦钮。圆钮座。座外一周凹面形圈带。其外两组短斜线纹、凸弦纹间有地纹与主纹组合而成的纹饰带。地纹为不清晰的云雷纹。在地纹之上，于钮座外圈伸出四叶，将镜背分为四区，每区配一蟠螭纹。蟠螭张嘴、大眼，头对钮座，体躯弯卷，一足踏在钮座外的弦纹圈带上，从螭的腹部向两侧各伸出一向内弯卷的枝条，互相对称。蟠螭隔叶纹两两相对。素卷缘。镜面微凸。面径：12.55厘米，背径：12.4厘米，缘厚：0.3厘米。重量：112.5克。	稍残（修补）	西汉晚期	图版二二：2
灰陶鼎2、盒2、壶2、小壶2、车轮2、铜镜1、铜铃1、铜环1、铜钱（锈结）、铁剑2、铁刀1。	西北部		圆形。半球钮。伏螭钮座。座外两个双弦纹圈带间为铭文带，铭文已不清。在钮座外伸出的四株三叠式花瓣纹将镜背纹饰分为四区，每区置一组蟠螭纹。蟠螭头近镜缘处，身躯蟠旋纠结，曲线流转。蟠螭隔叶纹两两相对。主纹多双线，局部三线。素卷缘。镜面微凸。面径：10.45厘米，背径：10.32厘米，缘厚：0.5厘米。重量：122.5克。	稍残（修补）	西汉中期	

续表

序号	镜名	出土时间 地点	墓号	方向	墓葬形制		葬具	墓葬保存状况
					平剖面示意图	形制、尺寸（厘米）（长×宽－墓口－墓底）		
93	大乐未央四叶蟠螭镜	2001.9.3，市一中（建设东路北侧）	NYZ M288	200°		长方形竖穴土坑墓，直壁、四边设二层台。墓口：284×176－190 墓底：240×124－298	不详	保存完好
94	蟠螭镜	2003.5.30，宛审计局住宅小区（建设东路北侧）	WSJJ M14	185°		长方形竖穴土坑墓，直壁、四边设二层台 墓口：380×260－160 墓底：280×150－325	不详	保存完好
95	大乐贵富四叶蟠螭镜	2005.2.2，市高管局住宅小区（建设东路南侧）	NGGJ M12	205°		长方形竖穴土坑墓，斜壁、下部直壁。墓口：680×520－200 墓底：520×300－440	不详	扰乱

随葬品	镜出土位置	铜镜拓片	铜镜描述	镜保存状况	墓葬时代	备注
灰陶鼎1、小口瓮1、铜镜1。	东南部		圆形。三弦纹钮。伏螭钮座。座外围两周绳纹圈带。其外一周铭文带，铭文为："大乐未央，长相思，□毋相忘。"以一鱼纹结句。在座外圆周外伸出对称的四株三叠式花瓣纹，将纹饰分为四区，每区置一组蟠螭纹，蟠螭隔叶纹，两两相对。螭头小圆眼，居中近镜缘处，身躯蟠旋纠结，曲线流转，细腻繁缛。主纹多双线，局部三线。素卷缘。镜面平直。面径：11.95厘米，背径：11.85厘米，缘厚：0.5厘米。重量：139克。	稍残（修复）	西汉早期	
灰陶鼎2、盒2、壶2、小壶2、车轮2、铜镜1、铜带钩1、铁器1。	北部		圆形。三弦钮。圆钮座。座外围绳纹和凹面形圈带各一周。其外两组绹纹、短斜线纹间有地纹和主纹组合而成的纹饰带。地纹为不清晰的云雷纹。主纹为四蟠螭纹。蟠螭头近镜缘处，张口，四足呈八字形左右伸张，身躯蟠旋纠结，曲线流转，细腻繁缛，身上布满了勾卷纹。主纹多双线，局部三线。素卷缘。镜面平直。面径：11.6厘米，背径：11.45厘米，缘厚：0.6厘米。重量：137克。	完整	西汉早期	图五六，图版二三：1
铜镜1、铜泡钉1、铜辅首4、铜环10、铜刷1、铜洗1、铜带钩2、石猪2、石饰件4、石口蝉1、陶片。	东南部		圆形。三弦纹钮。四叶纹钮座。座外等距离同向环绕四条伏螭（小龙）。其外两组双线圆圈带间有铭文，铭文为："大乐贵富，得□喜，千秋万岁，宜酒食。"铭文以一鱼纹结句。圆周外伸出对称的四株三叠式花瓣纹，将纹饰分为四区，每区置一组蟠螭纹。蟠螭头小圆眼尖嘴，居中，两肢爪向左右伸张，身躯蟠旋纠结，身上布满了勾卷纹。四组蟠螭隔叶纹，两两相对。在近缘处蟠螭相背的两株三叠式花瓣纹上部，有一折叠菱形纹与相邻蟠螭相勾连。之外一周绳纹。窄高卷缘。镜面平直。面径：19厘米，背径：18.8厘米，缘厚：0.72厘米。重量：504克。	稍残（修补）	西汉中期	图五八，图版二三：2

序号	镜名	出土时间地点	墓号	方向	墓葬形制		葬具	墓葬保存状况
					平剖面示意图	形制、尺寸（厘米）（长×宽－墓口－墓底）		
96	大乐贵富四叶蟠螭镜	2005.10.26，盛唐商务苑（独山大道与滨河路交叉口东北角）	STSW M26	115°		长方形竖穴土坑墓，斜壁。墓口：410×310－200 墓底：290×190－380	不详	保存完好
97	博局蟠螭镜	2007.10.26，卧龙区乐乐牛乳业公司（卧龙乡张庄村东）	LLNR M12	20°		凸字形竖穴土坑墓，由墓道、墓室组成。墓道：长方形、斜坡状。70×130－50－100 墓室：长方形、斜壁。墓口：520×310－50 墓底：308×170－120	木棺	保存完好
98	叠压缠绕四蟠螭镜	2000.5.31，市拆迁办永泰住宅小区（建设东路南侧）	NCQB M142	0°		长方形竖穴土坑墓，斜壁。墓口：420×320－260 墓底：290×184－425	不详	保存完好
99	三乳三蟠龙镜	2002.9.1，市税局住宅小区（建设东路南侧）	NSJ M192	15°		长方形竖穴土坑墓，直壁。190×110－120－190	不详	保存完好

随葬品	镜出土位置	铜镜拓片	铜镜描述	镜保存状况	墓葬时代	备注
铜镜1、铁剑1。	西部		圆形。三弦纹钮。伏螭钮座。座外围两个双线圆圈带间有铭文带，铭文为："大乐贵富，千秋万岁，宜酒食。"铭文以一鱼纹结句。圆周外伸出对称的四株三叠式花瓣纹，将纹饰分为四区，每区置一组蟠螭纹。蟠螭头小圆眼尖嘴，近镜缘处，两肢爪向左右伸张，身躯蟠旋纠结，身上布满了勾卷纹。窄高卷缘。镜面平直。面径：15.9厘米，背径：15.7厘米，缘厚：0.6厘米。重量：9.5克。	稍残（修补）	西汉中期	
灰陶鼎2、盒2、壶2、小壶2、车轮2、铜镜1、铜饰件1。	棺内东南部		圆形。三弦钮。伏螭钮座。座外两个细线方格间有铭文。铭文已模糊不清。方格四边中心处向外伸出一个T形纹，与镜缘的L形纹相对，方格四隅又与近镜缘的V形纹相对。TLV纹均为细密的四线式。博局纹形成的四方各饰有线条式蟠螭纹一组，蟠螭身躯多作弧形盘曲，各组的钮结形态不一样，但都突出了一个个骨关节。素卷缘。镜面平直。面径：11.5厘米，背径：11.3厘米，缘厚：0.5厘米。重量：137克。	稍残（修补）	西汉中期	图六〇
铜镜1、铜鼎1、铜勺1、铜壶1、铜带钩2、玉环1、铁舌1。	西南部		圆形。三弦钮。圆钮座。座外等距离同向环绕三神兽，皆作奔逐状，其中两兽作回首反顾，一兽张嘴。其外有绳纹和凹面形圈带各一周。之外两组凸弦纹、短斜线纹间有地纹与主纹组合而成的纹饰带。地纹为云雷纹。主纹为三组蟠螭纹，蟠螭身躯作圆弧盘曲，三周凸弦纹圈带叠压在蟠螭躯体上，蟠螭肢爪或曲或伸。弦纹带内外各分布三个折叠菱形纹，与三蟠螭相勾连。素卷缘。镜面平直。面径：23.5厘米，背径：23.3厘米，缘厚：0.8厘米。重量：838.5克。	稍残（修补）	西汉早期	图六一，图版二四：1
灰陶鼎2、盒2、壶2、小壶2、车轮2、铜镜1。	西部		圆形。三弦钮。圆钮座。钮外一周凹面形圈带。之外两周短斜线纹间有地纹与主纹组成的纹饰带。地纹为云雷纹。主纹为三乳与三蟠龙纹相间环绕。三乳带圆座，三蟠龙张嘴露牙，作回首反顾状，身躯呈S形蟠曲，腹下有双足，一足伸向镜边缘，另一足踏在钮座外的短斜线纹圈上。素卷缘。镜面微凸。面径：9.5厘米，背径：9.15厘米，缘厚：0.35厘米。重量：70.5克。	稍残（修补）	西汉早期	图五二，图版二四：2

续表

序号	镜名	出土时间 地点	墓号	方向	墓葬形制		葬具	墓葬保存状况
					平剖面示意图	形制、尺寸（厘米） （长×宽－墓口－墓底）		
100	四乳四蟠龙镜	2001.9.13，市一中（建设东路北侧）	NYZ M221	290°		长方形竖穴土坑墓，直壁、四边设二层台。 墓口：394×240－132 墓底：346×180－276	不详	保存完好
101	四乳二蟠龙镜	2001.2.9，市一中（建设东路北侧）	NYZ M96	20°		长方形竖穴土坑墓，斜壁。 墓口：300×240－140 墓底：250×180－320	不详	保存完好
102	四乳四蟠龙纹镜	1999.11.8，宛计生委住宅小区（建设东路北侧）	WJSW M36	270°		长方形竖穴土坑墓，直壁。 230×159－180－250	木棺	保存完好
103	云纹地四扁叶镜	2001.9.1，市一中（建设东路北侧）	NYZ M395	20°		长方形竖穴土坑墓，直壁。 330×190－440－482	不详	保存完好

随葬品	镜出土位置	铜镜拓片	铜镜描述	镜保存状况	墓葬时代	备注
灰陶鼎2、盒2、壶2、小壶2、铜镜1、五铢钱15、铁剑1。	南部偏西		圆形。兽钮。圆钮座。钮座上叠压八个小乳钉。其外一周内向十六连弧纹。之外一周短斜线纹和弦纹之间为主纹带，主纹为四个带圆座乳钉将纹镜分为四区，每区内有一蟠龙纹。蟠龙纹作匍匐状，身躯呈S形，圆眼，张嘴露齿，四乳钉压在蟠龙长舌上。四足呈八字形位于身躯两侧。蟠龙身饰有多枚小乳钉。内向十六连弧纹缘。镜面微凸。面径：14.05厘米，背径：13.8厘米，缘厚：0.65厘米。重量：369克。	稍残（修补）	西汉中期	图五四，图版二五：2
灰陶鼎2、盒2、壶2、小壶2、车轮2、钵2、铜镜1。	东南部		圆形。钮残。圆钮座。座外一周凹面圈带纹。纹饰由地纹与主纹组合而成。地纹为圆涡纹。主纹为四乳与二蟠龙纹。蟠龙张嘴、回首作吞珠状。头上有角，双翼舒卷。身躯呈S形蟠曲，又与另二乳钉相隔。一蟠龙四足，一蟠龙三足，呈八字形位于身躯两侧。素卷缘。镜面平直。面径：10.4厘米，背径：10.16厘米，缘厚：0.3厘米。重量：73克。	残	西汉早期	图五三，图版二六：1
灰陶罐4、铁削1、铜镜3、铜刷1。	棺内外西北部3		圆形。半球钮。四叶纹钮座。座外凹面形圈带及弦纹圈带各一周。其外四枚带圆座乳钉将镜背分为四区，每区内各一蟠龙纹，蟠龙躬背回首，张嘴露齿，细长尾。四足呈八字形位于身躯两侧。在凹面圈带外有四个变形花苞纹饰。内向十六连弧纹缘。镜面平直。面径：13厘米，背径：12.8厘米，缘厚：0.2厘米。重量：190克。	完整	西汉晚期	图五五，图版二六：2
灰陶鼎2、盒2、壶2、小壶2、车轮2、铜镜1、铜带钩1、铜泡钉1、铜器耳1。	东南角		圆形。三弦钮。外围凹面形圈带及短斜线纹各一周。纹饰由地纹与主纹组合而成，地纹为卷云纹。在地纹之上于钮外有凹面宽带围成的四大扁叶形纹饰，四叶内与钮座形成了十字形对称的四区，四叶外部与镜缘也形成了四区。素卷缘。镜面平直。面径：16.4厘米，背径：16.2厘米，缘厚：0.3厘米。重量：286克。	稍残（修补）	西汉中期	图九八，图版二七：1

续表

序号	镜名	出土时间地点	墓号	方向	墓葬形制		葬具	墓葬保存状况
					平剖面示意图	形制、尺寸（厘米）（长×宽－墓口－墓底）		
104	桃叶连弧纹镜	2005.1.30，市高管局住宅小区（建设东路南侧）	NGGJ M17	12°		长方形竖穴土坑墓，直壁。260×150－210－290	不详	保存完好
105	连弧纹镜	2004.9.8，市广电公司住宅小区（建设东路南侧）	NGD M31	92°		长方形竖穴土坑墓，直壁。320×120－145－310	不详	保存完好
106	桃叶连弧纹镜	2003.5.3，市体育馆（滨河东路北侧）	NTYG M46	110°		长方形竖穴土坑墓、直壁。280×160－290－370	不详	保存完好
107	云纹连弧纹镜	2003.4.30，市体育馆（滨河东路北侧）	NTYG M29	7°		长方形竖穴土坑墓，斜壁。墓口：330×270－150 墓底：260×190－250	不详	保存完好

随葬品	镜出土位置	铜 镜 拓 片	铜 镜 描 述	镜保存状况	墓葬时代	备注
灰陶罐 1、铜镜 1、铜刷 1。	北部		圆形。双弦钮。钮外一周凹面形圈带。之外一周弦纹和短斜线纹间为内向八连弧纹，连弧的外角直抵镜缘处的短斜线纹圈。在连弧之八内角，每隔一角就有一凹面形带围成的扁桃形纹。素卷缘。镜面平直。面径：15.75厘米，背径：15.45厘米，缘厚：0.25厘米。重量：166克。	稍残（修补）	西汉早期	图六三，图版二五：1
铜镜 1、铜钫 1、铁刀 1。	西北部		圆形。三弦钮。钮外一周凹面形环带和弦纹圈带间有凹面宽条带围成的八内向连弧圈，连弧的外角直抵镜缘处的弦纹圈。素卷缘。镜面平直。面径：15.05厘米，背径：14.95厘米，缘厚：0.18厘米。重量：114.5克。	残缺	西汉早期	图六六
灰陶鼎 1、盒 1、壶 1、小壶 1、铜镜 1、铜洗 1。	北部		圆形。三弦钮。钮外一周凹面形圈带。之外一周弦纹和双弦纹间为内向八连弧纹，连弧的交角直抵镜缘的弦纹圈。在连弧之八内角，每隔一角就有一凹面形带围成的扁桃形纹。素卷缘。镜面平直。面径：10.8厘米，背径：10.8厘米，缘厚：0.3厘米。重量：73.5克。	破（修补）	西汉早期	图版二七：2
灰陶鼎 1、勺 1、小狗 2、铜镜 1。	西北部		圆形。三弦钮。钮外一周凹面形圈带和一周弦纹圈带间有凹面宽条带围成的六内向连弧纹，连弧的外角直抵镜缘处的弦纹圈带上，形成六个区，在六区内饰云纹。素卷缘。镜面平直。面径：14.7厘米，背径：14.5厘米，缘厚：0.13厘米。重量：153克。	破（修补）	西汉早期	图六七，图版二八：1

续表

序号	镜名	出土时间地点	墓号	方向	墓葬形制		葬具	墓葬保存状况
					平剖面示意图	形制、尺寸（厘米）（长×宽－墓口－墓底）		
108	连弧纹镜	2002.11.13，市防爆厂丰泰住宅小区（建设东路南侧）	NFBC M246	93°		凸字形竖穴土坑墓。由墓道和墓室组成。墓道：长方形斜坡状。240×140－180－440墓室：长方形、斜壁。墓口：560×460－180墓底：378×292－440	木椁、木棺	保存完好
109	连弧纹镜	2002.10.13，市防爆厂丰泰住宅小区（建设东路南侧）	NFBC M27	15°		长方形竖穴土坑墓、直壁、东西两边设二层台。墓口：230×100－210墓底：230×60－320	不详	保存完好
110	连弧纹镜	2001.2.15，市一中（建设东路北侧）	NYZ M1	7°		长方形竖穴土坑墓、直壁。300×170－240－340	不详	保存完好
111	连弧纹镜	2001.2.6，市一中（建设东路北侧）	NYZ M110	12°		长方形竖穴土坑墓，直壁。300×150－110－380	不详	保存完好

随葬品	镜出土位置	铜镜拓片	铜镜描述	镜保存状况	墓葬时代	备注
铜镜1、铜鼎1、铜钫1、铜环1、铜带钩1、漆木盘1。	棺内西南部		圆形。三弦钮。外围一周凹面形环带和一周弦纹圈带间有内向十一连弧纹圈。素卷缘。镜面平直。面径：16.1厘米，背径：16厘米，缘厚：0.3厘米。重量：279克。	破（修补）	西汉早期	图六二，图版二八：2
灰陶罐3、铜镜1。	北部		圆形。三弦钮。钮外一周凹面形环带和弦纹圈带间有凹面宽条带围成的七内向连弧圈，连弧的外角直抵镜缘处的弦纹圈上。素卷缘。镜面微凸。面径：16厘米，背径：16.厘米，缘厚：0.13厘米。重量：161克。	稍残（修复）	西汉早期	图六四，图版二九：1
灰陶鼎2、盒2、壶2、小壶2、车轮1、铜镜1、铜罍1、玉璜1。	东北部		圆形。双弦钮。钮外一周凹面形圈带。之外两周弦纹圈带间有凹面宽条带围成的内向八连弧圈及内向八连弧纹一周，连弧的外角直抵镜缘处的弦纹圈。素卷缘。镜面微凸。面径：14.05厘米，背径：13.85厘米，缘厚：0.25厘米。重量：151克。	破（修复）	西汉中期	图六五，图版二九：2
铜镜1、铜錾1、铜勺1。	北部		圆形。三弦钮。座外一周凹面形环带和一周凹面宽条带围成的内向七连弧圈带。素卷缘。镜面平直。面径：17.8厘米，背径：17.8厘米，缘厚：0.15厘米。重量：181克。	残（修复）	西汉早期	

序号	镜名	出土时间地点	墓号	方向	墓葬形制		葬具	墓葬保存状况
					平剖面示意图	形制、尺寸（厘米）（长×宽－墓口－墓底）		
112	蟠螭连弧纹镜	1999.12.13，宛计生委住宅小区（建设东路北侧）	WJSW M22	174°		长方形竖穴土坑墓，斜壁、四边设二层台。墓口：590×444－80 墓底：240×134－370	木棺	保存完好
113	八连弧云雷纹镜	2005.10.14，市日报社住宅小区（许南路南侧）	NRBS M90	288°		长方形砖室墓，由前、后室组成。380×100－100－200	不详	扰乱
114	八连弧云雷纹镜	2003.9.9，南阳理工大学（长江路南侧）	NLGD M95	173°		长方形竖穴土坑墓，直壁，北东西三边设二层台。墓口：272×184－105 墓底：240×120－220	不详	保存完好

随葬品	镜出土位置	铜镜拓片	铜镜描述	镜保存状况	墓葬时代	备注
灰陶鼎2、盒2、壶2、小壶2、狗饰6、车轮2、勺2、禽饰5、铜镜1、铜器盖钮饰2、铜足形器3、铜带钩1、铜器耳1、铁舌1。	棺外西南部		圆形。三弦钮。圆钮座。座外围15花瓣组成花瓣纹饰，其外有绹纹一周，绹纹之外伸出三片叶纹。纹饰由地纹与主纹组合而成，地纹为细密的云雷纹。地纹之上有兽纹和蟠虺纹，凹面形宽带围成的六内向连弧纹又叠压在兽纹上，形成三层花纹。其连弧外角与边缘的绹纹圈相接，形成六个区，其中三区为蟠虺纹，另三区为兽纹，蟠虺与兽纹相间排列。兽作匍匐状，兽头伸向外缘的绹纹圈，身躯呈S形弯卷，四肢伸张，尾部上翘内卷，伸入连弧圈之内。虺为双线条，虺头居中，身躯由两个C形纹饰连接而成。素宽卷缘。镜面微凸。面径：11.95厘米，背径：11.85厘米，缘厚：0.4厘米。重量：151克。	破（修补）	西汉早期	图六八，图版三○：1
灰陶仓2、灶1、狗1、鸡1、井1、盒1、磨1、猪圈1、壶1、铜戈1、铜匕首1、铜镜1。	前室东南角		圆形。半球钮。并蒂十二连珠纹钮座。座外一周内向八连弧纹内有简单纹饰。之外两周短斜线纹之间有八组云雷纹，云雷纹由圆圈涡纹与对置的双重三角纹组成。素窄平缘。镜面微凸。面径：8.15厘米，背径：7.95厘米，缘厚：0.48厘米。重量：95克。	完整	西汉晚期	图六九，图版三○：2
灰陶鼎1、盒1、钫1、铜镜1。	西南部		圆形。半球钮。圆钮座。座外一周凸弦纹圈带和一周内向八连弧纹。其外为四个涡纹及并行弧线组成云雷纹。之外一周短直线纹。素宽平缘。镜面微凸。面径：9.8厘米，背径：9.5厘米，缘厚：0.3厘米。重量：109克。	完整	西汉中期	图七一，图版三一：1

续表

序号	镜名	出土时间 地点	墓号	方向	墓葬形制		葬具	墓葬保存状况
					平剖面示意图	形制、尺寸（厘米）（长×宽－墓口－墓底）		
115	长宜子孙八连弧云雷纹镜	2005.10.11，市日报社住宅小区（许南路南侧）	NRBS M80	27°		长方形砖室墓。202×78－115－150	不详	全毁
116	君宜官位八连弧凹面圈带镜	2002.10.6，市防爆厂丰泰住宅小区（建设东路南侧）	NFBC M62	95°		干字形砖室墓，由墓道、封门、甬道、两侧室、前室、两后室组成。墓道：梯形、斜坡状。550×220（320）－170－530 墓室：1220×735－170－530	不详	扰乱
117	日明方格蟠螭镜	1999.11.29，宛计生委住宅小区（建设东路北侧）	WJSW M6	90°		长方形竖穴土坑墓，直壁。250×120－145－219	木棺	保存完好

随葬品	镜出土位置	铜镜拓片	铜镜描述	镜保存状况	墓葬时代	备注
铜镜1、陶片。	室内扰土中		圆形。半球钮。四叶纹钮座。钮座四叶间各一字铭，连续为："长宜子孙"。其外一周短直线纹、凸弦纹与内向八连弧纹间有花叶纹和变形山字纹。之外两周短直线纹间有八组云雷纹，云雷纹为圆圈涡纹与对置的双重三角纹组成。素宽斜平缘。镜面微凸。面径：20.8厘米，背径：20.5厘米，缘厚：0.6厘米。重量：789克。	稍残（修复）	西汉晚期至东汉早期	图七〇，图版三二：2
瓷罐1、红陶灶、甬7、钵2、罐3、器盖2、圆案2、仓1耳杯4、方奁盒2、方案2、猪圈1、鸡2、盂1、圆盒1、大壶2、熏炉1、豆2、魁1、红陶碗1、铁镜2、铁灯4、铜环23、铜钉20、铜饰4、铜弩机3、铜镜1、五铢钱50、货泉4、大泉五十3、铜带钩1、碳精虎1、料珠101、石虎4、莲花嵌顶石1、铅人4、木器漆2、水晶块43。	南后室西北部		圆形。半球钮。蝙蝠形四叶钮座。四叶间各一字铭，连续为："君宜官位"。其外一周凸弦纹圈带与蝙蝠形四叶叶尖相交。主纹为一周八个内向浮雕半月形连弧纹，连弧纹内有四枚圆点纹。之外一周凹面形圈带。素宽平缘。镜面微凸。面径：15.55厘米，背径：14.95厘米，缘厚：0.33厘米。重量：392.5克。	残（修复）	东汉晚期	图七二，图版三二：1
灰陶小口瓮1、罐1、铜镜1、铜带钩1、铁削1。	棺外东北部		圆形。三弦钮。钮外凹面小方格及单线大方格间有八字铭文，连续为"见日之明，天下大明"。纹饰由地纹与主纹组合而成。地纹为斜线纹及重叠三角纹。大方格将圆面分为四区，每区置一虺纹，虺纹由三个C形相连而成，中间C形大且中心有一枚乳钉纹，两侧C形较小，与大C形同向配置。匕缘。镜面平直。面径：7.25厘米，背径：7.15厘米，缘厚：0.15厘米。重量：29克。	稍残（修复）	西汉晚期	图七四，图版三二：2

续表

序号	镜名	出土时间地点	墓号	方向	墓葬形制		葬具	墓葬保存状况
					平剖面示意图	形制、尺寸（厘米）（长×宽－墓口－墓底）		
118	日明方格蟠螭镜	1999.10.26，宛计生委住宅小区（建设东路北侧）	WJSW M39	264°		长方形竖穴土坑墓，直壁。332×166－130－280	不详	保存完好
119	日明方格蟠螭镜	1999.10.2，宛计生委住宅小区（建设东路北侧）	WJSW M39	264°		长方形竖穴土坑墓，直壁。332×166－130－280	不详	保存完好
120	日明方格蟠螭镜	1999.10.26，宛计生委住宅小区（建设东路北侧）	WJSW M39	264°		长方形竖穴土坑墓，直壁。332×166－130－280	不详	保存完好
121	圈带蟠螭镜	1999.12.27，南阳新光热电公司（建设西路南侧）	XGRD M12	190°		梯形竖穴土坑墓、直壁。250×144（136）－10－50	不详	保存完好

· 174 ·

随葬品	镜出土位置	铜镜拓片	铜镜描述	镜保存状况	墓葬时代	备注
灰陶罐2、小壶1、铜镜3、铜泡钉1。	中部3		圆形。三弦钮。钮外凹面小方格及单线大方格间有八字铭文，连续为："见日之明，天下大明"。纹饰由地纹与主纹组合而成。地纹为斜线纹及重叠三角纹。大方格将圆面分为四区，每区置一虺纹，虺纹由三个C形相连而成，中间C形大且中心有一枚乳钉纹，两侧C形较小，与大C形同向配置。匕缘。镜面微凸。面径：7.2厘米，背径：7.15厘米，缘厚：0.2厘米。重量：31克。	稍残缺（修复）	西汉早期	
灰陶罐2、小壶1、铜镜3、铜泡钉1。	中部3		圆形。三弦钮。钮外凹面小方格及单线大方格间有八字铭文，连续为："见日之明，天下大明"。纹饰由地纹与主纹组合而成。地纹为斜线纹及重叠三角纹。大方格将圆面分为四区，每区置一虺纹，虺纹由三个C形相连而成，中间C形大且中心有一枚乳钉纹，两侧C形较小，与大C形同向配置。匕缘。镜面微凸。面径：7.2厘米，背径：7.1厘米，缘厚：0.22厘米。重量：33克。	残缺	西汉早期	
灰陶罐2、小壶1、铜镜3、铜泡钉1。	中部3		圆形。三弦钮。钮外凹面小方格及单线大方格间有八字铭文，连续为："见日之明，天下大明"。纹饰由地纹与主纹组合而成。地纹为斜线纹及重叠三角纹。大方格将圆面分为四区，每区置一虺纹，虺纹由三个C形相连而成，中间C形大且中心有一枚乳钉纹，两侧C形较小，与大C形同向配置。匕缘。镜面微凸。面径：7.18厘米，背径：7厘米，缘厚：0.2厘米。重量：29.5克。	完整	西汉早期	
陶壶1、铜镜4、铜带钩2、铜环2、五铢钱1串（锈结）。	南部4		圆形。三弦纹钮。钮外一周凹面形圈带。纹饰由主纹与地纹组成。地纹为斜线纹及重叠三角纹。主纹为四乳钉及由C形弧线连续相接形成的四个S形虺纹。之外为内向十六连弧纹带。匕缘。镜面微凸。面径：7.6厘米，背径：7.5厘米，缘厚：0.15厘米。重量：22克。	残	西汉中期	

序号	镜名	出土时间 地点	墓号	方向	墓葬形制		葬具	墓葬保存状况
					平剖面示意图	形制、尺寸（厘米）（长×宽－墓口－墓底）		
122	圈带蟠螭镜	1999.12.27，南阳新光热电公司（建设西路南侧）	XGRD M12	190°		梯形竖穴土坑墓、直壁。250×144（136）－10－50	不详	保存完好
123	圈带蟠螭镜	1999.12.27，南阳新光热电公司（建设西路南侧）	XGRD M12	190°		梯形竖穴土坑墓、直壁。250×144（136）－10－50	不详	保存完好
124	圈带蟠螭镜	1999.12.19，宛计生委住宅小区（建设东路北）	WJSW M118	90°		长方形竖穴土坑墓、直壁。287×195－110－170	不详	叠压、打破南部
125	圈带蟠螭镜	2002.8.11，市税局住宅小区（建设东路南）	NSJ M2	0°		长方形竖穴土坑墓、直壁。224×110－230－290	木棺	保存完好

随葬品	镜出土位置	铜镜拓片	铜镜描述	镜保存状况	墓葬时代	备注
陶壶 1、铜镜 4、铜带钩 2、铜环 2、五铢钱 1 串（锈结）。	南部 4		圆形。三弦纹钮。钮外一周凹面形圈带。纹饰由主纹与地纹组成。地纹为斜线纹及重叠三角纹。主纹为四乳钉间有四个 S 形虺纹。之外为内向十六连弧纹带。匕缘。镜面微凸。面径：7.4 厘米，背径：7.3 厘米，缘厚：0.15 厘米。重量：20 克。	残缺	西汉中期	
陶壶 1、铜镜 4、铜带钩 2、铜环 2、五铢钱 1 串（锈结）。	南部 4		圆形。三弦纹钮。钮外一周凹面形圈带。纹饰由主纹与地纹组成。地纹为斜线纹及三角纹。主纹为四乳钉及由 C 形弧线连续相接形成的四个 S 形虺纹。之外为内向十六连弧纹带。匕缘。面径：7.8 厘米，背径：7.7 厘米，缘厚：0.2 厘米。重量：18 克。	残缺	西汉中期	
灰陶罐 1、铜镜 1、五铢钱 5。	东部偏北		圆形。三弦纹钮。外围一周凹面形圈带。纹饰由主纹与地纹组成，地纹为斜线纹及重叠三角纹。主纹为四乳钉间有四 S 形虺纹。之外为内向十六连弧纹带。匕缘。镜面微凸。面径：8.85 厘米，背径：8.76 厘米，缘厚：0.2 厘米。重量：42 克。	稍残（修补）	西汉晚期	
灰陶罐 1、折肩罐 1、盒 1、铜镜 2、铜带钩 1、铜刷 1、五铢钱 13。	棺外北部 2		圆形。三弦纹钮。外围一周凹面形圈带。纹饰由主纹与地纹组合而成。地纹为斜线纹。主纹是四组极度涡化的虺纹，虺呈 S 形。之外为内向十六连弧纹带。匕缘。镜面微凸。面径：9.05 厘米，背径：9 厘米，缘厚：0.2 厘米。重量：63 克。	完整	西汉中期	

序号	镜名	出土时间 地点	墓号	方向	墓葬形制		葬具	墓葬保存状况
					平剖面示意图	形制、尺寸（厘米）（长×宽－墓口－墓底）		
126	圈带蟠螭镜	2002.9.25，市税局住宅小区（建设东路南侧）	NSJ M116	195°		长方形竖穴土坑墓，直壁。 210×120－180－250	不详	保存完好
127	圈带蟠螭镜	2002.9.25，市税局住宅小区（建设东路南侧）	NSJ M116	195°		长方形竖穴土坑墓，直壁。 210×120－180－250	不详	保存完好
128	圈带蟠螭镜	2001.9.4，市一中（建设东路北侧）	NYZ M266	100°		长方形竖穴土坑墓，斜壁。 墓口：256×170－150 墓底：240×152－268	不详	保存完好
129	圈带蟠螭镜	1999.11.28，宛计生委住宅小区（建设东路北侧）	WJSW M8	84°		长方形竖穴土坑墓，直壁。 245×145－104－274	木棺	保存完好

随葬品	镜出土位置	铜镜拓片	铜镜描述	镜保存状况	墓葬时代	备注
铜镜 6、五铢钱 12、半两钱 1。	南部 5、中部 1		圆形。三弦钮。外围一周凹面形圈带。纹饰由地纹与主纹组合成。地纹为圆涡纹。主纹是四乳钉及由 C 形和弧线连续相接形成的四个 S 形虺纹。虺纹关节及卷曲的顶端均为圆涡纹。匕缘。镜面平直。面径：8 厘米，背径：7.85 厘米，缘厚：0.15 厘米。重量：38 克。	稍残（修补）	西汉中期	图八二，图版三三：1
铜镜 6、五铢钱 12、半两钱 1。	南部 5、中部 1		圆形。三弦钮。外围一周凹面形圈带。纹饰由地纹与主纹组合而成。地纹为斜线纹。主纹是四组极度涡化的虺纹，虺呈 S 形。之外为内向十六连弧纹带。匕缘。镜面平直。面径：7.7 厘米，背径：7.65 厘米，缘厚：0.2 厘米。重量：33 克。	完整	西汉中期	图七七，图版三三：2
灰陶罐 1、铜镜 1。	东部		圆形。三弦纹钮。外围一圈凹面形圈带。纹饰由地纹与主纹组成，地纹为圆涡纹。主纹为四虺纹，虺纹中有一乳钉。虺纹由两个 C 形弧线连成反 S 形，虺首位于中部，作回首张嘴吞珠状。之外为内向十五连弧纹带，连弧间饰小圆点纹。匕缘。镜面平直。面径：10.4 厘米，背径：10 厘米，缘厚：0.33 厘米。重量：87 克。	完整	西汉早期	图八一，图版三四：1
灰陶小口瓮 1、罐 1、瓶 1、铜镜 2、半两钱 10。	西部 2		圆形。三弦纹钮。外围一周凹面形圈带。纹饰由主纹与地纹组成，地纹为圆涡纹。主纹为四乳钉间以四虺纹。虺纹由两个 C 形弧线连成反 S 形。之外为内向十六连弧纹带。匕缘。镜面平直。面径：8.35 厘米，背径：8.1 厘米，缘厚：0.22 厘米。重量：47 克。	完整	西汉早期	图七九，图版三四：2

序号	镜名	出土时间 地点	墓号	方向	墓葬形制		葬具	墓葬保存状况
					平剖面示意图	形制、尺寸（厘米）（长×宽−墓口−墓底）		
130	圈带蟠螭镜	1999.9.5，宛计生委住宅小区（建设东路北侧）	WJSW M44	24°		长方形竖穴土坑墓，直壁。 470×260−230−340	不详	保存完好
131	圈带蟠螭镜	2000.1.6，宛计生委住宅小区（建设东路北侧）	WJSW M130	180°		长方形竖穴土坑墓，直壁。 220×185−235−305	不详	保存完好
132	圈带蟠螭镜	2000.6.5，市拆迁办永泰住宅小区（建设东路北侧）	NCQB M149	79°		长方形竖穴土坑墓，直壁。 216×116−140−180	不详	保存完好
133	圈带蟠螭镜	2000.12.26，南阳理工大（长江路南侧）	NLGD M179	9°		长方形竖穴土坑墓，直壁、东西两边设二层台。 墓口：200×130−100 墓底：200×60−208	瓦棺	保存完好

随葬品	镜出土位置	铜镜拓片	铜镜描述	镜保存状况	墓葬时代	备注
铜镜1。	西北部		圆形。三弦钮。外围一周凹面形圈带。纹饰由主纹与地纹组成，地纹为斜线纹及重叠三角纹。主纹为四乳钉及由C形弧线连续相接形成的四个S形虺纹。之外为内向十六连弧纹带。匕缘。镜面微凸。面径：7.6厘米，背径：7.5厘米，缘厚：0.2厘米。重量：30克。	稍残（修复）	西汉	图八〇
灰陶罐2、铜镜1、铜带钩1、铁削1、铁夹1。	西北部		圆形。三弦纹钮。外围一周凹面形圈带。纹饰由主纹与地纹组成。地纹为斜线纹及重叠三角纹。主纹为四乳钉间以四S形虺纹。之外为内向十六连弧纹带。匕缘。镜面平直。面径：9厘米，背径：8.9厘米，缘厚：0.25厘米。重量：46.5克。	完整	西汉晚期	
灰陶罐2、铜镜1、铜带钩1、铜刷1、五铢钱3、铁刀1、铁带钩1。	西北部		圆形。三弦纹钮。外围一周凹面形圈带。纹饰由主纹与地纹组成。地纹为斜线纹及重叠三角纹。主纹为四乳钉间以四S形虺纹。之外为内向十六连弧纹带。匕缘。镜面微凸。面径：8.98厘米，背径：8.8厘米，缘厚：0.28厘米。重量：50克。	破（修复）	西汉中期	
灰陶罐1、碗1、铜镜1。	瓦棺内南部		圆形。三弦纹钮。钮外一周凹面形圈带。纹饰由主纹与地纹组成。地纹为斜线纹及重叠三角纹。主纹为四乳钉间以四S形虺纹。之外为内向十六连弧纹带。匕缘。镜面平直。面径：9.1厘米，背径：9厘米，缘厚：0.2厘米。重量：41克。	残（修复）	西汉中期	图七八，图版三五：1

序号	镜名	出土时间 地点	墓号	方向	墓葬形制		葬具	墓葬保存状况
					平剖面示意图	形制、尺寸（厘米） （长×宽－墓口－墓底）		
134	圈带蟠虺镜	2002.9.25，市税局住宅小区（建设东路南侧）	NSJ M116	195°		长方形竖穴土坑墓，直壁。 210×120－180－250	不详	保存完好
135	圈带蟠虺镜	2002.9.25，市税局住宅小区（建设东路南侧）	NSJ M116	195°		长方形竖穴土坑墓，直壁。 210×120－180－250	不详	保存完好
136	圈带蟠虺镜	2004.2.4，宛城区环城一中（独山大道东侧）	WHYZ M6	2°		长方形竖穴土坑墓，直壁。 230×121－110－234	不详	保存完好
137	圈带蟠虺镜	1998.10.27，宛计生委住宅小区（建设东路北侧）	WJSW M58	348°		长方形竖穴土坑墓，直壁。 310×215－130－247	木棺	保存完好

随葬品	镜出土位置	铜镜拓片	铜镜描述	镜保存状况	墓葬时代	备注
铜镜6、五铢钱13、半两钱1。	南部5、中部1		圆形。三弦钮。钮外一周凹面形圈带。纹饰由主纹与地纹组成。地纹为较稀疏的圆涡纹。主纹为C形弧线连续相接形成的四个S形虺纹。之外为内向十六连弧纹带。匕缘。镜面微凸。面径：7.8厘米，背径：7.7厘米，缘厚：0.15厘米。重量：35.5克。	完整	西汉中期	
铜镜6、五铢钱13、半两钱1。	南部5、中部1		圆形。三弦钮。钮外一周凹面形圈带。纹饰由主纹与地纹组成，地纹为斜线纹。主纹为四S形虺纹。之外为内向十六连弧纹带。匕缘。镜面平直。面径：9.2厘米，背径：9.05厘米，缘厚：0.2厘米。重量：52克。	完整	西汉中期	图七五
灰陶壶1、铜镜1、铁刀2。	南部		圆形。三弦纹钮。钮外一周凹面形圈带。纹饰由主纹与地纹组成。地纹为斜线纹及重叠三角纹。主纹是由C形弧线连续相接形成的四个S形虺纹。之外为内向十六连弧纹带。匕缘。镜面微凸。面径：9.33厘米，背径：9.25厘米，缘厚：0.2厘米。重量：56.5克。	稍残（修补）	西汉中期	图七六，图版三五：2
灰陶鼎2、盒2、壶2、小壶2、车轮2、铜镜1、半两钱8。	棺外东南部		圆形。三弦纹钮。钮外一周凹面形圈带。纹饰由主纹与地纹组成。地纹为斜线纹及重叠三角纹。主纹为四乳钉间以四S形虺纹。之外为内向十六连弧纹带。匕缘。镜面微凸。面径：7.65厘米，背径：7.5厘米，缘厚：0.2厘米。重量：31克。	完整	西汉早期	

续表

序号	镜名	出土时间 地点	墓号	方向	墓葬形制		葬具	墓葬保存状况
					平剖面示意图	形制、尺寸（厘米） （长×宽－墓口－墓底）		
138	圈带蟠虺镜	2001.8.4，市一中（建设东路北侧）	NYZ M214	12°		长方形竖穴土坑墓，斜壁。 墓口：254×171－110 墓底：230×135－290	不详	保存完好
139	圈带蟠虺镜	2003.5.3，市体育馆（滨河东路北侧）	NTYG M81	275°		长方形竖穴土坑墓，直壁。 216×120－230－280	不详	保存完好
140	圈带蟠虺镜	2001.9.17，市一中（建设东路北侧）	NYZ M378	114°		长方形竖穴土坑墓，直壁。 230×134－190－230	不详	保存完好
141	圈带蟠虺镜	2005.5.8，市万家园华鑫苑住宅小区（独山大道东侧）	NWJY M227	35°		长方形竖穴土坑墓，直壁。 250×140－70－110	不详	保存完好

随葬品	镜出土位置	铜镜拓片	铜镜描述	镜保存状况	墓葬时代	备注
灰陶罐 2、铜镜 1。	西北角		圆形。三弦纹钮。钮外一周凹面形圈带。纹饰由地纹与主纹组成。地纹为斜线纹及人字纹。主纹是四个反 S 形虺纹。之外为内向十六连弧纹带。卷缘。镜面平直。面径：7.8 厘米，背径：7.7 厘米，缘厚：0.1 厘米。重量：23 克。	稍残（修复）	西汉晚期	
灰陶罐 3、铜镜 1、铁饰 1。	西北部		圆形。三弦纹钮。钮外一周凹面形圈带。纹饰由地纹与主纹组成。地纹为斜线纹及重叠三角纹。主纹是由 C 形弧线连续相接形成的四个 S 形虺纹。之外为内向十六连弧纹带。卷缘。镜面平直。面径：9.2 厘米，背径：9.02 厘米。缘厚：0.35 厘米。重量：70.5 克。	完整	西汉早期	
灰陶鼎 1、盒 1、壶 1、小壶 2、罐 1、铜镜 1、铜带钩 1、铜印章 1。	东北角		圆形。三弦纹钮。钮外一周凹面形圈带。纹饰由地纹与主纹组成。地纹为斜线纹及人字纹相间。主纹是四个 S 形虺纹。之外为内向十六连弧纹带。卷缘。镜面微凸。面径：9.5 厘米，背径：9.3 厘米，缘厚：0.3 厘米。重量：47.5 克。	稍残（修复）	西汉中期	
灰陶罐 3、铜镜 1。	东北角		圆形。钮残。钮外一周凹面形圈带。纹饰由地纹与主纹组成。地纹为较稀疏的圆涡纹。主纹是由 C 形弧线连续相接形成的四个 S 形虺纹。之外为内向十六连弧纹带。卷缘。镜面平直。面径：9.65 厘米，背径：9.5 厘米，缘厚：0.25 厘米。重量：50.5 克。	稍残（修复）	西汉早期	

序号	镜名	出土时间 地点	墓号	方向	墓葬形制		葬具	墓葬保存状况
					平剖面示意图	形制、尺寸（厘米）（长×宽－墓口－墓底）		
142	圈带蟠螭镜	2003.9.30，南阳理工大学（长江路南侧）	NLGD M83	350°		长方形竖穴土坑墓，直壁、四边设二层台。墓口：250×150－80 墓底：200×110－230	不详	保存完好
143	圈带蟠螭镜	1995.9.30，南阳希望饲料公司（卧龙区前田洼村）	XWSL M27	200°		梯形竖穴土坑墓，直壁。260×180（170）－100－160	不详	保存完好
144	圈带蟠螭镜	2007.10.29，卧龙区乐乐牛乳业公司（卧龙乡张庄村东）	LLNR M11	20°		凸字形竖穴土坑墓，由墓道、墓室组成。墓道：长方形、斜坡状。170×200－70－120 墓室：长方形，直壁。450×280－70－180	一椁、一棺	保存完好
145	圈带蟠螭镜	2008.7.20，名门华府住宅小区（工业路与建设路交叉口西北角）	MMHF M25	85°		梯形竖穴土坑墓，斜壁。墓口：280×160（140）－80 墓底：234×130（124）－190	木棺	保存完好

随葬品	镜出土位置	铜镜拓片	铜镜描述	镜保存状况	墓葬时代	备注
灰陶钵1、壶1、罐1、铜镜1。	东北部		圆形。三弦纹钮。钮外一周凹面形圈带。纹饰由地纹与主纹组合成。地纹为较疏的圆涡纹。主纹为四乳钉及由C形和弧线连续相接形成的四个S形虺纹。虺纹关节及卷曲的顶端均为圆涡纹。匕缘。镜面平直。面径：8.3厘米，背径：8.4厘米，缘厚：0.2厘米。重量：43.5克。	完整	西汉早期	图八三
陶鼎1、盒1、仓2、罐1、铜钱1串（锈结）、铜镜1。	西南部		圆形。三弦纹钮。钮外一周凹面形圈带。纹饰由主纹与地纹组成。地纹为斜线纹及重叠三角纹。主纹为四乳钉间以四S形虺纹。之外为内向十六连弧纹带。匕缘。镜面微凸。面径：8.75厘米，背径：8.6厘米，缘厚：0.2厘米。重量：42.5克。	残缺	西汉晚期	
陶鼎1、盒1、壶1、小壶1、铜镜1、铁剑1、铁刀1、铜钱2串。	棺内南部		圆形。三弦纹钮。钮外一周凹面形圈带。纹饰由主纹与地纹组成。地纹为斜线纹及重叠三角纹。主纹为四乳钉间以四S形虺纹。之外为内向十六连弧纹带。匕缘。镜面微凸。面径：9.4厘米，背径：9.3厘米，缘厚：0.3厘米。重量：62.5克。	残缺	西汉中期	
铜镜3、铜环4、铁环1、铁削1、五铢钱2串（锈结）、陶弹丸3。	棺内东部2、西南部1		圆形。三弦纹钮。钮外一周凹面形圈带。纹饰由主纹与地纹组成。地纹为斜线纹及重叠三角纹。主纹为四乳钉间以四S形虺纹。之外为内向十六连弧纹带。匕缘。镜面、微凸。面径：9.3厘米，背径：9.2厘米，缘厚：0.2厘米。重量：35.5克。	残（修复）	西汉晚期	

续表

序号	镜名	出土时间 地点	墓号	方向	墓葬形制		葬具	墓葬保存状况
					平剖面示意图	形制、尺寸（厘米）（长×宽－墓口－墓底）		
146	圈带蟠虺镜	2008.7.20，名门华府住宅小区（工业路与建设路交叉口西北角）	MMHF M25	85°		梯形竖穴土坑墓，斜壁 墓口：280×160（140）－80 墓底：234×130（124）－190	木棺	保存完好
147	圈带叠压蟠虺镜	2010.1.5，市训练馆（滨河东路北侧）	XLG M63	185°		长方形竖穴土坑墓，斜壁 墓口：250×190－120 墓底：210×50－240	不详	保存完整
148	圈带叠压蟠虺镜	2005.1.3，市拆建公司住宅小区（建设东路南侧）	NCJ M63	15°		长方形竖穴土坑墓，直壁、四边设二层台。 墓口：320×220－200 墓底：270×150－420	不详	打破西部
149	圈带叠压蟠虺镜	2005.1.4，市拆建公司住宅小区（建设东路南侧）	NCJ M43	105°		长方形竖穴土坑墓，直壁。 260×160－200－320	不详	保存完好

随葬品	镜出土位置	铜镜拓片	铜镜描述	镜保存状况	墓葬时代	备注
铜镜3、铜环4、铁环1、铁削1、五铢钱2串（锈结）、陶弹丸3。	棺内东部2、西南1	无拓片	圆形。仅能看出此镜为圈带蟠虺镜。卜缘。	残片（无法复原）	西汉晚期	
铜镜2、陶罐2。	西南部2		圆形。三弦纹钮。外一圈凹面形带。纹饰由地纹与主纹组成，地纹为斜线纹及重叠三角纹。主纹为四个极度涡化的虺纹，每个虺纹由大小不等的4个C形弧线连接而成。虺纹上叠压一周凹面形圈带，圈带上均匀地分布四枚乳钉纹。卜缘。镜面微凸。面径：8.2厘米，背径：8厘米，缘厚：0.2厘米。重量：51克。	完整	西汉晚期	图八五
灰陶鼎1、盒1、壶1、车轮1、铜镜1、铜印章1、半两钱8。	北部		圆形。三弦纹钮。钮外一周凹面形圈带。纹饰由地纹与主纹组成，地纹为同心圆涡纹。主纹为四个极度涡化的虺纹，每个虺纹由大小不等的4个C形弧线连接而成，关节及卷曲的顶端均为圆涡纹。虺纹上叠压一周凹面形圈带，圈带上均匀地分布四枚乳钉纹。卜缘。镜面平直。面径：10.1厘米，背径：10厘米，缘厚：0.35厘米。重量：81.5克。	稍残（修复）	西汉中期	
灰陶钫1、小壶1、铜镜1、五铢钱24。	西南部		圆形。三弦纹钮。钮外一周凹面形圈带。纹饰由地纹与主纹组成，地纹为同心圆涡纹。主纹为四个极度涡化的虺纹，每个虺纹由大小不等的4个C形弧线连接而成，关节及卷曲的顶端均为圆涡纹。虺纹上叠压一周凹面形圈带，圈带上均匀地分布四枚乳钉纹。卜缘。镜面微凸。面径：9.6厘米，背径：9.35厘米，缘厚：0.21厘米。重量：53克。	稍残（修复）	西汉晚期	

续表

序号	镜名	出土时间 地点	墓号	方向	墓葬形制		葬具	墓葬保存状况
					平剖面示意图	形制、尺寸（厘米） （长×宽－墓口－墓底）		
150	圈带叠压蟠虺镜	2002.9.25，市税局住宅小区（建设东路南侧）	NSJ M116	195°		长方形竖穴土坑墓，直壁。 210×120－180－250	不详	保存完好
151	圈带叠压蟠虺镜	2002.8.7，市税局住宅小区（建设东路南侧）	NSJ M38	197°		长方形竖穴土坑墓，斜壁。 墓口：230×152－196 墓底：194×96－250	木棺	保存完好
152	圈带叠压蟠虺镜	2002.11.23，市防爆厂丰泰住宅小区（建设东路南侧）	NFBC M265	10°		长方形竖穴土坑墓，直壁、四边设二层台。 墓口：280×180－210 墓底：240×140－354	木棺	保存完好
153	圈带叠压蟠虺镜	2001.1.5，南阳理工大学（长江路南侧）	NLGD M134	110°		长方形竖穴土坑墓，直壁。 224×90－130－220	不详	保存完好

随葬品	镜出土位置	铜镜拓片	铜镜描述	镜保存状况	墓葬时代	备注
铜镜6、五铢钱13、半两钱1。	南部5、中部1		圆形。三弦纹钮。钮外一圈凹面形带。纹饰由地纹与主纹组成。地纹为斜线纹及重叠三角纹。主纹为四个极度涡化的虺纹，每个虺纹由大小不等的4个C形弧线连接而成。虺纹上叠压一周凹面形圈带，圈带上均匀地分布四枚乳钉纹。匕缘。镜面微凸。面径：7.8厘米，背径：7.7厘米，缘厚：0.15厘米。重量：35克。	完整	西汉中期	
灰陶鼎1、盒1、壶1、车轮1、铜镜1、铜带钩2、铁剑1。	棺外西北部		圆形。三弦钮。钮外一周凹面形圈带。纹饰由地纹与主纹组成。地纹为同心圆涡纹。主纹为四条虺纹，龙头前伸，圆眼，张嘴，身躯作C形卷曲，每个虺纹由大小不等的4个C形弧线连接而成，关节及卷曲的顶端均为圆涡纹。虺纹被一圈凹面形圈带叠压，圈带上均匀地分布四枚乳钉纹。匕缘。镜面平直。面径：10厘米，背径：9.8厘米，缘厚：0.35厘米。重量：91.5克。	破（修复）	西汉中期	图八六，图版三六：1
灰陶车轮2、铜镜1、铁镜1、铁鍪1、铁刀1。	棺外西部2		圆形。三弦钮。钮外一周凹面形圈带。纹饰由地纹与主纹组成。地纹为同心圆圈纹。主纹为两条虺纹，龙头前伸，圆眼，张嘴，有角，身躯为连续的C形弧线相接而成。关节及曲线的顶端均为圆涡纹。虺纹被一圈凹面形圈带叠压，圈带上均匀地分布四枚乳钉纹。匕缘。镜面平直。面径：8.55厘米，背径：8.28厘米，缘厚：0.25厘米。重量：44克。	稍残	西汉早期	图八七
灰陶罐2、碗1、铜镜1。	南中部		圆形。三弦纹钮。钮外一周凹面形圈带。纹饰由地纹与主纹组成，地纹为同心圆圈纹。主纹为四个极度涡化的虺纹，每个虺纹由大小不等的4个C形弧线连接而成，关节及卷曲的顶端均为圆涡纹。虺纹上叠压一周凹面形圈带，圈带上均匀地分布四枚乳钉纹。匕缘。镜面平直。面径：9.5厘米，背径：9.45厘米，缘厚：0.25厘米。重量：44克。	残（修复）	西汉中期	

续表

序号	镜名	出土时间 地点	墓号	方向	墓葬形制		葬具	墓葬保存状况
					平剖面示意图	形制、尺寸（厘米）（长×宽－墓口－墓底）		
154	圈带叠压蟠虺镜	2002.10.14，市防爆厂丰泰住宅小区（建设东路南侧）	NFBC M199	98°		长方形竖穴土坑墓，直壁、四边设二层台。墓口：280×180－220 墓底：240×140－370	不详	保存完好
155	八花叶镜	2001.9.27，市一中（建设东路北侧）	NYZ M338	112°		长方形竖穴土坑墓，直壁。354×232－146－186	不详	保存完好
156	日光八花叶镜	2002.8.31，市税局住宅小区（建设东路南侧）	NSJ M63	108°		长方形竖穴土坑墓，直壁。260×150－230－340	不详	保存完好
157	四花瓣四猴四鱼镜	2001.9.18，市一中（建设东路北侧）	NYZ M371	10°		长方形竖穴土坑墓，斜壁。墓口：316×216－150 墓底：236×138－360	不详	保存完好

随葬品	镜出土位置	铜镜拓片	铜镜描述	镜保存状况	墓葬时代	备注
灰陶鼎1、盒1、壶1、小壶1、车轮1、铜镜1。	南部偏东		圆形。三弦纹钮。钮外一圈凹面形圈带。纹饰由地纹与主纹组成，地纹为同心圆圈纹。主纹为四个极度涡化的虺纹，每个虺纹由大小不等的4个C形弧线连接而成，关节及卷曲的顶端均为圆涡纹。虺纹上叠压一周凹面形圈带，圈带上均匀地分布四枚乳钉纹。匕缘。镜面平直。面径：8.5厘米，背径：8.4厘米，缘厚：0.3厘米，重量：55克。	稍残（修复）	西汉早期	图八四
灰陶鼎2、壶2、小壶2、铜镜1。	中部		圆形。半球钮。四叶纹组座。外围两个凹面形双线方格间有铭文带，铭文为"………乐□毋相忘，………者……"。外方格四外角各伸出一苞双叶花枝纹，将镜背纹饰分为四区，每区各一带底座的一苞双叶花枝纹。内向十六连弧纹缘。镜面微凸。面径：13.8厘米，背径：13.5厘米，缘厚：0.35厘米，重量：209克。	残（修复）	西汉晚期	图九五
灰陶鼎2、盒2、壶2、小壶2、铜镜1、铁器3。	西部		圆形。三弦钮。钮外一个凹面形方格和一个填有短竖线纹的方格间有铭文，铭文为"见日之光，天下大"。外方格四外角伸出一苞双叶花枝纹，四边中心点外伸出一双叶纹，在双叶纹上下各有一桃形花苞，其下部花苞又叠压在外部方格上。内向十六连弧纹缘。镜面平直。面径：10.4厘米，背径：10.25厘米，缘厚：0.12厘米，重量：71.5克。	破（修复）	西汉中期	图九六、图版三六：2
灰陶鼎1、盒1、壶1、小壶1、铜镜1。	东北部		圆形。三弦纹钮。钮外二周凹面形圈带。纹饰由地纹和主纹组成。地纹为云雷纹。在地纹之上，大圈带上均匀叠压着四花瓣，花瓣由带圆座乳钉纹及四桃形瓣构成。四乳钉将镜背分为四区，每区有一猴一鱼纹，鱼和猴分别位于凹面圈带内外两侧。四猴为侧身，头右视，额宽大，大长鼻，两侧小眼，回首作奔跑状。鱼有足，分别位于身体两侧，其中三鱼八足，呈C字形，一鱼四足，尾部则卷曲成环状。匕缘。镜面平直。面径：14.25厘米，背径：13.7厘米，缘厚：0.6厘米，重量：237.5克。	稍残（修复）	西汉晚期	图八九、图版三七：1

序号	镜名	出土时间 地点	墓号	方向	墓葬形制		葬具	墓葬保存状况
					平剖面示意图	形制、尺寸（厘米）（长×宽－墓口－墓底）		
158	圈带四花瓣四花叶镜	1999.10.10，宛计生委住宅小区（建设东路北侧）	WJSW M51	354°		长方形竖穴土坑墓，直壁。 308×180－186－314	不详	保存完好
159	四花瓣四虺镜	2005.1.8，市拆建公司住宅小区（建设东路南侧）	NCJ M61	7°		长方形竖穴土坑墓，直壁。 320×180－110－160	不详	保存完好
160	四花瓣四螭镜	2003.6.4，市体育馆（滨河东路北侧）	NTYG M101	193°		长方形竖穴土坑墓，斜壁、四边设二层台。 墓口：530×400－240 墓底：280×142－490	木棺	保存完好
161	四花瓣四螭镜	1999.9.13，宛计生委住宅小区（建设东路北侧）	WJSW M88	0°		长方形竖穴土坑墓，直壁。 330×190－180－328	不详	打破东部

随葬品	镜出土位置	铜镜拓片	铜镜描述	镜保存状况	墓葬时代	备注
灰陶鼎1、盒1、壶1、小壶1、罐1、铜镜1。	西南部		圆形。三弦纹钮。钮外有大小两个凹面形圈带，大圈带上均匀叠压着四枚乳钉纹，乳钉围以桃形四花瓣，构成一朵盛开的花瓣纹。四乳钉间有一苞二叶纹与双叶纹分别位于大圈带内外，叶纹不仅大小不同，而且方向相反。内向十六连弧纹缘。镜面微凸。面径：18.55厘米，背径：18.1厘米，缘厚：0.36厘米。重量：606.5克。	稍残（修复）	西汉早期	图八八，图版三七：2
灰陶鼎2、盒2、壶2、小壶2、车轮2、铜镜1、铁刀1。	中部偏南		圆形。博山炉式钮。钮外四乳与虺纹相互环绕，乳钉纹都围以并蒂四叶座，虺纹关节及卷曲的顶端均为圆涡纹。之外一周细弦纹圈带。内向十六连弧纹缘。镜面微凸。面径：13.54厘米，背径：13.4厘米，缘厚：0.4厘米。重量：296克。	完整	西汉早期	图九二，图版三八：1
灰陶鼎2、盒2、壶2、小壶2、车轮1、铜镜1、铜洗1、玉片1、铅饰3、铁勺2。	棺外东北部		圆形。三弦纹钮。方钮座。钮座外一个凹面形双线方格和单线方格。方格四外角各有一乳钉，乳钉纹都围以并蒂四叶座，并将镜背纹饰分为四区，每区各有一变形蟠螭纹。主纹多双线，局部三线。内向十六连弧纹缘。镜面微凸。面径：11.7厘米，背径：11.5厘米，缘厚：0.2厘米。重量：156.5克。	稍残（修复）	西汉早期	图九〇
灰陶小口瓮1、铜镜1。	北部		圆形。半球钮。四叶纹钮座。座外有云雷纹和凹面形圈带纹各一周。纹饰由地纹与主纹组成，地纹为圆涡纹。主纹为乳钉纹和虺相间环绕，乳钉纹都围以并蒂四叶座。虺头小，圆眼，张嘴，居中近边缘处，两肢爪向左右伸张，身躯蟠施纠结，曲线流转，细腻繁缛。内向连弧纹缘。镜面微凸。面径：11.7厘米，背径：11.5厘米，缘厚：0.2厘米。重量：100.5克。	半面	西汉中期	图九一，图版三八：2。仅出半面

续表

序号	镜名	出土时间地点	墓号	方向	墓葬形制		葬具	墓葬保存状况
					平剖面示意图	形制、尺寸（厘米）（长×宽－墓口－墓底）		
162	圈带四花叶四乳镜	2000.4.13，市拆迁办永泰住宅小区（建设东路南侧）	NCQB M72	342°		长方形竖穴土坑墓，直壁。236×130－160－280	不详	保存完好
163	日光四花叶镜	2003.5.8，市体育馆（滨河东路北侧）	NTYG M69	105°		长方形竖穴土坑墓，斜壁。墓口：250×140－150墓底：210×100－260	不详	保存完好
164	长毋相忘四花瓣八蟠龙镜	2002.1.29，市审计局住宅小区（建设东路南侧）	NSJJ M68	82°		近长方形竖穴土坑墓，由墓道和墓室组成。墓道：梯形、斜坡状。406×250－126－190墓室：长方形、直壁；四边设二层台。墓口：350×210－126墓底：290×150－228	木棺、木椁	保存完好
165	圈带镜	2001.9.10，市一中（建设东路北侧）	NYZ M217	20°		长方形竖穴土坑墓，直壁、四边设二层台。墓口：496×360－130墓底：380×260－340	不详	保存完好

随葬品	镜出土位置	铜镜拓片	铜镜描述	镜保存状况	墓葬时代	备注
灰陶鼎1、盒1、壶1、小壶1、铜镜1。	西南部		圆形。三弦钮。钮外有大小两个凹面形圈带。大圈带上均匀叠压四枚乳钉纹，乳钉围以凹面形环带。四乳钉间有一苞二叶纹与双叶纹分别位于大圈带内外，叶纹不仅大小不同，而且方向相反。内向十六连弧纹缘。镜面微凸。面径：10.65厘米，背径：10.47厘米，缘厚：0.5厘米。重量：201.5克。	完整	西汉晚期	图九四，图版三九：1
灰陶瓶1、硬陶罐1、铜镜1、铜刷1、铜带钩1、五铢钱17。	东南部		圆形。三弦钮。方钮座。座外二个细线方格间有铭文带，铭文为："见日之光，天下大明"。外方格四外角各一桃形花苞纹，将镜背纹饰分为四区，每区各一乳钉纹，乳钉上方一桃形花苞，两侧各垂一叶瓣。内向十六连弧纹缘。镜面微凸。面径：8.9厘米，背径：8.68厘米，缘厚：0.2厘米。重量：76.5克。	完整	西汉晚期	图九七，图版三九：2
灰陶鼎1、盒1、壶1、仓7、灶1、井1、磨1、灯1、瓷盒2、铜镜1、铜刷3、铜盆1、铜铃1、铜匜1、五铢钱7、玻璃杯1、铅饰1、铁刀1、石卵5、玉璜1。	椁外东南部		圆形。伏螭钮。钮外二个凹面形双线方格间有铭文，铭文为："镜以此行，服者君卿，所言必当，千秋万岁，长毋相忘"。外方格四外角饰以对称蟠龙，中间配以连叠花瓣纹。蟠龙回首，身躯呈C形，头上有角，张嘴吐长舌，细长尾上卷，四爪左右伸张，作行走状。四枚带圆座乳钉围以四桃形瓣，组成四花瓣纹，并向外伸出一桃形花苞配列四方。内向十六连弧纹缘。镜面微凸。面径：20.5厘米，背径：20.0厘米，缘厚：0.5厘米。重量：768.5克。	完整	西汉晚期	图九三，图版四〇：1
灰陶鼎1、壶1、小壶1、车轮1、铜镜1、铜带钩1、铜车害1、玉环1。	西北角		圆形。半球钮。并蒂十二连珠纹钮座。钮座外一周凸弦纹圈带，与并蒂十二连珠纹相交。弦纹圈带内外各有四组短斜线纹（每组五线）相间环绕。内向十六连弧纹缘。镜面平直。面径：7.05厘米，背径：6.7厘米，缘厚：0.52厘米。重量：119.5克。	完整	西汉中期	图九九，图版四〇：2

序号	镜名	出土时间 地点	墓号	方向	墓葬形制		葬具	墓葬保存状况
					平剖面示意图	形制、尺寸（厘米）（长×宽－墓口－墓底）		
166	圈带镜	2007.7.9，书香水岸住宅小区（建设东路南侧）	SXSA M18	5°		长方形竖穴土坑墓，直壁、四边有熟土二层台。330×228－330－370	不详	保存完好
167	日光单层草叶镜	1999.11.28，宛计生委住宅小区（建设东路北侧）	WJSW M8	84°		长方形竖穴土坑墓，直壁。245×145－104－274	木棺	保存完好
168	连叠草叶镜	2000.5.2，市拆迁办永泰住宅小区（建设东路南侧）	NCQB M98	94°		长方形竖穴土坑墓，直壁。265×140－160－275	不详	保存完好
169	四蟠龙单层草叶镜	2001.9.30，市一中（建设东路北侧）	NYZ M421	110°		长方形竖穴土坑墓，直壁、四边设二层台。墓口：338×228－240 墓底：220×138－348	不详	保存完好

随葬品	镜出土位置	铜镜拓片	铜镜描述	镜保存状况	墓葬时代	备注
陶鼎2、盒2、壶2、小壶2、铅饰件3、铜洗1、铜镜1、五铢钱。	西北部		圆形。半球钮。圆钮座。座外有四月牙纹和四钉字形纹相间环绕。之外一周凸弦纹圈带和一周短斜线纹。在短斜线圈带外分布有四条短直线纹。内向十六连弧纹缘。镜面平直。面径：13.2厘米，背径：13.5厘米，缘厚：0.6厘米。重量：325.5克。	完整	西汉中期	图一〇〇，图版四一：1
灰陶小口瓮1、罐1、瓶1、铜镜2、半两钱10。	西部2面		圆形。桥形钮。钮外一凹面形双线方格及一周绚纹。方格四边中心点外各一枚带圆座乳钉纹，四角外伸出一单层草叶纹，四乳及四草叶纹间各一字铭，连续为："见日之光，天下大明"。之外两周弦纹圈带。匕缘。镜面平直。面径：7.8厘米，背径：7.65厘米，缘厚：0.22厘米。重量：46.5克。	完整	西汉早期	图一一〇，图版四一：2
灰陶鼎2、盒2、壶2、小壶2、铜镜1。	西南部		圆形。兽钮。方钮座。座外一凹面形双线方格。方格四外角各向外伸出一二叠草叶纹，四边中心点外各一枚带圆座乳钉纹，乳钉围以单线方框，以乳钉为中心呈十字形分为四小方格，每个小方格内有一花苞纹，在方格两侧有简单的纹饰。之外为一周弦纹圈带，与草叶纹尖相交。内向十六连弧纹缘。镜面平直。面径：11.7厘米，背径：11.62厘米，缘厚：0.25厘米。重量：156克。	稍残（修复）	西汉中期	图一一五，图版四二：1
灰陶小口瓮1、模型小壶1、小壶1、铜镜1、铜刷2、铜带钩1、五铢钱2、玉剑璏1、铁剑1。	东北角		圆形。伏螭钮。方钮座。钮座四外角各一单层草叶纹，将镜背纹饰分为四区，每区各饰一蟠龙纹及一带圆座乳钉纹。蟠龙回头张嘴作吞珠状，头顶有角，四足踏在钮座和草叶纹上。内向十六连弧纹缘。镜面平直。面径：11.25厘米，背径：11.05厘米，缘厚：0.2厘米。重量：122克。	稍残（修复）	西汉晚期	图一二四，图版四二：2

序号	镜名	出土时间地点	墓号	方向	墓葬形制		葬具	墓葬保存状况
					平剖面示意图	形制、尺寸（厘米）（长×宽－墓口－墓底）		
170	日光对称单层草叶镜	2008.6.6，明伦都市兰亭住宅小区（独山大道东侧）	DSLT M4	100°		长方形竖穴土坑墓，斜壁。墓口：350×250－150墓底：300×200－250	不详	保存完好
171	毋忘对称连叠草叶镜	2002.11.24，市防爆厂丰泰住宅小区（建设东路南侧）	NFBC M271	10°		长方形竖穴土坑墓，直壁。270×190－200－250	木棺	保存完好
172	蟠龙连叠草叶镜	2002.8.31，市税局住宅小区（建设东路南侧）	NSJJ M90	25°		长方形竖穴土坑墓，直壁。240×150－280－345	不详	保存完好
173	长相思连叠草叶镜	2003.5.8，市体育馆（滨河东路北侧）	NTYG M66	297°		长方形竖穴土坑墓，斜壁。墓口：280×170－170墓底：240×120－240	不详	保存完好

随葬品	镜出土位置	铜镜拓片	铜镜描述	镜保存状况	墓葬时代	备注
灰陶瓮 1、车轮 2、铜镜 1、铜带钩 1、铜泡钉 6。	东南部		圆形。三弦钮。钮外一个凹面形双线方格和一个细线方格间有铭文,铭文为:"见日之光,天下大明。"外方格四外角伸出一苞双叶花枝纹,将镜背纹饰分为四区,每区中心各一乳钉,乳钉上方一桃形花苞,两侧各一株单层草叶纹。内向十六连弧纹。镜面微凸。面径:10.4 厘米,背径:10.2 厘米,缘厚:0.15 厘米。重量:88.5 克。	完整	西汉中期	
灰陶车轮 1、小壶 1、陶器(已看不出器形)、铜镜 2、铜刷 1。	棺外东部 2		圆形。伏螭钮。钮外两个凹面形双线方格间有铭文,铭文为:"长相□,毋相忘,常贵富,乐未央。"外方格四外角为一苞双叶花枝纹,将镜背纹饰分为四区,每区中心各一枚带圆座乳钉,乳钉上下方各一桃形花苞和一长方形底座,两侧各一株连叠草叶纹。内向十六连弧纹缘。镜面平直。面径:18.5 厘米,背径:18.25 厘米,缘厚:0.48 厘米。重量:640.5 克。	稍残(修复)	西汉早期	图一〇六,图版四三:1
灰陶鼎 2、壶 1、小壶 1、钵 1、铁器 1、铜镜 1。	西北部		圆形。半球钮。并蒂四叶纹钮座。座外一凹面形双线方格。方格四外角各一蟠龙纹,蟠龙头居中,顶上有角,张口,吐长舌,回首,身躯细长呈 C 形弯卷,四肢呈八字形作行走状。方格四边中点处向外伸出二株上下相连的草叶纹,一圈细弦纹与草叶纹尖相交。内向十六连弧纹缘。镜面微凸。面径:13.5 厘米,背径:13.45 厘米,缘厚:0.25 厘米。重量:202 克。	破(修复)	西汉中期	图一二三,图版四三:2
灰陶罐 3、钵 2、铜镜 1。	北部		圆形。伏螭钮。钮外一个凹面形方格和一个填有短斜线纹的方格间有铭文,铭文为:"长相思,毋相忘,常贵富,乐未央。"外方格四内角各有两个对称的三角形重回组成的正方形,四外角向外伸出一二叠草叶纹和一桃形花苞,四边中心点外各一带圆座乳钉,每乳向外各伸出一桃形花苞和多瓣屈曲的卷叶纹。近缘处一周细线连弧纹与内向十六连弧纹缘相对应。内向十六连弧纹缘。镜面微凸。面径:11.45 厘米,背径:11.3 厘米,缘厚:0.24 厘米。重量:168 克。	破(修复)	西汉中期	图一二一,图版四四:1

序号	镜名	出土时间地点	墓号	方向	墓葬形制		葬具	墓葬保存状况
					平剖面示意图	形制、尺寸（厘米）（长×宽－墓口－墓底）		
174	日光博局对称连叠草叶镜	1999.11.15，宛计生委住宅小区（建设东路北侧）	WJSW M108	351°		方形竖穴土坑墓，直壁、四边设二层台。墓口：360×326－85墓底：318×260－260	不详	保存完好
175	日明博局对称单层草叶镜	2001.1.5，南阳理工大学（长江路南侧）	NLGD M301	200°		长方形竖穴土坑墓，直壁、东西两边设二层台。墓口：270×130－130墓底：270×80－220	不详	保存完好
176	日光博局对称连叠草叶镜	2002.12.4，市防爆厂丰泰住宅小区（建设东路南侧）	NFBC M356	15°		长方形竖穴土坑墓，斜壁。墓口：337×236－240墓底：282×193－430	不详	保存完好

随葬品	镜出土位置	铜镜拓片	铜镜描述	镜保存状况	墓葬时代	备注
灰陶鼎 2、盒 2、壶 2、小壶 2、车轮 2、铜镜 1、半两钱 7、玉玦 1。	西南部		圆形。半球钮。四叶纹钮座。座外凹面形双线方格和一细线方格。方格四外角各一枚乳钉纹，四边中点处向外伸出一双线 T 形纹，与镜缘处伸出的双线 L 形纹相对，方格四角夹乳钉与镜缘处伸出的双线 V 形纹相对。T 形纹与乳钉纹之间各间一字，连续为："见日之光，长乐未央"。博局纹将镜背纹饰分成四方八区，每区一株连叠式草叶纹。内向十六连弧纹缘。镜面微凸。面径：13.9 厘米，背径：13.7 厘米，缘厚：0.4 厘米。重量：293.5 克。	破（修复）	西汉早期	图一八
灰陶罐 2、铜镜 1。	中部		圆形。半球钮。圆钮座。座外一细线方格。方格四外角各一枚乳钉纹，四边中点处向外伸出一个双线 T 形纹，与镜缘处伸出的双线 L 形纹相对，方格四角夹乳钉与 V 形纹相对。T 形纹与乳钉纹之间各间一字，连续为："见日之明，天下大明"。博局纹将镜面分成四方八区，每区一株单层草叶纹。在 T 纹正中有一细线纹与 L 纹相交，它们呈十字交叉将镜背分为四区。内向十六连弧纹缘。镜面微凸。面径：10.6 厘米，背径：10.55 厘米，缘厚：0.15 厘米。重量：61 克。	残（修补）	西汉中期	图一六
灰陶鼎 3、盒 3、壶 3、小壶 1、陶片、铜镜 1、铜刷 1、铜带钩 1、玉饼 1、玉瑗 1、玉料 1。	东北部		圆形。半球钮。圆钮座。座外一周凹面形双线方格。方格四外角各一枚乳钉纹，四边中心点处向外伸出一个双线 T 形纹，与镜缘处伸出的双线 L 形纹相对，方格四角夹乳钉与镜缘外伸出的双线 V 形纹相对。T 形纹与乳钉纹之间各一字，连续为："见日之光，天下大阳"。博局纹将圆面分成四方八区，每区一株二叠式草叶纹。一组在 T、L 形的上部饰变形草叶纹和桃形花苞，一组在 L 纹上饰单层草叶纹。内向十六连弧纹缘。镜面平直。面径：11.15 厘米，背径：11 厘米，缘厚：0.28 厘米。重量：122 克。	完整	西汉晚期	图一七，图版四四：2

序号	镜名	出土时间 地点	墓号	方向	墓葬形制		葬具	墓葬保存状况
					平剖面示意图	形制、尺寸（厘米） （长×宽－墓口－墓底）		
177	日光博局对称连叠草叶镜	2001.9.28，市一中（建设东路北侧）	NYZ M413	289°		近方形竖穴土坑墓，直壁。 290×240－270－330	不详	保存完好
178	日光对称连叠草叶镜	1999、11.13，宛计生委住宅小区（建设东路北侧）	WJSW M33	28°		长方形竖穴土坑墓，直壁。 290×240－270－330	木棺	保存完好
179	日光对称连叠草叶镜	1999.11.8，宛计生委住宅小区（建设东路北侧）	WJSW M36	270°		长方形竖穴土坑墓，直壁。 230×159－180－250	木棺	保存完好

随葬品	镜出土位置	铜镜拓片	铜镜描述	镜保存状况	墓葬时代	备注
灰陶鼎 2、盒 2、壶 2、小壶 2、车轮 2、铜镜 1。	西北角		圆形。伏兽钮。钮外一凹面形双线方格。方格四角外各一枚带圆座乳钉纹，四边中点处向外伸出一个双线 T 形纹，与镜缘处伸出的双线 L 形纹相对，方格四角夹乳钉与镜缘处伸出的双线 V 形纹相对。T 形纹与乳钉纹之间各间一字，连续为："见日之光，长毋相忘。"博局纹将镜背纹饰分成四方八区，每区一株二叠草叶纹。在 T、L 纹上部有三连峰纹和变形草叶纹，V 纹中有一苞双叶花枝纹。内向十六连弧纹缘。镜面平直。面径：15.9 厘米，背径：15.8 厘米，缘厚：0.3 厘米。重量：334 克。	破（修复）	西汉中期	图一一九，图版四五：1
灰灰陶鼎 2、盒 2、壶 2、车轮 2、铜镜 1、铜带钩 1、铁刀 1、铁削 1、铁环 1。	棺外东北部		圆形。三弦钮。钮外一周凹面双线方格和一细线大方格间有八字铭文，连续为："见日之光，天下大明"。细线方格四外角各向外伸出一苞双叶花枝纹，将镜背纹饰分为四区，每区中心各一乳钉，乳钉上下有一桃形花苞和一半圆形底座，两侧各一株二叠草叶纹。内向十六连弧纹缘。镜面微凸。面径：11.4 厘米，背径：11.1 厘米，缘厚：0.4 厘米。重量：230 克。	完整	西汉中期	图一〇五，图版四五：2
灰陶罐 4、铁削 1、铜镜 3、铜刷 1。	棺内外西北部		圆形。三弦钮。钮外一个细线小方格和一个凹面形大方格间有八字铭文，连续为："见日之光，天下大明"。凹面方格四内角各一桃形花苞，四外角则伸出一苞双叶花枝纹，将镜背纹饰分为四区，每区中心各一带圆座乳钉，乳钉上方一桃形花苞，两侧各一株二叠式草叶纹。内向十六连弧纹缘。镜面微凸。面径：12.7 厘米，背径：12.55 厘米，缘厚：0.2 厘米。重量：161.5 克。	稍残（修复）	西汉晚期	

续表

序号	镜名	出土时间 地点	墓号	方向	墓葬形制		葬具	墓葬保存状况
					平剖面示意图	形制、尺寸（厘米）（长×宽-墓口-墓底）		
180	日光对称连叠草叶镜	1999.11.10，宛计生委住宅小区（建设东路北侧）	WJSW M109	354°	北	长方形竖穴土坑墓，直壁。 250×180-80-248	木棺	打破东部
181	日光对称连叠草叶镜	2000.4.13，市拆迁办永泰住宅小区（建设东路南侧）	NCQB M70	354°	北	长方形竖穴土坑墓，直壁。 390×240-80-158	不详	保存完好
182	日光对称连叠草叶镜	2001.2.20，市一中（建设东路北侧）	NYZ M27	290°	北	长方形竖穴土坑墓，直壁。 250×145-200-350	不详	保存完好

随葬品	镜出土位置	铜镜拓片	铜镜描述	镜保存状况	墓葬时代	备注
灰陶鼎1、盒1、壶1、小壶1、车轮2、铜镜1、铜刷2、半两钱13、铁削1。	东北部		圆形。伏螭钮。钮外二个凹面形双线方格间有八字铭文，连续为："见日之光，天下大明。"字间有半圆形界格。外方格四内角各一扁桃形花苞，四外角则伸出一苞双叶花枝纹，将镜背纹饰分为四区，每区中心各一乳钉，乳钉上方一桃形花苞，下方有花枝的根茎，两侧各一株二叠式草叶纹。内向十六连弧纹缘。镜面微凸。面径：13.55厘米，背径：13.3厘米，缘厚：0.35厘米。重量：338克。	破（修复）	西汉中期	图一〇四，图版四六：1
灰陶罐3、铜镜1。	东北部		圆形。三弦钮。钮外两个凹面形双线方格间有八字铭文，连续为："见日之光，所言必当。"字间有半圆形界格。外方格四内角各有一桃形花苞，四外角则伸出一苞双叶花枝纹，将镜背纹饰分为四区，每区中心各一枚带圆座乳钉，乳钉上方一桃形花苞，两侧各一株二叠式草叶纹。内向十六连弧纹缘。镜面平直。面径：14厘米，背径：13.65厘米，缘厚：0.3厘米。重量：227.5克。	完整	西汉中期	图一〇二
大口瓮1、模型洗3、铜镜2。	西部2		圆形。环钮。四叶纹钮座。钮座外两个凹面形双线方格和一个细线方格，大凹面方格四内角各有两个对称的三角形重回组成的正方形，每边二字，连续为："见日之光，长毋相忘。"字间有界格。细线方格四外角各向外伸出一苞双叶花枝纹，将镜背纹饰分为四区，每区中心各一枚带圆座乳钉，乳钉上方一桃形花苞，两侧各一株二叠草叶纹。内向十六连弧纹缘。镜面平直。面径：13.55厘米，背径：13.25厘米，缘厚：0.28厘米。重量：225克。	破（修复）	西汉晚期	图版四六：2

序号	镜名	出土时间 地点	墓号	方向	墓葬形制		葬具	墓葬保存状况
					平剖面示意图	形制、尺寸（厘米）（长×宽－墓口－墓底）		
183	日光对称连叠草叶镜	2001.8.1，市一中（建设东路北侧）	NYZ M225	291°		长方形竖穴土坑墓，斜壁、四边设二层台。墓口：390×330－134 墓底：252×178－308	不详	保存完好
184	日光对称连叠草叶镜	2003.5.14，市体育棺（滨河东路北侧）	NTYG M57	98°		长方形竖穴土坑墓，斜壁。墓口：310×240－220 墓底：260×180－310	不详	保存完好
185	日光对称连叠草叶镜	2005.1.10，市拆建公司住宅小区（建设东路南侧）	NCJ M37	190°		长方形竖穴土坑墓，直壁、四边设二层台。墓口：300×260－130 墓底：265×190－280	不详	保存完好

随葬品	镜出土位置	铜镜拓片	铜镜描述	镜保存状况	墓葬时代	备注
灰陶车轮 2、铜镜 1、铜印章 1、铜带钩 1、铁剑 1、铁刀 1、铁壶 1、半两钱 6。	南部		圆形。兽钮。圆钮座。钮座外有四条短直线和八圆点纹。之外两个凹面形双线方格间有八字铭文，连续为："见日之光，君毋相忘"。外方格四内角各有一单层草叶纹，四外角则伸出一苞双叶花枝纹，将镜背纹饰分为四区，每区中心各一枚带圆座乳钉，乳钉上方一心形花苞，两侧各一株二叠式草叶纹。内向十六连弧纹缘。镜面微凸。面径：13.8 厘米，背径：13.65 厘米，缘厚：0.4 厘米。重量：292 克。	稍残（修复）	西汉早期	图一〇一，图版四七：1
灰陶鼎 2、盒 2、壶 2、小壶 2、车轮 2、铜镜 1、铜印章 1、铜带钩 1、半两钱 17。	东北部		圆形。半球钮。四叶纹钮座。座外两个凹面形方格和一个细线方格。大凹面方格四内角有两个对称的三角形重回组成的正方形，每边二字，连续为："见日之光，长毋相忘"。细线方格四外角各向外伸出一苞双叶花枝纹，将镜背纹饰分为四区，每区中心各一带圆座乳钉，乳钉上方一桃形花苞，两侧各一株二叠草叶纹。内向十六连弧纹缘。镜面微凸。面径：13.8 厘米，背径：13.5 厘米，缘厚：0.32 厘米。重量：306 克。	完整	西汉中期	图版四七：2
灰陶鼎 2、盒 2、壶 2、小壶 2、车轮 1、铜镜 1、铜带钩 1、铜铃 1、五铢钱 6、铁剑 1。	中部		圆形。半球钮。钮外一凹面形双线方格和一细线方格间有八字铭文，连续为："见日之光，长毋相忘"。细线方格四内角有一桃形花苞，四外角各向外伸出一苞双叶花枝纹，将镜背纹饰分为四区，每区中心点外各一乳钉，乳钉上方向外伸出一桃形花苞，两侧各一株二叠草叶纹。内向十六连弧纹缘。镜面微凸。面径：11.4 厘米，背径：10.9 厘米，缘厚：0.3 厘米。重量：186.5 克。	稍残（修复）	西汉中期	图版四八：1

序号	镜名	出土时间地点	墓号	方向	墓葬形制		葬具	墓葬保存状况
					平剖面示意图	形制、尺寸（厘米）（长×宽－墓口－墓底）		
186	日光连叠草叶镜	2005.12.26，宛检察院玉龙苑住宅小区（独山大道西侧）	WJCY M121	110°		长方形竖穴土坑墓，直壁、南北两边设二层台。墓口：250×204－140墓底：250×100－260	不详	保存完好
187	日明对称连叠草叶镜	2002.9.18，市税局（建设东路南侧）	NSJJ M144	5°		长方形竖穴土坑墓，直壁。250×150－220－310	不详	保存完好
188	日光对称连叠草叶镜	1999.10.11，宛计生委住宅小区（建设东路北侧）	WJSW M95	78°		长方形竖穴土坑墓，直壁。280×220－135－216	不详	保存完好

随葬品	镜出土位置	铜镜拓片	铜镜描述	镜保存状况	墓葬时代	备注
灰陶鼎1、盒1、壶1、小壶1、铜镜1。	东南角		圆形。半球钮。四叶纹钮座。座外两个凹面形双线方格间有八字铭文，铭文为："见日之光，天下大明"。外方格四内角外各一桃形花苞，四外角则各套入双线弧形纹饰，将镜背纹饰分为四区，每区中心点外各一二叠草叶纹，草叶纹两侧垂一叶瓣。内向十六连弧纹缘。镜面平直。面径：11.5厘米，背径：11.4厘米，缘厚：0.3厘米。重量：171.5克。	破（修复）	西汉中期	图一一二，图版四八：2
铁罐1、铜镜1。	北部		圆形。半球钮。四叶纹钮座。钮座外两个凹面形双线方格和一细线方格，大凹面方格四内角各有一个对称斜线纹方格，每边二字，连续为："见日之明，长毋相忘。"字间有格界。细线方格四外角向外伸出一苞双叶花枝纹，将镜背纹饰分为四区，每区中心点各一枚带圆座乳钉，乳钉上方一桃形花苞，两侧各一株二叠草叶纹。内向十六连弧纹缘。镜面平直。面径：13.7厘米，背径：13.65厘米，缘厚：0.4厘米。重量：316.5克。	完整	西汉中期	图版四九：1
铜镜1、五铢钱2。	中部偏南		圆形。半球钮。四叶纹钮座。钮座外两个凹面形双线方格和一细线方格。大凹面方格四内角各有一个对称斜线纹方格，每边二字，连续为："见日之光，长毋相忘"。字间有格界。细线方格四外角向外伸出一苞双叶花枝纹，将镜背纹饰分为四区，每区中心点各一枚带圆座乳钉，乳钉上方一桃形花苞，两侧各一株二叠草叶纹。内向十六连弧纹缘。镜面平直。面径：13.92厘米，背径：13.66厘米，缘厚：0.3厘米。重量：314.5克。	破（修复）	西汉晚期	图版四九：2

序号	镜名	出土时间 地点	墓号	方向	墓葬形制		葬具	墓葬保存状况
					平剖面示意图	形制、尺寸（厘米）（长×宽－墓口－墓底）		
189	日光对称连叠草叶镜	2000.5.2，市拆迁办永泰住宅小区（建设东路南侧）	NCQB M97	325°		长方形竖穴土坑墓，直壁。300×175－260－353	不详	保存完好
190	日光对称连叠草叶镜	2002.9.30，市防爆厂丰泰住宅小区（建设东路南侧）	NFBC M281	103°		凸字形竖穴土坑墓，由墓道和墓室组成。墓道：长方形、斜坡状。110×110－142－284 墓室：长方形、斜壁、东南北三边设二层台。墓口：430×284－120 墓底：330×190－342	不详	保存完好
191	对称连叠草叶镜	2002.11.24，市防爆厂丰泰住宅小区（建设东路南侧）	NFBC M271	10°		长方形竖穴土坑墓，直壁。270×190－200－250	木棺	保存完好

随葬品	镜出土位置	铜 镜 拓 片	铜 镜 描 述	镜保存状况	墓葬时代	备注
灰陶鼎2、盒2、壶2、小壶2、车轮2、铜镜1、铜泡钉4、铜环2、铜饰2、半两钱30、铁剑1。	北部		圆形。半球钮。四叶纹钮座。钮座外两个凹面形双线方格和一细线方格。大凹面方格四内角有两个对称的三角形重回组成的正方形，每边二字，连续为："见日之光，长毋相忘"。字间有界格。细线方格四角外各向外伸出一苞双叶花枝纹，将镜背纹饰分为四区，每区四边中心点外各一枚带圆座乳钉，乳钉上方一桃形花苞，两侧各一株二叠草叶纹。内向十六连弧纹缘。镜面平直。面径：13.93厘米，背径：13.68厘米，缘厚：0.4厘米。重量：304.5克。	破（修复）	西汉中期	图版五〇：1
灰陶鼎2、盒2、壶2、小壶2、车轮2、木漆器1、玉蝉1、玉印章1、铁刀1、铁剑1、铜铃1、铜镜1、铜刷1、铜镈1、铜带钩3、铜环3、铜管形饰1、铜泡钉2、铜洗1、半两钱1串。	棺外东南部		圆形。半球钮。四叶纹钮座。钮座外两个凹面形双线方格和一细线方格。大凹面方格四内角有两个对称的三角形重回组成的正方形，每边二字，铭文为："见日之光，长乐未央"。细线方格四角外各向外伸出一苞双叶花枝纹，将镜背纹饰分为四区，每区四边中心点外各一枚带圆座乳钉，乳钉上方一桃形花苞，两侧各一株二叠草叶纹。内向十六连弧纹缘。镜面微凸。面径：13.85厘米，背径：13.7厘米，缘厚：0.48厘米。重量：412克。	稍残（修补）	西汉中期	
灰陶车轮1、小壶1、陶片、铜镜2、铜刷1。	棺外东部2		圆形。外两个凹面形双线方格和一细线方格。大凹面方格四内角有两个对称的三角形重回组成的正方形，两方格间有铭文，为："……相……"。细线方格四角外各向外伸出一苞双叶花枝纹，将镜背纹饰分为四区，每区四边中心点外各一枚带圆座乳钉，乳钉上方一桃形花苞，两侧各一株二叠草叶纹。内向连弧纹缘。缘厚：0.35厘米。重量：69.5克。	残	西汉早期	仅出土四分之一面

续表

序号	镜名	出土时间 地点	墓号	方向	墓葬形制		葬具	墓葬保存状况
					平剖面示意图	形制、尺寸（厘米） （长×宽－墓口－墓底）		
192	日光对称连叠草叶镜	2005.1.7，市拆建公司住宅小区（建设东路南侧）	NCJ M40	94°		长方形竖穴土坑墓，直壁、四边设二层台。 墓口：360×260－200 墓底：290×190－340	不详	保存完好
193	日有熹对称连叠草叶镜	2000.5.24，市拆迁办永泰住宅小区（建设东路南侧）	NCQB M133	170°		长方形竖穴土坑墓，直壁。 270×140－300－450	不详	保存完好
194	日有熹对称连叠草叶纹镜	2001.2.29，市一中（建设东路北侧）	NYZ M23	23°		长方形竖穴土坑墓，直壁。 240×140－150－305	不详	保存完好

随葬品	镜出土位置	铜镜拓片	铜镜描述	镜保存状况	墓葬时代	备注
灰陶鼎2、盒2、壶2、铜镜1、五铢钱5。	中部		圆形。半球钮。四叶纹钮座。钮座外两个凹面形双线方格和一细线方格。大凹面方格四内角有两个对称的三角形重回组成的正方形，每边二字，连续为："见日之光，天下大阳"。细线方格四角外各向外伸出一苞双叶花枝纹，将镜背纹饰分为四区，每区四边中心点外各一枚带圆座乳钉，乳钉上方一桃形苞，两侧各一株二叠草叶纹。内向十六连弧纹缘。镜面平直。面径：13.8厘米，背径：13.55厘米，缘厚：0.25厘米。重量：206克。	残缺（修复）	西汉晚期	图一○三；图版五○：2
铜镜1。	西南部		圆形。半球钮。四叶纹钮座。钮座外两个凹面形双线方格和一细线方格。在两凹面方格间环列铭文，为："长贵富，乐毋事，日有意，宜酒食"。细线方格四角外各向外伸出一苞双叶花枝纹，将镜背纹饰分为四区，每区四边中心点外各一枚带圆座乳钉，乳钉上方一桃形花苞，两侧各一株二叠草叶纹。内向十六连弧纹缘。镜面微凸。面径：13.85厘米，背径：13.55厘米，缘厚：0.35厘米。重量：286.5克。	完整	西汉	
灰陶鼎2、铜镜1。	东北角		圆形。半球形。四叶纹钮座。钮座外两个凹面形双线方格间有铭文，铭文为："长贵富，乐毋事，日有意，宜酒食"。外方格四外角各向外伸出一苞双叶花枝纹，将镜背纹饰分为四区，每区中心各一枚带圆座乳钉，乳钉上方一桃形花苞，两侧各一株二叠草叶纹。内向十六连弧纹缘。镜面平直。面径：13.3厘米，背径：12.82厘米，缘厚：0.3厘米。重量：237.5克。	完整	西汉早期	图版五一：1

续表

序号	镜名	出土时间 地点	墓号	方向	墓葬形制		葬具	墓葬保存状况
					平剖面示意图	形制、尺寸（厘米）（长×宽－墓口－墓底）		
195	日明对称单层草叶镜	1999.10.25，宛计生委住宅小区（建设东路北侧）	WJSW M40	86°		长方形竖穴土坑墓，直壁。260×200－190－280	木棺	保存完好
196	日光对称单层草叶镜	2003.10.7，南阳理工大学（长江路南侧）	NLDX M84	340°		长方形竖穴土坑墓，斜壁。墓口：250×150－100 墓底：230×120－260	不详	保存完好
197	日光对称单层草叶镜	2002.9.25，市防爆厂丰泰住宅小区（建设东路南侧）	NFBC M181	300°		长方形竖穴土坑墓，直壁、四边设二层台。墓口：275×170－200 墓底：215×110－240	不详	保存完好

随葬品	镜出土位置	铜镜拓片	铜镜描述	镜保存状况	墓葬时代	备注
灰陶鼎1、盒1、小口瓮1、铜镜1、铁钩2、铁镊1。	棺内东南部		圆形。半球钮。圆钮座。钮座外一细线小方格和凹面形双线大方格间有八字铭文，铭文为："见日之明，天下大明"。外方格四内角各有一个对称斜线纹方格，四外角则向外伸出一株双叶花枝纹，将镜背纹饰分为四区，每区中心各一乳钉，乳钉上方一桃形花苞，两侧各一对称单层草叶纹。内向十六连弧纹缘。镜面平直。面径：9.45厘米，背径：9.38厘米，缘厚：0.18厘米。重量：66.5克。	完整	西汉中期	
灰陶鼎1、盒1、钫1、小壶1、铜镜1。	西北部		圆形。半球钮。四叶纹钮座。钮座外两个凹面形双线方格间有八字铭文，连续为："见日之光，天下大明"。外方格四内角有一桃形花苞，四外角则向外伸出一苞双叶花枝纹，将镜背纹饰分为四区，每区中心点外各一乳钉，乳钉上方一桃形花苞，两侧各一株单层草叶纹。内向十六连弧纹缘。镜面平直。面径：11.35厘米，背径：11.3厘米，缘厚：0.35厘米。重量：176克，。	完整	西汉早期	
灰陶罐1、铜镜1。	北部偏西		圆形。半球钮。圆钮座。钮座外一细线小方格和凹面形双线大方格间有八字铭文，连续为："见日之光，天下大明"。外方格四内角各有一个对称斜线纹方格，四外角则伸出一株双叶花枝纹，将镜背纹饰分为四区，每区中心各一乳钉，乳钉上方一桃形花苞，两侧各一对称单层草叶纹。内向十六连弧纹缘。镜面微凸。面径：11.15厘米，背径：11.05厘米，缘厚：0.23厘米。重量：110克。	完整	西汉晚期	

续表

序号	镜名	出土时间 地点	墓号	方向	墓葬形制		葬具	墓葬保存状况
					平剖面示意图	形制、尺寸（厘米）（长×宽－墓口－墓底）		
198	日光对称单层草叶镜	1999.9.11，宛计生委住宅小区（建设东路北侧）	WJSW M86	4°		长方形竖穴土坑墓，直壁。306×266－215－346	不详	打破西南部
199	日光对称单层草叶镜	2001.9.18，市一中（建设东路北侧）	NYZ M249	12°		方形单室空心砖墓。262×256－106－190	不详	扰乱
200	日光对称单层草叶镜	2001.10.1，市一中（建设东路北侧）	NYZ M308	30°		长方形竖穴土坑墓，直壁、四边设二层台。墓口：315×252－230 墓底：270×140－320	不详	保存完好
201	日光对称单层草叶镜	2002.7.28，市墙改办住宅小区（建设东路南侧）	NQGB M28	5°		曲尺形砖室墓。302×336－200－300	不详	扰乱

随葬品	镜出土位置	铜镜拓片	铜镜描述	镜保存状况	墓葬时代	备注
灰陶鼎2、盒2、壶2、小壶2、铜镜1。	南部		圆形。三弦钮。钮外一个细线小方格和一个凹面形大方格间有八字铭文，连续为："见日之光，天下大明"。外方格四内角各一桃形花苞，四外角伸出一株双叶花枝纹，将镜背纹饰分为四区，每区中心各一乳钉，乳钉上方一桃形花苞，两侧各一对称单层草叶纹。内向十六连弧纹缘。镜面微凸。面径：11.2厘米，背径：10.95厘米，缘厚：0.32厘米。重量：156.5克。	破（修复）	西汉中期	图版五一：2
灰陶罐1、铜镜1、铜印章1、铜带钩1、半两钱16、铁剑1。	东南部		圆形。半球钮。圆钮座。钮座外两个凹面形双线方格间有八字铭文，连续为："见日之光，天下大明"。外方格四内角各有一桃形花苞，四外角则各向外伸出一双叶花枝纹，将镜背纹饰分为四区，每区中心各一乳钉，乳钉上方一桃形花苞，两侧各一对称单层草叶纹。内向十六连弧纹缘。镜面微凸。面径：11.5厘米，背径：11.35厘米，缘厚：0.3厘米。重量：153克。	稍残（修复）	西汉早期	
灰陶鼎2、盒2、壶2、小壶2、铜镜1。	南部		圆形。三弦钮。钮外一凹面形双线方格和一细线大方格间有八字铭文，连续为："见日之光，天下大明"。外方格四外角各向外伸出一苞双叶花枝纹，将镜背纹饰分为四区，每区中心各一乳钉，乳钉上方一桃形花苞，两侧各一株单层草叶纹。内向十六连弧纹缘。镜面微凸。面径：10.4厘米，背径：10.25厘米，缘厚：0.16厘米。重量：84.5克。	稍残（修复）	西汉中期	
灰陶方盒2、磨1、壶1、仓2、猪圈1、铜镜1。	侧室东北部		圆形。半球钮。钮外一细线小方格和凹面形双线大方格间有八字铭文，连续为："见日之光，天下大明"。外方格四内角各有一对称斜线纹方格，四外角则伸出一株双叶花枝纹，将镜背纹饰分为四区，每区中心各一乳钉，乳钉上方一桃形花苞，两侧各一对称单层草叶纹。内向十六连弧纹缘。镜面微凸。面径：11.3厘米，背径：11.1厘米，缘厚：0.3厘米。重量：142.5克。	完整	西汉晚期	

续表

序号	镜名	出土时间地点	墓号	方向	墓葬形制		葬具	墓葬保存状况
					平剖面示意图	形制、尺寸（厘米）（长×宽－墓口－墓底）		
202	日光对称单层草叶镜	2002.12.11，市防爆厂住宅小区（建设东路南侧）	NFBC M260	278°		长方形竖穴土坑墓，斜壁。墓口：360×270－300 墓底：340×250－470	不详	保存完好
203	日光对称单层草叶镜	2002.12.1，1市防爆厂丰泰住宅小区（建设东路南侧）	NFBC M260	278°		长方形竖穴土坑墓，斜壁。墓口：360×270－300 墓底：340×250－470	不详	保存完好
204	日光对称单层草叶镜	2005.1.5，市拆建公司住宅小区（建设东路南侧）	NCJ M42	2°		长方形单室砖墓。296×176－80－170	不详	扰乱

随葬品	镜出土位置	铜镜拓片	铜镜描述	镜保存状况	墓葬时代	备注
灰陶鼎 2、盒 2、小壶 2、壶 2、车轮 2、铜镜 2、残铅饰、五铢钱 1 串。	北部偏西 1、东部 1		圆形。半球钮。四叶纹钮座。钮座外一细线小方格和凹面形双线大方格间有八字铭文，连续为："见日之光，天□大明"。外方格四内角各有一对称斜线纹方格，四外角则伸出一株双叶花枝纹，将镜背纹饰分为四区，每区中心各一乳钉，乳钉上方一桃形花苞，两侧各一对称单层草叶纹。内向十六连弧纹缘。镜面微凸。面径：10.15 厘米，背径：10 厘米，缘厚：0.2 厘米。重量：80 克。	破（修复）	西汉中期	
灰陶鼎 2、盒 2、壶 2、小壶 2、车轮 2、铜镜 2、残铅饰、五铢钱 1 串。	北部偏西 1、东部 1		圆形。半球钮。四叶纹钮座。钮座外两凹面形双线大方格和一细线方格间有八字铭文，连续为："见日之光，天下大明"。大凹面方格四内角各有一对称斜线纹方格。细线方格四外角向外伸出一株双叶花枝纹，将镜背纹饰分为四区，每区中心各一带圆座乳钉纹，乳钉上方一桃形花苞，两侧各一对称单层草叶纹。内向十六连弧纹缘。镜面微凸。面径：13.15 厘米，背径：13 厘米，缘厚：0.3 厘米。重量：178 克。	完整	西汉中期	图版五二：1
灰陶鼎 1、盒 1、壶 1、小壶 1、仓 3、铜镜 1。	北部		圆形。半球钮。四叶纹钮座。钮座外两凹面形双线大方格和一细线方格，在两凹面方格间有八字铭文，铭文为："见日之光，长乐未央"。大凹面方格四内角各有一对称斜线纹方格。细线方格四外角向外伸出一苞双叶花枝纹，将镜背纹饰分为四区，每区中心各一带圆座乳钉，乳钉上方一桃形花苞，两侧各一对称单层草叶纹。内向十六连弧纹缘。镜面微凸。面径：13.5 厘米，背径：13.3 厘米，缘厚：0.3 厘米。重量：245 克。	稍残（修复）	西汉晚期	

续表

序号	镜名	出土时间地点	墓号	方向	墓葬形制		葬具	墓葬保存状况
					平剖面示意图	形制、尺寸（厘米）（长×宽－墓口－墓底）		
205	日光对称单层草叶镜	2002.9.25，市税局住宅小区（建设东路南侧）	NSJ M116	195°		长方形竖穴土坑墓，直壁。 210×120－180－250	不详	保存完好
206	对称单层草叶镜	2005.1.29，市高管局住宅小区（建设东路南侧）	NGGJ M41	115°		长方形竖穴土坑墓，直壁。 290×150－120－250	不详	保存完好
207	日明对称单层草叶镜	1999.10.8，宛计生委住宅小区（建设东路北侧）	WJSW M32	174°		长方形竖穴土坑墓，直壁。 310×260－240－320	不详	保存完好

随葬品	镜出土位置	铜镜拓片	铜镜描述	镜保存状况	墓葬时代	备注
铜镜 6、五铢钱 13 枚、半两钱 1。	南部 5、中部 1		圆形。半球钮。钮外一细线小方格和凹面形双线方格间有八字铭文，铭文为："见日之光，天下大明"。凹面方格四外角各向外伸出一株双叶花枝纹，将镜背纹饰分为四区，每区中心各一乳钉，乳钉上方一桃形花苞，两侧各一对称单层草叶纹。之外一周细弦纹与草叶纹叶尖和双叶花枝纹相交。内向十六连弧纹缘。镜面平直。面径：11.2 厘米，背径：10.85 厘米，缘厚：0.35 厘米。重量：158.5 克。	完整	西汉中期	图版五二：2
灰陶壶 1、小壶 1、陶片、铜镜 1、铜洗 1、铜带钩 1、五铢钱 4。	西北部		圆形。半球钮。钮外一周绳纹和一凹面形双线方格间环列四组四乳钉和四月牙纹。方格四外角伸出一株双叶花枝纹，四边中心点外各一乳钉，乳钉上方一桃形花苞，两侧各一对称单层草叶纹。内向十六连弧纹缘。镜面微凸。面径：10.9 厘米，背径：10.65 厘米，缘厚：0.35 厘米。重量：160 克。	稍残（修复）	西汉中期	图一〇七，图版五三：1
灰陶罐 1、小口瓮 1、铁壶 1、铁刀 1、铁剑 1、铜盆 1、五铢钱 12、铜镜 1、铜刷 1、铜碗 1、残玉片 1、铅车軎 1。	南部		圆形。半球钮。四叶纹钮座。钮座外一细线小方格和凹面形双线大方格间有八字铭文，铭文为："见日之明，天下大明"。大方格四内角各有一对称斜线纹方格，四外角向外伸出一株双叶花枝纹，将镜背纹饰分为四区，每区中心各一乳钉，乳钉上方一桃形花苞，两侧各一对称单层草叶纹。内向十六连弧纹缘。镜面微凸。面径：10.15 厘米，背径：10.1 厘米，缘厚：0.15 厘米。厘米。重量：89 克。	完整	西汉晚期	

续表

序号	镜名	出土时间 地点	墓号	方向	墓葬形制		葬具	墓葬保存状况
					平剖面示意图	形制、尺寸（厘米）（长×宽－墓口－墓底）		
208	日明对称单层草叶镜	2002.8.11，市税局住宅小区（建设东路南侧）	NSJ M2	0°	北	长方形竖穴土坑墓，直壁。224×110－230－290	木棺	保存完好
209	日光对称单层草叶镜	2001.9.30，市一中（建设东路北侧）	NYZ M417	102°	北	长方形竖穴土坑墓，直壁。268×174－210－290	不详	保存完好
210	日光对称连叠草叶镜	2007.7.11，书香水岸住宅小区（建设东路南侧）	SXSA M41	95°	北	长方形土坑竖穴墓，直壁。300×200－280－380	不详	保存完好

随葬品	镜出土位置	铜镜拓片	铜镜描述	镜保存状况	墓葬时代	备注
灰陶折肩罐1、罐1、盒1、铜镜2、铜带钩1、铜刷1、五铢钱13。	棺外北部2		圆形。半球钮。四叶纹钮座。钮座外一细线小方格和凹面形双线大方格间有八字铭文，铭文为："见日之明，天下大明"。大方格四内角各有一三角重回纹方格，四外角向外伸出一株双叶花枝纹，将镜背纹饰分为四区，每区中心各一乳钉，乳钉上方一桃形花苞，两侧各一对称单层草叶纹。内向十六连弧纹缘。镜面平直。面径：11.12厘米，背径：11厘米，缘厚：0.2厘米。重量：125克。	完整	西汉晚期	
灰陶鼎2、盒2、壶2、小壶2、铜镜1、铜带钩1、五铢钱1、半两钱1、铁刀1。	西南部		圆形。半球钮。四叶纹钮座。钮座外一细线小方格和凹面形双线大方格间有八字铭文，铭文为："见日之光，天下大明"。大方格四内角各有一对称斜线纹方格，四外角向外伸出一株双叶花枝纹，将镜背纹饰分为四区，每区中心各一带圆座乳钉，乳钉上方一桃形花苞，两侧各一对称单层草叶纹。内向十六连弧纹缘。镜面平直。面径：11.45厘米，背径：11.3厘米，缘厚：0.45厘米。重量：317.5克。	完整	西汉晚期	图版五三：2
陶瓮1、车轮1、铁器1、半两钱1串、铜镜1、铜带钩1。	东南角		圆形。半球钮。四叶纹钮座。座外有两个凹面形双线方格和一个细线纹方格间有八字铭文，铭文为："见日之光，长乐未央"。大凹面方格四内角有一桃形花苞，细线方格四外角各向外伸出一株双叶花枝纹，将镜背纹饰分为四区，每区中心各一带圆座乳钉，乳钉上方一桃形花苞，两侧各一对称单层草叶纹。之外一周细弦纹圈带与草叶纹叶尖、桃形花苞及双叶花枝纹相交。内向十六连弧纹缘。镜面平直。面径：13.4厘米，背径：13.2厘米，缘厚：0.4厘米。重量：232克。	完整	西汉早期	

序号	镜名	出土时间地点	墓号	方向	墓葬形制		葬具	墓葬保存状况
					平剖面示意图	形制、尺寸（厘米）（长×宽－墓口－墓底）		
211	简化博局对称单层草叶镜	2004.5.14，南阳凤凰城（张衡路与独山大道交叉口）	FHC M115	15°		长方形土坑竖穴墓，直壁。250×200－120－190	木棺	保存完好
212	日光对称连叠草叶镜	2008.7.29，名门华府住宅小区（工业路与建设路交叉口西北角）	MMHF M25	85°		梯形竖穴土坑墓，斜壁、四边有熟土二层台。墓口：280×160（140）－20 墓底：234×134（124）－190	木棺	保存完好
213	日光连叠草叶镜	2008.8.7，名门华府住宅小区（工业路与建设路交叉口西北角）	MMHF M3	190°		凸字形竖穴土坑墓，由墓道、墓室组成。墓道：长方形斜坡状。720×140－30－200 墓室：长方形、斜壁、四边有熟土二层台。墓口：370×267－30 墓底：325×225－242	一棺、一椁	保存完好

随葬品	镜出土位置	铜镜拓片	铜镜描述	镜保存状况	墓葬时代	备注
灰陶折肩罐1、罐3、铜镜1、铜环4、铜带钩1、铁剑1、铁削1。	棺内中部		圆形。三弦钮。钮座外一细线小方格和凹面形双线大方格间有八字铭文,铭文为:"富贵,长相忘,毋相忘"。大方格四内角各一乳钉,四外角向伸出一株双叶花枝纹,将镜背纹饰分为四区,每区中心各一T形纹,两侧各一对称单层草叶纹。T形纹为细密的四线式。缺L、V形纹。内向十六连弧纹缘。镜面微凸。面径:12.1厘米,背径:11.8厘米,缘厚:0.25厘米。重量:192.5克。	完整	西汉中期	图一二二,图版五四:1
铜镜3、铜环4、铁环1、铁削1、五铢钱2串、陶弹丸3。	东部2、西南部1		圆形。三弦钮。钮座外一细线小方格和一凹面形双线大方格间有铭文,铭文为:"见日之光,天下大明"。大方格四外角伸出一苞双叶花枝纹,将镜背纹饰分为四区,每区中心各一乳钉,乳钉上下方有桃形花苞和抹角长方形底座,两侧各一对称二叠草叶纹。内向十六连弧纹缘。镜面微凸。面径:11.4厘米,背径:11.2厘米,缘厚:0.3厘米。重量:184克。	完整	西汉晚期	
灰陶鼎2、盒3、壶2、小壶2、陶环2、铜镜1、铁剑1、铁匕首1、铜钱1串、铜带钩2。	棺内东北角		圆形。伏螭钮。座外有两个凹面形双线方间有铭文,铭文为:"见日光,天下大阳,服者君卿,延年益寿,敬毋相忘,幸至未央"。外方格四外角伸出一苞双叶花枝纹,将镜背纹饰分为四区,每区中心各一株二叠草叶纹。内向十六连弧纹缘。镜面微凸。面径:13.8厘米,背径:13.6厘米,缘厚:0.3厘米。重量:347.5克。	完整	西汉晚期	图一二三;图版五四:2

序号	镜名	出土时间地点	墓号	方向	墓葬形制		葬具	墓葬保存状况
					平剖面示意图	形制、尺寸（厘米）（长×宽－墓口－墓底）		
214	对称单层草叶镜	2004.5.1，南阳凤凰城（张衡路与独山大道交叉口）	FHC M44	8°		凸字形竖穴土坑墓，由墓道、墓室组成。墓道：梯形斜坡状。270×140（120）－80－210 墓室：长方形、直壁280×260－80－230	木棺	保存完好
215	对称单层草叶镜	2005.10.21，盛唐商务苑（独山大道与滨河路交叉口东北角）	STSW M16	93°		长方形竖穴土坑墓，斜壁。墓口：350×250－230 墓底：300×200－380	不详	保存完好
216	简化博局连叠草叶镜	2005.10.31，盛唐商务苑（独山大道与滨河路交叉口东北角）	STSW M4	205°		长方形竖穴土坑墓，斜壁。墓口：480×350－200 墓底：340×240－380	不详	保存完好
217	服者君王单层草叶镜	2008.6.4，东华新村（人民北路东侧）	DHXC M22	8°		长方形单室砖墓。270×105－10－60	不详	扰乱

随葬品	镜出土位置	铜 镜 拓 片	铜 镜 描 述	镜保存状况	墓葬时代	备注
陶罐 2、铜镜 1、铜带钩 1、铁削 1。	棺内南部		圆形。半球钮。圆钮座。座外一细线方格和一凹面形大方格内有四组三直线纹。大方格四内角各有一对称斜线纹方格,四外角各向外伸出一株双叶花枝纹,将镜背纹饰分为四区,每区中心各一乳钉,乳钉上方有桃形花苞,两侧各一株单层草叶纹。内向十六连弧纹缘。镜面微凸。面径:10.6 厘米,背径:10.5 厘米,缘厚:0.1 厘米。重量:63 克。	稍残(修复)	西汉中期	图一〇八
陶罐 1、铜镜 1。	东北部		圆形。半球钮。钮外一细线方格和一凹面形大方格内有四组五直线纹。大方格四内角各有一桃形花苞,四外角向外伸出一株双叶花枝纹,将镜背纹饰分为四区,每区中心各一乳钉,乳钉上方有桃形花苞,两侧各一株单层草叶纹。内向十六连弧纹缘。镜面微凸。面径:10.1 厘米,背径:9.9 厘米,缘厚:0.2 厘米。重量:97.5 克。	稍残(修复)	西汉中期	图一〇九,图版五五:1
灰陶鼎 2、盒 2、壶 2、小壶 2、铜镜 1。	南部偏东		圆形。兽钮。钮外一凹面形方格和一细线方格。方格四外角各向外伸出一直线,直线上叠压两乳钉和一双线 V 形纹相间,将镜背纹饰分为四区,每区中心各一带圆座乳钉,乳钉上下方各有火焰纹和花枝的根茎,两侧各一株二叠草叶纹。缺 T、L 形纹。内向十六连弧纹缘。镜面平直。面径:12.6 厘米,背径:12.4 厘米,缘厚:0.4 厘米。重量:286 克。	完整	西汉中期	图二二三,图版五五:2
陶壶 1、罐 1、铜镜 1。	南部		圆形。三弦钮。钮外两凹面形方格间有八字铭文,铭文为:"服者君王,幸至未央。"外方格四内角各一带圆座乳钉,四外角向外伸出一短直线纹,将镜背纹饰分为四区,每区中心各一单层草叶纹,草叶纹两侧各垂一叶瓣。七缘。镜面平直。面径:9.9 厘米,背径:9.8 厘米,缘厚:0.25 厘米。重量:44 克。	稍残(修复)	西汉晚期	图一一四,图版五六:1

序号	镜名	出土时间 地点	墓号	方向	墓葬形制		葬具	墓葬保存状况
					平剖面示意图	形制、尺寸（厘米）（长×宽－墓口－墓底）		
218	博局对称单层草叶镜	2008.5.26，东华新村（人民北路东侧）	DHXC M18	15°		长方形竖穴土坑墓，直壁。 220×110－10－30	不详	保存完好
219	日光对称单层草叶镜	2009.12.5，市综合训练馆（滨河东路北侧）	XLG M8	275°		长方形竖穴土坑墓，斜壁。 墓口：250×180－110 墓底：210×140－190	不详	保存完好
220	日光对称单层草叶镜	2001.8.28，市宛运三公司（北京大道东侧）	WYS M24	218°		凸字形竖穴土坑墓，由墓道、墓室组成。 墓道：长方形、斜坡状。 310×130－50－240 墓室：长方形、斜壁。 墓口：280×220－50 墓底：230×110－290	一棺、一椁	保存完好
221	连叠草叶镜	2001.9.5，市一中（建设东路北侧）	NYZ M218	5°		长方形竖穴土坑墓，直壁。 260×167－130－250	不详	保存完好

随葬品	镜出土位置	铜镜拓片	铜镜描述	镜保存状况	墓葬时代	备注
陶壶1、陶片、铜镜1。	东部		圆形。伏螭钮。钮外两细线方格间有铭文,铭文为:"长毋相忘,□未□阳"。在大方格四角各叠压一带圆座乳钉,与镜缘处V形纹相对,四边中心点处向外伸出一个T形纹与镜缘处伸出的L形纹相对。博局纹将镜背纹饰分为四方八区,每区一株单层草叶纹。之外一周细弦纹与草叶纹叶尖相交。TLV形纹均为细密的四线式。内向十六连弧纹缘。镜面平直。面径:12.2厘米,背径:12厘米,缘厚:0.2厘米。重量:168.5克。	稍残(修复)	西汉晚期	图二二〇,图版五六:2
陶车轮2、罐2、陶片、铜镜1。	西部		圆形。半环钮。四叶纹钮座。座外两凹面形方格内有八字铭文,铭文为:"见日之光,天下大明。"外方格四内角有一桃形花苞,四外角向外伸出一株双叶花枝纹,将镜背纹饰分为四区,每区中心各一乳钉,乳钉上方一桃形花苞,两侧各一对称单层草叶纹。之外一圈细弦纹与草叶纹叶尖相交。内向十六连弧纹缘。镜面微凸。面径:11.3厘米,背径:11.1厘米,缘厚:0.3厘米。重量:150.3克。	完整	西汉中期	
陶车轮2、铜镜1、铜带钩1、铁剑1。	椁内西北部		圆形。三弦钮。钮外一细线方格和一凹面形双线方格间有铭文,铭文为:"见日之光,天下大□"。外方格四外角向外伸出一苞双叶花枝纹,将镜背纹饰分为四区,每区中心各一乳钉,乳钉上方一桃形花苞,两侧各一对称单层草叶纹。内向十六连弧纹缘。镜面平直。面径:11.3厘米,背径:11.1厘米,缘厚:0.2厘米。重量:126.5克。	完整	西汉中期	
灰陶小口瓮1、车轮2、铜镜1、铜带钩1、铁刀1。	北部		圆形。座外两凹面形方格内有铭文,铭文为:"长贵□□□相忘□"。大方格四内角有一单层草叶纹,与四外角伸出的连叠草叶纹相连。草叶纹将镜背纹饰分为四区,每区中心各一带圆座乳钉,乳钉上下方各有一桃形花苞和长方形底座,两侧各一上卷的叶瓣。内向连弧纹缘。面径:13.55厘米,背径:13.45厘米,缘厚:0.35厘米。重量:101.5克。	残	西汉早期	与M440出土铜镜可合并为一面镜

序号	镜名	出土时间 地点	墓号	方向	墓葬形制		葬具	墓葬保存状况
					平剖面示意图	形制、尺寸（厘米）(长×宽－墓口－墓底)		
222	连叠草叶镜	2001.10.2，市一中（建设东路北侧）	NYZ M440	27°		长方形竖穴土坑墓，直壁。330×170－220－430	不详	保存完好
223	对称连叠草叶镜	1999.12.27，南阳新光热电公司（建设西路南侧）	XGRD M12	190°		梯形竖穴土坑墓、直壁。250×144（136）－10－50	不详	保存完好
224	星云镜	2004.5.16，南阳凤凰城（张衡路与独山大道交叉口）	FHC M108	280°		凸字形竖穴土坑墓，由墓道、墓室组成。墓道：长方形、斜坡状。190×130－60－180 墓室：长方形、直壁、南北两边设二层台。墓口：340×285－60 墓底：340×225－200	不详	保存完好
225	星云镜	2004.5.17，南阳凤凰城（张衡路与独山大道交叉口）	FHC M109	310°		凸字形竖穴土坑墓、由墓道、墓室组成。墓道：梯形、斜坡状。210×150（110）－110－180 墓室：长方形、直壁。410×230－110－195	一棺	保存完好

随葬品	镜出土位置	铜镜拓片	铜镜描述	镜保存状况	墓葬时代	备注
铜镜 1。	西北部		圆形。三弦钮。座外两凹面形方格内有铭文，铭文为："长贵□□□相忘□"。大方格四内角有一单层草叶纹，与四外角伸出的连叠草叶纹相连。草叶纹将镜背纹饰分为四区，每区中心各一带圆座乳钉，乳钉上下方各有一桃形花苞和长方形底座，两侧各一上卷的叶瓣。内向连弧纹缘。面径：13.55 厘米，背径：13.45 厘米，缘厚：0.35 厘米。重量：87 克。	残（修复）	西汉早期	与 M218 出土铜镜可合并为一面镜
陶壶 1、铜镜 4、铜带钩 2、铜环 2、铜钱 1 串。	南部 4		圆形。伏兽钮。钮外两凹面形双线方格内有铭文，铭文为："长相□，毋相忘，常富贵，□未□。"外方格四外角向外伸出一株双叶花枝纹，将镜背纹饰分为四区，每区中心各一乳钉，乳钉上方一桃形花苞，两侧各一对称连叠草叶纹。内向十六连弧纹缘。镜面平直。面径：13.9 厘米，背径：13.7 厘米，缘厚：0.3 厘米。重量：164 克。	残（修补）	西汉中期	
陶鼎 1、盒 1、壶 1、小壶 1、铜镜 1。	西部		圆形。连峰钮。圆钮座。座外一周内向十六连弧纹和双弦纹圈带间为主纹。四枚带圆座乳钉间各有四枚小乳，小乳由长短不同的弧线相连接。内向十六连弧纹缘。镜面微凸。面径：10.2 厘米，背径：10 厘米，缘厚：0.2 厘米。重量：108 克。	稍残（修补）	西汉中期	
灰陶鼎 2、盒 3、壶 2、小壶 2、铜泡钉 1、铜镜 1、铜钱 1 串、铜带钩 1、铁匕首 1、铁剑 1。	南部偏东		圆形。连峰钮。钮外有四枚带圆座乳钉间各有七枚小乳和二月牙纹，小乳由长短不同的弧线相连接。之外一周短斜线纹。内向十六连弧纹缘。镜面微凸。面径：10 厘米，背径：9.8 厘米，缘厚：0.3 厘米。重量：159 克。	完整	西汉中期	图一四二，图版五七：1

续表

序号	镜名	出土时间 地点	墓号	方向	墓葬形制		葬具	墓葬保存状况
					平剖面示意图	形制、尺寸（厘米） （长×宽 - 墓口 - 墓底）		
226	星云镜	2010.1.11，市综合训练馆（滨河东路北侧）	XLG M70	190°		凸字形竖穴土坑墓、由墓道、墓室组成。 墓道：长方形、斜坡状。 200×130 - 150 - 220 墓室：长方形、斜壁。 墓口：440×320 - 150 墓底：280×160 - 310	不详	保存完好
227	星云镜	2003.6.20，锦江公寓（卧龙路与滨河路交叉口西南角）	JJGY M8	190°		长方形竖穴土坑墓、直壁。 240×130 - 100 - 210	不详	保存完好
228	星云镜	2008.5.24，东华新村（人民北路北侧）	DHXC M15	8°		长方形竖穴土坑墓、直壁。 230×136 - 15 - 91	木棺	保存完好
229	星云镜	2003.6.1，市财局（独山大道与张衡路交叉口西北角）	SCJ M27	192°		长方形双室砖墓。 342×190 - 75 - 240	不详	扰乱

随葬品	镜出土位置	铜镜拓片	铜镜描述	镜保存状况	墓葬时代	备注
灰陶罐 3、铜镜 1、铜钱 1 串、铜印章 1。	东北部		圆形。连峰钮。钮外一周短斜线纹和一周内向十六连弧纹。之外两周短斜线纹间为主纹，四枚带圆座乳钉间各有五枚小乳和一月牙纹，小乳由长短不同的弧线相连接。在短斜线纹外有四短直线与四乳钉相对应。内向十六连弧纹缘。镜面微凸。面径：10.3 厘米，背径：10.1 厘米，缘厚：0.4 厘米。重量：238.5 克。	完整	西汉中期	
铜管 1、铜壶 1、铜镜 1、铜熏炉 1、铁削 1、铁剑 1。	南部		圆形。连峰钮。钮外一周细弦纹圈带内有短弧线纹。之外一周内向十六连弧纹、弦纹和双弦纹圈带间有主纹。四枚带圆座乳钉间各有三枚小乳和三短斜线，每枚小乳由长短不同的弧线相连接。内向十六连弧纹缘。镜面微凸。面径：10.3 厘米，背径：10.1 厘米，缘厚：0.4 厘米。重量：144 克。	稍残（修复）	西汉中期	
陶鼎 1、盒 1、壶 1、铜镜 1、铜带钩 1、铜钱 1 串、铁刀 1。	棺内东南部		圆形。连峰钮。双线圆钮座。钮座外一周内向十六连弧纹和双弦纹圈带间有主纹。四枚带圆座乳钉间各有四枚小乳，每枚小乳由长短不同的弧线相连接。内向十六连弧纹缘。镜面微凸。面径：10.8 厘米，背径：10.5 厘米，缘厚：0.4 厘米。重量：197 克。	破（修复）	西汉中期	
陶井 1、器盖 1、狗 1、盆 1、磨 1、小壶 2、釜 2、陶片、铜镜 1、铜碗 1。	两室过道中部		圆形。连峰钮。钮外一周短斜线纹、弦纹和双弦纹圈带间为主纹。四枚带圆座乳钉间各有六枚小乳及三月牙纹，每枚小乳由长短不同的弧线相连接。内向十六连弧纹缘。镜面微凸。面径：10.6 厘米，背径：10.4 厘米，缘厚：0.3 厘米。重量：146.5 克。	稍残（修复）	新莽时期	图版五七：2

序号	镜名	出土时间地点	墓号	方向	墓葬形制		葬具	墓葬保存状况
					平剖面示意图	形制、尺寸（厘米）（长×宽－墓口－墓底）		
230	星云镜	2004.5.9，南阳凤凰城（张衡路与独山大道交叉口）	FHC M67	310°		长方形竖穴土坑墓，直壁。275×180－65－285	不详	保存完好
231	星云镜	2005.6.23，东华小区（天山路北侧）	DHXQ M7	10°		长方形竖穴土坑墓，直壁。260×170－70－170	不详	保存完好
232	星云镜	2001.2.27，市一中（建设东路北侧）	NYZ M56	22°		长方形竖穴土坑墓，斜壁、南部设二层台。墓口：360×270－195墓底：205×180－380	不详	保存完好
233	星云镜	2003.5.23，市体育馆（滨河东路北侧）	NTYG M93	293°		长方形竖穴土坑墓，直壁。200×130－240－285	不详	保存完好

随葬品	镜出土位置	铜镜拓片	铜镜描述	镜保存状况	墓葬时代	备注
陶罐1、小壶1、铜镜1。	北部		圆形。连峰钮。圆钮座。钮座外一周内向十六连弧纹和双弦纹圈带间为主纹。四枚带圆座乳钉间各有六枚小乳，每枚小乳由长短不同的弧线相连接。内向十六连弧纹缘。镜面微凸。面径：10.2厘米，背径：10厘米，缘厚：0.3厘米。重量：136.5克。	完整	西汉中期	
灰陶鼎2、盒2、壶2、铜镜1、铜钱1串、铜带钩1。	西部		圆形。连峰钮。圆钮座。钮座内有三短弧线和三月牙纹相间环绕。其外一周内向十六连弧纹。之外两周短斜线纹间有主纹，四枚带圆座乳钉间各有五枚小乳，每枚小乳由长短不同的弧线相连接。其中一根曲线在四乳间形成一个弧线四边形。在外圈短斜线纹上有四条短直线与一小乳钉相对应。内向十六连弧纹缘。镜面微凸。面径：11.2厘米，背径：10.9厘米，缘厚：0.45厘米。重量：253克。	稍残（修复）	西汉中期	图版五八：1
灰陶鼎1、盒1、壶1、小壶1、鸡1、大泉五十泥钱2、铜镜1、铜轊3、铜輨1、铜盖弓帽4、铜泡钉1、大泉五十5。	东北部		圆形。连峰钮。圆钮座。座外一周内向十六连弧纹和双弦纹圈带为主纹。四枚带圆座乳钉间各有四枚小乳，每枚小乳由长短不同的弧线相连组成。在弦纹圈带外有四条短直线与四枚带圆座乳钉相对应。内向十六连弧纹缘。镜面微凸。面径：10.3厘米，背径：10.1厘米，缘厚：0.2厘米。重量：82克。	稍残（修复）	新莽时期	
灰陶车轮2、折肩罐1、钵2、罐1、铜镜1、铜刷1、铜管状器1、玉片1、铁剑1、五铢钱15。	西南部		圆形。连峰钮。钮外两周短斜线纹之间为主纹。四枚带圆座乳钉间各有七枚小乳和一月牙纹，每枚小乳由长短不同的弧线相连组成。内向十六连弧纹缘。镜面微凸。面径：10.65厘米，背径：0.3厘米，缘厚：0.32厘米。重量：127.5克。	破（修复）	西汉晚期	

续表

序号	镜名	出土时间地点	墓号	方向	墓葬形制		葬具	墓葬保存状况
					平剖面示意图	形制、尺寸（厘米）（长×宽－墓口－墓底）		
234	星云镜	2004.1.3，宛城区黄台岗刘官营	WHTG M1	185°		长方形竖穴土坑墓，斜壁。墓口：362×250－112 墓底：270×210－212	木棺	保存完好
235	星云镜	2005.12.31，宛检察院玉龙苑住宅小区（独山大道西侧）	WJCY M80	65°		长方形竖穴土坑墓，由墓道、墓室组成。墓道：长方形斜坡状。380×170－230－340 墓室：长方形、直壁。270×170－230－420	不详	保存完好
236	星云镜	2003.4.29，市体育馆（滨河东路北侧）	NTYG M12	105°		长方形竖穴土坑墓，斜壁。墓口：220×168－160 墓底：170×144－260	不详	保存完好
237	星云镜	2002.9.18，市税局住宅小区（建设东路南侧）	NSJ M134	190°		长方形竖穴土坑墓，直壁。240×150－210－260	不详	保存完好

随葬品	镜出土位置	铜镜拓片	铜镜描述	镜保存状况	墓葬时代	备注
灰陶鼎1、盒1、壶1、小壶1、罐1、铜镜1、铜带钩1、五铢钱15、铁剑1、铁刀1。	棺内东南角		圆形。连峰钮。双线圆钮座。座外一周内向十六连弧纹。之外两周短斜线纹圈带之间为主纹。四枚带圆座乳钉间各有两枚小乳、三至五个月牙纹和弧线组成。内向十六连弧纹缘。镜面微凸。面径：9.83厘米，背径：9.7厘米，缘厚：0.33厘米。重量：154.5克。	破（修复）	西汉晚期	图一三九
灰陶仓4、小壶1、磨1、罐1、灶1、井1、瓮1、釜1、陶片、铜镜2、铜铃1、铁刀1、铁剑1、铅耳杯10、口蝉1、石饰5。	两室内的东部2		圆形。兽钮。钮座由卷曲云纹组成。座外一周内向十六连弧纹。之外两周弦纹圈带间为主纹带。四枚并蒂四叶座的大乳将其分为四区，每区内各有众多小乳和卷曲云纹组成。看上去更似蟠螭纹。内向十六连弧纹缘。镜面平直。面径：13.65厘米，背径：13.42厘米，缘厚：0.5厘米。重量：390.5克。	破（修复）	西汉晚期	图一二九，图版五八：2
铜镜1、铜带钩1、铅饰5、铁镊1、五铢钱8。	中部		圆形。连峰钮。钮外一周短斜线纹、弦纹和双弦纹圈带间为主纹。四枚带圆座乳钉间各有六枚小乳，每枚小乳由长短不同的弧线相连接。内向十六连弧纹缘。镜面微凸。面径：10.3厘米，背径：10.1厘米，缘厚：0.3厘米。重量：121克。	完整	西汉晚期	图一三四，图版五九：1
灰陶瓮1、小罐1、铜镜1、五铢钱7。	西部		圆形。连峰钮。圆钮座。座内环列八月牙纹。之外一周内向十六连弧纹和双弦纹圈带间为主纹带。四枚带圆座乳钉间有五枚小乳和一月牙纹，每枚小乳由长短不同的弧线相连接。内向十六连弧纹缘。镜面微凸。面径：9.2厘米，背径：9.1厘米，缘厚：0.4厘米。重量：108.5克。	完整	西汉晚期	

续表

序号	镜名	出土时间 地点	墓号	方向	墓葬形制		葬具	墓葬保存状况
					平剖面示意图	形制、尺寸（厘米）（长×宽－墓口－墓底）		
238	星云镜	2002.8.13，市税局住宅小区（建设东路南侧）	NSJ M33	270°		长方形竖穴土坑墓，直壁。170×96－250－320	不详	保存完好
239	星云镜	2002.8.13，市税局住宅小区（建设东路南侧）	NSJ M33	270°		长方形竖穴土坑墓，直壁。170×96－250－320	不详	保存完好
240	星云镜	2002.11.27，市防爆厂丰泰住宅小区（建设东路南侧）	NFBC M304	21°		长方形竖穴土坑墓，直壁。260×140－90－178	不详	保存完好
241	星云镜	2002.11.13，市防爆厂丰泰住宅小区（建设东路南侧）	NFBC M228	285°		长方形竖穴土坑墓，直壁。250×130－130－180	不详	保存完好

随葬品	镜出土位置	铜镜拓片	铜镜描述	镜保存状况	墓葬时代	备注
灰陶鼎 1、盒 1、壶 1、小壶 1、铜镜 2、五铢钱 46、铜带钩 1。	北中部 2		圆形。连峰钮。钮外一周短斜线纹和双弦纹圈带间为主纹带。四枚带圆座乳钉间各有三枚小乳和一月牙纹，每枚小乳由长短不同的弧线相连接。内向十六连弧纹缘。镜面微凸。面径：8.7 厘米，背径：8.58 厘米，缘厚：0.15 厘米。重量：65.5 克。	完整	西汉晚期	
灰陶鼎 1、盒 1、壶 1、小壶 1、铜镜 2、五铢钱 46、铜带钩 1。	北中部 2		圆形。连峰钮。钮外为一周短斜线纹、弦纹和双弦纹圈带间为主纹带。四枚带圆座乳钉间各有四枚小乳，每枚小乳由长短不同的弧线相连接。内向十六连弧纹缘。镜面微凸。面径：8.8 厘米，背径：8.72 厘米，缘厚：0.15 厘米。重量：68 克。	破（修复）	西汉晚期	
铜镜 1、五铢钱 4、铜带钩 1、铜弩机 1、铜璜 7、铜车軎 1。	西北角		圆形。连峰钮。钮座由三组短弧线和山字纹组成。座外一周内向十六连弧纹、弦纹和双弦纹圈带纹间为主纹。四枚带圆座乳钉间各有九枚小乳和一月牙纹，每乳由长短不同的弧线相连接。内向十六连弧纹缘。镜面微凸。面径：13.4 厘米，背径：13 厘米，缘厚：0.5 厘米。重量：338.5 克。	完整	西汉晚期	图二三七，图版五九：2
灰陶小口瓮 1、罐 1、泥球 3、铜饰 1、铜镜 1、五铢钱 6。	西部		圆形。连峰钮。钮外一周短斜线纹、弦纹和双弦纹圈带间为主纹。四枚带圆座乳钉间各有六枚小乳，每枚小乳由长短不同的弧线相连接。内向十六连弧纹缘。镜面微凸。面径：9.4 厘米，背径：9.25 厘米，缘厚：0.7 厘米。重量：83 克。	破（修复）	西汉晚期	

续表

序号	镜名	出土时间 地点	墓号	方向	墓葬形制		葬具	墓葬保存状况
					平剖面示意图	形制、尺寸（厘米）（长×宽－墓口－墓底）		
242	星云镜	2002.9.24，市防爆厂丰泰住宅小区（建设东路南侧）	NFBC M57	105°		长方形竖穴土坑墓，直壁、四边设二层台。墓口：270×200－200 墓底：230×140－350	不详	保存完好
243	星云镜	2002.7.1，市自来水公司住宅小区（建设东路北侧）	NZLS M5	192°		长方形竖穴土坑墓，直壁。东室：四边设二层台。280×164－70－183 西室：西南两边设二层台。258×164－70－232	不详	保存完好
244	星云镜	2001.3.8，市一中（建设东路北侧）	NYZ M123	205°		长方形竖穴土坑墓、斜壁、四边设二层台。墓口：430×350－120 墓底：280×190－390	不详	保存完好
245	星云镜	2001.2.11，市一中（建设东路北侧）	NYZ M7	285°		梯形竖穴土坑墓，斜壁。墓口：300×240（200）－270 墓底：260×200（160）－370	双棺	保存完好

随葬品	镜出土位置	铜镜拓片	铜镜描述	镜保存状况	墓葬时代	备注
灰陶鼎1、盒1、壶1、小罐1、硬陶罐1、铜镜1、铜刷2、铜带钩1、铜鐼1、铁器1、圆形石片1、五铢钱1串。	西南角		圆形。连峰钮。钮外一周凸弦纹圈带内有四组短弧线和四组二月牙纹、二乳钉相间环绕。之外两周短斜线纹之间为主纹，四枚带圆座乳钉间各有四枚小乳，每乳由长短不同的弧线相连接。在短斜线纹圈带外有两短直线纹与钮外弧线相对应。内向十六连弧纹缘。镜面微凸。面径：9.9厘米，背径：9.8厘米，缘厚：0.35厘米。重量：149.5克。	完整	西汉晚期	图一三六
灰陶鼎2、盒2、壶2、小壶2、铜镜2、铜带钩1、五铢钱3、石口蝉1、石饰件2。	东室东部1、西室西部1		圆形。连峰钮。圆钮座。座外二组双弦纹圈带之间为主纹带。四枚带圆座乳钉间各有六枚小乳，其中两小乳用U形弧线相连接。内向十六连弧纹缘。镜面微凸。面径：8.7厘米，背径：8.5厘米，缘厚：0.18厘米。重量：74.5克。	完整	西汉晚期	
灰陶鼎2、盒2、壶2、小壶2、铜镜1、五铢钱6、铜衔1、铜盖弓帽10、铜軎4、铜扣7。	南部		圆形。连峰钮。圆钮座。座外一周内向十六连弧纹和双弦纹圈带间为主纹。四枚带圆座乳钉间各有四枚小乳和一月牙纹，每枚小乳由长短不同的弧线相连接。内向十六连弧纹缘。镜面平直。面径：9.95厘米，背径：9.8厘米，缘厚：0.3厘米。重量：97克。	破（修复）	西汉中期	图版六〇：1
灰陶罐1、大口瓮1、铜镜1、五铢钱2、铜带钩1、铜刷1、铁刀1。	南棺南部		圆形。连峰钮。钮座由八月牙纹和八个三角纹组成。座外四枚并蒂三叶座的大乳将镜背分为四区，每区各有五枚小乳和五月牙纹，每乳由长短弧线相连接。之外为双弦纹圈带。在弦纹圈带外有四条短直线与一小乳相对应。内向十六连弧纹缘。镜面微凸。面径：10.3厘米，背径：9.95厘米，缘厚：0.4厘米。重量：172.5克。	稍残（修复）	西汉晚期	图一二八，图版六〇：2

序号	镜名	出土时间 地点	墓号	方向	墓葬形制		葬具	墓葬保存状况
					平剖面示意图	形制、尺寸（厘米）（长×宽－墓口－墓底）		
246	星云镜	2000.8.9，市拆迁办永泰住宅小区（建设东路北侧）	NCQB M231	23°		长方形竖穴土坑墓，直壁。 210×140－130－290	不详	保存完好
247	星云镜	2000.6.20，市拆迁办永泰住宅小区（建设东路南侧）	NCQB M168	71°		长方形竖穴土坑墓，直壁。 220×150－70－210	不详	保存完好
248	星云镜	2000.6.24，市拆迁办永泰住宅小区（建设东路南侧）	NCQB M202	20°		长方形竖穴土坑墓，直壁。 260×170－120－460	不详	保存完好

随葬品	镜出土位置	铜镜拓片	铜镜描述	镜保存状况	墓葬时代	备注
灰陶鼎 1、盒 1、壶 1、铜镜 1。	中部偏东		圆形。连峰钮。钮座由四组短弧线、四月牙纹组成。座外一周短斜线纹。之外一周凸弦纹和一周短斜线纹之间为主纹。四枚带圆座乳钉间有五枚小乳，每枚由长短不同的弧线相连接。在短斜线纹圈带外有短直线与带圆座乳钉相对应。内向十六连弧纹缘。镜面微凸。面径：11.1 厘米，背径：11 厘米，缘厚：0.45 厘米。重量：123 克。	残	西汉晚期	仅出土半面
灰陶折肩罐 1、铜镜 1、五铢钱 6。	南部偏西		圆形。连峰钮。钮外一周短斜线纹和双弦纹圈带之间为主纹。四枚并蒂三叶座的大乳将其分为四区，每区内各有四枚小乳，每枚小乳由长短不同的弧线相连接。内向十六连弧纹缘。镜面微凸。面径：9.4 厘米，背径：9.3 厘米，缘厚：0.35 厘米。重量：104.5 克。	完整	西汉晚期	图一二七，图版六一：1
灰陶鼎 2、盒 2、壶 2、小壶 2、方盒 1、铜镜 1、五铢钱 35、铜饰 1、口蝉 1、铅耳杯 4。	南部偏西		圆形。连峰钮。钮外一周短斜线纹和双弦纹圈带间为主纹带。四枚带圆座乳钉间各有六枚小乳和一月牙纹，每枚小乳由长短不同的弧线相连接。内向十六连弧纹缘。镜面微凸。面径：10.55 厘米，背径：10.4 厘米，缘厚：0.32 厘米。重量：136.5 克。	完整	西汉晚期	

续表

序号	镜名	出土时间地点	墓号	方向	墓葬形制		葬具	墓葬保存状况
					平剖面示意图	形制、尺寸（厘米）（长×宽-墓口-墓底）		
249	星云镜	1999.11.10，宛计生委住宅小区（建设东路北侧）	WJSW M75	90°		长方形竖穴土坑墓，直壁。325×175-140-250	木棺	保存完好
250	星云镜	1999.10.8，宛计生委住宅小区（建设东路北侧）	WJSW M27	0°		长方形竖穴土坑墓，直壁。331×227-180-293	不详	保存完好
251	星云镜	2004.9.19，市广电公司住宅小区（建设东路南侧）	NGD M61	17°		长方形竖穴土坑墓，直壁。340×210-120-240	不详	保存完好
252	星云镜	2005.12.26，宛检察院玉龙苑住宅小区（独山大道西侧）	WJCY M116	20°		长方形竖穴土坑墓，直壁。250×130-140-250	不详	保存完好

随葬品	镜出土位置	铜镜拓片	铜镜描述	镜保存状况	墓葬时代	备注
铜镜 1、五铢钱 8。	棺内南部		圆形。连峰钮。双线圆钮座。座外一周内向十六连弧纹和双弦纹圈带间为主纹。四枚带圆座乳钉间各有五枚小乳和二月牙纹，每枚小乳由长短不同的弧线相连接。内向十六连弧纹缘。镜面微凸。面径：10.7 厘米，背径：10.55 厘米，缘厚：0.32 厘米。重量：125 克。	破（修复）	西汉晚期	图版六一：2
铜镜 1、五铢钱 20、铜带钩 2、铜刷 1、铜泡钉 4、铜拉环 1、铜管洛饰 1、铁剑 1、铁器 3。	西北部		圆形。连峰钮。双线圆钮座。座外一周内向十六连弧纹。之外一周短斜线纹和双弦纹圈带之间为主纹。四枚带圆座乳钉间各有五枚小乳，每枚小乳由长短不同的弧线相连接。内向十六连弧纹缘。镜面平直。面径：11.2 厘米，背径：11.08 厘米，缘厚：0.43 厘米。重量：203.5 克。	稍残（修复）	西汉晚期	
灰陶鼎 2、盒 2、壶 2、小壶 2、铜镜 1。	北部		圆形。连峰钮。钮外一周短斜线纹和双弦纹圈带间为主纹。四枚带圆座乳钉间各有六枚小乳和一至两个短斜线纹，每枚小乳由长短不同的弧线相连接。内向十六连弧纹缘。镜面微凸。面径：10.82 厘米，背径：10.75 厘米，缘厚：0.3 厘米。重量：94.5 克。	稍残（修复）	西汉中期	
灰陶罐 2、铜镜 1。	北部		圆形。连峰钮。圆钮座。钮座内有四短弧线纹和四月牙纹相间环绕。其外一周内向十六连弧纹。之外两周短斜线纹间为主纹带。四枚带圆座乳钉间各有五枚小乳和一花苞纹，每枚小乳和花苞纹由长短不同的弧线相连接。在短斜线纹圈带外有四条短直线与四枚带圆座乳钉相对应。内向十六连弧纹缘。镜面微凸。面径：11.1 厘米，背径：11 厘米，缘厚：0.4 厘米。重量：213.5 克。	破（修复）	西汉中期	图一三八、图版六二：1

续表

序号	镜名	出土时间 地点	墓号	方向	墓葬形制		葬具	墓葬保存状况
					平剖面示意图	形制、尺寸（厘米）(长×宽－墓口－墓底)		
253	星云镜	2005.1.27，市高管局住宅小区（建设东路南侧）	NGGJ M2	5°		长方形竖穴土坑墓，斜壁。 墓口：290×190－120 墓底：250×150－280	不详	保存完好
254	星云镜	2005.1.16，市拆建公司住宅小区（建设东路南侧）	NCJ M51	277°		长方形竖穴土坑墓，斜壁。 墓口：310×200－150 墓底：290×180－370	不详	保存完好
255	星云镜	2005.1.3，中建七局压铸厂住宅小区（独山大道东侧）	NZQJ M3	9°		长方形竖穴土坑墓，斜壁。 墓口：330×190－120 墓底：300×160－230	不详	保存完好
256	星云镜	2005.1.1，中建七局压铸厂住宅小区（独山大道东侧）	NZQJ M2	79°		长方形竖穴土坑墓，直壁、四边设二层台。 墓口：460×330－120 墓底：330×180－220	木棺	保存完好

随葬品	镜出土位置	铜镜拓片	铜镜描述	镜保存状况	墓葬时代	备注
灰陶罐1、折肩罐1、鼎1、铜镜1。	北部		圆形。连峰钮。钮外一周短斜线纹、弦纹和双弦纹圈带为主纹。四枚带圆座乳钉间各有一月牙纹和四枚或六枚小乳相间环列，每枚小乳由长短不同的弧线相连接。内向十六连弧纹缘。镜面平直。面径：8.9厘米，背径：8.8厘米，缘厚：0.18厘米。重量：63.5克。	破（修复）	西汉中期	
灰陶盒1、壶1、小壶1、罐1、铜镜1、五铢钱2、铜带钩1、铜铃1。	西部		圆形。连峰钮。圆钮座。钮座内有四组短弧线纹与四月牙纹相间环绕。其外一周内向十六连弧纹带。之外两周短斜线纹圈带间为主纹带。四枚带圆座乳钉间各有六枚小乳和三月牙纹，每枚小乳由长短不同的弧线相连接。在短斜线纹圈带上有四条短直线与钮座上的月牙纹相对应。内向十六连弧纹缘。镜面微凸。面径：11.15厘米，背径：11.1厘米，缘厚：0.45厘米。重量：225.5克。	稍残（修复）	西汉中期	
灰陶鼎2、盒2、壶2、小壶2、铜镜1、铜带钩1、铜刷1、铁饰1、环手铁刀1、铅饰1。	北部偏东		圆形。连峰钮。钮座由三组短弧线纹与三月牙纹组成。座外一周内向十六连弧纹带。之外两周短斜线纹间为主纹带。四枚圆座乳钉间各有五枚小乳和一月牙纹，每枚小乳由长短不同的弧线相连接。其中一根曲线，在四乳间形成一个弧线四边形。内向十六连弧纹缘。镜面微凸。面径：13.63厘米，背径：13.3厘米，缘厚：0.51厘米。重量：36.8克。	完整	西汉中期	图版六二：2
灰陶壶1、陶片、铜镜1、铜饰1、铜熏炉1、长方形石板1。	东南部		圆形。连峰钮。圆钮座。钮座内有四组短弧线纹与月牙纹相间环绕。其外一周内向十六连弧纹带。之外两周短斜线纹间为主纹带。四枚并蒂四叶座的大乳间有八枚小乳钉和一月牙纹，每乳由长短不同的弧线相连接。在短斜线纹圈带外有四条短直线纹与钮座内的月牙纹相对应。内向十六连弧纹缘。镜面微凸。面径：10.1厘米，背径：9.9厘米，缘厚：0.41厘米。重量：193克。	完整	西汉中期	图版六三：1

序号	镜名	出土时间地点	墓号	方向	墓葬形制		葬具	墓葬保存状况
					平剖面示意图	形制、尺寸（厘米）（长×宽－墓口－墓底）		
257	星云镜	2004.1.8，宛城区黄台岗刘官营	WHTG M92	200°		长方形竖穴土坑墓，直壁、四边设二层台。墓口：404×265－130墓底：310×190－356	不详	保存完好
258	星云镜	2004.1.6，宛城区黄台岗刘官营	WHTG M32	290°		长方形竖穴土坑墓，斜壁。墓口：326×216－140墓底：300×200－270	不详	保存完好
259	星云镜	2004.1.3，宛城区黄台岗刘官营	WHTG M30	280°		长方形竖穴土坑墓，直壁。300×190－110－250	不详	保存完好
260	星云镜	2004.12.28，市经济适用房住宅小区（建设东路北侧）	NJJF M52	31°		长方形竖穴土坑墓，直壁。320×180－100－240	不详	保存完好

随葬品	镜出土位置	铜镜拓片	铜镜描述	镜保存状况	墓葬时代	备注
灰陶鼎 2、盒 1、壶 2、小壶 2、铜镜 1、铜洗 2、铜鼎 1、铜钫 1、铜勺 1、铜管形饰 1、铜剑饰 1 铜饰件 1、铜带钩 1、铁矛 1、铁剑 1。	东部		圆形。连峰钮。圆钮座。钮座内有四组短斜线纹。之外一周内向十六连弧纹和短斜线纹间为主纹带。四枚带圆座乳钉间各有五枚小乳和一月牙纹，每乳由长短弧线相连接。在短斜线纹圈带外有短直线纹与一小乳相对应。内向十六连弧纹缘。镜面微凸。面径：11.24厘米，背径：11.05厘米，缘厚：0.4厘米。重量：182.5克。	稍残（修复）	西汉中期	
灰陶鼎 1、盒 1、壶 1、小壶 1、瓮 1、铜镜 1、铜印章 1、五铢钱 1 串、铜饰 1、铜洗 1、铜带钩 1、铜衔镳 1、铜刷 1、铜管形器 1、铁刀 1、铁剑 1。	西南角		圆形。连峰钮。圆钮座。钮座内有四短弧线与月牙纹相间环列。其外一周内向十六连弧纹。之外有两周短斜线纹间为主纹带。四枚并蒂四叶座的大乳间各有八枚小乳和一月牙或一直线纹，每枚小乳由长短不同的弧线相连接。在短斜线纹圈带外有四条短直线与月牙纹或直线纹相对应。内向十六连弧纹缘。镜面微凸。面径：13.3厘米，背径：13.2厘米，缘厚：0.58厘米。重量：354.5克。	破（修复）	西汉中期	图一二五，图版六三：2
灰陶鼎 1、盒 2、壶 2、小壶 2、铜镜 1、五铢钱 1 串。	西北角		圆形。半球钮。圆钮座。座外有双弦纹和内向十六连弧纹圈带。之外一周短斜线纹和双弦纹圈带间为主纹带。四枚带圆座乳钉间各有五枚小乳和一月牙纹，小乳由长短不同的弧线相连接，其中一根曲线在四乳间形成一个弧线四边形。内向十六连弧纹缘。镜面微凸。面径：10.05厘米，背径：9.8厘米，缘厚：0.4厘米。重量：186克。	稍残（修复）	西汉中期	图一三一，图版六四：1
灰陶鼎 1、盒 1、壶 1、小壶 1、铜镜 1。	西北部		圆形。连峰钮。双线圆钮座。座外一周内向十六连弧纹、弦纹和双弦纹圈带间为主纹带。四枚带圆座乳钉间有五枚小乳，每枚小乳由长短不同的弧线相连接。内向十六连弧纹缘。镜面微凸。面径：10.7厘米，背径：10.55厘米，缘厚：0.35厘米。重量：113.5克。	破（修复）	西汉中期	

序号	镜名	出土时间 地点	墓号	方向	墓葬形制		葬具	墓葬保存状况
					平剖面示意图	形制、尺寸（厘米）（长×宽－墓口－墓底）		
261	星云镜	2003.4.28，市体育馆（滨河东路北侧）	NTYG M28	17°		长方形竖穴土坑墓，直壁。 325×160－140－210	不详	保存完好
262	星云镜	2003.4.28，市体育馆（滨河东路北侧）	NTYG M13	290°		长方形竖穴土坑墓，斜壁。 墓口：270×208－150 墓底：230×160－250	不详	保存完好
263	星云镜	2003.4.28，市体育馆（滨河东路北侧）	NTYG M17	287°		长方形竖穴土坑墓，直壁。 210×130－180－246	不详	保存完好
264	星云镜	2002.9.27，市税局住宅小区（建设东路南侧）	NSJ M188	210°		长方形竖穴土坑墓，直壁。 260×130－160－210	不详	保存完好

随葬品	镜出土位置	铜 镜 拓 片	铜 镜 描 述	镜保存状况	墓葬时代	备注
灰陶鼎2、盒2、壶2、小壶1、铜镜1、铜洗1、铜勺2。	东南部		圆形。连峰钮。绳纹圆钮座。座外一周内向十六连弧纹与绳纹圈带间为主纹带。四枚带圆座乳钉间各有五枚小乳和云纹或月牙纹，每枚小乳由长短不同的弧线相连接。内向十六连弧纹缘。镜面微凸。面径：10.55厘米，背径：10.55厘米，缘厚：0.48厘米。重量：174.5克。	破（修复）	西汉中期	图一四〇
灰陶瓮1、罐1、铜镜1、铜带钩1、铜刷1、铁器1。	西北部		圆形。连峰钮。八月牙纹钮座。座外一周短斜线纹和双弦纹圈带间有主纹带。四枚带圆座乳钉间各有六枚小乳和一月牙纹，每枚乳钉由长短不同的弧线相连接。内向十六连弧纹缘。镜面微凸。面径：10厘米，背径：9.8厘米，缘厚：0.38厘米。重量：147克。	完整	西汉中期	
灰陶鼎1、盒1、壶1、小壶1、铜镜1、铜印章1、玉剑饰1、铁剑1、五铢钱29。	南部		圆形。连峰钮。圆钮座。钮座内有三短弧线与月牙纹相间环绕。其外一周内向十六连弧纹带。之外一周短斜线纹和双弦纹圈带为主纹带。四枚带圆座乳钉间各有五枚小乳，每枚小乳由长短不同的弧线相连接。其中一根曲线在四乳间形成一个弧线四边形。内向十六连弧纹缘。镜面微凸。面径：9.9厘米，背径：9.8厘米，缘厚：0.42厘米。重量：176.5克。	完整	西汉中期	图版六四：2
灰陶罐3、铜镜1。	中部偏北		圆形。连峰钮。钮座由三组短弧线纹与三月牙纹组成。之外一周凸弦纹与短斜线纹间有主纹带。四枚带圆座乳钉间有三枚小乳钉，每枚小乳钉上下有短弧线纹。在四乳间形成一个十字形。内向十六连弧纹缘。镜面微凸。面径：7.95厘米，背径：7.8厘米，缘厚：0.25厘米。重量：65克。	稍残（修复）	西汉中期	图一三五，图版六五：1

序号	镜名	出土时间地点	墓号	方向	墓葬形制		葬具	墓葬保存状况
					平剖面示意图	形制、尺寸（厘米）（长×宽－墓口－墓底）		
265	星云镜	2002.8.13，市税局住宅小区（建设东路南侧）	NSJ M102	1°		长方形竖穴土坑墓，直壁。230×130－200－340	不详	保存完好
266	星云镜	2002.8.9，市税局住宅小区（建设东路南侧）	NSJ M50	20°		长方形竖穴土坑墓，直壁、东西两边设二层台。墓口：216×114－145 墓底：216×66－235	不详	保存完好
267	星云镜	2002.11.13，市防爆厂丰泰住宅小区（建设东路南侧）	NFBC M319	2°		长方形砖室墓。235×112－110－145	不详	全毁
268	星云镜	2002.10.26，市防爆厂丰泰住宅小区（建设东路南侧）	NFBC M206	260°		长方形竖穴土坑墓、直壁、南部设二层台。墓口：280×190－200 墓底：280×175－275	两木棺	保存完好

随葬品	镜出土位置	铜镜拓片	铜镜描述	镜保存状况	墓葬时代	备注
灰陶鼎1、盒1、壶1、小壶1、铜镜1、铜带钩1、铜饰1。	北部		圆形。连峰钮。钮外三枚带圆座乳钉间各有五枚小乳,每枚小乳由长短不同的弧线相连接。之外为双弦纹圈带。内向十六连弧纹缘。镜面微凸。面径:6.05厘米,背径:6厘米,缘厚:0.2厘米。重量:36.5克。	完整	西汉中期	图一四三,图版六五:2
灰陶罐1、铜镜1。	北部		圆形。连峰钮。圆钮座,座内有三短弧线与三月牙纹相间环绕。其外一周内向十六连弧纹。之外有两周短斜线纹之间为主纹带。四枚带圆座乳钉间各有五枚小乳,每枚小乳由长短不同的弧线相连接,其中一根曲线在四乳钉间形成一个弧线四边形。在短斜线纹圈带外有四条短直线与四乳钉相对应。内向十六连弧纹缘。镜面微凸。面径:10.2厘米,背径:10厘米,缘厚:0.4厘米。重量:172.5克。	完整	西汉中期	图版六六:1
铜镜1、铜带钩1、铜刷1、陶片。	室内扰土中		圆形。半球钮。圆钮座。座外为内向十六连弧纹圈带与短斜线圈带纹之间为主纹,四枚带圆座乳钉间各有六枚小乳,每枚小乳由长短不同的弧线相连接。内向十六连弧纹缘。镜面微凸。面径:9.95厘米,背径:9.85厘米,缘厚:0.3厘米。重量:91.5克。	稍残（修复）	西汉晚期至新莽时期	图一三〇,图版六六:2
灰陶鼎1、盒1、壶1、小壶1、铜镜2、铜带钩1、铜饰1、铁刀1、五铢钱12。	北棺内外西南部2		圆形。连峰钮。双线圆钮座。座外一周内向十六连弧纹、弦纹和双弦纹之间为主纹。四枚带圆座乳钉间各有五枚小乳,每枚小乳由长短不同的弧线相连接。内向十六连弧纹缘。镜面微凸。面径:10.75厘米,背径:10.55厘米,缘厚:0.35厘米。重量:164克。	稍残（修复）	西汉晚期	

续表

序号	镜名	出土时间地点	墓号	方向	墓葬形制		葬具	墓葬保存状况
					平剖面示意图	形制、尺寸（厘米）（长×宽－墓口－墓底）		
269	星云镜	2002.9.24，市防爆厂丰泰住宅小区（建设东路南侧）	NFBC M22	196°		长方形砖室墓。308×156－145－239	不详	扰乱
270	星云镜	2002.6.16，市墙改办住宅小区（建设东路南侧）	NQGB M14	280°		长方形竖穴土坑墓，斜壁。墓口：330×200－256 墓底：306×180－340	木棺	保存完好
271	星云镜	2000.12.21，南阳理工大学（长江路南侧）	NLGD M30	272°		长方形竖穴土坑墓，直壁、南北两边设二层台。墓口：270×120－70 墓底：270×60－240	不详	保存完好
272	星云镜	2001.9.2，市一中（建设东路北侧）	NYZ M414	200°		长方形竖穴土坑墓，直壁。238×108－422－456	不详	保存完好

随葬品	镜出土位置	铜镜拓片	铜镜描述	镜保存状况	墓葬时代	备注
灰陶鼎1、盒1、小壶1、罐1、仓1、仓盖4、铜镜1、铜钱1串、铁刀1。	南部		圆形。连峰钮。钮外一周短斜线纹、弦纹和双弦纹圈带间为主纹。四枚带圆座乳钉间各有六枚小乳，每枚小乳由长短不同的弧线相连接。内向十六连弧纹缘。镜面微凸。面径：9.5厘米，背径：9.4厘米，缘厚：0.23厘米。重量：77.5克。	稍残（修复）	西汉晚期	
灰陶鼎2、盒2、壶2、小壶2、铜镜2、铜饰1、铜钱8。	棺外西部2		圆形。连峰钮。圆钮座。座外一周内向十六连弧纹与一周短斜线纹间为主纹带。四枚带圆座乳钉间有五枚小乳，每枚小乳由长短不同的弧线相连接。内向十六连弧纹缘。镜面微凸。面径：10.6厘米，背径：10.35厘米，缘厚：0.45厘米。重量：156克。	破（修复）	西汉晚期	
灰陶鼎1、盒1、壶1、小壶1、铜镜1。	中部偏西		圆形。连峰钮。钮外一周短斜线纹和一周弦纹圈带间为主纹带。四枚带圆座乳钉间各有三枚小乳和两月牙纹，每枚小乳和月牙纹由长短不同的弧线相连接。内向十六连弧纹缘。镜面微凸。面径：6.53厘米，背径：6.45厘米，缘厚：0.33厘米。重量：55克。	完整	西汉中期	图一三三；图版六七：1
铜镜1、铜带钩1、五铢钱1串、铜铃1、铁剑1。	南部		圆形。连峰钮。座外一周短斜线纹和双弦纹圈带间为主纹。四枚并蒂三叶座的大乳间各有六枚小乳，每乳由长短不同的弧线相连接。内向十六连弧纹缘。镜面微凸。面径：11.05厘米，背径：10.9厘米，缘厚：0.47厘米。重量：197克。	完整	西汉晚期	

续表

序号	镜名	出土时间 地点	墓号	方向	墓葬形制		葬具	墓葬保存状况
					平剖面示意图	形制、尺寸（厘米）（长×宽－墓口－墓底）		
273	星云镜	2001.10.8，市一中（建设东路北侧）	NYZ M412	204°		长方形竖穴土坑墓，直壁。360×300－230－378	不详	保存完好
274	星云镜	2001.10.8，市一中（建设东路北侧）	NYZ M411	204°		长方形竖穴土坑墓，直壁。276×176－230－390	不详	保存完好
275	星云镜	2001.9.13，市一中（建设东路北侧）	NYZ M227	20°		长方形竖穴土坑墓，直壁。276×170－167－203	不详	保存完好
276	星云镜	2001.3.8，市一中（建设东路北侧）	NYZ M172	205°		长方形竖穴土坑墓，直壁。230×120－150－400	不详	保存完好

随葬品	镜出土位置	铜 镜 拓 片	铜 镜 描 述	镜保存状况	墓葬时代	备注
灰陶鼎 2、壶 2、小壶 2、钵 1、铜镜 1、铜勺 1、铜盆 2、五铢钱 5、铁剑 1、铁器 1、铁刀 1、玉剑璏 1、残玉片 2、铜刷 1。	西南部		圆形。连峰钮。圆钮座。钮座内有四短弧线纹与月牙纹相间环绕。其外一周内向十六连弧纹。之外一周短斜线纹和双弦纹圈带之间为主纹。四枚带圆座乳钉间各有五枚小乳，每枚小乳由长短不同的弧线相连接。其中一根曲线在四乳钉纹间形成一个弧线四边形。在弦纹圈带纹外有四条短直线与四枚带圆座乳钉相对应。内向十六连弧纹缘。镜面微凸。面径：11.15 厘米，背径：10.9 厘米，缘厚：0.48 厘米。重量：243 克。	完整	西汉晚期	
灰陶鼎 2、盒 2、壶 2、小壶 2、罐 1、铜镜 1、铜刷 2、铜盆 2、五铢钱 1 串、铜柿梯形饰件 18、玛瑙珠 4。	西南角		圆形。连峰钮。圆钮座。钮座内有四短弧线纹与月牙纹相间环绕。其外一周内向十六连弧纹带。之外二周短斜线纹圈带之间为主纹。四枚并蒂四叶座的大乳间有六枚小乳，每乳由长短不同的弧线相连接。在外圈短斜线纹圈带上，有四条短直线与四枚并蒂四叶座的大乳相对应。内向十六连弧纹缘。镜面微凸。面径：13.35 厘米，背径：13.3 厘米，缘厚：0.5 厘米。重量：308 克。	稍残（修复）	西汉晚期	图版六七：2
铜镜 1、铁器 1。	北部		圆形。连峰钮。钮外为一周短斜线纹、弦纹和双弦纹圈带间为主纹。四枚并蒂四叶座的大乳间有七枚小乳，每枚小乳由长短不同的弧线相连接。内向十六连弧纹缘。镜面平直。面径：10.6 厘米，背径：10.5 厘米，缘厚：0.3 厘米。重量：146.5 克。	破（修复）	西汉	图一二六
铜镜 1、铜刷 1、玉剑首 1。	南部		圆形。连峰钮。钮外为一周短斜线纹、弦纹和双弦纹圈带间为主纹。四枚带圆座乳钉间各有四枚小乳和一月牙纹，每枚小乳和月牙纹由长短不同的弧线相连接。内向十六连弧纹缘。镜面微凸。面径：8.95 厘米，背径：8.9 厘米，缘厚：0.2 厘米。重量：65 克。	稍残（修复）	西汉	

续表

序号	镜名	出土时间地点	墓号	方向	墓葬形制		葬具	墓葬保存状况
					平剖面示意图	形制、尺寸（厘米）（长×宽－墓口－墓底）		
277	星云镜	2000.6.6，市拆迁办永泰住宅小区（建设东路南侧）	NCQB M155	17°		长方形竖穴土坑墓，直壁。256×156－110－230	不详	保存完好
278	星云镜	2000.6.20，市拆迁办永泰住宅小区（建设东路南侧）	NCQB M167	70°		长方形竖穴土坑墓，直壁。254×150－120－200	不详	保存完好
279	星云镜	20006.5.20，市拆迁办永泰住宅小区（建设东路南侧）	NCQB M150	79°		长方形竖穴土坑墓，直壁。250×142－130－170	不详	保存完好
280	星云镜	2000.1.1，宛计生委住宅小区（建设东路北侧）	WJSW M128	72°		长方形竖穴土坑墓，直壁。282×206－150－312	不详	打破西南部

随葬品	镜出土位置	铜镜拓片	铜镜描述	镜保存状况	墓葬时代	备注
灰陶鼎1、盒1、壶1、铜镜1、铜刷1、铜盆1、铜环1、铅饰1。	中部偏北		圆形。连峰钮。圆钮座。座外一周内向十六连弧纹和双弦纹圈带间为主纹带。四枚带圆座乳钉间各有四枚小乳和一月牙纹，每枚小乳由长短不同的弧线相连接。内向十六连弧纹缘。镜面平直。面径：10.45厘米，背径：10.2厘米，缘厚：0.35厘米。重量：113克。	破（修复）	西汉中期	
灰陶鼎2、盒2、壶2、小壶2、铜镜1、铜带钩1、五铢钱8、铁权1。	北部偏东		圆形。连峰钮。双线圆钮座。座外一周内向十六连弧纹。之外两周短斜线纹间为主纹带。四枚并蒂四叶座的大乳将其分为四区，每区内各有五枚小乳和一云纹，小乳由长短不同的弧线相连接。在短斜线纹圈带外，有两条短直线与小乳相对应。内向十六连弧纹缘。镜面平直。面径：11厘米，背径：10.85厘米，缘厚：0.6厘米。重量：275.5克。	破（修复）	西汉中期	
灰陶罐2、铜镜1、五铢钱5。	北部偏东		圆形。连峰钮。双线圆钮座。座外一周内向十六连弧纹、弦纹和双弦纹圈带间为主纹带。四枚带圆座乳钉间各有五枚小乳，每枚小乳由长短不同的弧线相连接。内向十六连弧纹缘。镜面平直。面径：10.73厘米，背径：10.5厘米，缘厚：0.4厘米。重量：181克。	完整	西汉中期	
灰陶罐2、小口瓮1、车轮2、铜镜1、五铢钱1串、铜刷1、铜铃1、铜带钩1、铁剑1、玉剑璏1。	西北部		圆形。兽钮。绹纹圆钮座。钮座外一周内向十六连弧纹和一周弦纹圈带间为主纹。四枚带圆座乳钉间有四组星云纹，小乳众多，云纹卷曲，看上去更似蟠螭纹。内向十六连弧纹缘。镜面平直。面径：11.15厘米，背径：10.95厘米，缘厚：0.45厘米。重量：247克。	完整	西汉晚期	图一四二，图版六八：1

续表

序号	镜名	出土时间地点	墓号	方向	墓葬形制		葬具	墓葬保存状况
					平剖面示意图	形制、尺寸（厘米）（长×宽－墓口－墓底）		
281	星云镜	1999.10.27，宛计生委住宅小区（建设东路北侧）	WJSW M105	90°		长方形竖穴土坑墓，直壁。240×160－130－220	不详	保存完好
282	星云镜	1999.11.5，宛计生委住宅小区（建设东路北侧）	WJSW M45	270°		长方形竖穴土坑墓，直壁。310×133－170－222	不详	保存完好
283	星云镜	1999.11.8，宛计生委住宅小区（建设东路北侧）	WJSW M36	270°		长方形竖穴土坑墓，直壁。230×159－180－250	木棺	保存完好
284	星云镜	1999.12.2，宛计生委住宅小区（建设东路北侧）	WJSW M20	80°		长方形竖穴土坑墓，直壁。290×150－110－230	木棺	打破西南部

随葬品	镜出土位置	铜 镜 拓 片	铜 镜 描 述	镜保存状况	墓葬时代	备注
灰陶罐 2、铜镜 1、铜刷 1。	南部		圆形。连峰钮。钮外一周短斜线纹和一周内向十六连弧纹圈带。之外两周短斜线纹间有主纹带。四枚带圆座乳钉间各有五枚小乳，每枚小乳由长短不同的弧线相连接。内向十六连弧纹缘。镜面微凸。面径：10.8 厘米，背径：10.6 厘米，缘厚：0.35 厘米。重量：167 克。	完整	西汉晚期	图版六八：2
灰陶罐 1、铜镜 1。	西北部		圆形。连峰钮。圆钮座，座内有三月牙纹。其外一周内向十六连弧纹。之外一周短斜线纹和双弦纹圈带间为主纹带。四枚圆座乳钉间各有三枚小乳，其中两侧小乳钉用一曲线连接，形成一个弧形四边形，中间小乳钉则与其外侧弦纹圈带上短直线纹相对应。内向十六连弧纹缘。镜面微凸。面径：10.15 厘米，背径：10.03 厘米，缘厚：0.42 厘米。重量：189 克。	完整	西汉晚期	图版六九：1
灰陶罐 4、铜镜 3、铜刷 1、铁削 1。	西北部棺内 2、棺外 1		圆形。连峰钮。钮外一周短斜线纹和双弦纹圈带之间为主纹带。四枚带圆座乳钉间各有六至八枚小乳，每枚小乳由长短不同的弧线相连接。内向十六连弧纹缘。镜面微凸。面径：10.7 厘米，背径：10.42 厘米，缘厚：0.36 厘米。重量：145.5 克。	破（修复）	西汉晚期	图版六九：1
灰陶罐 1、小口瓮 1、铜镜 1、铜铃 1、五铢钱 7。	棺外东北部		圆形。连峰钮。圆钮座。座外一周内向十六连弧纹与双弦纹圈带间为主纹带。四枚带圆座乳钉间各有五枚小乳，每枚小乳由长短不同的弧线相连接。内向十六连弧纹缘。镜面微凸。面径：10.4 厘米，背径：10.2 厘米，缘厚：0.35 厘米。重量：141 克。	完整	西汉晚期	图版六九：2

续表

序号	镜名	出土时间 地点	墓号	方向	墓葬形制		葬具	墓葬保存状况
					平剖面示意图	形制、尺寸（厘米）（长×宽－墓口－墓底）		
285	星云镜	1999.10.8，宛计生委住宅小区（建设东路北侧）	WJSW M26	8°		长方形竖穴土坑墓、直壁。290×170－110－250	不详	保存完好
286	星云镜	2001.9.28，市一中（建设东路北侧）	NYZ M310	285°		长方形竖穴土坑墓、直壁。280×160－220－280	不详	保存完好
287	星云镜	2001.9.6，市一中（建设东路北侧）	NYZ M220	280°		长方形竖穴土坑墓、直壁。222×136－120－148	不详	保存完好
288	星云镜	2001.9.8，市一中（建设东路北侧）	NYZ M222	283°		长方形竖穴土坑墓、直壁、四边设二层台。墓口：364×245－110 墓底：292×180－183	不详	保存完好

随葬品	镜出土位置	铜镜拓片	铜镜描述	镜保存状况	墓葬时代	备注
灰陶罐2、铜镜1。	东北部		圆形。连峰钮。钮外一周短直线纹和一周绹纹圈带间为主纹带。四枚带圆座乳钉间各有五枚小乳和一至二月牙纹，每枚小乳由长短不同的弧线相连接。其中一小乳钉上三直线纹与绹纹圈带相交。内向十六连弧纹缘。镜面微凸。面径：11.12厘米，背径：10.97厘米，缘厚：0.4厘米。重量：214克。	稍残（修复）	西汉早期	图一三二，图版七〇：1
灰陶罐2、铜镜1。	西北部		圆形。连峰钮。钮外一周短斜线纹、弦纹和双弦纹圈带间为主纹。四枚带圆座乳钉间各有六枚小乳和一月牙纹，每枚小乳由长短不同的弧线相连接组成。内向十六连弧纹缘。镜面微凸。面径：9.8厘米，背径：9.7厘米，缘厚：0.22厘米。重量：92克。	稍残（修复）	西汉晚期	
灰陶折肩罐1、铜镜1。	西北部		圆形。连峰钮。星云座由八乳钉与曲线相连构成。座外一周短斜线纹、弦纹圈带和双弦纹圈带之间为主纹带。四枚带圆座乳钉间各有四枚小乳和两月牙纹，每枚小乳和月牙由长短弧线相连接。内向十六连弧纹缘。镜面微凸。面径：10厘米，背径：9.85厘米，缘厚：0.4厘米。重量：148.5克。	破（修复）	西汉	
灰陶小口瓮1、铜镜1、铜鼎1。	南部		圆形。连峰钮，圆钮座，座内有六乳钉、三月牙纹和曲线纹。其外一周内向十六连弧纹。之外两周短斜线圈带间为主纹。四枚带圆座乳钉间各有七枚小乳和三月牙纹，每枚小乳由长短弧线相连接。内向十六连弧纹缘。镜面微凸。面径：13.6厘米，背径：13.4厘米，缘厚：0.55厘米。重量：355克。	残缺（修复）	西汉晚期	

续表

序号	镜名	出土时间地点	墓号	方向	墓葬形制		葬具	墓葬保存状况
					平剖面示意图	形制、尺寸（厘米）（长×宽－墓口－墓底）		
289	星云镜	2002.12.3，市防爆厂丰泰住宅小区（建设东路南侧）	NFBC M277	289°		凸字形竖穴土坑墓、由墓道和墓室组成。墓道：长方形、斜坡状。142×180－110－190墓室：长方形、斜壁、南北西三边设二层台。墓口：458×350－100墓底：408×154－286	木棺	保存完好
290	星云镜	2000.3.26，市烟草公司（建设路与滨河路交叉口东北角）	YCGS M24	270°		长方形竖穴土坑墓，斜壁。墓口：374×325－140墓底：340×288－250	一椁、三棺	扰乱
291	星云镜	2003.11.3，市公路技校（百里奚路西侧）	GLJX M1	20°		凸字形竖穴土坑墓，由墓道和墓室组成。墓道：长方形、斜坡状。290×84－100－150墓室：长方形、直壁。260×130－100－190	不详	保存完好
292	家常贵富四乳铭文镜	2005.12.15，宛检察院玉龙苑住宅小区（独山大道西侧）	WJCY M47	93°		长方形砖室墓。274×160－120－196	不详	扰乱

随葬品	镜出土位置	铜镜拓片	铜镜描述	镜保存状况	墓葬时代	备注
灰陶鼎2、盒2、壶2、小壶2、铜镜1、铜洗2、熏炉1、铜盖弓帽5、铜衔镳1、铜当卢1、半两钱10、五铢钱2。	前室西北部		圆形。连峰钮。钮座由月牙纹与短弧线纹组成。座外一周内向连弧纹与双弦纹圈带纹间为主纹带。带圆座乳钉间有小乳，小乳由长短不同的弧线相连接。内向连弧纹缘。面径：11.1厘米，背径：11厘米，缘厚：0.45厘米。重量：127克。	残缺	西汉晚期	
灰陶鼎2、盒2、壶2、小壶2、铜镜1、铜洗2、熏炉1、铜饰1、铜钱3串。	椁内西部		圆形。连峰钮。星云座由八乳钉与曲线相连构成。钮座外一周短斜线纹和一周内向十六连弧纹。之外两周短斜线纹间为主纹。四枚并蒂四叶座的大乳间有十三枚小乳和两月牙纹，每枚小乳由长短不同的弧线相连接。在短斜线纹外有四月牙纹和四个双线V形纹相间环绕。内向十六连弧纹缘。镜面微凸。面径：17.7厘米，背径：17.2厘米，缘厚：0.7厘米。重量：809克。	稍残（修复）	西汉中期	
灰陶鼎1、盒1、壶1、陶器、铜镜1。	西部		圆形。钮残。钮外有四枚并蒂四叶座的大乳间有九枚小乳，每枚小乳由长短不同的弧线相连接。之外一周短斜线纹，在短斜线纹上有月牙纹和短直线纹相间环绕。内向十六连弧纹缘。镜面微凸。面径：11.3厘米，背径：11.2厘米，缘厚：0.5厘米。重量：170克。	残缺	西汉中期	
铜镜1、陶片。	室内扰土中		圆形。半球钮。钮外有八条粗短直线纹。其外一周凸弦纹和弦纹圈带间有四枚带圆座乳钉，乳钉间各有一字铭，连续为："家常贵富"。内向十六连弧纹缘。镜面平直。面径：6.5厘米，背径：6.35厘米，缘厚：0.4厘米。重量：47克。	完整	西汉中期	图一四四，图版七〇：2

序号	镜名	出土时间 地点	墓号	方向	墓葬形制		葬具	墓葬保存状况
					平剖面示意图	形制、尺寸（厘米）（长×宽－墓口－墓底）		
293	家常贵富四乳铭文镜	2004.5.7，南阳凤凰城（张衡路与独山大道交叉口）	FHC M66	85°		长方形竖穴土坑墓，直壁。260×170－130－180	不详	保存完好
294	清白连弧铭带镜	2003.12.25，市三杰公司住宅小区（建设东路南侧）	NSJ M49	15°		双凸字形竖穴土坑墓，由两墓道和两墓室组成。墓道：长方形，斜坡状。400×1080－205－395 墓室：长方形、斜壁、设二层台。墓口：900×1420－165 墓底：620×1140－655	3椁、4棺	扰乱
295	清白连弧铭带镜	2002.1.2，市审计局住宅小区（建设东路南侧）	NSJJ M54	10°		长方形竖穴土坑墓，直壁。340×190－152－370	不详	保存完好

随葬品	镜出土位置	铜镜拓片	铜镜描述	镜保存状况	墓葬时代	备注
灰陶鼎1、盒2、小壶1、折肩罐1、铁刀1、铜镜1、铜勺1、铜熏炉1、铜钱1串。	东南部		圆形。半球钮，圆钮座，座内有八条粗短斜线纹。其外一周内向十六连弧纹。之外两周短斜线间有四乳及铭文相间配列，铭文连续为："家常贵富"。四乳有并蒂四叶纹座。内向十六连弧纹缘。镜面微凸。面径：11厘米，背径：10.8厘米，缘厚：0.5厘米。重量：251克。	完整	西汉中期	图一四五，图版七一：1
瓷瓿1、银环1、铜镜2、铜耳杯1、铜灯1、陶熏炉1、铜药臼1、五铢钱、玉片1、玉蝉1、琉璃琪1、石蝉1、小铜戈1、铜弩机2、铜车马饰60、铜管饰1、铜饰件4、石饰件1、铜泡钉1、铜洗1、漆木器2、铁饰1、圆形石片1、铜盆2、铜炙炉1、铜熏炉1、铜炉1。	西室西南部2		圆形。半球钮。并蒂连珠纹钮座。座外一周凸弦纹圈带和内向八连弧纹圈带间有简单的纹饰。之外两周短斜线纹间有铭文带，铭文为："絜清白而事君，志骦之合明，彶玄锡之泽，疏远日忘，慎美之弇，而忘绝。"素宽平缘。镜面平直。面径：13.25厘米，背径：13.1厘米，缘厚：0.5厘米。重量：317克。	残缺（修复）	西汉晚期	
灰陶鼎2、盒2、壶2、小壶1、铜灯1、铜刷1、铜镜1。	中部偏北		圆形。半球钮。并蒂连珠纹钮座。座外一周凸弦纹圈带和一周内向八连弧纹间有简单的纹饰。之外两周短斜线纹间有铭文带，铭文为："絜清白而事君，志清污之弇明，玄锡之，□而日忘，外承□泉，永思之毋绝，而之"。素宽平缘。镜面微凸。面径：14.55厘米，背径：14.35厘米，缘厚：0.5厘米。重量：444.5克。	完整	西汉晚期	图一四六，图版七一：2

序号	镜名	出土时间 地点	墓号	方向	墓葬形制		葬具	墓葬保存状况
					平剖面示意图	形制、尺寸（厘米）（长×宽−墓口−墓底）		
296	清白连弧铭带镜	2002.1.19，市审计局住宅小区（建设东路南侧）	NSJJ M32	168°		长方形平顶砖室墓，由前、后室组成。390×160−160−286	不详	保存完好
297	清白连弧铭带镜	2005.4.2，市万家园华鑫苑住宅小区（独山大道东侧）	NWJY M90	190°		凸字形竖穴土坑墓，由墓道和墓室组成。墓道：梯形斜坡状。210×90（110）−40−140 墓室：长方形、直壁。290×190−40−200	不详	保存完好
298	清白连弧铭带镜	2007.6.25，书香水岸住宅小区（建设东路南侧）	SXSA M22	10°		长方形砖室墓，有前后室组成。370×250−100−140	不详	扰乱
299	清白连弧铭带镜	2008.7.26，名门华府住宅小区（工业北路与建西路交叉口西北角）	MMHF M26	15°		凸字形竖穴土坑墓，由墓道、墓室组成。墓道：长方形，斜坡状。236×120−20−136 墓室：长方形、斜壁，四边有熟土二层台。墓口：362×178−20 墓底：320×164−220	一棺、一椁	保存完好

随葬品	镜出土位置	铜镜拓片	铜镜描述	镜保存状况	墓葬时代	备注
灰陶仓2、小壶2、红陶壶2、灯1、仓3、铜镜1、铜碗1、铜泡钉1、五铢钱33。	前室南部		圆形。半球钮。并蒂连珠纹钮座。座外一周短斜线纹、凸弦纹和一周内向八连弧纹间有简单的纹饰。之外两周短斜线纹间有铭文带，铭文为："絜清白而事君，志骤之合明，作玄锡之泽，恐疏远日忘，怀（？）美之穷皑，承□之可"。素平缘。镜面微凸。面径：17.8厘米，背径：17.5厘米，缘厚：0.7厘米。重量：760克。	完整	西汉晚期	图一四七，图版七二：1
灰陶鼎1、盒1、壶1、仓3、罐1、铜镜1、铜盆1、铜环1、铜带钩1、五铢钱90、铜马1、铁刀1、石饰3、铅耳杯1、铁剑1、铁灯1。	东南部		圆形。半球钮。并蒂连珠纹钮座。座外一周短斜线纹、凸弦纹和一周内向八连弧纹间有简单的纹饰。之外两周短斜线纹间有铭文带，铭文为："絜而清而白而事君，怨而污之弇明，光玄锡而泽，而日忘，不泄"。素平缘。镜面平直。面径：14.9厘米，背径：14.82厘米，缘厚：0.5厘米。重量：396.5克。	完整	西汉晚期	图版七二：2
铜镜1、陶片。	室内扰土中		圆形。半球钮。并蒂连珠纹钮座。座外一周短斜线纹、凸弦纹和一周内向八连弧纹间有简单的纹饰。之外两周短斜线纹间有铭文带，铭文为："絜清白而事君，志骤之合而明，佞玄锡而泽，怨疏远日忘，心怀而美之窆之可毋绝"。素平缘。镜面微凸。面径：15.5厘米，背径：15.5厘米，缘厚：0.5厘米。重量：528克。	完整	西汉晚期	
陶鼎1、壶1、仓3、小壶1、铜镜1、铜饰件1、骨器1。	棺内中部		圆形。半球钮。并蒂连珠纹钮座。座外一周短斜线纹、凸弦纹和一周内向八连弧纹间有简单的纹饰。之外两周短斜线纹间有铭文带，铭文为："絜而清白而事君，塞而污志弇明，光玄而锡之泽，而泽而恐□而日忘。"铭文首尾间以两圆点相隔。窄平缘。镜面微凸。面径：13厘米，背径：12.8厘米，背径：0.4厘米。重量：217克。	完整	西汉晚期	

续表

序号	镜名	出土时间地点	墓号	方向	墓葬形制		葬具	墓葬保存状况
					平剖面示意图	形制、尺寸（厘米）（长×宽－墓口－墓底）		
300	日光连弧铭带镜	2001.1.5，南阳理工大学（长江路南侧）	NLGD M300	24°		长方形竖穴土坑墓，直壁。270×70－120－150	不详	保存完好
301	日光连弧铭带镜	2003.5.2，市体育馆（滨河东路北侧）	NTYG M27	270°		长方形竖穴土坑墓，直壁。240×150－130－180	不详	保存完好
302	日光连弧铭带镜	2002.11.1，市防爆厂丰泰住宅小区（建设东路南侧）	NFBC M215	4°		长方形单室砖墓。296×118－128－306	不详	扰乱
303	日光连弧铭带镜	2004.9.6，市广电公司住宅小区（建设东路南侧）	NGD M18	75°		长方形砖室墓。710×390－150－340	不详	全毁

随葬品	镜出土位置	铜 镜 拓 片	铜 镜 描 述	镜保存状况	墓葬时代	备注
灰陶罐 2、铜镜 1。	西部		圆形。半球钮。圆钮座。座外一周内向八连弧纹与短斜线纹间有铭文带，铭文为："见日之光，□下大一。"每二字间有"☺"形符号相隔。窄平缘。镜面微凸。面径：5.33 厘米，背径：5.25 厘米，缘厚：0.2 厘米。重量：26.5 克。	完整	西汉中期	图一四八
灰陶壶 1、小壶 1、铜刷 1、铜镜 2、铁镊 1。	南部 2		圆形。半球钮。圆钮座。座外均匀地伸出四条短弧线各与短竖线相间环列。之外一周内向八连弧纹与短斜线纹间有铭文带，铭文为："见日之光，长不相下（忘?）。"每两字间有短弧线条相隔。窄平缘。镜面微凸。面径：5.43 厘米，背径：5.23 厘米，缘厚：0.16 厘米。重量：20 克。	完整	西汉晚期	图一五〇
灰陶仓 1、罐 2、小壶 1、盒 1、铜镜 1、铜带钩 1、铁刀 1、五铢钱 11。	西北部		圆形。半球钮。圆钮座。座外一周内向八连弧纹圈带内有四短弧线纹间以月牙纹。之外两周短斜线纹间有铭文带，铭文为："光而日忘，□大下而。"每字之间以鸟形纹或"☺"形、"✳"形符号相隔。窄平缘。镜面平直。面径：8.6 厘米，背径：8.55 厘米，缘厚：0.4 厘米。重量：83 克。	残	西汉晚期	图一五三
灰陶仓 1、耳杯 4、灶 1、井 1、罐 1、小壶 1、圆盒 1、狗 1、方盒 1、鼎 1、方案 1、钵 1、勺 1、铜镜 1。	室内扰土中		圆形。半球钮。圆钮座。座外一周内向八连弧纹内有四组双线纹间有短竖线条。之外两周短斜线纹间有铭文带，铭文为："见日之而，天下大明。"每字之间有"◈"形或"☺"形符号相隔。窄平缘。镜面微凸。面径：7.16 厘米，背径：7.1 厘米，缘厚：0.25 厘米。重量：63.5 克。	稍残（修复）	西汉晚期	

序号	镜名	出土时间地点	墓号	方向	墓葬形制		葬具	墓葬保存状况
					平剖面示意图	形制、尺寸（厘米）（长×宽－墓口－墓底）		
304	日光连弧铭带镜	2005.3.15，市万家园华鑫苑住宅小区（独山大道东侧）	NWJY M37	190°		长方形砖室墓，由两前、两后室组成。380×320－100－190	不详	扰乱
305	日光连弧铭带镜	2005.4.17，市万家园华鑫苑住宅小区（独山大道东侧）	NWJY M136	10°		凸字形竖穴土坑墓，由墓道和墓室组成墓道：长方形、斜坡状。70×140－60－90墓室：长方形、直壁。350×240－60－116	两木棺	保存完好
306	日光连弧铭带镜	2005.4.17，市万家园华鑫苑住宅小区（独山大道东侧）	NWJY M136	10°		凸字形竖穴土坑墓，由墓道和墓室组成墓道：长方形、斜坡状。70×140－60－90墓室：长方形、直壁。350×240－60－116	木棺	保存完好
307	日光连弧铭带镜	2005.3.9，市万家园华鑫苑住宅小区（独山大道东侧）	NWJY M21	20°		长方形竖穴土坑墓，直壁。270×180－100－160	不详	保存完好

随葬品	镜出土位置	铜镜拓片	铜镜描述	镜保存状况	墓葬时代	备注
灰陶灶 1、井 1、磨 1、鸡 2、鸭 1、鼎 1、狗 1、猪圈 1、器盖 1、铜镜 1、铜带钩 1、铁剑 1。	室内扰土中		圆形。桥形钮。圆钮座。钮座外一周内向十二连弧纹圈带。之外两周短斜线纹之间有铭文带，铭文为："见日之光，天下大明。"每字之间有"◈"形或"☋"形符号相隔。宽平缘。镜面微凸。面径：7.72 厘米，背径：7.55 厘米，缘厚：0.35 厘米。重量：76 克。	稍残（修复）	西汉晚期	图一四九
灰陶鼎 1、盒 1、壶 1、小壶 1、铜镜 4、铜带钩 2、五铢钱 7、铜饰 1、铜刷 1、铜熏炉 1、铜泡钉 3、铁剑 1、铁刀 1、圆形玉饰 1、长方形石板 1、铁饰 1。	西棺内 3、东棺内西部 1		圆形。半球钮。并蒂连珠纹钮座。钮座外一周内向八连弧纹间有四月牙纹。之外两周短斜线纹间有铭文带，铭文为："见日之光，天下大明。"每字之间以"◈"形或"☋"形符号相隔。窄平缘。镜面微凸。面径：7.9 厘米，背径：7.7 厘米，缘厚：0.46 厘米。重量：90 克。	完整	西汉晚期	图一五二
灰陶鼎 1、盒 1、壶 1、小壶 1、铜镜 4、铜带钩 2、五铢钱 7、铜饰 1、铜刷 1、铜熏炉 1、铜泡钉 3、铁剑 1、铁刀 1、圆形玉饰 1、长方形石板 1、铁饰 1。	西棺内 3、东棺内西部 1		圆形。半球钮。圆钮座。钮座圆周均匀地伸出四条短竖线与四组三竖线纹相间环列。之外一周内向八连弧纹和一周短斜线纹间有铭文带，铭文为："见日之光，长不相忘。"每二字之间以"☋"形符号相隔。素平缘。镜面微凸。面径：6.4 厘米，背径：6.25 厘米，缘厚：0.22 厘米。重量：52 克。	完整	西汉晚期	图版七三：1
灰陶壶 1、小壶 1、铜镜 2、五铢钱 1 串、铁器 1、铅饰 1、石饰 2。	南部 1、西北部 1		圆形。半球钮。圆钮座。钮座圆周均匀地伸出四组三竖线纹。之外一周内向八连弧纹与短斜线纹间有铭文带，铭文为："见日之光，长不相忘。"每字之间以"◈"形或"☋"形符号相隔。素平缘。镜面微凸。面径：6.4 厘米，背径：6.28 厘米，缘厚：0.25 厘米。重量：45 克。	完整	西汉晚期	

续表

序号	镜名	出土时间 地点	墓号	方向	墓葬形制		葬具	墓葬保存状况
					平剖面示意图	形制、尺寸（厘米）（长×宽－墓口－墓底）		
308	日光连弧铭带镜	2005.12.31，宛检察院玉龙苑住宅小区（独山大道西侧）	WJCY M80	65°		长方形竖穴土坑墓，由墓道和墓室组成。墓道：长方形、斜坡状。380×140－230－340 墓室：长方形、直壁 270×170－230－420	不详	保存完好
309	日光连弧铭带镜	2003.12.31，市三杰公司住宅小区（建设东路南侧）	NSJ M47	3°		长方形单室砖墓。380×280－130－270	不详	扰乱
310	日光连弧铭带镜	2003.12.31，市三杰公司住宅小区（建设东路南侧）	NSJ M17	85°		长方形砖室墓。310×250－130－264	不详	扰乱
311	日光连弧铭带镜	2002.11.7，市防爆厂丰泰住宅小区（建设东路南侧）	NFBC M346	5°		长方形砖室墓，由前后室组成。360×120－140－270	不详	扰乱

随葬品	镜出土位置	铜镜拓片	铜镜描述	镜保存状况	墓葬时代	备注
灰陶仓4、小壶1、磨1、灶1、井1、瓮1、罐1、釜1、陶片、铜镜2、铜铃1、铁剑1、铁刀1、铅耳杯10、口蝉1、石饰4。	两室内的东部，1		圆形。半球钮。圆钮座。钮座圆周均匀地伸出四组三弧线条与变形山字纹相间环列。之外一周内向八连弧纹与短斜线纹间有铭文带，铭文为："见日之光，长毋相忘。"每字之间有"◇"形或"ᗡ"形符号相隔。素平缘。镜面平直。面径：7.1厘米，背径：7厘米，缘厚：0.2厘米。重量：56.5克。	稍残（修复）	西汉晚期	图一五一，图版七三：2
铜镜1、陶片。	室内扰土中		圆形。半球钮。圆钮座。钮座外一周内向八连弧纹内有短竖线纹。之外两周短斜线纹间有铭文带，铭文为："见日之光，天下大明。"每字之间以"◇"形或"ᗡ"形符号相隔。宽平缘。镜面微凸。面径：7.9厘米，背径：7.75厘米，缘厚：0.4厘米。重量：106.5克。	稍残（修复）	西汉晚期	
陶灶1、碗1、仓3、鼎1、井1、罐1、碓1、铜镜1、铜镞2、五铢钱4、铜当卢1、铜衔镳1、铜泡钉6、铜饰件2、铁刀1、铁剑1。	东南角		圆形。半球钮。圆钮座。钮座外一周内向八连弧纹内有短竖线环列。之外两周短斜线纹间有铭文带，铭文为："见日之光，天下大明。"每字之间有"◇"形符号或短弧线相隔。素平缘。镜面微凸。面径：6.32厘米，背径：6.28厘米，缘厚：0.25厘米。重量：37.5克。	破（修复）	西汉晚期	
铜镜1、铜带钩1、五铢钱、铜鸠杖首1、铜柄尾1、铜鐏1、铁剑1。	室内扰土中		圆形。半球钮。圆钮座。钮座外一周内向八连弧纹内有短竖线纹和短弧线纹。之外两周短斜线纹间有铭文带，铭文为："见日之光，天下大明。"每字之间有"ᗡ"形或"◇"形符号相隔。素平缘。镜面平直。面径：7厘米，背径：6.88厘米，缘厚：0.35厘米。重量：48克。	稍残（修复）	西汉晚期至新莽时期	

序号	镜名	出土时间 地点	墓号	方向	墓葬形制		葬具	墓葬保存状况
					平剖面示意图	形制、尺寸（厘米）（长×宽－墓口－墓底）		
312	日光连弧铭带镜	1995.9.19，南阳希望饲料公司（北京大道东侧）	XWSL M24	100°	北	长方形竖穴土坑墓，直壁。220×130－80－160	不详	保存完好
313	日光连弧铭带镜	2006.9.10，淅川县东沟长岭	XCDG M16	300°	北	长方形竖穴土坑墓，直壁。230×110－10－30	不详	保存完好
314	日光连弧铭带镜	2010.1.13，市综合训练馆（滨河东路北侧）	XLG M71	105°	北	凸字形竖穴土坑墓，由墓道、墓室组成。墓道：长方形、斜坡状。110×100－150－250 墓室：长方形、斜壁 墓口：390×280－150 墓底：284×160－270	一棺、一椁	保存完好
315	日光圈带铭带镜	2004.10.20，南阳凤凰城（张衡路与独山大道交叉口）	FHC M125	95°	北	长方形竖穴土坑墓，直壁。230×160－130－170	不详	保存完好

随葬品	镜出土位置	铜 镜 拓 片	铜 镜 描 述	镜保存状况	墓葬时代	备注
陶鼎 2、仓 2、罐 1、小壶 1、铜镜 1。	东南部		圆形。半球钮。圆钮座。座外一周内向八连弧纹内有四条短弧线和三角形相间环列。之外两周短斜线纹间有铭文带，铭文为："见日之光，天下大明。"每字之间有"◎"形或"◇"形符号相隔。窄平缘。镜面微凸。面径：7 厘米，背径：6.8 厘米，缘厚：0.35 厘米。重量：54.5 克。	完整	西汉晚期	
陶罐 1、陶釜 1、铜镜 1、五铢钱 7。	南部		圆形。半球钮。圆钮座。座外一周内向八连弧纹内有四条短弧线和短直线纹相间环绕。之外两周短斜线纹间有铭文带，铭文为："见日之而，天下大明。"每字之间有"◎"形或"◇"形符号相隔。窄平缘。镜面微凸。面径：6.4 厘米，背径：6.5 厘米，缘厚：0.3 厘米。重量：33 克。	完整	西汉晚期	
陶鼎 1、盒 1、壶 1、小壶 1、仓 5、铜镜 1、铜环 1、管状铅饰 5、铜管 1、砺石 2、铁器 15。	棺内西部		圆形。半球钮。圆钮座。座外一周内向八连弧纹。之外两周短斜线纹间有铭文带，铭文为："见日之光，天下大明。"每两字之间有"◎"形符号相隔。素平缘。镜面微凸。面径：6.5 厘米，背径：6.3 厘米，缘厚：0.3 厘米。重量：47 克。	完整	西汉晚期	
铜镜 2、铜带钩 1、铜钱 1 串、铜泡钉 2、铁剑 1、石饰件 1。	西北部 1、西南部 1		圆形。半球钮。圆钮座。钮座圆周均匀地伸出四组三竖线纹与短直线纹相间环列。之外一周凸弦纹和一周短斜线纹间有铭文带，铭文为："见日之光，长毋相忘。"每字之间有"◎"形或"◇"形符号相隔。宽平缘。镜面微凸。面径：6.8 厘米，背径：6.6 厘米，缘厚：0.25 厘米。重量：48.5 克。	稍残（修复）	西汉中期	图一六二

序号	镜名	出土时间地点	墓号	方向	墓葬形制		葬具	墓葬保存状况
					平剖面示意图	形制、尺寸（厘米）（长×宽－墓口－墓底）		
316	日光连弧铭带镜	2004.10.20，南阳凤凰城（张衡路与独山大道交叉口）	FHCM125	95°		长方形竖穴土坑墓，直壁。230×160－130－170	不详	保存完好
317	日光连弧铭带镜	2004.5.4，南阳凤凰城（张衡路与独山大道交叉口）	FHCM11	15°		长方形竖穴土坑墓，直壁。280×170－110－180	木棺、瓦棺	保存完好
318	日光连弧铭带镜	2002.11.7，市防爆厂丰泰住宅小区（建设东路南侧）	NFBCM296	15°		长方形竖穴土坑墓，直壁。300×190－208－270	不详	保存完好
319	日光连弧铭带镜	2002.9.19，市防爆厂丰泰住宅小区（建设东路南侧）	NFBCM163	275°		长方形砖室墓。292×112－140－260	木棺	保存完好

随葬品	镜出土位置	铜镜拓片	铜镜描述	镜保存状况	墓葬时代	备注
铜镜 2、铜带钩 1、铜钱 1 串、铜泡钉 2、铁剑 1、石饰件 1。	西北部 1、西南部 1		圆形。半球钮。圆钮座。钮座外四条短竖线间有三角形纹。之外一周内向八连弧纹及短斜线纹间有铭文带，铭文为："见日之光，长不相忘。"每两字间有双弧线相隔。素平缘。镜面平直。面径：6.4 厘米，背径：6.2 厘米，缘厚：0.2 厘米。重量：39.5 克。	完整	西汉中期	
灰陶鼎 1、盒 1、壶 1、小壶 1、罐 1、仓 3、铜镜 2、铜钱 1 串、铜削 1、铅饰件 2、铁剑 1、铁器 2。	瓦棺内南部 1、外北部 1		圆形。半球钮。圆钮座。钮座外一周内向八连弧纹内有四条短弧线间有三角形纹。之外两周短斜线纹间有铭文带，铭文为："见日之光，天下大而。"每字间有"❖"形或"◗"形符号相隔。窄平缘。镜面平直。面径：6.7 厘米，背径：6.5 厘米，缘厚：0.3 厘米。重量：42.5 克。	稍残	西汉中期	
铜镜 1、铜带钩 1、五铢钱 4、铅盖弓帽 1、琉璃珠 5。	西北部		圆形。半球钮。圆钮座。钮座外一圈内向八连弧纹内有四条短弧线条和短竖线相间环列。之外有两周短斜线间有铭文带，铭文为："见□之光，天下大明。"每字间以"❖"形或"◗"形符号相隔。窄平缘。镜面微凸。面径：6.4 厘米，背径：6.3 厘米，缘厚：0.4 厘米。重量：36.5 克。	稍残（修复）	西汉晚期	图版七四：1
灰陶罐 2、铜镜 1、铜带钩 1、五铢钱 5。	棺内西南角		圆形。半球钮。圆钮座。钮座外一周内向八连弧纹内有简单纹饰。之外两周短斜线纹间有铭文带，铭文为："见日之光，天下大明。"每字间以"❖"形或"◗"形符号相隔。窄平缘。镜面微凸。面径：8.05 厘米，背径：7.8 厘米，缘厚：0.55 厘米。重量：101.5 克。	破（修复）	西汉晚期	

序号	镜名	出土时间地点	墓号	方向	墓葬形制		葬具	墓葬保存状况
					平剖面示意图	形制、尺寸（厘米）（长×宽－墓口－墓底）		
320	日光连弧铭带镜	2002.9.27，市防爆厂丰泰住宅小区（建设东路南侧）	NFBC M51	110°		长方形竖穴土坑墓，直壁、四边设二层台。墓口：270×180－170 墓底：210×126－350	不详	保存完好
321	日光连弧铭带镜	2002.1.26，市审计局住宅小区（建设东路南侧）	NSJJ M79	114°		长方形砖室墓。282×140－160－300	不详	保存完好
322	日光连弧铭带镜	2000.12.17，南阳理工大学（长江路南侧）	NLGD M7	10°		长方形竖穴土坑墓，直壁、东西两边设二层台。墓口：270×190－60 墓底：270×145－190	不详	保存完好
323	日光连弧铭带镜	2000.6.6，市拆迁办丰泰住宅小区（建设东路南侧）	NCQB M158	90°		长方形竖穴土坑墓，直壁。250×130－80－220	不详	保存完好

随葬品	镜出土位置	铜镜拓片	铜镜描述	镜保存状况	墓葬时代	备注
灰陶罐 1、铜镜 1。	东北部		圆形。半球钮。圆钮座。钮座外一周内向八连弧纹内有四条短弧线条与短竖线纹相间环列。之外两周短斜线之间有铭文带，铭文为："见日之光，天下大明。"每字间隔以"◈"形或"ⵁ"形符号。窄平缘。镜面平直。面径：6.3 厘米，背径：6.18 厘米，缘厚：0.23 厘米。重量：31.5 克。	完整	西汉晚期	图版七四∶2
灰陶壶 2、仓 4、方盒 3、小壶 3、器盖 2、铜镜 1、铜刷 1、五铢钱 26。	南部偏西		圆形。半球钮。圆钮座。钮座外一周内向八连弧纹内有四条短弧线纹与短竖线相间环列。之外有两周短斜线间有铭文带，铭文为："见日之光，天下大□。"每字间隔以"◈"形符号或短弧线。素平缘。镜面微凸。面径：6.6 厘米，背径：6.57 厘米，缘厚：0.18 厘米。重量：30.5 克。	残缺（修复）	西汉晚期	
灰陶罐 1、小壶 1、铜镜 1、铜镦 1、五铢钱 7、铁剑 1。	西北部		圆形。半球钮。圆钮座。座外一周短斜线纹。之外一周内向十六连弧纹与一周短斜线纹间有铭文带，铭文为："见日之光，长毋忘□。"每字间有"◈"形符号或"ⵁ"形符号相隔。素平缘。镜面平直。面径：9.35 厘米，背径：9.05 厘米，缘厚：0.32 厘米。重量：61.5 克。	残缺	西汉晚期	图一五五
灰陶盒 1、壶 1、罐 2、铜镜 2、铜带钩 1、五铢钱 6、铜刷 1、铜铃 1、铁刀 1。	西北部 2		圆形。半球钮。圆钮座。钮座圆周均匀地伸出四组三竖线纹。之外一周内向八连弧纹和一周弦纹圈带间有铭文带，铭文为："见日之而，天下大昌。"每二字间以"ⵁ"形符号相隔。素宽平缘。镜面微凸。面径：6.55 厘米，背径：6.45 厘米，缘厚：0.25 厘米。重量：48.5 克。	完整	西汉晚期	

序号	镜名	出土时间地点	墓号	方向	墓葬形制		葬具	墓葬保存状况
					平剖面示意图	形制、尺寸（厘米）（长×宽－墓口－墓底）		
324	日光连弧铭带镜	2000.6.6，市拆迁办丰泰住宅小区（建设东路南侧）	NCQB M158	90°	北↑	长方形竖穴土坑墓，直壁。250×130－80－220	不详	保存完好
325	日光连弧铭带镜	2000.5.14，市拆迁办永泰住宅小区（建设东路南侧）	NCQB M123	150°	北	长方形单室砖墓。284×100－140－198	不详	扰乱
326	日光连弧铭带镜	2000.3.29，市拆迁办永泰住宅小区（建设东路南侧）	NCQB M52	55°	北	长方形竖穴土坑墓，直壁。210×130－180－260	不详	保存完好
327	日光连弧铭带镜	1999.7.29，市汽运公司住宅小区（建设东路北侧）	NQY M35	86°	北↑	长方形竖穴土坑墓，直壁。430×220－170－335	不详	保存完好

随葬品	镜出土位置	铜 镜 拓 片	铜 镜 描 述	镜保存状况	墓葬时代	备注
灰陶盒1、壶1、罐2、铜镜2、铜带钩1、五铢钱6、铜刷1、铜铃1、铁刀1。	西北部2		圆形。半球钮。圆钮座。钮座外一周内向八连弧纹和一周短斜线纹间有铭文带，铭文为："见日之光，长不相忘。"每二字间以"◎"形符号相隔。宽素平缘。镜面微凸。面径：6.5厘米，背径：6.35厘米，缘厚：0.25厘米。重量：45克。	破（修复）	西汉晚期	
灰陶罐2、仓1、铜镜1、五铢钱5、口蝉1、石饰件2。	西部		圆形。半球钮。圆钮座。钮座外一周内向八连弧纹内有四条短竖线与月牙纹相间环列。之外两周短斜线纹间有铭文带，铭文为："见日之光，□□大明。"每字间以"◇"形符号或短弧线条相隔。宽素平缘。镜面平直。面径：6.25厘米，背径：6.25厘米，缘厚：0.15厘米。重量：32.5克。	稍残（修复）	西汉晚期	
灰陶罐1、铜镜1。	东北部		圆形。半球钮。圆钮座。钮座外一周内向八连弧纹内有四条短弧线与短竖线相间环列。之外两周短斜线纹间有铭文带，铭文为："见日之光，天下大明。"每字间以"◇"形符号相隔。窄素平缘。镜面微凸。面径：7.05厘米，背径：6.95厘米，缘厚：0.48厘米。重量：52克。	残	西汉晚期	
灰鼎2、盒1、仓8、壶2、罐1、铜镜2、铜熏炉1、铜铃2、铜带钩1、口蝉1、石饰4、石蛋5、五铢钱30、玛瑙虎1、玉鸟1、琉璃饰件1、石花生1、铜饰件1、铅柿梯纹饰1、泥球7、铁器1。	东南部2		圆形。半球钮。圆钮座。钮座外一周内向八连弧纹内有四条短弧线间有月牙纹。之外两周短斜线纹间有铭文带，铭文为："日见之光，长不□□"。每字间隔以"◇"形符号或短弧线条。宽素平缘。镜面平直。面径：6.5厘米，背径：6.3厘米，缘厚：0.2厘米。重量：39克。	稍残（修复）	西汉晚期	

续表

序号	镜名	出土时间 地点	墓号	方向	墓葬形制		葬具	墓葬保存状况
					平剖面示意图	形制、尺寸（厘米）（长×宽－墓口－墓底）		
328	日光连弧铭带镜	2002.8.10，市防爆厂丰泰住宅小区（建设东路南侧）	NFBC M44	10°		长方形竖穴土坑墓，直壁。270×94－140－238	不详	保存完好
329	日光连弧铭带镜	2000.4.6，市拆迁办永泰住宅小区（建设东路南侧）	NCQB M58	240°		卜字形砖室墓，由主室和侧室、耳室组成。410×198－160－272	不详	扰乱
330	日光连弧铭带镜	2000.7.9，市拆迁办永泰住宅小区（建设东路南侧）	NCQB M217	265°		长方形竖穴土坑墓，直壁。230×130－152－290	不详	保存完好
331	日光连弧铭带镜	2001.2.22，市一中（建设东路北侧）	NYZ M52	90°		日字形砖室墓。278×212－127－252	不详	扰乱

随葬品	镜出土位置	铜镜拓片	铜镜描述	镜保存状况	墓葬时代	备注
灰陶罐 2、铜镜 1、铜铃 1、大泉五十 30、铁刀 1。	中部偏东		圆形。半球钮。圆钮座。钮座外一周内向八连弧纹内有四条短斜线与四组双线纹相间。之外两周短斜线纹间有铭文带，铭文为："见日之光，天下大明。"每字间以"◈"形或"⊙"形符号相隔。宽平缘。镜面平直。面径：7.45 厘米，背径：7.38 厘米，缘厚：0.2 厘米。重量：54 克。	完整	新莽时期	图版七五：1
灰陶猪圈 1、鸡 1、灶 1、井 1、方盒 1、磨 1、仓 2、鼎 1、铜镜 1、大泉五十 1。	侧室西北部		圆形。半球钮。圆钮座。钮座外一周内向八连弧纹内有四条短竖线与短弧线条相间环列。之外两周短斜线纹间有铭文带，铭文为："见日之光，天下大明。"每字间以"◈"形或"⊙"形符号相隔。素平缘。镜面微凸。面径：7.1 厘米，背径：7 厘米，缘厚：0.33 厘米。重量：53.5 克。	破（修复）	新莽时期	
铜镜 1、五铢钱 5、铜泡钉 4、口蝉 1、石饰件 4。	西南部		圆形。半球钮。圆钮座。钮座外一周内向八连弧纹内有四条短弧线与三角形相间环列。之外两周短斜线纹间有铭文带，铭文为："见日之光，天下大明。"每字间以"◈"形或"⊙"形符号相隔。窄素平缘。镜面微凸。面径：6.95 厘米，背径：6.78 厘米，缘厚：4.5 厘米。重量：59.5 克。	完整	西汉晚期	图一五四，图版七五：2
灰陶鼎 1、仓 1、罐 1、陶饰 1、铜镜 1、五铢钱 17、长方形石板 1、铁刀 2。	北室东北部		圆形。半球钮。圆钮座。钮座外一周内向八连弧纹内有八条短斜线纹。之外两周短斜线纹间有铭文带，铭文为："见日之而，天下大明。"每字间以"◈"形或"⊙"形符号相隔。素平缘。镜面微凸。面径：7.03 厘米，背径：7 厘米，缘厚：0.12 厘米。重量：34 克。	完整	新莽时期	图版七六：1

序号	镜名	出土时间 地点	墓号	方向	墓葬形制		葬具	墓葬保存状况
					平剖面示意图	形制、尺寸（厘米）（长×宽－墓口－墓底）		
332	日光连弧铭带镜	1999.9.26，宛计生委住宅小区（建设东路北侧）	WJSW M57	72°		长方形竖穴土坑墓，直壁。330×234－160－260	木棺	打破南部
333	日光连弧铭带镜	2001.1.7，南阳理工大学（长江路南侧）	NLGD M302	108°		长方形竖穴土坑墓，直壁、南北两边设二层台。墓口：280×160－130 墓底：280×74－190	不详	保存完好
334	日光圈带铭带镜	2002.6.26，市墙改办住宅小区（建设东路南侧）	NQGB M14	280°		长方形竖穴土坑墓，斜壁。墓口：330×200－256 墓底：306×180－340	木棺	保存完好
335	日光圈带铭文镜	2002.7.19，市墙改办住宅小区（建设东路南侧）	NQGB M16	285°		凸字形竖穴土坑墓，由墓道、墓室组成。墓道：长方形，斜坡状。100×260－120－300 墓室：长方形、斜壁、四边设二层台。墓口：560×340－120 墓底：300×200－390	不详	保存完好

随葬品	镜出土位置	铜镜拓片	铜镜描述	镜保存状况	墓葬时代	备注
灰陶鼎1、盒1、壶1、小壶1、铜镜1、五铢钱7、铜刷1、铜带钩1、铜饰1、铁戈1、铁剑1、铁刀1、铅车書1、圆柱形铅饰件1铅衔1、石塞1。	棺外东南部		圆形。半球钮。圆钮座。钮座外缘均匀地伸出四条短竖线间有月牙纹。之外一周内向八连弧纹和短斜线纹间有铭文带，铭文为："见日之光，长毋相忘。"每两字间隔以"⌀"形符号。素平缘。镜面微凸。面径：7.3厘米，背径：7.18厘米，缘厚：0.3厘米。重量：56克。	稍残缺	西汉晚期	
灰陶罐2、铜镜1。	南部偏东		圆形。半球钮。圆钮座。钮座外一周内向八连弧纹内有两组双线纹。之外两周短斜线纹间有铭文带，铭文为："见日之光，长毋相忘。"每两字间有"⌀"形符号相隔。宽素平缘。镜面微凸。面径：7.18厘米，背径：6.98厘米，缘厚：0.25厘米。重量：62克。	完整	西汉中期	
灰陶鼎2、盒2、壶2、小壶2、铜镜2、铜饰、铜钱8。	棺外西部2		圆形。半球钮。圆钮座。座外圆周有四条粗短直线纹。其外一周凸弦纹和一周由"◇"形符号和带圆座乳钉组成的纹饰带。之外一周凸弦纹和短斜线纹间有铭文带，铭文为："见之光日，长毋忘毋，毋君长，日之光，忘之。"每两字间有带圆座乳钉纹。素平缘。镜面微凸。面径：9.5厘米，背径：9.32厘米，缘厚：0.25厘米。重量：80克。	稍残（修复）	西汉晚期	
灰陶鼎2、盒2、壶2、小壶2、铜镜1、铜带钩1、铜柿梯纹饰件1、铜器1、五铢钱8、铁刀1。	东南角		圆形。半球钮。钮外一周凸弦纹和一周由"◇"形符号和带圆座乳钉组成的纹饰带。之外一周凸弦纹和短斜线纹间有铭文带，铭文为："见□光，光，长毋忘君。"每字间有"◇"形符号或带圆座乳钉相隔。素平缘。镜面微凸。面径：8.7厘米，背径：8.7厘米，缘厚：0.2厘米。重量：66.5克。	稍残	西汉晚期	图一五九

续表

序号	镜名	出土时间地点	墓号	方向	墓葬形制		葬具	墓葬保存状况
					平剖面示意图	形制、尺寸（厘米）（长×宽－墓口－墓底）		
336	日光圈带铭带镜	2000.5.6，市拆迁办永泰住宅小区（建设东路南侧）	NCQB M107	90°		长方形单室砖墓。306×112－100－186	不详	扰乱
337	日光圈带铭带镜	2003.5.2，市体育馆（滨河东路北侧）	NTYG M27	270°		长方形竖穴土坑墓，直壁。240×150－130－180	不详	保存完好
338	日光圈带铭带镜	2002.7.1，市自来水公司住宅小区（建设东路北侧）	NZLS M5	192°		长方形竖穴土坑墓，由东西室组成。西室：直壁、西南两边设二层台。258×164－120－232 东室：直壁、四边设二层台。280×164－120－183	不详	保存完好
339	日光圈带铭带镜	2003.12.30，宛城区黄台岗刘官营	NHTG M40	8°		长方形单室砖墓。286×174－95－275	不详	扰乱

随葬品	镜出土位置	铜 镜 拓 片	铜 镜 描 述	镜保存状况	墓葬时代	备注
铜镜1、陶片。	东北部		圆形。半球钮。圆钮座。钮座圆周均匀地伸出四组三竖线纹间有变形山字纹。之外为两周短斜线纹间有铭文带，铭文为："□日□光，天下□明。"每字间以短弧线纹或"◈"形符号相隔。素平缘。镜面微凸。面径：7厘米，背径：6.8厘米，缘厚：0.25厘米。重量：49.5克。	稍残（修复）	西汉晚期	图一六一
灰陶壶1、小壶1、铜镜2、铜刷2、铁镊1。	南部2		圆形。半球钮。圆钮座。钮座圆周均匀地伸出四条短竖线与四组三竖线纹相间环列。之外一周细弦纹与短斜线纹间有铭文，铭文为："见日之一，长不，大下。"每二字间有"◇"形符号相隔。窄平缘。镜面微凸。面径：5.4厘米，背径：5.33厘米，缘厚：0.18厘米。重量：25.5克。	完整	西汉晚期	
灰陶鼎2、盒2、壶2、小壶2、铜镜2、铜带钩1、口蝉、石饰2、五铢钱3。	西室西部1、东室东部1		圆形。半球钮。圆钮座。钮座圆周均匀地伸出四条短弧线条间有V形纹。之外一周凸弦纹与短斜线纹间有铭文带，铭文为："见日之光，□下大明。"每字之间隔以"◈"形或"◔"形符号。窄平缘。镜面微凸。面径：6厘米，背径；5.86厘米，缘厚：0.3厘米。重量：41克。	完整	西汉晚期	图一五六
灰陶鼎1、盒1、壶1、小壶1、仓3、铜镜1。	东部		圆形。半球钮。圆钮座。钮座外一周凸弦纹圈带内有四组三弧线纹间有月牙纹。之外两周短斜线纹间有铭文带，铭文为："见日之光，天下大明。"每字之间以"◈"形或"◕"形符号相隔。窄平缘。镜面微凸。面径：6.48厘米，背径：6.35厘米，缘厚：0.2厘米。重量：36克。	完整	西汉晚期	图一六〇，图版七六：2

序号	镜名	出土时间 地点	墓号	方向	墓葬形制		葬具	墓葬保存状况
					平剖面示意图	形制、尺寸（厘米）（长×宽－墓口－墓底）		
340	日光圈带铭带镜	2005.12.20，宛检察院玉龙苑住宅小区（独山大道西侧）	WJCY M78	105°	北	长方形竖穴土坑墓、直壁。430×270－180－280	不详	保存完好
341	日光圈带铭带镜	2000.12.25，南阳理工大学（长江路南侧）	NLGD M55	295°	北	长方形竖穴土坑墓、直壁、四边设二层台。墓口：280×80－90 墓底：254×50－140	不详	保存完好
342	日光圈带铭带镜	2002.10.26，市防爆厂丰泰住宅小区（建设东路南侧）	NFBC M206	260°	北	长方形竖穴土坑墓、直壁、南边设二层台。墓口：280×190－200 墓底：280×175－275	两木棺	保存完好
343	久不相见连弧铭带镜	2004.4.25，南阳凤凰城（张衡路与独山大道交叉口）	FHC M17	75°	北	长方形竖穴土坑墓、直壁。280×170－80－210	不详	保存完好

随葬品	镜出土位置	铜镜拓片	铜镜描述	镜保存状况	墓葬时代	备注
铜镜 1。	东北部		圆形。半球钮。圆钮座。钮座圆周均匀地伸出四条粗短竖线。其外为一周凸弦纹和双弦纹圈带。之外一周凸弦纹和弦纹圈带间有铭文带，铭文为："见日之光，长毋相忘。"每字之间以"❻"形符号相隔。素平缘。镜面微凸。面径：8.8 厘米，背径：8.6 厘米，缘厚：0.2 厘米。重量：78 克。	稍残	西汉	图一五八
灰陶罐 1、铜镜 1。	南部		圆形。半球钮。圆钮座。钮座圆周均匀地伸出四条粗短竖线。其外两周凸弦纹圈带间有七组三竖线纹。之外为铭文带，铭文为："见日之光，长毋相忘。"每字之间以"◈"形或"❻"形符号相隔。素平缘。镜面微凸。面径：8.68 厘米，背径：8.35 厘米，缘厚：0.23 厘米。重量：68 克。	完整	西汉中期	图一五七，图版七七：1
灰陶鼎 1、盒 1、壶 1、小壶 1、铜镜 2、铜带钩 1、铜饰 1、铁刀 1、五铢钱 12。	北棺内西南角 1、棺外西部 1		圆形。半球钮。圆钮座。钮座外均匀地伸出四条短弧线纹间有 V 形纹。其外一周弦纹与短斜线纹间为铭文带，铭文为："□日之光，大不□□。"每两字间隔以短弧线条。窄平缘。镜面微凸。面径：5.45 厘米，背径：5.4 厘米，缘厚：0.15 厘米。重量：20.5 克。	稍残（修复）	西汉晚期	
灰陶鼎 2、盒 2、壶 2、小壶 2、铜镜 1、铜车马器 2、铁削 3。	东部		圆形。连峰钮。钮座由短弧线纹、卷云纹、三角纹组成。座外一周内向八连弧纹。之外两周短斜线纹间有铭文带，铭文为："久不相见，长毋相忘。"每字之间以"❖"形或"❻"形符号相隔。宽素平缘。镜面平直。面径：8.1 厘米，背径：7.9 厘米，缘厚：0.3 厘米。重量：94.5 克。	完整	西汉中期	图一七五，图版七七：2

续表

序号	镜名	出土时间 地点	墓号	方向	墓葬形制		葬具	墓葬保存状况
					平剖面示意图	形制、尺寸（厘米）（长×宽－墓口－墓底）		
344	昭明连弧铭带镜	2004.5.16，南阳凤凰城（张衡路与独山大道交叉口）	FHC M27	150°		长方形竖穴土坑墓，直壁。310×220－100－200	两木棺	保存完好
345	昭明连弧铭带镜	2004.5.4，南阳凤凰城（张衡路与独山大道交叉口）	FHC M11	15°		长方形竖穴土坑墓，直壁。280×170－110－180	木棺、瓦棺	保存完好
346	昭明连弧铭带镜	2004.5.9，南阳凤凰城（张衡路与独山大道交叉口）	FHC M69	83°		凸字形竖穴土坑墓，由墓道、墓室组成。墓道：长方形、斜坡状。65×84－85－160 墓室：长方形、直壁 260×200－85－210	不详	保存完好
347	昭明连弧铭带镜	2005.10.14，市日报社住宅小区（许南路南侧）	NRBS M108	90°		长方形砖室墓。360×190－120－250	不详	全毁

随葬品	镜出土位置	铜镜拓片	铜镜描述	镜保存状况	墓葬时代	备注
灰陶鼎1、盒1、壶1、小壶1、罐1、灯1、仓3、瓷罐1、铜镜1、铅车马器2、铁剑2、铜带钩1、铜印章1。	西棺南部		圆形。半球钮。圆钮座。钮座外四短直线纹间有四月牙纹。座外一周凸弦纹及内向八连弧纹间有变形山字纹和乳钉纹。之外两周短斜线纹间有铭文带，铭文为："内清之以昭明，光而象夫日月，心忽乎而忠，然而不泄。"素平缘。镜面微凸。面径：10厘米，背径：9.8厘米，缘厚：0.4厘米。重量：155.5克。	完整	西汉晚期	
灰陶鼎1、盒1、壶1、小壶1、罐1、仓3、铜镜2、铜钱1串、铜削1、铅饰2、铁剑1、铁器2。	瓦棺内南部1、棺外北部1		圆形。半球钮。圆钮座。钮座外一周内向八连弧纹内有四弧线纹与四V形纹。之外两周短斜线纹间有铭文带，铭文为："内而清而以而昭而明而，之日□。"铭文首尾间以一短横线相隔。窄平缘。镜面平直。面径：5.9厘米，背径：5.8厘米，缘厚：0.12厘米。重量：21.7克。	残（修复）	西汉中期	
灰陶鼎1、盒1、壶1、铜镜1。	中部偏东		圆形。半球钮。圆钮座。钮座外一周内向八连弧纹内有变形山字纹和"◈"形符号相间环绕。之外两周短斜线纹间有铭文带，铭文为："内而清以昭而明，光而象夫日月，心不。"窄平缘。镜面微凸。面径：7.6厘米，背径：7.4厘米，缘厚：0.25厘米。重量：56.5克。	完整	西汉中期	
瓷罐1、玉剑格1、铜鼎1、铜器盖1、铜盆1、铜灯1、铜罐1、铜钱1串、铜镜1。	东南部		圆形。半球钮。圆钮座。钮座圆周饰有短弧线、竖线纹间有月牙纹。其外一周凸弦纹和一周内向十二连弧纹内有简单纹饰。之外两周短斜线纹间有铭文带，铭文为："内清以而昭□明之，光象日月，心忽杨而忠，塞不泄。"在铭文中"象"和"日"之间有弧形纹相隔。宽平缘。镜面微凸。面径：11.1厘米，背径：11厘米，缘厚：0.5厘米。重量：221.5克。	完整	西汉晚期	图版七八：1

序号	镜名	出土时间 地点	墓号	方向	墓葬形制		葬具	墓葬保存状况
					平剖面示意图	形制、尺寸（厘米）（长×宽－墓口－墓底）		
348	昭明连弧铭带镜	2005.4.25，市万家园华鑫苑住宅小区（独山大道东侧）	NWJY M197	92°		长方形竖穴土坑墓，直壁。270×180－70－90	不详	保存完好
349	昭明连弧铭带镜	1999.4.22，宛安新村住宅小区（独山大道侧）	WAXC M2	114°		"T"字形画像石墓，由墓道、两前室、两后室组成。墓道：长方形，斜坡状。50×284－120－320 墓室：444×284－120－320	不详	扰乱
350	昭明连弧铭带镜	2003.12.21，宛城区黄台岗刘官营	WHTG M35	186°		凸字形竖穴土坑墓，由墓道、墓室组成。墓道：长方形、斜坡状。130×180－130－200 墓室：直壁、四边设二层台。墓口：344×252－130 墓底：290×180－270	不详	保存完好
351	昭明连弧铭带镜	2002.12.4，市防爆厂丰泰住宅小区（建设东路南侧）	NFBC M351	273°		长方形竖穴土坑墓，直壁。256×176－180－236	不详	保存完好

随葬品	镜出土位置	铜镜拓片	铜镜描述	镜保存状况	墓葬时代	备注
灰陶鼎1、盒1、壶1、铜镜2、铜钱1串。	南部1、西北部1		圆形。半球钮。圆钮座。座外内向八连弧纹内有四组三直线纹。之外两周短斜线纹间有铭文带,铭文为:"内而清而以昭明,光而日一月,不泄。"窄平缘。镜面微凸。面径:6.3厘米,背径:6.25厘米,缘厚:0.2厘米。重量:37克。	稍残(修复)	西汉晚期	
灰陶案1、罐1、耳杯2、红陶博山炉1、灶1、耳杯4、炙炉1、器盖1、狗1、铜镜1、铜盖弓帽3、铜辖1、铜管形器1、铜饰1、铜绢1。	南前室南部偏东		圆形。半球钮。四叶纹钮座。座外一周凸弦纹圈带和内向八连弧纹间有简单纹饰。之外两周短直线纹间有铭文带,铭文为:"内而清而质而以昭昭明而,光而夫而象日而月而,不而可而泄。"在铭文首尾间以两短横线相隔。宽平缘。镜面微凸。面径:14.3厘米,背径:14.03厘米,缘厚:0.7厘米。重量:608克。	稍残	新莽时期	图一六七
灰陶鼎2、盒2、壶2、小壶1、铜镜1、五铢钱1串、铜带钩1铜刷1、铜管形器2、铜饰1、长方形石板1、铁刀1、铁剑1、铁器2。	北部		圆形。半球钮。圆钮座。座外一周内向八连弧纹内有四个"人"字形纹间有月牙纹。之外二周短直线纹间有铭文带,铭文为:"内清质以昭明,光辉象夫日月,心忽乎而愿忠,乎而泄。"铭文首尾间以十字形纹相隔。宽平缘。镜面微凸。面径:11.05厘米,背径:10.8厘米,缘厚:0.45厘米。重量:204.5克。	稍残(修复)	西汉晚期	
灰陶鼎1、盒1、壶1、仓3、铜镜1、铜刷1、铜洗1、铜戟形器1、琉璃口蝉1、五铢钱4。	西北部		圆形。半球钮。圆钮座。钮座外一周内向八连弧纹内有四条弧线纹间以小圆点纹。之外两周短斜线纹间有铭文带,铭文为:"内而青而以而昭明,光而象夫日月□"。窄平缘。镜面微凸。面径:6.65厘米,背径:6.55厘米,缘厚:0.2厘米。重量:29克。	完整	西汉晚期	

序号	镜名	出土时间 地点	墓号	方向	墓葬形制		葬具	墓葬保存状况
					平剖面示意图	形制、尺寸（厘米）（长×宽－墓口－墓底）		
352	昭明连弧铭带镜	2002.9.3，市防爆厂丰泰住宅小区（建设东路南侧）	NFBC M146	36°		长方形竖穴土坑墓，直壁、四边设二层台。墓口：260×170－130 墓底：200×114－220	不详	保存完好
353	昭明连弧铭带镜	2000.12.27，南阳理工大学（长江路北侧）	NLGD M98	275°		长方形竖穴土坑墓，直壁。270×210－120－160	不详	保存完好
354	昭明连弧铭带镜	2004.4.12，宛城区辛店乡	WXD M11	20°		十字形单室砖墓。236×68－150－180	不详	扰乱
355	昭明连弧铭带镜	005.9.21，市日报社住宅小区（许南路南侧）	NRBS M36	190°		长方形砖室墓，由前室、后室组成。285×105－110－180	不详	扰乱

随葬品	镜出土位置	铜 镜 拓 片	铜 镜 描 述	镜保存状况	墓葬时代	备注
灰陶罐2、盒1、仓2、铜镜1、铁器1、五铢钱4。	西北角		圆形。半球钮。圆钮座。钮座外缘有四短直线纹间有短弧线纹。其外一周凸弦纹圈带和内向八连弧纹内间有三角纹、月牙纹。之外两周短斜线纹间有铭文带，铭文为："内而清而以昭而明，光而象夫日月，心不泄"。窄平缘。镜面平直。面径：7.85厘米，背径：7.68厘米，缘厚：0.4厘米。重量：65.5克。	破（修复）	西汉晚期	图一六三
灰陶鼎1、盒1、壶1、小壶1、铜镜1、铜带钩1、铜饰1、铁刀1。	北部		圆形。半球钮。圆钮座。座外一周内向八连弧纹内有四条短弧线和三角纹相间环绕。之外两周短斜线纹间有铭文带，铭文为："内而清而以昭明，光而象夫日月，心泄"。窄平缘。镜面微凸。面径：6.3厘米，背径：6.15厘米，缘厚：0.3厘米。重量：28.5克。	稍残（修复）	西汉晚期	
铜镜1、陶片。	东北部		圆形。半球钮。并蒂十二连珠纹钮座。座外有一周凸弦纹及内向八连弧纹间有短弧线纹、变形山字纹、三角纹相间环绕。之外两周短斜线纹间有铭文带，铭文为："内而清而以□昭而明，光而象夫日月而，心而忽而，不泄"。宽平缘。镜面微凸。面径：11.5厘米，背径：11.35厘米，缘厚：0.4厘米。重量：210克。	破（修复）	西汉晚期	图一六五，图版七八：2
灰陶仓1、鼎1、盒1、小壶1、铜镜1。	后室南部		圆形。半球钮。圆钮座。钮座圆周有四组三直线间有三斜线纹。其外一周凸弦纹及内向八连弧纹内有简单纹饰。之外两周短斜线纹间有铭文带，铭文为："内而清而以昭而明，光而象夫日之月，心忽而不泄已。"铭文首尾间以短横线相隔。宽平缘。镜面微凸。面径：10.7厘米，背径：10.55厘米，缘厚：0.58厘米。重量：257.5克。	稍残（修复）	西汉晚期	

续表

序号	镜名	出土时间 地点	墓号	方向	墓葬形制		葬具	墓葬保存状况
					平剖面示意图	形制、尺寸（厘米）（长×宽－墓口－墓底）		
356	昭明连弧铭带镜	2005.12.17，宛检察院玉龙苑住宅小区（独山大道西侧）	WJCY M65	15°		近方形竖穴土坑墓，直壁。320×270－200－300	不详	保存完好
357	昭明连弧铭带镜	2002.8.15，市税局住宅小区（建设东路南侧）	NSJ M103	190°		长方形竖穴土坑墓，直壁。310×120－180－260	不详	保存完好
358	昭明连弧铭带镜	2002.8.15，市税局住宅小区（建设东路南侧）	NSJ M103	190°		长方形竖穴土坑墓，直壁。310×120－180－260	不详	保存完好
359	昭明连弧铭带镜	2002.8.30，市税局住宅小区（建设东路南侧）	NSJ M43	185°		长方形竖穴土坑墓，直壁。300×150－230－280	不详	保存完好

随葬品	镜出土位置	铜镜拓片	铜镜描述	镜保存状况	墓葬时代	备注
灰陶鼎2、盒2、壶2、小壶2、铜镜1、铜钫2、小铜壶2、铜洗2、铜熏炉1、铜罐1、长方形三角形玉板15、铜刷1、铜泡钉18、铜钱1串。	西部		圆形。半球钮。圆钮座。座外内向八连弧纹内有"◇"形和"☉"形符号相间环绕。之外两周短斜线纹间有铭文带，铭文为："内清而以昭明，光象夫日而月，心忽而忠，不泄"。素平缘。镜面平直。面径：8.2厘米，背径：8.1厘米，缘厚：0.3厘米。重量：71.5克。	稍残（修复）	西汉中期	图版七九：1
灰陶鼎2、盒2、壶2、小壶1、铜镜2。	东南部2		圆形。半球钮。圆钮座。钮座圆周有四组双弧线纹间有三角纹。其外一周凸弦纹及内向八连弧纹间有变形山字纹和"☉"形纹相间环绕。之外两周短斜线纹间有铭文带，铭文为："内清而以昭明，光象日月，心而忽而忠，雍塞而不泄"。素平缘。镜面微凸。面径：9.55厘米，背径：9.4厘米，缘厚：0.4厘米。重量：122克。	完整	西汉中期	图一六四，图版七九：2
灰陶鼎2、盒2、壶2、小壶1、铜镜2。	东南部2		圆形。半球钮。圆钮座。座外内向八连弧纹内有四个V形纹和草芽形纹相间环绕。之外两周短斜线纹有铭文带，铭文为："内清之以昭明，光而象夫日月，心忽"。窄平缘。镜面平直。面径：7.7厘米，背径：7.55厘米，缘厚：0.25厘米。重量：55克。	破（修复）	西汉中期	图一六九，图版八〇：1
灰陶鼎1、盒1、壶1、小壶2、权1、仓3、井1、灶1、磨1、碗1、陶片、铜镜1、铜带钩1、铜饰1、五铢钱7、铁剑1、铁刀1、铅耳杯2。	北部		圆形。半球钮。并蒂十二连珠纹钮座。座外一周凸弦纹和和内向八连弧纹内有简单纹饰。之外两周短斜线纹间有铭文带，铭文为："内而清而以昭而明，光而象夫日月，心而忽忠而，不泄"。窄平缘。镜面微凸。面径：9.6厘米，背径：9.5厘米，缘厚：0.4厘米。重量：97克。	完整	西汉晚期	图一六六

续表

序号	镜名	出土时间地点	墓号	方向	墓葬形制		葬具	墓葬保存状况
					平剖面示意图	形制、尺寸（厘米）（长×宽－墓口－墓底）		
360	昭明连弧铭带镜	2002.7.1，市墙改办住宅小区（建设东路南侧）	NQGB M43	190°		长方形竖穴土坑墓，直壁、东西两边设二层台。墓口：300×270－180 墓底：300×190－280	不详	保存完好
361	昭明连弧铭带镜	2001.3.7，市一中（建设东路北侧）	NYZ M130	15°		T字形砖室墓，由前室、两侧室和两后室组成。370×380－70－180	不详	扰乱
362	昭明连弧铭带镜	2000.3.17，市拆迁办永泰住宅小区（建设东路南侧）	NCQB M38	162°		日字形砖室墓。328×238－230－376	不详	扰乱
363	昭明连弧铭带镜	2000.6.5，市拆迁办永泰住宅小区（建设东路南侧）	NCQB M147	79°		长方形竖穴土坑墓，直壁。246×140－100－151	不详	保存完好

随葬品	镜出土位置	铜镜拓片	铜镜描述	镜保存状况	墓葬时代	备注
灰陶盒1、鼎1、壶1、仓5、钵2、铁刀1、铜镜1、铜洗1、铜带钩1、五铢钱5。	东北部	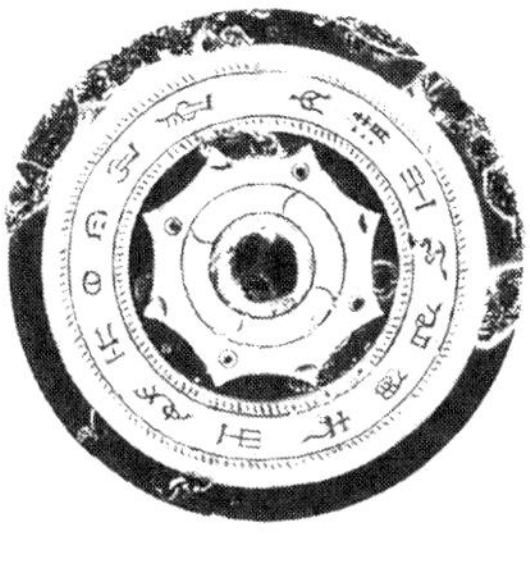	圆形。半球钮。圆钮座。钮座圆周有四条短弧线纹。其外一周弦纹及内向八连弧纹间有四枚带圆座乳钉和月牙纹相间环绕。之外两周短斜线纹间有铭文带，铭文为：“内清之以昭明，光之象而日月，心忽”。素平缘。镜面微凸。面径：8.75厘米，背径：8.55厘米，缘厚：0.4厘米。重量：113克。	稍残（修复）	西汉晚期	
红陶案3、钵1、碗1、圆盒2、磨1、方盒2、奁盒1、鸡1、鸭1、小盘2、耳杯10、壶1、铜镜1、铜刀1、铜钵1、铜玲1、铜器耳1、五铢钱18、货泉1、铁剑1。	前室西北部	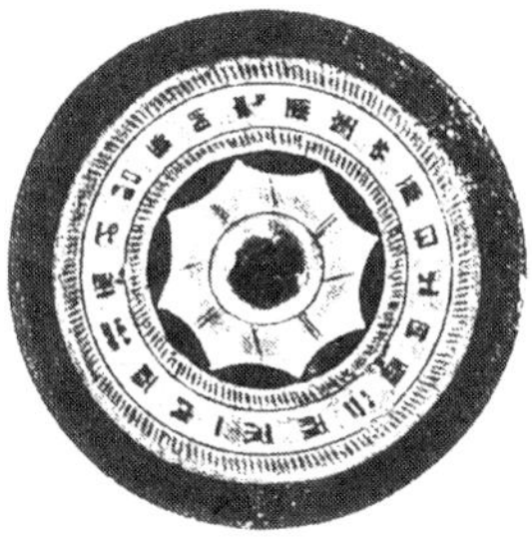	圆形。半球钮。圆钮座。钮座外一周内向八连弧纹内有四组双线与短斜线相间环绕。之外两周短斜线纹间有铭文带，铭文为：“内而清而以昭而明，光而象夫而日之月而，兮而不。”铭文首尾间以一短横相间隔。宽平缘。镜面微凸。面径：8.65厘米，背径：8.5厘米，缘厚：0.16厘米。重量：68克。	完整	东汉早期	
灰陶仓2、鼎1、盒1、壶1、猪圈1、狗1、井1、方盒1、圆盒1、灶1、鸡2、罐1、灯1、熏炉1、磨1、铜镜2、铜环1、铜带钩1、铜刷1、铜泡钉4、铜軎2、铜盖弓帽2、五铢钱9、铁剑1、铁器1、铅饰1。	西室南部、东室西北角		圆形。半球钮。圆钮座。座外一周内向八连弧纹带内有简单纹饰。之外两周短斜线纹间有铭文带，铭文为：“内而清而以而昭而明而，光而象而日而月”。宽平缘。镜面微凸。面径：9厘米，背径：8.7厘米，缘厚：0.46厘米。重量：156克。	完整	西汉晚期	
灰陶鼎1、盒1、壶1、罐1、仓3、铁刀1、铁饰1、铜镜1、铜刷1、铜带钩1、五铢钱5。	南部	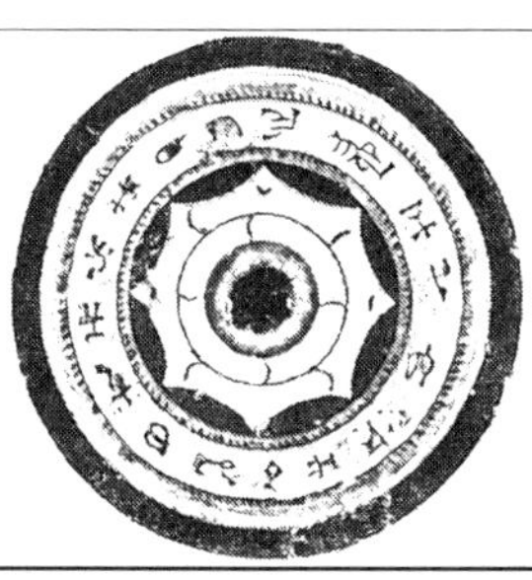	圆形。半球钮。圆钮座。钮座圆周有四条短弧线纹。其外一周弦纹和一周内向八连弧纹间有短弧线纹和月牙纹相间环绕。之外二周短斜线纹间有铭文带，铭文为：“内清而以昭明，光而象夫日月，心忽不泄”。素平缘。镜面微凸。面径：8.45厘米，背径：8.3厘米，缘厚：0.42厘米。重量：99.5克。	稍残（修复）	西汉晚期	

序号	镜名	出土时间 地点	墓号	方向	墓葬形制		葬具	墓葬保存状况
					平剖面示意图	形制、尺寸（厘米）（长×宽－墓口－墓底）		
364	昭明连弧铭带镜	2001.2.22，市一中（建设东路北侧）	NYZ M61	200°		长方形单室砖墓。236×96－156－216	不详	扰乱
365	昭明连弧铭带镜	2001.3.9，市一中（建设东路北侧）	NYZ M158	285°		长方形竖穴土坑墓，直壁。320×180－120－150	不详	保存完好
366	昭明连弧铭带镜	2001.3.9，市一中（建设东路北侧）	NYZ M158	285°		长方形竖穴土坑墓，直壁。320×180－120－150	不详	保存完好
367	昭明连弧铭带镜	2001.8.29，市一中（建设东路北侧）	NYZ M223	102°		长方形竖穴土坑墓，直壁。280×160－100－140	不详	保存完好

随葬品	镜出土位置	铜镜拓片	铜镜描述	镜保存状况	墓葬时代	备注
灰陶罐 1、铜镜 1、铜刷 1、铜削 1、铜弩机 1、五铢钱 22。	西南角		圆形。半球钮。圆钮座。钮座外缘有四组三直线间有三斜线纹。其外一周凸弦纹圈带和内向八连弧纹间有简单纹饰。之外两周短斜线纹间有铭文带，铭文为："内而青而以昭明，光而象夫而日之月兮而，心而日而，不泄"。宽平缘。镜面微凸。面径：10.86 厘米，背径：10.62 厘米，缘厚：0.5 厘米。重量：257.5 克。	完整	西汉晚期	
灰陶鼎 1、盒 1、壶 1 小壶 1、铜镜 2、五铢钱 2、琉璃口蝉 2、琉璃塞 3、石塞 1。	西部 2		圆形。半球钮。圆钮座。钮座外一周内向八连弧纹内有"卐"形与"╲"形符号纹相间环绕。之外两周短斜线纹间有铭文带，铭文为："内清以昭□，光而□夫□□□忽□。"素平缘。镜面微凸。面径：8.6 厘米，背径：8.2 厘米，缘厚：0.45 厘米。重量：73 克。	残	西汉中期	
灰陶鼎 1、盒 1、壶 1 小壶 1、铜镜 2、五铢钱 2、琉璃口蝉 2、琉璃塞 3、石塞 1。	西部 2		圆形。半球钮。圆钮座。钮座外缘有四组三线纹间有短弧线纹。其外一周凸弦纹圈带及内向八连弧纹间饰有变形山字纹和三角形纹。之外两周短斜线纹间有铭文带，铭文为："内而清而以而昭明，光而□夫日月，不泄。"窄平缘。镜面微凸。面径：8 厘米，背径：7.78 厘米，缘厚：0.5 厘米。重量：66.5 克。	残	西汉中期	
灰陶鼎 1、盒 1、小罐 1、小口瓮 1、铜镜 1、五铢钱 1 串、铜带钩 1、铜刷 1、铜泡钉 26、铜铃 1、铜扣 1、铅弯 4、铅盖弓帽 12。	东北部		圆形。半球钮。圆钮座。钮座外缘有三组三直线纹。其外一周凸弦纹圈带和一周内向八连弧纹间饰有四组三线纹和"╲"形纹。之外两周短斜线纹间有铭文带，铭文为："内清质以昭明，光之象夫日月，心忽杨，雍塞不泄"。素平缘。镜面微凸。面径：9.05 厘米，背径：8.9 厘米，缘厚：0.3 厘米。重量：93.5 克。	完整	西汉晚期	

续表

序号	镜名	出土时间地点	墓号	方向	墓葬形制		葬具	墓葬保存状况
					平剖面示意图	形制、尺寸（厘米）（长×宽－墓口－墓底）		
368	昭明连弧铭带镜	2001.9.30，市一中（建设东路北侧）	NYZM399	200°		目字形砖室墓。312×370－210－340	不详	扰乱
369	昭明连弧铭带镜	2001.9.30，市一中（建设东路北侧）	NYZM399	200°		目字形砖室墓。312×370－210－340	不详	扰乱
370	昭明连弧铭带镜	2001.3.18，市碘盐中心住宅小区（滨河东路西侧）	NDYM15	200°		日字形砖室墓。300×290－120－200	不详	扰乱
371	昭明连弧铭带镜	2001.3.22，市碘盐中心住宅小区（滨河东路西侧）	NDYM40	290°		长方形竖穴土坑墓，直壁。280×210－120－310	木棺	保存完好

随葬品	镜出土位置	铜镜拓片	铜镜描述	镜保存状况	墓葬时代	备注
灰陶鼎1、仓2、红陶仓3、壶1、盘1、耳杯1、博山炉盖3、铜镜2。	中室北部1、南部1		圆形。半球钮。圆钮座。钮座外缘有七条短竖线条。其外一周凸弦纹圈带和一周内向八连弧纹间饰有四条短弧线纹和四月牙纹。之外两周短斜线纹间有铭文带，铭文为："内而清而以而昭而明，光而象夫日月。"铭文首尾间以短横线相隔。窄平缘。镜面微凸。面径：7.32厘米，背径：7.25厘米，缘厚：0.23厘米。重量：46.5克。	完整	西汉晚期至新莽时期	图版八〇：2
灰陶鼎1、仓2、红陶仓3、博山炉盖3、壶1、盘1、耳杯1、铜镜2。	中室北部1、南部1		圆形。半球钮。并蒂十二连珠纹座。座外有凸弦纹圈带及内向八连弧纹间饰有简单纹饰。之外两周短斜线纹间有铭文带，铭文为："内而清而以昭明，光而象夫日之月，心忽而忠，然雍塞而不泄。"铭文首尾以一短横线相隔。宽平缘。镜面微凸。面径：13.1厘米，背径：12.9厘米，缘厚：0.55厘米。重量：365克。	稍残（修复）	西汉晚期至新莽时期	
灰陶鼎1、盒1、壶1、仓4、灶1、井1、磨1、碗4、铜镜1、铜带钩1、铜钱1串、铁剑1。	东室中部		圆形。半球钮。圆钮座。钮座圆周有四组三直线纹间有短斜线纹。其外一周凸弦纹及内向八连弧纹间有变形山字纹和短线纹相间。之外两周短斜线纹间有铭文带，铭文为："内而青而以而昭而明而，光而夫而象而日而月而，不。"铭文首尾以一短横线相隔。宽平缘。镜面微凸。面径：11.9厘米，背径：11.65厘米，缘厚：0.65厘米。重量：407克。	破（修复）	西汉晚期	
灰陶鼎1、盒1、小壶1、仓6、灶1、罐1、灯1、瓮1、铜镜1、五铢钱12、铜饰件1、铜车马器、石环1。	棺内西北角		圆形。半球钮。圆钮座。座外有四组三直线间有两竖线纹。其外一周凸弦纹及内向八连弧纹间饰有三角纹和月牙纹。之外两周短斜线纹间有铭文带，铭文为："内而清而以而昭而明，光而象夫日月。"铭文首尾间以短横线相隔。窄平缘。镜面微凸。面径：7.5厘米，背径：7.35厘米，缘厚：0.25厘米。重量：46.5克。	破（修复）	西汉晚期	

序号	镜名	出土时间地点	墓号	方向	墓葬形制		葬具	墓葬保存状况
					平剖面示意图	形制、尺寸（厘米）（长×宽－墓口－墓底）		
372	昭明连弧铭带镜	2002.1.17，市审计局住宅小区（建设东路南侧）	NSJJ M8	15°		凸字形竖穴土坑墓，由墓道和墓室组成。墓道：长方形、斜坡状。150×220－110－210 墓室：长方形、直壁、四边设二层台。墓口：380×330－110 墓底：300×200－270	木棺、木椁	保存完好
373	昭明连弧铭带镜	2002.2.1，市审计局住宅小区（建设东路南侧）	NSJJ M30	195°		长方形单室平顶砖墓（木板盖顶）。360×154－200－310	不详	保存完好
374	昭明连弧铭带镜	2000.1.25，市审计局住宅小区（建设东路南侧）	NSJJ M81	119°		长方形竖穴土坑墓，直壁、二层台。墓口：336×276－130 墓底：280×190－330	木椁、木棺	保存完好

随葬品	镜出土位置	铜镜拓片	铜镜描述	镜保存状况	墓葬时代	备注
灰陶鼎1、盒1、壶1、小壶1、铜镜1、五铢钱26、铜带钩1、铜菱形饰件37、铁剑1、铁刀1、石口蝉1、石饰件4、铅饰4。	椁外西中部		圆形。半球钮。圆钮座。钮座外一周内向八连弧纹内有四组三竖线间有一弧线纹。之外两周短斜线纹间有铭文带,铭文为:"内而清而以而昭而明而,光而夫而日而月"。宽平缘。镜面微凸。面径:9.1厘米,背径:9厘米,缘厚:0.55厘米。重量:179克。	完整	西汉晚期	
灰陶方盒3、红陶小壶2、仓5、壶1、器盖1、铜镜1、铜碗1、铜泡钉6、铜刷1。	西南部		圆形。半球钮。并蒂十二连珠纹钮座。座外一周短斜线纹、凸弦纹与内向八连弧纹圈带内有"⌇"形纹和变形山字纹相间环绕。之外两周短斜线纹间有铭文带,铭文为:"内清质以昭明,光之象而夫日月,心忽而愿忠,雍然而塞,不而泄乎"。宽素平缘。镜面平直。面径:12.3厘米,背径:12.25厘米,缘厚:0.63厘米。重量:276.5克。	完整	西汉晚期	图版八一:1
灰陶壶3、小壶3、方盒4、仓6、铜镜1、五铢钱10、铜泡钉6、铜熏炉1。	椁外东北部		圆形。半球钮。圆钮座。钮座圆周有四条粗短弧线纹间有月牙纹。之外一周凸弦纹与内向八连弧纹间有变形山字纹和"◈"形符号相间环绕。之外两周短斜线纹间有铭文带,铭文为:"内清质以昭明,光辉象夫日月而,心而然忠忽,雍塞□"。宽素平缘。镜面微凸。面径:11.1厘米,背径:10.76厘米,缘厚:0.37厘米。重量:184.5克。	稍残(修复)	西汉晚期	

序号	镜名	出土时间地点	墓号	方向	墓葬形制		葬具	墓葬保存状况
					平剖面示意图	形制、尺寸（厘米）（长×宽－墓口－墓底）		
375	昭明连弧铭带镜	2002.1.31，市审计局住宅小区（建设东路南侧）	NSJJ M66	263°		长方形竖穴土坑墓，直壁、南北东三边设二层台。墓口：370×300－178墓底：320×200－418	木棺	保存完好
376	昭明连弧铭带镜	2002.1.29，市审计局住宅小区（建设东路南侧）	NSJJ M57	15°		长方形竖穴土坑墓，直壁。310×170－120－218	不详	保存完好
377	昭明连弧铭带镜	2002.1.23，市审计局住宅小区（建设东路南侧）	NSJJ M47	195°		长方形竖穴土坑墓，直壁。300×200－108－338	木棺	保存完好

随葬品	镜出土位置	铜 镜 拓 片	铜 镜 描 述	镜保存状况	墓葬时代	备注
灰陶壶 2、盒 2、铜镜 1、铜兽面饰 3、铜熏炉 1、铜灯 1、铜泡 2、铜盖弓帽 19、铜当卢 3、铜柿梯形饰 30、铜饰件 2、铜扁圆环形器 2、铜帽 5、铜环 1、铜圆帽形器 6、管洛饰 40、铜轴 1、铜节约 6、铜辕 2、铜曺辖 1、铜花瓣形饰 1、铜衔镳 5、铁刀 1、长方形石板 1、圆形石片 1。	棺外西北部		圆形。半球钮。并蒂十二连珠纹钮座。座外一周凸弦纹与内向八连弧纹间有变形山字纹和"◑"形纹相间环绕。之外两周短斜线纹间有铭文带，铭文为："内清质以昭明，光象夫日月，心忽而愿忠，雍塞而不泄"。素平缘。镜面微凸。面径：11.3 厘米，背径：10.95 厘米，缘厚：0.45 厘米。重量：225.5 克。	完整	西汉晚期	
灰陶鼎 2、壶 2、盒 2、小壶 2、罐 1、铁刀 1、铜镜 1、铜四叶菱形饰 24、铜刷 1、铜带钩 1、铜泡钉 4、铜衔镳 1、铜圆帽形器 1、五铢钱 13。	北部		圆形。半球钮。圆钮座。座外内向八连弧纹内有变形山字纹和月牙纹相间环绕。之外两周短斜线纹间有铭文带，铭文为："内而清而以而昭□明，光而象夫日月"。窄平缘。镜面平直。面径：7.85 厘米，背径：7.6 厘米，缘厚：0.5 厘米。重量：100 克。	稍残（修复）	西汉晚期	
灰陶仓 4、小壶 5、器盖 2、铜镜 1、漆木器 2、铜刷 1、铜碗 1、铜熏炉 1、铜泡钉 4。	棺外东南部		圆形。半球钮。圆钮座。座外有四条短弧线纹间有月牙纹。其外一周凸弦纹圈带及内向八连弧纹间有简单纹饰。之外两周短斜线纹间有铭文，铭文为："内而清而以而昭而明，光而象夫日月，心夫日月而，不。"铭文首尾以两圆点纹相隔。窄平缘。镜面微凸。面径：9.6 厘米，背径：9.45 厘米，缘厚：0.4 厘米。重量：113.5 克。	完整	西汉晚期	图版八一：2

续表

序号	镜名	出土时间 地点	墓号	方向	墓葬形制		葬具	墓葬保存状况
					平剖面示意图	形制、尺寸（厘米）（长×宽－墓口－墓底）		
378	昭明连弧铭带镜	2002.1.26，市审计局住宅小区（建设东路南侧）	NSJJ M72	95°		长方形竖穴土坑墓，直壁。350×240－150－320	不详	保存完好
379	昭明连弧铭带镜	2002.1.25，市审计局住宅小区（建设东路南侧）	NSJJ M69	281°		长方形砖室墓。326×176－190－298	不详	扰乱
380	昭明连弧铭带镜	2002.11.8，市防爆厂丰泰住宅小区（建设东路南侧）	NFBC M295	280°		长方形竖穴土坑墓，直壁。280×190－170－202	木棺	保存完好
381	昭明连弧铭带镜	2002.8.7，市税局住宅小区（建设东路南侧）	NSJ M49	94°		长方形竖穴土坑墓，直壁。170×120－270－360	不详	保存完好

· 312 ·

随葬品	镜出土位置	铜镜拓片	铜镜描述	镜保存状况	墓葬时代	备注
灰陶仓4、狗1、熏炉1、铜镜1、铜刷1、五铢钱6、铁剑1、石饰件2。	东南部		圆形。钮残。外一周凸弦纹圈带与内向八连弧纹间饰有圆点纹。之外两周短斜线纹间有铭文带，铭文为："……昭而明，光而象夫日月，……"。窄平缘。镜面微凸。面径：7.55厘米，背径：7.45厘米，缘厚：0.30厘米。重量：42.5克。	残（修复）	西汉晚期	
灰陶鼎4、盒4、壶2、小壶3、仓6、硬陶罐1、瓷壶2、铜镜1、铜刷1、铜轴1、铜四叶菱形饰1、铜帽2、铜盖弓帽10、铜衔镳3、铜軎辖1、铜饰件3、铜扁圆环形器1、铜圆帽形器5、铅饰4。	西部		圆形。半球钮。并蒂十二连珠纹钮座。座外一周凸弦纹圈带与内向八连弧纹内填有简单纹饰。之外两周短斜线纹间有铭文，铭文为："内而清而以而昭而明，光而象夫日月，心而忽扬而忠而，不泄。"铭文首尾以一短横线相隔。素平缘。镜面微凸。面径：11.75厘米，背径：11.35厘米，缘厚：0.7厘米。重量：191.5克。	稍残（修复）	西汉晚期	
灰陶鼎1、盒1、小罐1、仓3、硬陶罐1、铜镜1、五铢钱4、铜带钩1、石口蝉1、铁剑1、琉璃塞1。	棺内西北角		圆形。半球钮。圆钮座。座外一周内向八连弧纹内有四个"◈"形与四个"◖"形符号相间环绕。之外两周短斜线纹间有铭文带，铭文为："内清之以昭明，光而象夫日月，……"。素平缘。镜面微凸。面径：8厘米，背径：7.75厘米，缘厚：0.32厘米。重量：60克。	残缺	西汉晚期	
灰陶鼎1、盒1、小壶2、铜镜1、铜带钩1、铁刀1。	北部偏西		圆形。半球钮。并蒂十二连珠纹钮座。座外一周凸弦纹圈带与内向八连弧纹间有"◖"形符号与变形山字纹相间环绕。之外两周短斜线纹有铭文带，铭文为："内清质以昭明，光象夫日而月，心忽扬而忠，而不泄"。素平缘。镜面微凸。面径：11.2厘米，背径：11厘米，缘厚：0.32厘米。重量：183.5克。	完整	西汉晚期	图版八二：1

序号	镜名	出土时间地点	墓号	方向	墓葬形制		葬具	墓葬保存状况
					平剖面示意图	形制、尺寸（厘米）（长×宽－墓口－墓底）		
382	昭明连弧铭带镜	2003.5.17，市体育馆（滨河东路北侧）	NTYG M78	20°		长方形竖穴土坑墓，直壁。214×110－195－285	不详	保存完好
383	昭明连弧铭带镜	2003.5.1，市体育馆（滨河东路北侧）	NTYG M112	263°		长方形竖穴土坑墓，直壁。240×140－154－194	不详	保存完好
384	昭明连弧铭带镜	2003.6.4，市体育馆（滨河东路北侧）	NTYG M108	6°		长方形竖穴土坑墓，直壁。250×140－180－220	不详	保存完好

随葬品	镜出土位置	铜镜拓片	铜镜描述	镜保存状况	墓葬时代	备注
灰陶鼎 1、盒 1、壶 1、铜镜 1、五铢钱 9。	西部		圆形。半球钮。圆钮座。钮座外有四组双弧线纹。其外双弦纹与内向八连弧纹间有"◇"形符号和人字形、弧线纹相间环绕。之外两周短斜线纹间有铭文带,铭文为:"内而清而以昭而明而,光象夫日月,不而泄"。素平缘。镜面微凸。面径:10.32 厘米,背径:10.08 厘米。缘厚:0.43 厘米。重量:151.5克。	完整	西汉晚期	
灰陶鼎 1、盒 1、仓 3、罐 1、铜镜 1、铜饰件 2。	南部		圆形。半球钮。圆钮座。钮座外有四组三直线间有三弧线纹。其外一周凸弦纹与内向八连弧纹内有简单纹饰。之外两周短斜线纹间有铭文带,铭文为:"内而清而以昭而明,光而象夫而日月而,……泄"。宽平缘。镜面微凸。面径:11.15 厘米,背径:10.9 厘米,缘厚:0.52 厘米。重量:183 克。	残缺	西汉晚期	
灰陶鼎 1、盒 1、仓 3、罐 1、铜镜 1、铜带钩 1。	西北部		圆形。半球钮。圆钮座。钮座外有七条短竖线纹。其外一周细弦纹圈带上有四条短直线纹与钮座外的四条短直线纹相对应。之外一周内向八连弧纹和短斜线纹间有铭文带,铭文为:"内而清而昭明,光而象夫日月"。窄平缘。镜面微凸。面径:6.5 厘米,背径:6.3 厘米,缘厚:0.25 厘米。重量:33 克。	稍残(修复)	西汉晚期	

续表

序号	镜名	出土时间 地点	墓号	方向	墓葬形制		葬具	墓葬保存状况
					平剖面示意图	形制、尺寸（厘米）（长×宽－墓口－墓底）		
385	昭明连弧铭带镜	2003.12.10，市三杰公司住宅小区（建设东路南侧）	NSJ M22	82°		长方形竖穴土坑墓，直壁。 280×164－250－340	不详	保存完好
386	昭明连弧铭带镜	2003.12.16，宛城区黄台岗刘官营	WHTG M22	186°		长方形竖穴土坑墓，直壁。 290×220－50－90	不详	保存完好
387	昭明连弧铭带镜	2003.12.16，宛城区黄台岗刘官营	WHTG M34	186°		长方形竖穴土坑墓，直壁、四边设二层台。 墓口：440×280－100 墓底：354×170－220	木棺	保存完好
388	昭明连弧铭带镜	2004.1.6，宛城区黄台岗刘官营	WHTG M83	97°		长方形竖穴土坑墓，直壁。 380×230－110－230	两木棺	保存完好

随葬品	镜出土位置	铜镜拓片	铜镜描述	镜保存状况	墓葬时代	备注
灰陶仓3、铜镜1、铜带钩2、五铢钱18、铁剑1、铜泡钉4、铜盖弓帽1、铜帽饰1、铜饰件1。	南部偏西		圆形。半球钮。圆钮座。钮座圆周外有四条短弧线纹间有三角纹。其外一周凸弦纹与内向八连弧纹间有变形山字纹和三角纹相间环绕。之外两周短斜线纹间有铭文带，铭文为："内而清而以而昭而……而日月而，心而忽"。窄平缘。镜面平直。面径：8.45厘米，背径：8.35厘米，缘厚：0.3厘米。重量：55.5克。	残缺（修复）	西汉晚期	
灰陶鼎1、盒1、壶1、仓2、灶1、井1、磨1、瓮1、罐1、铜镜1、五铢钱1串、铅饰1。	西南部		圆形。半球钮。圆钮座。座外一周内向八连弧纹内有简单纹饰。之外两周短斜线纹间有铭文带，铭文为："内清质以昭明，光□象夫日月，心忽而，不泄"。宽平缘。镜面微凸。面径：9.35厘米，背径：9.2厘米，缘厚：0.4厘米。重量：141.5克。	残	西汉晚期	
灰陶鼎1、盒1、壶1、小壶1、铜镜1、铜灯1、铜饰件1、铅饰1、铁饰1。	棺内南部		圆形。半球钮。圆钮座。座外一周内向八连弧内有月牙纹间有圆圈纹。之外两周短斜线纹间有铭文带，铭文为："内清之以昭明，光而象夫日月，心忽，而不。"窄平缘。镜面微凸。面径：7.8厘米，背径：7.55厘米，缘厚：0.26厘米。重量：47克。	残（修复）	西汉晚期	
灰陶鼎1、盒1、小壶2、仓3、瓮1、铜镜1、铜带钩1、五铢钱2串、铁刀1、铁剑1、瓷碗1。	南棺内东北部		圆形。半球钮。圆钮座。钮座外周有八条短直线纹。其外一周凸弦纹及内向八连弧纹内有三角纹和短弧线纹相间环绕。之外两周短斜线纹内有铭文带，铭文为："内而清而以昭而□，夫而象……忽□泄"。素卷缘。镜面平直。面径：8.7厘米，背径：8.5厘米，缘厚：0.4厘米。状况：77克。	残缺（修复）	西汉晚期	

续表

序号	镜名	出土时间 地点	墓号	方向	墓葬形制		葬具	墓葬保存状况
					平剖面示意图	形制、尺寸（厘米）（长×宽-墓口-墓底）		
389	昭明连弧铭带镜	2003.12.26，宛城区黄台岗刘官营	WHTG M42	190°		长方形竖穴土坑墓，直壁、四边设二层台。墓口：360×300-90 墓底：300×220-260	不详	保存完好
390	昭明连弧铭带镜	2004.6.3，宛公安局住宅小区（许南路南侧）	WGAJ M15	10°		长方形砖室墓，由前、后室组成。320×120-270-360	不详	扰乱
391	昭明连弧铭带镜	2005.1.3，市拆建公司住宅小区（建设东路南侧）	NCJ M49	272°		长方形竖穴土坑墓、直壁。320×120-320-400	不详	保存完好
392	昭明连弧铭带镜	2005.3.6，市万家园华鑫苑住宅小区（独山大道东侧）	NWJY M5	105°		长方形砖室墓。由前、后室组成。420×115-120-225	不详	扰乱

随葬品	镜出土位置	铜镜拓片	铜镜描述	镜保存状况	墓葬时代	备注
铜镜1、长方形石板1、圆形石片1。	西部南		圆形。半球钮。十二连珠纹钮座。座外一周凸弦纹及内向八连弧纹内有简单的纹饰。之外两周短斜线纹内有铭文带，铭文为："内而清而以昭而明，光而象□日而月，心而□扬□□"。窄平缘。镜面平直。面径：10.75厘米，背径：10.6厘米，缘厚：0.36厘米。重量：108.5克。	残缺	西汉晚期	
狗1、井1、鼎1、盒1、猪圈1、鸡3、鸭1、灶1、陶片、铜镜1。	室内扰土中		圆形。半球钮。圆钮座。钮座外有四组三直线纹间有短斜线纹。其外一周凸弦纹及内向八连弧纹内有简单纹饰。之外两周短斜线纹间有铭文带，铭文为："内而青而以昭而明，光而兮而象夫而日月，之光，而不泄"。宽平缘。镜面微凸。面径：11.1厘米，背径：10.85厘米，缘厚：0.45厘米。重量：279.5克。	破（修复）	西汉晚期	
灰陶鼎2、盒2、壶2、小壶1、铜镜1。	东南部		圆形。半球钮。并蒂十二连珠纹钮座。座外一周内向八连弧纹内饰有简单纹饰。之外两周短斜线纹间有铭文带，铭文为："内而清而以而昭而明，光而象夫日月，心不"。素平缘。镜面微凸。面径：10.7厘米，背径：10.62厘米，缘厚：0.47厘米。重量：192.5克。	完整	西汉晚期	图一七〇
陶方盒2、圆盒2、仓1、器盖2、小壶1、狗1、盒1、铜镜1。	前室东部		圆形。半球钮。圆钮座。座外一周内向十二连弧纹内有四组三直线纹间有短弧线纹。之外两周短斜线纹间有铭文带，铭文为："内而清而□□昭而明而，光□象而夫日□月"。素平缘。镜面微凸。面径：8.9厘米，背径：8.83厘米，缘厚：0.42厘米。重量：136.5克。	稍残	西汉晚期	图一六八

序号	镜名	出土时间 地点	墓号	方向	墓葬形制		葬具	墓葬保存状况
					平剖面示意图	形制、尺寸（厘米）（长×宽－墓口－墓底）		
393	昭明连弧铭带镜	2005.3.9，市万家园华鑫苑住宅小区（独山大道东侧）	NWJY M21	20°		长方形竖穴土坑墓、直壁。 270×180－100－160	不详	保存完好
394	昭明连弧铭带镜	2005.3.14，市万家园华鑫苑住宅小区（独山大道东侧）	NWJY M24	37°		长方形砖室墓。 270×160－160－260	不详	全毁
395	昭明连弧铭带镜	2005.4.17，市万家园华鑫苑住宅小区（独山大道东侧）	NWJY M136	10°		凸字形竖穴土坑墓，由墓道、墓室组成。 墓道：长方形斜坡状 70×140－60－90 墓室：长方形、直壁 350×240－60－116	两木棺	保存完好
396	昭明连弧铭带镜	2005.4.25，市万家园华鑫苑住宅小区（独山大道东侧）	NWJY M197	92°		长方形竖穴土坑墓，直壁。 270×180－70－90	不详	保存完好

随葬品	镜出土位置	铜镜拓片	铜镜描述	镜保存状况	墓葬时代	备注
灰陶壶 1、小壶 1、铁器 1、铜镜 2、五铢钱 1 串、铅饰 1、石饰 2。	南部 1、西北部 1		圆形。半球钮。并蒂十二连珠纹钮座。座外一周凸弦纹圈带和内向八连弧纹内有四个"◑"形符号间有"▓"形符号。之外两周短斜线纹间有铭文带,铭文为:"内清质以昭明,光辉象夫……杨而愿忠,然雍塞而不泄"。素平缘。镜面微凸。面径:11.2厘米,背径:11.15厘米,缘厚:0.4厘米。重量:184.5克。	残	西汉晚期	
铜镜 1、五铢钱 2。	室内扰土中		圆形。半球钮。圆钮座。钮座外有四条短弧线纹间有 V 形纹。其外一周凸弦纹及内向八连弧纹内有简单纹饰。之外两周短斜线纹间有铭文带,铭文为:"内而清而以昭而明,光而象夫日月,心而忽杨而忠,而不"。窄平缘。镜面微凸。面径:9.62厘米,背径:9.45厘米,缘厚:0.48厘米。重量:10.95克。	稍残(修复)	西汉晚期	
灰陶鼎 1、盒 1、壶 1、小壶 1、铜镜 4、五铢钱 7、铜带钩 2、铜饰件 1、铜刷 1、铜熏炉 1、铁剑 1、铁刀 1、圆形玉饰 1、长方形石板 1、铁饰 1、铜泡钉 3。	西棺内 3、东棺内西部 1		圆形。半球钮。圆钮座。座外一周内向八连弧纹内有简单纹饰。之外两周短斜线纹间有铭文带,铭文为:"内清而以昭明,光象夫日月,而日,心,而泄。"铭文首尾以一短横相间隔。素平缘。镜面微凸。面径:8.5厘米,背径:8.2厘米,缘厚:0.4厘米。重量:114.5克。	破(修复)	西汉晚期	
灰陶鼎 1、盒 1、壶 1、铜镜 2、铜钱 1 串。	南部 1、西北部 1		圆形。半球钮。圆钮座。钮座外有八条直线纹。之外一周内向八连弧纹及短斜线纹间有铭文带,铭文为:"内而清而以昭明,光而日月,不。"铭文首尾间以一短横线相隔。窄平缘。镜面微凸。面径:6.32厘米,背径:6.2厘米,缘厚:0.2厘米。重量:36克。	破(修复)	西汉晚期	图版八二:2

续表

序号	镜名	出土时间地点	墓号	方向	墓葬形制		葬具	墓葬保存状况
					平剖面示意图	形制、尺寸（厘米）（长×宽－墓口－墓底）		
397	昭明连弧铭带镜	2005.4.17，市万家园华鑫苑住宅小区（独山大道东侧）	NWJY M136	10°		凸字形竖穴土坑墓，由墓道和墓室组成。墓道：长方形、斜坡状。70×140－60－90 墓室：长方形、直壁。350×240－60－116	两木棺	保存完好
398	昭明连弧铭带镜	2004.12.20，市经济适用房住宅小区（建设东路南侧）	NJJF M42	15°		长方形竖穴土坑墓，直壁。238×130－118－272	不详	保存完好
399	昭明连弧铭带镜	2007.6.7，书香水岸住宅小区（建设东路南侧）	SXSA M14	195°		长方形砖室墓。330×280－260－290	不详	全毁
400	昭明连弧铭带镜	1999.7.29，市汽运公司住宅小区（建设东路北侧）	NQY M35	86°		长方形竖穴土坑墓，直壁。430×220－170－335	不详	保存完好

随葬品	镜出土位置	铜镜拓片	铜镜描述	镜镜保存状况	墓葬时代	备注
灰陶鼎1、盒1、壶1、小壶1、铜镜4、五铢钱7、铜带钩2、铜饰件1、铜刷1、铜熏炉1、铁剑1、铁刀1、圆形玉饰1、长方形石板1、铁饰1、铜泡钉3。	西棺内3、东棺内西部1		圆形。半球钮。圆钮座。座外有八条短直线纹。其外一周细弦纹及内向八连弧纹内有四月牙纹间有乳钉纹。之外两周短斜线纹间有铭文带，铭文为："内清之以昭明，光之象夫日月，心，而不泄"。素平缘。镜面微凸。面径：7.95厘米，背径：7.8厘米，缘厚：0.2厘米。重量：58.5克。	完整	西汉晚期	
铜镜1、铜钱1串、铜刷1。	西北部		圆形。半球钮。圆钮座。钮座外有四条短直线纹间有短弧线纹。其外一周凸弦纹圈带与内向八连弧纹内有三角纹、变形山字纹相间环绕。之外两周短斜线纹间有铭文带，铭文为："内而清而以昭而明，光而象夫日月，心而忽，不泄。"铭文首尾以一短横线相隔。窄平缘。镜面微凸。面径：9.5厘米，背径：9.4厘米，缘厚：0.5厘米。重量：103.5克。	完整	西汉晚期	图版八三：1
铜镜1、陶片。	室内扰土中		圆形。半球钮。并蒂十二连珠纹座。座外有凸弦纹圈带及内向八连弧纹间饰有简单纹饰。之外两周短斜线纹间有铭文带，铭文为："内而清而质而以而昭而明而，光而象而夫而日而月而，不而□泄"。宽素缘。镜面平直。面径：12.9厘米，背径：13.1厘米，缘厚：0.6厘米。重量：314克。	残缺	西汉晚期至东汉早期	
灰鼎2、盒1、仓8、壶2、罐1、铜镜2、铜熏炉1、铜铃2、铜带钩1、口蝉1、耳塞2、石蛋5、五铢钱30、玛瑙虎1、玉鸟1、琉璃饰件1、石花生1、铜饰件1、铅柿梯纹饰1、泥球7、铁器1。	东南部2		圆形。半球钮。圆钮座。钮座外一周内向八连弧纹内有短直线纹。之外两周短斜线纹间有铭文带，铭文为："内而清而以昭明，光□象夫日月，□泄。"窄平缘。面径：6.5厘米，背径：6.3厘米，缘厚：0.2厘米。重量：22.5克。	残缺	西汉晚期	

续表

序号	镜名	出土时间地点	墓号	方向	墓葬形制		葬具	墓葬保存状况
					平剖面示意图	形制、尺寸（厘米）（长×宽-墓口-墓底）		
401	昭明连弧铭带镜	2001.9.27，市一中（建设东路北侧）	NYZ M334	10°		长方形单室砖墓。366×120-170-266	不详	保存完好
402	昭明圈带铭文镜	2003.12.30，宛城区黄台岗刘官营	WHTG M38	8°		长方形竖穴土坑墓，直壁。250×160-130-205	不详	保存完好
403	昭明圈带铭带镜	2004.1.3，宛城区黄台岗刘官营	WHTG M2	10°		长方形竖穴土坑墓，直壁、四边设二层台。墓口：338×248-123墓底：300×210-243	不详	保存完好
404	昭明圈带铭带镜	2000.3.29，市拆迁办永泰住宅小区（建设东路南侧）	NCQB M39	342°		长方形竖穴土坑墓，直壁。295×190-200-370	不详	保存完好

随葬品	镜出土位置	铜镜拓片	铜镜描述	镜保存状况	墓葬时代	备注
红陶仓2、灰陶方盒2、井1、猪圈1、小罐1、盒1、灶1、鸡2、磨1、狗1、仓1、罐1、鼎1、圆盒2、铜镜1。	西北角		圆形。半球钮。圆钮座。座外四组三直线间有短弧线纹。其外一周凸弦纹和内向八连弧纹间有简单纹饰。之外两周短斜线纹间有铭文带，铭文为："内清而质□而昭而明，光而象夫而日月，心忽而□□□"。宽平缘。镜面微凸。面径：10.6厘米，背径：10.5厘米，缘厚：0.46厘米。重量：172.5克。	残	西汉晚期	
灰陶鼎1、盒1、壶1、小壶1、仓3、铜镜1、铁剑1。	南部	无拓片	圆形。半球钮。仅能看出座外有凸弦纹圈带。之外有两周短斜线纹间有铭文带，铭文为："……质而……"。窄平缘。面径：9厘米，背径：8.8厘米，缘厚：0.32厘米。	残块	西汉晚期	
灰陶鼎1、盒1、壶1、小壶1、铜镜1。	东南部		圆形。半球钮。并蒂十二连珠纹钮座。座外两周凸弦纹圈带间有四组六弧线纹间有"☯"形纹。之外两周短斜线纹间有铭文带，铭文为："内清质以昭明，光辉而象日月，心忽杨而愿忠，然雍塞不泄"。素平缘。镜面微凸。面径：11.1厘米，背径：11.0厘米，缘厚：0.4厘米。重量：220克。	破（修复）	西汉晚期	图一七三；图版八三……2
灰陶鼎1、盒1、壶1、小壶1、铜镜1、铜刷1。	东南部		圆形。半球钮。并蒂十二连珠纹钮座。钮座外一周短斜线纹、凸弦纹圈带内有四组六弧线纹。之外两周短斜线间为铭文带，铭文为："内清之以昭明，光而象夫日月而，心忽雍杨忠，塞不泄"。素平缘。镜面微凸。面径：10.5厘米，背径：10.25厘米，缘厚：0.5厘米。重量：202克。	完整	西汉晚期	图一七二

序号	镜名	出土时间地点	墓号	方向	墓葬形制		葬具	墓葬保存状况
					平剖面示意图	形制、尺寸（厘米）（长×宽－墓口－墓底）		
405	昭明圈带铭带镜	2000.7.17，市拆迁办永泰住宅小区（建设东路南侧）	NCQB M211	75°		长方形竖穴土坑墓，直壁。240×92－140－212	不详	保存完好
406	昭明圈带铭带镜	2000.12.27，南阳理工大学（长江路南侧）	NLGD M119	10°		长方形竖穴土坑墓，直壁。240×150－120－310	不详	保存完好
407	昭明连弧铭带镜	2003.3.14，万家安防器材厂（工业路与八一路交叉口）	WJAF M2	290°		长方形竖穴土坑墓，直壁。280×200－150－170	木棺	保存完好
408	昭明连弧铭带镜	2000.3.15，星光小学（天山路北侧）	XGXX M3	275°		梯形竖穴土坑墓，直壁。240×150（140）－60－220	不详	保存完好

随葬品	镜出土位置	铜镜拓片	铜镜描述	镜保存状况	墓葬时代	备注
铜镜1、铁剑1。	东北部		圆形。半球钮。圆钮座。钮座外有四条短弧线间有三角形纹。之外一周凸弦纹和一周短斜线纹间有铭文带，铭文为："内清而以昭明，光象夫日月，心，而不泄"。素平缘。镜面微凸。面径：7.55厘米，背径：7.2厘米，缘厚：0.21厘米。重量：54克。	完整	西汉晚期	图一七一，图版八四：1
灰陶罐1、铜镜1。	东北部		圆形。半球钮。圆钮座。座外一周凸弦纹圈带内有"◈"形符号间有Ｖ形纹。之外有两周短斜线纹间有铭文带，铭文为："内清之以昭明，光之象日月，不泄"。素平缘。镜面微凸。面径：7厘米，背径：6.73厘米，缘厚：0.21厘米。重量：45.5克。	完整	西汉晚期	图一七四
铜镜1。	棺内西部		圆形。半球钮。圆钮座。钮座外有八组三直线纹。其外一周凸弦纹及内向八连弧纹间有"◈"形和"℗"形符号相间环绕。之外两周短斜线纹间有铭文带，铭文为："内清质以昭明，光□象夫日月，心忽而杨忠，然雍塞不泄"。素平缘。镜面微凸。面径：9.9厘米，背径：9.7厘米，缘厚：0.3厘米。重量：141.5克。	完整	西汉中期	
灰陶鼎1、壶1、小壶1、仓1、铜镜1、五铢钱5。	东北部		圆形。半球钮。圆钮座。钮座外一周内向八连弧纹内有四个"◈"形与"℗"形符号相间环绕。之外两周短斜线纹间有铭文带，铭文为："内清而以昭明，光象夫日月，心忽而忠，不。"铭文首尾以相连的弧线相隔。素平缘。镜面微凸。面径：8.3厘米，背径：8.1厘米，缘厚：0.25厘米。重量：84.5克。	完整	西汉晚期	

序号	镜名	出土时间 地点	墓号	方向	墓葬形制		葬具	墓葬保存状况
					平剖面示意图	形制、尺寸（厘米）（长×宽－墓口－墓底）		
409	昭明圈带铭带镜	2002.8.9，市防爆厂丰泰住宅小区（建设东路南侧）	NFBC M111	205°		长方形竖穴土坑墓，直壁。256×135－180－213	不详	保存完好
410	重圈铭文镜	2004.5.12，南阳凤凰城住宅小区（张衡路与独山大道交叉口）	FHC M93	85°		长方形竖穴土坑墓，直壁。295×180－100－240	木棺	保存完好
411	日光铜华重圈铭文镜	2005.1.4，市拆建公司住宅小区（建设东路南侧）	NCJ M44	192°		长方形竖穴土坑墓，直壁、四边设二层台。墓口：320×190－220 墓底：270×130－390	不详	保存完好
412	日光重圈铭文镜	2004.6.12，市质检站住宅小区（建设东路南侧）	NZJZ M23	19°		长方形竖穴土坑墓，直壁。260×200－140－250	不详	保存完好

随葬品	镜出土位置	铜镜拓片	铜镜描述	镜保存状况	墓葬时代	备注
灰陶鼎1、盒1、壶1、小罐1、仓3、铜镜1、铜带钩1、铁剑1、五铢钱4、琉璃口蝉1。	西北部		圆形。半球钮。并蒂八连珠纹钮座。座外一周短斜线纹和一周凸弦纹圈带。之外两周短斜线纹间有铭文带，铭文为："内清质以昭明，日月，心忽杨而忠愿，然雍塞而不泄"。字较大。素平缘。镜面微凸。面径：10.8厘米，背径：10.6厘米，缘厚：0.48厘米。重量：218.5克。	完整	西汉晚期	图版八四：2
陶壶2、小壶2、铜带钩2、铜镜1、五铢钱1串、铜泡钉3。	棺内东部		圆形。半球钮。连珠纹钮座。座外两周凸弦纹圈带和一周短斜线纹间有两周铭文带。内圈铭文为："长毋相忘…"，铭文每字间有"ᗡ"形符号相隔。外圈铭文为："……立执而不衰，精照折而侍君，姚皎光而耀……"。素平缘。镜面微凸。面径：10.9厘米，背径：10.7厘米，缘厚：0.4厘米。重量：133克。	残缺	西汉中期	图一八四
灰陶鼎1、盒1、壶1、小壶1、铜镜1、铜钱38、铁勾1。	北部		圆形。半球钮。并蒂八连珠纹钮座。座外两周凸弦纹圈带和一周短斜线纹间有两周铭文带。内圈铭文为："见日之光，长毋相忘。"铭文每字间有"ᗡ"形符号相隔。外圈铭文为："清治铜华以为镜，昭察衣服观容貌，清光乎宜佳人。"素平缘。镜面平直。面径：11厘米，背径：10.65厘米，缘厚：0.45厘米。重量：225克。	完整	西汉晚期	图一八二，图版八五：1
灰陶鼎2、盒2、壶2、小壶2、铜镜1、五铢钱4。	北部偏东		圆形。半球钮。圆钮座。钮座外伸出四条粗短竖线。之外两周凸弦纹圈带和一周短斜线纹间有两周铭文带。内圈铭文为："见日之光，长毋忘尹（君）。"外圈铭文为："见日之光，长毋忘尹（君），见日之光，长忘尹（君）之。"内圈和外圈铭文每字或每两字间以"ᗡ"形或"◈"形符号相隔。素平缘。镜面平直。面径：10厘米，背径：9.94厘米，缘厚：0.3厘米。重量：109.5克。	完整	西汉晚期	图一八一

序号	镜名	出土时间 地点	墓号	方向	墓葬形制		葬具	墓葬保存状况
					平剖面示意图	形制、尺寸（厘米）（长×宽－墓口－墓底）		
413	日光昭明重圈铭文镜	2002.11.4，市防爆厂丰泰住宅小区（建设东路南侧）	NFBC M275	10°		长方形竖穴土坑墓，直壁。四边有熟土二层台。341×246－250－414	不详	保存完好
414	日光昭明重圈铭文镜	2007.7.4，书香水岸住宅小区（建设东路南侧）	SXSA M30	102°		长方形竖穴土坑墓，直壁。286×185－280－350	不详	保存完好
415	日光昭明重圈铭文镜	2000.11.22，宛食品商贸城（光武中路北侧）	WSPC M24	5°		长方形单室砖墓。235×150－128－223	不详	扰乱
416	日光昭明重圈铭文镜	2000.12.21，南阳理工大学（长江路南侧）	NLGD M189	294°		长方形竖穴土坑墓、斜壁、南北两边二层台。墓口：240×120－110 墓底：240×50－230	不详	保存完好

随葬品	镜出土位置	铜镜拓片	铜镜描述	镜保存状况	墓葬时代	备注
灰陶鼎 2、盒 2、壶 2、小壶 2、铜镜 1、铜饰 1、鹅形铜熏炉 1、铜钱 1 串。	中部		圆形。半球钮。并蒂十二连珠纹钮座。座外两周凸弦纹圈带间为内区铭文带，铭文为："见日之光，长毋相忘。"每字间有"⑥"形符号相隔。之外两周短斜线纹间为外区铭文带，铭文为："内清质以昭明，光辉象而夫日月，心忽扬而愿忠，然雍塞而不泄"。素平缘。镜面平直。面径：12.9 厘米，背径：12.76 厘米，缘厚：0.52 厘米。重量：348.5 克。	完整	西汉中期	图一七八
陶鼎 1、盒 1、壶 1、小壶 1、铁剑 1、铜镜 1、五铢钱 1 串。	西北部		圆形。半球钮。并蒂十二连珠纹钮座。座外两周凸弦纹圈带之间为内区铭文带，铭文为："见日之光，长毋相忘。"每字间有"⑥"形符号相隔。之外两周短斜线纹间为外区铭文带，铭文为："内清质以昭明，光辉象而夫乎日月，心忽而愿忠，雍塞而不泄"，铭文首尾间以十字形相隔。素平缘。镜面平直。面径：10.8 厘米，背径：11 厘米，缘厚：0.5 厘米。重量：269.5 克。	完整	西汉晚期	
铜镜 1、铁剑 1、铁刀 1。	西北部		圆形。半球钮。并蒂十二连珠纹钮座。座外两周凸弦纹之间为内圈铭文带，铭文为："见日之光，长不相忘。"每字之间有"※"形或"⑥"形符号相隔。之外两周短斜线纹间为外圈铭文带，铭文为："内清之以昭明，光而象夫日月，心忽扬而愿忠，然雍塞而不泄。"铭文首尾间以三曲线相隔。素平缘。镜面微凸。面径：13.1 厘米，背径：12.9 厘米，缘厚：0.62 厘米。重量：362 克。	完整	西汉晚期	图一七九，图版八五：2
铜镜 1。	西北部		圆形。半球钮。十六连珠纹钮座。座外两周凸弦纹之间有内圈铭文带，铭文为："见日之光，长毋相忘。"每两字间有"⑥"形符号相隔。之外两周短斜线纹之间为外圈铭文带，铭文为："内清质以昭，光辉象夫日月，心忽忠愿，日塞而不"。素平缘。镜面微凸。面径：10.8 厘米，背径：10.6 厘米，缘厚：0.45 厘米。重量：18.35 克。	完整	西汉	图一八〇

序号	镜名	出土时间 地点	墓号	方向	墓葬形制		葬具	墓葬保存状况
					平剖面示意图	形制、尺寸（厘米）（长×宽－墓口－墓底）		
417	日光昭明重圈铭带镜	2002.11.28，市防爆厂丰泰住宅小区（建设东路南侧）	NFBC M297	100°		长方形竖穴土坑墓、直壁、南北两边设二层台。墓口：300×246－180 墓底：300×180－336	不详	保存完好
418	日光昭明重圈铭带镜	2000.6.28，市拆迁办永泰住宅小区（建设东路南侧）	NCQB M165	25°		长方形竖穴土坑墓、直壁。350×200－150－210	不详	保存完好
419	日光昭明重圈铭带镜	2002.6.16，市墙改办住宅小区（建设东路南侧）	NQGB M2	195°		凸字形竖穴土坑墓。由墓道、墓室组成。墓道：长方形、斜坡状。118×164－120－300 墓室：长方形、斜壁、四边设二层台。墓口：670×462－120 墓底：318×230－410	不详	保存完好

随葬品	镜出土位置	铜镜拓片	铜镜描述	镜保存状况	墓葬时代	备注
灰陶鼎 1、盒 1、壶 1、铜镜 1、铜饰 1、铁镞 1、铜泡钉 3、铁剑 1。	东北部		圆形。半球钮。并蒂十二连珠纹钮座。座外两周凸弦纹之间有内圈铭文带，铭文为："见日之光，长毋相忘。"每字之间有 "☺" 形符号相隔。之外两周短斜线纹间有外圈铭文带，铭文为："佳君，内清质以昭明，光辉象日月，心忽扬而愿忠，然而雍塞而乎不而泄"。素平缘。镜面微凸。面径：11.1 厘米，背径：11 厘米，缘厚：0.5 厘米。重量：252 克。	稍残（修复）	西汉晚期	图版八六：1
灰陶鼎 1、盒 1、壶 1、罐 1、铜镜 1、铜带钩 1、五铢钱 1 串。	西部		圆形。半球钮。并蒂十二连珠纹钮座。座外一周短斜线纹。之外两周凸弦纹圈带间有内圈铭文带，铭文为："见日之光，长毋相忘。"每字之间有 "◊" 形符号相隔。其外两周短斜线纹之间有外圈铭文带，铭文为："内清质以昭明，光象夫日月，心忽扬而忠，然雍塞不泄。"每五字或六字之间有 "◊" 形符号相隔。宽平缘。镜面平直。面径：13.45 厘米，背径：12.75 厘米，缘厚：0.48 厘米。重量：351 克。	残（修复）	西汉晚期	图一七七
灰陶鼎 2、盒 2、铜镜 1、铜饰 1。	西棺内东南部		圆形。半球钮。并蒂八连珠纹钮座。座外两周凸弦纹圈带和一周短斜线纹之间有两圈铭文带。内圈铭文为："见日之光，长毋相忘。"每字间有 "ᕗ" 形符号相隔。外圈铭文为："内清质以昭明，光辉象夫日月，心忽扬而愿忠，然雍塞而不泄。"素平缘。镜面微凸。面径：11.1 厘米，背径：10.95 厘米，缘厚：0.55 厘米。重量：230 克。	稍残（修复）	西汉晚期	图一七六

序号	镜名	出土时间 地点	墓号	方向	墓葬形制		葬具	墓葬保存状况
					平剖面示意图	形制、尺寸（厘米）（长×宽－墓口－墓底）		
420	昭明清白重圈铭带镜	2003.12.5，市三杰公司住宅小区（建设东路南侧）	NSJ M49	15°		双凸字形竖穴土坑墓，由两墓道、东室和西室组成。墓道：长方形、斜坡状。400×1080－205－395 墓室：长方形、斜壁、东南西三边设二层台。墓口：900×1420－165 墓底：620×1140－655	棺、3椁	扰乱
421	四乳龙虎镜	2000.3.5，市拆迁办永泰住宅小区（建设东路南）	NCQB M20	348°		长方形竖穴土坑墓、直壁。290×146－163－323	不详	保存完好
422	四乳龙虎镜	1999.5.21，南阳柴油机厂（工业路西侧）	CYJC M1	110°		长方形砖石混合结构画像石墓，由墓道、三前室、三后室组成。墓道：梯形、斜坡状。230×340（290）－60－300 墓室：490×510－60－300	不详	保存完好

随葬品	镜出土位置	铜镜拓片	铜镜描述	镜保存状况	墓葬时代	备注
瓷瓶1、银环1、铜镜2、铜耳杯1、铜灯1、陶熏炉1、铜药臼1、五铢钱、玉片1、玉蝉1、琉璃瑱1、石蝉1、小铜戈1、铜弩机2、车马饰60、铜管饰1、铜饰件4、石饰、铜泡钉、铜洗1、漆木器3、铁饰、圆形石片1、铜盆2、铜炙炉1、铜熏炉1、铜炉1。	西室西南部2		圆形。半球钮。并蒂十二连珠纹钮座。座外一周短斜线纹。之外两组凸弦纹、短斜线之间为内圈铭文带，铭文为："内清质以昭明，光辉象而日月，心忽扬而愿，然雍塞而不泄"。其外两周短斜线纹之间为外圈铭文带，铭文为："絜精白而事君，怨驩之弇明。彼玄锡之流泽，忽疏远而日忘，怀靡美之穷皑，外承驩之可说，慕窔佻之灵泉，愿永思而毋绝"。素平缘。镜面平直。面径：15.6厘米，背径：15.4厘米，缘厚：0.5厘米。重量：474.5克。	完整	西汉晚期	图一八三，图版八六：2
灰陶罐2、豆1、铜镜1、铜带钩1、五铢铜钱13、五铢泥钱1、铁刀1。	东北部		圆形。半球钮。圆钮座。钮座外一周凸弦纹圈带内有四条短弧线与四组三竖线相间环绕。之外两周短斜线纹之间为主纹带。主纹是四乳钉与二龙、二虎相间环绕。宽平缘上饰双线波折纹和圆点纹。镜面微凸。面径：10.75厘米，背径：10.5厘米，缘厚：0.45厘米。重量：250克。	完整	西汉晚期	图一八九，图版八七：1
陶鼎1、楼1、仓3、狗1、鸡4、磨1、釜1、罐2、圆盒2、方盒1、器盖1、井1、铜嚢2、铜盖弓帽7、铁剑1、铁削1、铜镜1。	北前室东北部		圆形。半球钮。圆钮座。钮座外一周凸弦纹圈带内有四组三竖线与短弧线相间环绕。之外两周短斜线纹之间为主纹带。主纹是四乳钉与二龙、二虎相间环绕。宽平缘。镜面微凸。面径：11厘米，背径：10.8厘米，缘厚：0.5厘米。重量：247.5克。	完整	新莽时期	图版八七：2

序号	镜名	出土时间 地点	墓号	方向	墓葬形制		葬具	墓葬保存状况
					平剖面示意图	形制、尺寸（厘米）（长×宽－墓口－墓底）		
423	四乳四禽鸟镜	2006.10.22，淅川县东沟长岭	XCDG M50	90°		凸字形砖室墓，由墓道、甬道、主室组成。墓道：长方形、斜坡状。130×130－10－80 墓室：500×230－10－100	不详	扰乱
424	五乳禽兽镜	2003.5.21，市财局（独山大道与张衡路交叉口）	SCJ M10	186°		长方形砖室墓，由墓道、两前室、两后室组成。墓道：长方形、斜坡状。270×108－75－310 墓室：316×222－75－310	不详	保存完好
425	七乳禽兽镜	2003.11.6，公路技校（百里奚路西侧）	GLJX M2	5°		长方形竖穴土坑墓、直壁。280×140－100－100	不详	保存完好
426	四乳八禽镜	2000.3.3，市拆迁办永泰住宅小区（建设东路南侧）	NCQB M10	62°		长方形砖室墓，由两前室、两后室组成。340×248－130－298	不详	保存完好

随葬品	镜出土位置	铜镜拓片	铜镜描述	镜保存状况	墓葬时代	备注
陶盘 1、炉 2、猪圈 1、臼杵 1、磨 1、灶 1、碗 1、壶 1、井 1、杯 1、炉鐏 1、盒 1、货泉 3、五铢钱 51、铜镜 1。	室内扰土中		圆形。半球钮。圆钮座。钮座外两周弦纹间有四枚带圆座乳钉和四禽鸟。禽鸟两两相对。之外一周短直线纹。宽平缘上饰锯齿纹和双线波折纹。镜面微凸。面径：10 厘米，背径：9.2 厘米，缘厚：0.4 厘米。重量：179 克。	残缺	东汉中期	图一九二，图版八八∶1
灰陶井、器盖 1、磨 1、盆 2、灶 1、鼎 1、盒 1、圆盒 1、狗 1、方盒 1、鸡 2、鸭 2、仓 2、猪圈 1、瓮 1、铜镜 1、铜钱 1 串。	前室过道中		圆形。半球钮。圆钮座。钮座外一周凸弦纹圈带内有四组三竖线间有四组双斜纹。之外两周短斜线纹之间为主纹带。主纹是五乳钉与五禽兽相间环绕。宽平缘上饰双线波折纹和圆点纹。镜面微凸。面径：12.7 厘米，背径：12..4 厘米，缘厚：0.4 厘米。重量：428 克。	完整	新莽时期	图一九三，图版八八∶2
灰陶鼎 1、盒 1、壶 1、小壶 1、铜镜 1。	北部		圆形。半球钮。圆钮座。座外一周铭文（铭文不清），每字间有一乳钉。其外一周由横竖线纹组成的纹饰带。之外两周凸弦纹和一周短直线纹间有铭文带和主纹带。铭文为："角王巨虚□□（日有）意，上有龙虎三时置，常保二亲□□事"。主纹为七乳间有禽兽纹。宽平缘上饰锯齿纹和云气纹。镜面微凸。面径：16.5 厘米，背径：16.3 厘米，缘厚：0.5 厘米。重量：506 克。	完整	西汉晚期	图一九四，图版八九∶1
灰陶罐 2、仓 2、鼎 1、井 1、盒 1、灶 1、猪圈 1、狗 1、磨 1、鸡 1、盆 1、铜镜 1、五铢钱 55、铁剑 2。	北后室东部		圆形。半球钮。圆钮座。钮座外有四条短竖线条与四组三斜线相间环绕。之外两周短斜线纹之间为主纹带。四乳间有二鸟相对，图形简单，只表现出鸟的轮廓，二歧冠、覆羽翼，翘尾。宽平缘。镜面微凸。面径：8.05 厘米，背径：7.85 厘米，缘厚：0.35 厘米。重量：145.5 克。	完整	西汉晚期	图一九一，图版八九∶2

续表

序号	镜名	出土时间 地点	墓号	方向	墓葬形制		葬具	墓葬保存状况
					平剖面示意图	形制、尺寸（厘米）（长×宽－墓口－墓底）		
427	四乳八禽镜	2000.5.2，市拆迁办永泰住宅小区（建设东路南侧）	NCQB M103	65°		日字形砖室墓。394×252－173－365	两木棺	保存完好
428	四乳八禽镜	2001.9.28，市一中（建设东路北侧）	NYZ M322	110°		T字形平顶砖石混合结构墓。358×114－98－218	不详	保存完好
429	四乳八禽镜	2003.12.8，市三杰公司住宅小区（建设东路南侧）	NSJ M15	5°		长方形砖室墓。350×250－190－276	不详	全毁
430	四乳八禽镜	2003.10.27，南阳理工大学（长江路南侧）	NLGD M143	344°		长方形竖穴土坑墓，直壁、四边设二层台。墓口：330×230－70 墓底：230×90－208	不详	保存完好

随葬品	镜出土位置	铜镜拓片	铜镜描述	镜保存状况	墓葬时代	备注
灰陶罐2、圆盒2、方盒1、钵1、红陶盒2、罐1、狗1、猪圈1、仓3、鸡2、鸭2、磨1、灶1、井1、鼎1、壶1、灯1、熏炉1、仓盖1、铜镜1、铜钵1、五铢钱40、铁剑1、铜带钩1、铜帽1。	南室棺内东部		圆形。半球钮。圆钮座。钮座外有四组三弧线与三竖线纹相间环绕。之外两周短斜线纹间为主纹。四乳间有二立鸟相对。图形简单,只表现出鸟的轮廓,二歧冠,覆羽翼,翘尾。宽平缘。镜面微凸。面径:8.5厘米,背径:8.25厘米,缘厚:0.5厘米。重量:136克。	稍残(修复)	西汉晚期	
灰陶鼎1、盒1、壶1、仓3、五铢钱15、铜镜1、铜印章1。	南部偏西		圆形。半球钮。圆钮座。钮座外两周短斜线纹之间为主纹。主纹为四乳间有二鸟相对,图形简单,仅表现出鸟的轮廓,有冠、翘尾。宽平缘。镜面微凸。面径:8.45厘米,背径:8.3厘米,缘厚:0.5厘米。重量:97克。	稍残(修复)	西汉晚期	
铜镜1、陶片。	室内扰土中		圆形。半球钮。圆钮座。钮座外一周凸弦纹。之外两周短斜线纹之间为主纹。主纹为四乳间有二鸟相对,图形简单,仅表现出鸟的轮廓,二歧冠,覆羽翼,翘尾。宽平缘。镜面微凸。面径:7.7厘米,背径:7.58厘米,缘厚:0.3厘米。重量:84克。	完整	西汉晚期	
灰陶壶1、罐1、碗2、铜镜1。	东北部		圆形。半球钮。圆钮座。钮座外一周凸弦纹圈带内有四组三竖线与三斜线纹相间环绕。之外两周短斜线纹之间为主纹。主纹为四乳间有二立鸟相对。图形简单,只表现出鸟的轮廓,二歧冠,覆羽翼,翘尾。宽平缘。镜面平直。面径:8.9厘米,背径:9厘米,缘厚:0.4厘米。重量:133克。	残缺	西汉晚期	

续表

序号	镜名	出土时间地点	墓号	方向	墓葬形制		葬具	墓葬保存状况
					平剖面示意图	形制、尺寸（厘米）（长×宽－墓口－墓底）		
431	四花瓣四虺镜	2006.11.7，市万家园华鑫苑住宅小区（独山大道东侧）	NWJY M244	113°		长方形砖石混合结构画像石墓，由墓道、墓门、两前室、两后室组成。墓道：梯形、斜坡状。916×340（290）－70－310 墓室：长方形。408×324－70－310	不详	扰乱
432	四乳四虺镜	2005.9.21，市日报社住宅小区（许南路南侧）	NRBS M51	15°		长方形砖室墓。210×95－70－142	不详	全毁
433	四乳四虺镜	2001.3.22，市碘盐中心住宅小区（滨河路西侧）	NDY M18	5°		长方形砖室墓，由东前室、东后室和西室组成。325×250－250－440	不详	扰乱
434	四乳四虺镜	2000.3.16，市拆迁办永泰住宅小区（建设东路南侧）	NCQB M37	252°		长方形单室砖墓。256×192－135－225	不详	扰乱

随葬品	镜出土位置	铜镜拓片	铜镜描述	镜保存状况	墓葬时代	备注
铜镜1、铜奁盒1、小铜钫1、金帛饰件、银片、陶片。	室内扰土中		圆形。半球钮。并蒂十二连珠纹钮座。座外为一周短斜线纹和一周凸弦纹圈带。之外为两周短斜线纹间有主纹带。主纹是四乳与四虺相间环绕，四乳围以并蒂四叶座，四虺呈S形，四虺内侧各有一鸟，外侧分别饰有虎头、凤首、龙头、兽首。宽平缘。镜面平直。面径：15.15厘米，背径：15厘米，缘厚：0.55厘米。重量：418.5克。	稍残（修复）	西汉晚期	图一八五，图版九〇：1
铜镜1、陶片。	室内扰土中		圆形。半球钮。并蒂连十二珠纹钮座。座外一周凸弦纹圈带。之外两周短斜线纹之间为主纹。主纹是四枚带圆座乳钉与四虺相间环绕。四虺呈S形，在身躯外侧有一只有冠羽鸟纹或鸟，身躯内侧为展翅飞翔鸟或立鸟。宽平缘。镜面微凸。面径：12.88厘米，背径：12.8厘米，缘厚：0.62厘米。重量：345克。	完整	西汉晚期	
陶仓2、狗1、盒1、猪圈1、鸡2、鸭1、灶1、壶1、钵1、铜镜1、铜刷1、铜带钩1、五铢钱5、料珠27。	西室西南部		圆钮。半球钮。并蒂十二连珠纹钮座。座外一周凸弦纹圈带。之外两周短斜线纹之间为主纹，主纹是四枚带圆座乳钉与四虺纹相间环绕。四虺成钩形躯体，在身躯外侧有一只冠羽鸟纹和一立鸟，身躯内侧为一立鸟。宽平缘。镜面微凸。面径：12.9厘米，背径：12.8厘米，缘厚：0.62厘米。重量：388.5克。	完整	西汉晚期	图一八六，图版九〇：2
灰陶猪圈1、铜镜1。	东北部		圆形。半球钮。圆钮座。钮座外有短斜线纹。之外两周短斜线纹间为主纹，主纹是四枚带圆座乳钉与四虺纹相间环绕。四虺成钩形躯体，在躯体内外侧各有一只禽鸟。宽平缘。镜面微凸。面径：7.85厘米，背径：7.6厘米，缘厚：0.26厘米。重量：93.5克。	完整	西汉晚期	

续表

序号	镜名	出土时间 地点	墓号	方向	墓葬形制		葬具	墓葬保存状况
					平剖面示意图	形制、尺寸（厘米）（长×宽－墓口－墓底）		
435	四乳四虺镜	2000.3.17，市拆迁办永泰住宅小区（建设东路南侧）	NCQB M38	162°		日字形砖室墓。328×238－230－376	不详	扰乱
436	四乳四虺镜	2000.3.7，市拆迁办永泰住宅小区（建设东路南侧）	NCQB M18	156°		刀形砖墓，由甬道和墓室组成。275×215－246－286	不详	全毁
437	四乳四虺镜	1999.7.31，市汽运公司住宅小区（建设东路北侧）	NQY M2	167°		长方形砖室墓，由两前室、两后室组成。336×266－128－270	不详	扰乱
438	四乳四虺镜	2005.3.13，市万家园华鑫苑住宅小区（独山大道东侧）	NWJY M2	112°		长方形砖室墓，由两前室、两后室组成。370×240－140－340	不详	扰乱

随葬品	镜出土位置	铜镜拓片	铜镜描述	镜保存状况	墓葬时代	备注
灰陶仓 2、鼎 1、壶 1、猪圈 1、狗 1、方盒 1、圆盒 1、井 1、灶 1、鸡 2、罐 1、灯 1、熏炉 1、盒 1、磨 1、铜镜 2、铜环 1、铜带钩 1、铜刷 1、铜泡钉 4、铜壹 2、铜盖弓帽 2、五铢钱 7、铁剑 1、铁器 1、铅饰件 1。	西室南部 1、东室北部 1		圆形。半球钮。圆钮座。钮座外一周凸弦纹圈带内有四组双斜线条与三直线纹相间环绕。之外两周短斜线纹之间为主纹。主纹是四枚带圆座乳钉与四虺纹相间环绕。四虺成钩形躯体，在身躯内外各有一只冠羽鸟纹和禽鸟。宽平缘。镜面微凸。面径：11.06 厘米，背径：10.88 厘米，缘厚：0.55 厘米。重量：262 克。	破（修复）	西汉晚期	
铜镜 1、陶片。	室内扰土中		圆形。半球钮。圆钮座。钮座外一周凸弦纹圈带内有四组三弧线与三竖线纹相间环列。之外两周短斜线纹之间为主纹。主纹是四枚带圆座乳钉与四虺纹相间环绕。四虺成钩形躯体，两端同形，在身躯外侧有冠羽鸟纹和立鸟，身躯内侧为立鸟。宽平缘。镜面微凸。面径：10.92 厘米，背径：10.7 厘米，缘厚：0.6 厘米。重量：290.5 克。	完整	东汉早期	
陶方盒 1、铜镜 1、铜泡钉 2。	东前室西南部		圆形。半球钮。圆钮座。钮座外一周凸弦纹圈带内有四组三斜线与三竖线纹相间环绕。之外两周短斜线纹之间为主纹。主纹是四枚带圆座乳钉与四虺纹相间环绕。四虺成钩形躯体，两端同形，在身躯外侧有冠羽鸟纹和立鸟，身躯内侧为立鸟。宽平缘。镜面微凸。面径：10.83 厘米，背径：10.7 厘米，缘厚：0.55 厘米。重量：266 克。	破（修复）	西汉晚期	图一八八
灰陶猪圈 1、狗 1、鸡 1、耳杯 4、勺 1、灶 1、陶饰 1、铜镜 1、大泉五十 7。	北前室西南部		圆形。半球钮。圆钮座。钮座外一周凸弦纹圈带内有四条短弧线与四组三竖线纹相间环列。之外两周短斜线纹之间为主纹。主纹是四枚带圆座乳钉与四虺纹相间环绕。四虺成钩形躯体，两端同形，在身躯外侧有冠羽鸟纹和鸟纹，身躯内侧有一鸟纹。宽平缘。镜面微凸。面径：11 厘米，背径：10.7 厘米，缘厚：0.58 厘米。重量：327 克。	完整	新莽时期	图一八七，图版九一：1

续表

序号	镜名	出土时间地点	墓号	方向	墓葬形制		葬具	墓葬保存状况
					平剖面示意图	形制、尺寸（厘米）（长×宽-墓口-墓底）		
439	四乳四虺镜	1999.9.7，宛计生委住宅小区（建设东路北侧）	WJSWM65	358°		T字形砖室墓，由前后室组成。366×150-135-215	不详	扰乱
440	四乳四虺镜	1998.9.10，牛王庙村五组明珠鞋城批发市场（建设东路南侧）	WNWWM4	65°		十字形砖室墓，由甬道、前室、后室组成。586×396-150-266	不详	扰乱
441	四乳四虺镜	2006.8.25，淅川县东沟长岭	XCDGM5	50°		长方形砖室墓，由墓道、墓室组成 墓道：长方形、斜坡状。280×130-10-100 墓室：335×222-10-120	不详	扰乱
442	四乳四虺镜	2006.10.27，淅川县东沟长岭	XCDGM55	175°		凸字形竖穴土坑墓。由墓道、墓室组成。墓道：梯形、斜坡状。340×110（98）-10-145 墓室：长方形、直壁。240×150-10-185	不详	保存完好

· 344 ·

随葬品	镜出土位置	铜 镜 拓 片	铜 镜 描 述	镜保存状况	墓葬时代	备注
陶盒 1、圆盒 1、鼎 1、仓 2、灶 1、井 1、磨 1、鸡 1、鸭 1、狗 1、猪圈 1、罐 1、铜镜 1、货泉 9。	前室西南角		圆形。半球钮。圆钮座。钮座外有短竖线纹。之外两周短斜线纹之间为主纹。主纹是四枚带圆座乳钉与四虺纹相间环绕，四虺成钩形躯体，两端同形，在身躯内外两侧各有一只鸟纹。宽平缘。镜面微凸。面径：8.9 厘米，背径：8.7 厘米，缘厚：0.32 厘米。重量：133.5 克。	完整	新莽时期	
陶猪圈 1、仓 5、圆盒 1、方盒 1、井 1、壶 1、器盖 4、磨 1、鸡 3、鸭 3、釜 1、盒 1、狗 1、鼎 1、罐 1、铜镜 1、铜钱 4、铜矛 2、砺石 1、饰件 5、大泉五十 4、陶片。	后室东北角		圆形。半球钮。圆钮座。座外一周凸弦纹圈带内有短弧线纹。之外两周短斜线纹内为主纹。主纹是四枚带圆座乳钉与四虺纹相间环绕，四虺成构形躯体，两端同形，在身驱内外侧各有一只鸟纹。宽平缘。镜面微凸。面径：11.6 厘米，背径：11.5 厘米，缘厚：0.7 厘米。重量：179.5 克。	残缺	新莽时期	
陶仓 5、井 1、灶 1、罐 3、器盖 3、铜洗 1、铜镜 1。	西南部		圆形。半球钮。圆钮座。钮座外有四条短弧线与四组三竖线纹相间环列。之外两周短斜线纹之间为主纹。主纹是四枚带圆座乳钉与四虺纹相间环绕，四虺成钩形躯体，在身躯外侧各有一只鸟纹。其中有两只相对的虺纹内侧有鸟纹。宽平缘。镜面微凸。面径：7.8 厘米，背径：7.6 厘米，缘厚：0.3 厘米。重量：82 克。	完整	西汉晚期	
陶罐 1、甑 1、三足钵 1、釜 2、井 1、仓盖 5、磨 1、灶 1、铜镜 1、铜洗 1、五铢钱 2。	西南部		圆形。半球钮。圆钮座。钮座外有四组三直线与三弧线纹相间环列。之外两周短斜线纹间为主纹。主纹是四枚带圆座乳钉与四虺纹相间环绕，四虺成钩形躯体，两端同形，在身躯外侧各有一只鸟纹。宽平缘。镜面微凸。面径：8.8 厘米，背径：8.5 厘米，缘厚：0.3 厘米。重量：130.5 克。	破（修复）	西汉晚期	

续表

序号	镜名	出土时间 地点	墓号	方向	墓葬形制		葬具	墓葬保存状况
					平剖面示意图	形制、尺寸（厘米）（长×宽－墓口－墓底）		
443	四乳四虺镜	2004.10.29，南阳凤凰城（张衡路与独山大道交叉口）	FHC M182	155°		长方形单室砖墓。300×116－100－200	不详	扰乱
444	四乳四虺镜	1995.9.28，南阳希望饲料公司（卧龙区前田洼）	XWSL M29	20°		梯形竖穴土坑墓，直壁。260×180（170）－70－140	不详	保存完好
445	四乳禽兽镜	2007.5.18，市花鸟市场（滨河东路北侧）	HNSC M2	98°		凸字形砖室墓，由甬道、主室组成。570×340－70－120	不详	扰乱
446	禽兽镜	2001.9.20，市一中（建设东路北侧）	NYZ M256	290°		双凸字形砖室墓。由两甬道、两主室和连接两主室的小过道组成。480×580－90－290	不详	扰乱

随葬品	镜出土位置	铜镜拓片	铜镜描述	镜保存状况	墓葬时代	备注
灰陶灶 1、圆盒 3、壶 1、盒 1、罐 1、狗 1、猪圈 1、器盖 2、鸡 1、仓 2、方盒 1、铜镜 1、铜钱 1 串。	东南部		圆形。半球钮。圆钮座。钮座外有四条短斜线与四组双线纹相间环列。之外两周短斜线纹之间为主纹，主纹是四枚带圆座乳钉与四虺纹相间环绕，四虺成钩形躯体，两端同形，在身躯外侧各有一只鸟纹。宽平缘。镜面微凸。面径：9.1 厘米，背径：8.8 厘米，缘厚：0.3 厘米。重量：121.5 克。	破（修复）	西汉晚期	
陶鼎 1、盒 1、壶 1、罐 1、仓 1、铜钱 40、铜镜 1。	西部		圆形。半球钮。圆钮座。钮座外有八组三斜线纹。之外两周短斜线纹之间为主纹，主纹是四枚带圆座乳钉与四虺纹相间环绕，四虺成钩形躯体，在身躯内外两侧各有一只鸟纹。宽平缘。镜面微凸。面径：8 厘米，背径：7.8 厘米，缘厚：0.3 厘米。重量：124 克。	完整	西汉晚期	
铜镜 1、铜刀 1、铜弩机 2、瓷罐 5、瓷碗 1、泥钱 26、陶饰饼 10、铜钱、陶狗 1、猪圈 1、鸡 1、鸭 1、灶 1、井 1、陶瓮 2。	室内扰土中		圆形。半球钮。圆钮座。座外弦纹圈将镜背分为三区。内区为龙虎两两对峙相间环绕。中区在四乳钉间饰青龙、白虎、朱雀、羽人、神兽等。外区为铭文带，铭文为："宋氏作竟大毋伤，交龙辟邪辟阴阳，子□□具居中央，象□□富乐未央。"铭文首尾间以三圆点纹相隔。之外一周短竖线纹。宽平缘上饰两周锯齿纹夹一周双线波纹缘。镜面微凸。面径：13.8 厘米，背径：14.4 厘米，缘厚：0.6 厘米。重量：595.5 克。	完整	东汉中期	图一九〇，图版九一：2
红陶井 2、圆盒 1、鼎 1、灶 1、磨 2、熏炉 2、甬 6、鸡 3、鸭 3、勺 1、碓 1、盘 2、方盒 1、仓 2、猪圈 1、兕 1、狗 1、壶 2、耳杯 4、泡钉 9、釜 1、盆 1、镇墓兽 1 五铢泥钱 13、铜弩机 1、铜环 1、五铢钱 10、铜泡钉 4、铜镜 1。	西室扰土中		圆形。仅能看出弦纹圈将镜背分为三区。内区有兽纹，中区有乳钉纹和神兽纹。外区为铭文带，铭文为："…虎辟不玄武…"。之外有短直线纹。	残缺	东汉早中期	续建合葬墓

序号	镜名	出土时间地点	墓号	方向	墓葬形制		葬具	墓葬保存状况
					平剖面示意图	形制、尺寸（厘米）（长×宽－墓口－墓底）		
447	几何纹简化博局镜	2000.11.17，宛食品商贸城（光武路北侧）	WSPC M12	273°		长方形单室砖墓。368×222－85－180	不详	扰乱
448	四神博局镜	2001.2.9，市一中（建设东路北侧）	NYZ M73	290°		T形砖室墓，由两前室、两后室组成。390×410－350－525	不详	扰乱
449	禽兽简化博局镜	2000.6.17，市拆迁办永泰住宅小区（建设东路南侧）	NCQB M193	75°		T形砖室墓，由横列前室、两后室组成。412×312－208－402	不详	扰乱
450	禽兽博局镜	2003.10.21，南阳理工大学（长江路南）	NLGD M147	175°		长方形单室砖墓。340×130－120－260	不详	全毁

随葬品	镜出土位置	铜镜拓片	铜镜描述	镜保存状况	墓葬时代	备注
陶鸡3、狗2、仓盖2、灶1、方盒1、灶1、磨1、猪圈1、陶片、铜镜1、五铢钱2。	室内扰土中		圆形。半球钮。钮外双线凹面方格。方格四边中心伸出一T形纹，缺L、V形纹。空间填饰云纹、短线纹。其外一周短斜线纹。宽平缘上饰有锯齿纹。镜面微凸。面径：7.65厘米，背径：7.3厘米，缘厚：0.2厘米。重量：71克。	完整	东汉早期	图二〇六，图版九二：2
灰陶罐1、仓2、磨1、井1、灶1、猪圈1、鸡1、鸭1、铜镜1、铜刷1、铁刀1。	南后室中部		圆形。半球钮。圆钮座。座外一周弦纹内有四组双斜线纹与短直线纹相间环绕。之外一凹面形双线方格四内角饰花苞纹。方格外八乳及博局纹将镜背纹饰分为四方八区，每区内分别为青龙与羽人，朱雀与禽鸟，白虎与兽，蛇与龟。空白处填饰卷云纹。其外一周短斜线纹。宽平缘上饰锯齿纹和双线波折纹。镜面微凸。面径：12.35厘米，背径：12.05厘米，缘厚：0.45厘米。重量：363克。	完整	东汉早期	图一九九，图版九三：1
灰陶猪圈1、仓2、灶1、红陶鸭4、鸡1、豆1、盆1、釜1、耳杯1、器盖2、方盒1、铜镜1。	南后室东部		圆形。半球钮。圆钮座。座外凹面双线方格内有四组三竖线纹间有圆涡纹。方格四边中心各有一双线T形纹，四角与V纹相对，缺L形纹。V形纹分成的四区内分别有线条式白虎、神兽、禽鸟等，空间填卷云纹。其外一周短斜线纹。宽平缘上饰双线波折纹。镜面微凸。面径：11.4厘米，背径：11.3厘米，缘厚：0.45厘米。重量：300.5克。	完整	东汉早期	图二〇三，图版九三：2
灰陶罐1、铜镜1。	室内扰土中		圆形。半球钮。四叶纹钮座。钮座外为双线凹面方格。博局纹将镜背纹饰分为四方八极，分别配置玄武配一蛇，神人配一禽鸟，神人配一虎，神兽配一兽。其外一周短斜线纹圈带。宽素平缘。镜面微凸。面径：10.4厘米，背径：10.18厘米，缘厚：0.3厘米。重量：181克。	破（修复）	西汉晚期	图版九四：1

续表

序号	镜名	出土时间 地点	墓号	方向	墓葬形制		葬具	墓葬保存状况
					平剖面示意图	形制、尺寸（厘米）（长×宽－墓口－墓底）		
451	禽兽博局镜	1999.12.20，宛计生委住宅小区（建设东路北侧）	WJSW M123	77°		长方形竖穴土坑墓，直壁。240×130－50－80	不详	保存完好
452	四神博局镜	2002.9.30，市防爆厂丰泰住宅小区（建设东路南侧）	NFBC M186	190°		梯形砖室墓。270×（南）83（北）68－180－300	不详	保存完好
453	禽兽博局镜	2001.12.16，陈棚村村南（滨河东路西侧）	WCPC M1	280°		长方形砖石混合结构彩绘画像石墓，由墓道、三前室、三后室组成。墓道：梯形、斜坡状。700×500（480）－208－402 墓室：412×312－208－402	不详	扰乱

随葬品	镜出土位置	铜镜拓片	铜镜描述	镜保存状况	墓葬时代	备注
铜镜1、大泉五十32、小泉值一9、无字钱1。	西南部		圆形。半球钮。四叶纹钮座。座外双线方格，方格外四枚圆座乳钉及博局纹将镜背分成四方八极，分别配置羽人与神兽，独角兽与独角兽，独角兽与白虎，瑞兽与瑞兽。其外一周短斜线纹。宽平缘上饰双线波折纹。镜面微凸。面径：14.05厘米，背径：13.8厘米，缘厚：0.45厘米。重量：473克。	完整	新莽时期	图二〇二，图版九四：2
灰陶井1、仓1、圆盒1、铜镜1、铜带钩1、铁刀1、货泉59。	中部偏南		圆形。半球钮。四叶纹钮座。座外为一凹面形方格，方格外四乳及博局纹将镜背纹饰划分为四方，分别配置四神，四神皆昂头，身躯在T、L纹之间，周围以卷云纹、飞鸟及其他纹饰补空。其外一周短斜线纹。宽素平缘。镜面微凸。面径：13.8厘米，背径：13.55厘米，缘厚：0.56厘米。重量：465克。	稍残（修复）	东汉早期	图一九八，图版九五：1
灰陶圆盒3、耳杯10、器盖9、案1、奁盒4、钵1、鸭1、鸡2、壶1、罐2、狗1、仓5、案足2、盒1、灶1、勺1、鼎1、楼房1、铁剑1、铁刀1、长方形石板1、刀形骨器1、料米101、海贝3、石饰件1、铜盖弓帽11、铜泡钉7、货泉41、大泉五十25、四叶形铜饰27、铜带钩1、铜铃1、铜环2、衔镳2、扁帽形器1、当卢1、圆筒形器1、梯形器1、圆片形器1、圆帽形铜器1、铜镜1。	中前室中部		圆形。半球钮。圆钮座。座外有简单纹饰。之外两方格中间环列十二乳及十二地支铭。方格外八乳及博局纹将内区分为四方八区，神兽各配一兽。为填补空间，神兽甩出细而长的尾延伸到T纹L纹间。其外一周铭文带，铭文为："作佳镜哉真大好，上有仙人不知老，渴饮澧泉饥食枣，浮游天（？）。"铭文首尾以一圆点纹相隔。之外一周短斜线纹。宽平缘上饰锯齿纹和白虎、朱雀、兽与几何形云纹。镜面微凸。面径：18.7厘米，背径：18.48厘米，缘厚：0.5厘米。重量：1021克。	完整	新莽时期	图二〇一，图版九五：2

续表

序号	镜名	出土时间 地点	墓号	方向	墓葬形制		葬具	墓葬保存状况
					平剖面示意图	形制、尺寸（厘米）（长×宽－墓口－墓底）		
454	四神博局镜	2001.10.5，市一中（建设东路北侧）	NYZ M332	290°		双十字形砖室墓。由两甬道、前室、两后室组成。448×274－210－310	不详	扰乱
455	禽兽博局镜	1997.5.25，市宏大建安公司（人民北路西侧）	GHD M1	278°		双十字形砖室墓，由墓道、两甬道、前室、两侧室、三后室组成。墓道：长方形、阶梯形。540×150－45－315 墓室：590×550－45－320	不详	扰乱
456	善铜四神博局镜	2000.8.21，牛王庙三组（建设东路北侧）	WNWS M1	161°		长方形砖室墓。由两前室、两后室组成。365×240－130－370	不详	扰乱

随葬品	镜出土位置	铜镜拓片	铜镜描述	镜保存状况	墓葬时代	备注
灰陶仓 5、猪圈 1、圆盒 3、灶 1、罐 1、狗 1、磨 1、方盒 2、铜镜 1。	前室东南角		圆形。半球形。圆钮座。座外两个方格内有十二乳钉及十二地支铭。方格外八乳及博局纹将镜背纹饰分为四方八区，青龙、白虎、朱雀、玄武各位于亥、巳、申、寅一方，占一区，其他的四区是：青龙配瑞兽、白虎配禽鸟、朱雀配羽人、玄武配瑞兽。其外一周短斜线纹。宽平缘上饰锯齿纹及缠枝叶纹。镜面微凸。面径：14.3 厘米，背径：14.1 厘米，缘厚：0.5 厘米。重量：510.5 克。	稍残（修复）	新莽时期	图一九五
灰陶罐 2、红陶罐 5、樽 1、方盒 2、仓 5、圆盒 2、楼阁 1、长颈瓶 1、磨 1、碓 1、器盖 10、蹄状足 8、盆 1、井 1、灯 1、博山炉 1、鸭 3、鸡 1、猪 1、釜 1、泥钱 61、纺轮 1、铁削 1、铜镜 1、铜带钩 2、铜盘 1、铜管 1、五铢钱 9、玉蝉 1。	北后室西部		圆形。半球钮。四叶纹钮座。座外双线方格。方格外八枚圆座乳钉及博局纹将镜背分成四方八极，分别配置白虎、朱雀、禽鸟等。之外为铭文带，铭文为："……知老，渴饮玉泉饥枣……"。其外一周短斜线纹圈带。宽平缘上饰两周锯齿纹夹双线波折纹。镜面微凸。面径：13.5 厘米，背径：13.3 厘米，缘厚：0.35 厘米。重量：317 克。	稍残（修复）	东汉早期	
铜镜 1、五铢钱 55、大泉五十 15、玛瑙瑱 2。	东前室北部		圆形。半球钮。圆钮座。座外两个单线方框和一个凹面形方框间有两周铭文。内圈为十二地支铭间以十二乳钉。中圈铭文为："泰（七）言之纪，从镜，苍右左白虎，甫（博）局君宜官，长宝（保）二亲大子（孙）子，竟。"铭文首尾间以圆环纹相隔。大方格外为主体纹饰，被博局纹分成四方八区，每区饰内向连弧乳钉纹一个，其间四神分别配以神兽、羽人等。其外为外圈铭文带，铭文为："汉有善铜出丹阳，和用锡清且明，左龙右虎主三泊（方），八子九孙治中央，朱爵（雀）武顺阴阳，千万岁，长乐未央，泰（七）言之纪"。之外饰一周短斜线纹。宽平缘上饰锯齿纹和云气纹。镜面微凸。面径：20.6 厘米，背径：20.57 厘米，缘厚：0.53 厘米。重量：1290 克。	破（修复）	新莽时期	图一九六，图版九六：1

续表

序号	镜名	出土时间地点	墓号	方向	墓葬形制		葬具	墓葬保存状况
					平剖面示意图	形制、尺寸（厘米）（长×宽－墓口－墓底）		
457	几何纹博局镜	2002.1.19，市审计局住宅小区（建设东路南侧）	NSJJ M19	15°		长方形竖穴土坑墓，直壁、四边设二层台、斜壁。墓口：334×254－165 墓底：290×206－287	不详	保存完好
458	博局镜	2002.10.7，市防爆厂丰泰住宅小区（建设东路南侧）	NFBC M7	195°		长方形单室砖墓。380×250－170－345	不详	全毁
459	禽兽简化博局镜	2005.6.22，东华小区（天山路北侧）	DHXQ M3	15°		长方形单室砖墓。290×126－138－220	不详	保存完好

随葬品	镜出土位置	铜镜拓片	铜镜描述	镜保存状况	墓葬时代	备注
灰陶鼎 2、盒 2、壶 2、仓 5、小壶 2、铜镜 1、五铢钱 11、铁剑 1、铁刀 1、玉带钩 1。	北部		圆形。半球钮。四叶纹钮座。钮座四叶间有圆圈纹。外围以双线凹面方格，博局纹间配置八乳、短斜线及卷云纹。之外一周短斜线纹。宽平缘上饰有锯齿纹及双线波折纹。镜面微凸。面径：11.1 厘米，背径：11 厘米，缘厚：0.25 厘米。重量：175 克。	完整	西汉晚期	图二〇五，图版九二：1
铜镜 1、五铢泥钱 188。	室内扰土中		圆形。仅能看出在博局纹间有乳钉纹和神兽纹。之外一周短斜线纹。宽平缘上饰双线波折纹。缘厚：0.4 厘米。重量：105.5 克。	残缺	西汉晚期至东汉早期	
灰陶磨 1、鸡 2、灶 1、仓 1、铜镜 1。	北部		圆形。半球钮。四叶纹钮座。钮座外一细线方格及一凹面形方格。方格四边中心各有一双线 T 形纹，缺 L、V 纹。方格外四乳钉将镜面分成四区，每区内有青龙、白虎、朱雀和神兽。之外一周短斜线纹。宽平缘上饰双线波折纹。镜面微凸。面径：11.5 厘米，背径：11.2 厘米，缘厚：0.4 厘米。重量：297.5 克。	破（修复）	东汉早期	图版九六：2

续表

序号	镜名	出土时间地点	墓号	方向	墓葬形制		葬具	墓葬保存状况
					平剖面示意图	形制、尺寸（厘米）（长×宽－墓口－墓底）		
460	四神博局镜	2003.12.30，市金冠公司（仲景路与312国道交叉口）	JGGS M47	165°		凸字形砖室墓，由甬道、墓室组成。520×315－80－115	不详	扰乱
461	神人禽兽博局镜	2003.11.28，南阳鸭电公司（张衡东路南侧）	NYD M37	38°		长方形砖室墓。260×120－60－80	不详	全毁
462	四神禽兽博局镜	2001.4.28，东风厂（312国道北侧）	DFC M20	98°		长方形砖室墓，由墓道和前后室组成 墓道：长方形、斜坡状。270×115－60－225 墓室：345×115－60－225	不详	保存完好

随葬品	镜出土位置	铜镜拓片	铜镜描述	镜保存状况	墓葬时代	备注
红陶甬1、磨1、井1、铜镜1。	室内扰土中		圆形。半球钮。四叶纹钮座。座外凹面方格内有简单图饰。博局纹将镜背分为四方八区。每区内分别为青龙配禽鸟、白虎配神兽、朱雀配羽人骑兽、玄武配有羽人。在青龙头部下方有一个内有金乌的日轮，和白虎头部对着一个内有蟾蜍的满月。之外一周短斜线纹。宽平缘上饰锯齿纹和云气纹。镜面微凸。面径：14.4厘米，背径：14.2厘米，缘厚：0.4厘米。重量：426.5克。	残（修复）	东汉中期	图二〇〇，图版九七：1
铜镜1、陶片（仓、磨、灶等）。	室内扰土中		圆形。半球钮。四叶纹钮座。座外一凹面形方格。四枚带圆座乳钉及博局纹将镜背分为四方八区，分别配置白虎、神兽、神人、朱雀等。之外一周短斜线纹圈带。宽平缘上饰双线波折纹和圆点纹。镜面微凸。面径：11.7厘米，背径：11.4厘米，缘厚：0.4厘米。重量：324.5克。	完整	东汉早期	图版九七：2
陶鼎1、盒1、罐1、鸡1、铜盆1、铜镜1。	后室东北部		圆形。半球钮。圆钮座。座外方格和凹面形方格间有线条组成的简单纹饰。八乳及博局纹将镜背分为四方八区，每区内分别有青龙、白虎、朱雀、玄武配羽人、神兽、禽鸟、禽兽。外区为铭文带，铭文为："尚方作竟真大巧，上山人不知老，饮玉泉□食枣。"铭文首尾以两点相隔。之外一周短直线纹。宽平缘上饰两周锯齿纹夹波折纹。镜面微凸。面径：14.7厘米，背径：14.3厘米，缘厚：0.3厘米。重量：306克。	残（修复）	东汉早期	图一九七，图版九八：1

序号	镜名	出土时间地点	墓号	方向	墓葬形制		葬具	墓葬保存状况
					平剖面示意图	形制、尺寸（厘米）（长×宽－墓口－墓底）		
463	八禽鸟博局镜	2006.11.28，卧龙区四福井建材市场（人民路北段西侧）	WSFJ M6	102°		长方形砖室墓，由墓道和前后室组成。墓道：梯形、斜坡状。300×210（180）－100－250 墓室：390×210－100－250	不详	保存完好
464	四乳连弧镜	2005.12.15，宛检察院玉龙苑住宅小区（独山大道西侧）	WJCY M12	105°		长方形竖穴土坑墓，直壁。270×200－200－290	不详	保存完好
465	四乳连弧镜	2002.8.7，市税局住宅小区（建设东路南侧）	NSJ M52	17°		长方形竖穴土坑墓，直壁。260×180－180－250	不详	保存完好
466	羽状地纹四乳镜	2002.11.28，市防爆厂丰泰住宅小区（建设东路南侧）	NFBC M303	330°		长方形竖穴土坑墓，直壁。300×220－280－345	木棺	保存完好

随葬品	镜出土位置	铜镜拓片	铜镜描述	镜保存状况	墓葬时代	备注
陶仓2、猪圈1、井1、灶1、磨1、狗1、奁盒1、鼎1、器盖1、铜镜1、铁刀1。	前室西部		圆形。半球钮。四叶纹钮座。座外一凹面形方格。博局纹将镜背分为四方八区，每区各一乳钉和一禽鸟，两禽鸟隔V形纹两两相对，空间饰短线及云纹。其外一周铭文带，铭文为："尚方作竟大巧，上有山人不知老，作渴玉兮。"之外一周短直线纹。宽平缘上饰两周锯齿纹夹波折纹。镜面微凸。面径：12.4厘米，背径：12厘米，缘厚：0.3厘米。重量：124克。	完整	东汉早期	图二〇四，图版九八：2
铜镜1、铜镈1、五铢钱1串。	西北部		圆形。三弦钮。钮外大小两个双线圈带，大双线圈带上均匀叠压着四枚乳钉。其外为一周内向十二连弧纹。素卷缘。镜面平直。面径：7.95厘米，背径：7.85厘米，缘厚：0.35厘米。重量：46克。	稍残（修复）	西汉中期	图版九九：1
灰陶罐1、铜镜1、铜印章1、铁饰1、五铢钱5。	东南部		圆形。钮残。钮外大小两个双线圈带，大双线圈带上均匀叠压着四枚乳钉。其外为一周内向十六连弧纹。素卷缘。镜面平直。面径：8.9厘米，背径：8.72厘米，缘厚：0.15厘米。重量：57克。	残	西汉中期	图版九九：2
灰陶鼎2、盒2、壶2、小壶2、铜镜1。	棺外西部		圆形。半球钮。四叶纹钮座。座外一周凹面形圈带。纹饰为十排简化的羽状纹，排列整齐，前后左右平行，每个花纹单位顺列反复排成四方连续图案。其上叠压四个带圆座乳钉纹。素卷缘。镜面平直。面径：11.2厘米，背径：11.05厘米，缘厚：0.3厘米。重量：132.5克。	破（修复）	西汉中期	图二〇七，图版一〇〇：1

续表

序号	镜名	出土时间地点	墓号	方向	墓葬形制		葬具	墓葬保存状况
					平剖面示意图	形制、尺寸（厘米）（长×宽－墓口－墓底）		
467	四乳镜	2003.9.5，南阳理工大学（长江路南侧）	NLGD M14	195°		方形砖室墓。300×270－90－130	不详	全毁
468	变形四叶对凤镜	2002.12.4，市防爆厂丰泰住宅小区（建设东路南侧）	NFBC M208	187°		品字形砖石混合结构墓，由墓道、甬道、前室、两后室组成。墓道：长方形、斜坡状。500×230－110－390墓室：1272×744－110－390	八木棺	叠压、扰乱
469	变形四叶夔纹镜	2002.12.4，市防爆厂丰泰住宅小区（建设东路南侧）	NFBC M208	187°		品字形砖、石混合结构墓，由墓道、甬道、前室、两后室组成。墓道：长方形、斜坡状。500×230－110－390墓室：1272×744－110－390	八木棺	叠压、扰乱
470	变形四叶对凤镜	2001.2.24，市一中（建设东路北侧）	NYZ M49	190°		凸字形砖室墓，由甬道、后室组成。545×280－120－405	不详	扰乱

随葬品	镜出土位置	铜镜拓片	铜镜描述	镜保存状况	墓葬时代	备注
铜镜1、陶片。	室内扰土中		圆形。半球钮。圆钮座。座外两周弦纹和一周短直线纹间有主纹。四乳和卷云纹、短直线纹相间环绕。宽平缘上饰锯齿纹及弦纹圈带。镜面平直。面径：9.6厘米，背径：9.8厘米，缘厚：0.4厘米。重量：111克。	完整	西汉晚期	图二〇九，图版一〇〇：2
红陶井1、灰陶壶1、耳杯1、仓1、陶片、铜镜2、石卵2、石条7、三角形石板2、石饰1、铜饼8、铜冒1、铜泡钉4、铜弩机1、银戒指1、半两钱1、五铢钱153。	两后室扰土中		圆形。盘龙钮。圆钮座。钮外围以弧线四方形连接的宝珠状四叶纹。四方委角内各一字铭，连续为："长宜高官"。四叶间为图案化的对凤纹，其外一周内向十六连弧纹，在四个圆弧中各有一组铭文，分别为："富昌"、"日宜君（?）（尹人?）"、"王樂未央（央）"、"其陁（师）命长"。窄平缘。镜面平直。面径：13.4厘米，背径：13.05厘米，缘厚：0.28厘米。重量：318克。	稍残（修复）	东汉中期	图二二三，图版一〇一：1
红陶井1、灰陶壶1、耳杯1、仓1、陶片、铜镜2、石卵2、石条7、三角形石板2、石饰1、铜饼8、铜冒1、铜泡钉4、铜弩机1、银戒指1、半两钱1、五铢钱153。	两后室扰土中		圆形。半球钮。圆钮座。蝙蝠形变形四叶内各一字铭，连续为："位□三公"。四叶间各一夔纹，其外一周连续涡云带。窄平缘。镜面微凸。面径：9.4厘米，背径：9.5厘米，缘厚：0.3厘米。重量：92克。	稍残（修复）	东汉中期	图二二二，图版一〇一：2
灰陶罐1、铜镜1、铜带钩1、钵1、玉猪2、五铢钱82、货泉29。	室内扰土中		圆形。半球钮。圆钮座。座外委角四方形接宝珠形四叶纹，委角内各一字铭，连续为："长宜高官"。四叶间图案化的对凤纹，对凤头上方各有一字铭，连续为："□至三公"。其外十六连弧纹内有禽兽纹。窄平缘。镜面微凸。面径：16.1厘米，背径：15.75厘米，缘厚：0.42厘米。重量：524.5克。	残	东汉中晚期	图二二四，图版一〇二：1

序号	镜名	出土时间地点	墓号	方向	墓葬形制		葬具	墓葬保存状况
					平剖面示意图	形制、尺寸（厘米）（长×宽－墓口－墓底）		
471	变形四叶兽首镜	1998.9.11，牛王庙村五组（建设东路南侧）	WNWW M2	262°		凸字形和十字形组成的砖室墓，有两甬道、北主室、南前室、南后室组成。墓道：长方形、斜坡状。200×104－180－370墓室：956×784－180－370	不详	扰乱
472	变形四叶兽首镜	1995.12.12，罗庄变电站（建设东路南侧）	LZDZ M15	260°		近品字形砖室墓，由墓道、甬道、前室、两后室组成。墓道：长方形、斜坡状。410×210－160－420墓室：1260×700－160－4200	不详	扰乱
473	夔凤镜	2003.5.28，市体育馆（滨河东路北侧）	NTYG M56	200°		长方形竖穴土坑墓，直壁。304×146－190－243	不详	保存完好
474	长富直行铭文双夔镜	2003.12.24，市金冠公司（仲景路与312国道交叉口）	JGGS M28	190°		凸字形砖室墓，由甬道、主室组成。366×236－80－120	不详	扰乱

随葬品	镜出土位置	铜镜拓片	铜镜描述	镜保存状况	墓葬时代	备注
陶器足 1、器盖 1、陶片、铜镜 1。	南前室西北部		圆形。半球钮。圆钮座。座外弧线四边形四委角接蝙蝠形四叶纹。四叶内各一字铭，合为："位至三公"。四叶间饰兽面纹。之外为二十四内向连弧纹，连弧间有两圆点纹。几何形菱纹缘。镜面微凸。面径：14.15 厘米，背径：13.4 厘米，缘厚：0.35 厘米。重量：236 克。	残缺（修复）	东汉晚期	图二一〇，图版一〇二：2
陶案 1、甑 1、豆 1、灶 1、熏炉 1、器盖 1、铜镜 1、铜钱 1 串、铁镜 1、铁器 1、瓷罐 1。	东后室西部		圆形。兽钮。圆钮座。弧线四边形四委角连接蝙蝠状四叶纹，四叶内各有一字铭，合为："□宜高官"。四叶间各一兽首，正视形。其外一周铭文带，铭文为："延喜六年五月丙午日，作镜，广汉西蜀…兮"。之外内向二十三连弧纹圈带内有简单纹饰。菱纹缘。镜面微凸。面径：15.8 厘米，背径：15.4 厘米，缘厚：0.35 厘米。重量：504.5 克。	稍残（修复）	东汉晚期	图二一一
灰陶鼎 2、盒 2、壶 2、小壶 2、铜镜 1、五铢钱 23、石饰件 2、口蝉 1、铅饰 2。	南部		圆形。钮残。凤形态简化，作 S 形卷曲，头尾结构不明，身躯有锚形图案，外有长短线条似羽毛。之外有短斜线纹。素宽平缘。镜面微凸。面径：9.5 厘米，背径：9.4 厘米，缘厚：0.27 厘米。重量：42.5 克。	残	东汉早期	图二二五 仅出土半面
铜镜 1。	室内扰土中		圆形。半球钮。圆钮座。以钮的轴线为界两边各有一双夔纹。夔纹之间用两字隔开，铭文合为："长富"。其外为内向十二连弧纹和一周凹面形圈带。素宽平缘。镜面微凸。面径：9.3 厘米，背径：9.1 厘米，缘厚：0.2 厘米。重量：120.5 克。	残（修复）	东汉晚期	图二二六，图版一〇三：1

序号	镜名	出土时间 地点	墓号	方向	墓葬形制		葬具	墓葬保存状况
					平剖面示意图	形制、尺寸（厘米）（长×宽－墓口－墓底）		
475	团凤镜	2002.8.23，市防爆厂丰泰住宅小区（建设东路南侧）	NFBC M160	10°		长方形竖穴土坑墓，直壁。230×90－210－240	不详	保存完好
476	二虎对峙镜	2001.4.2，市碘盐中心住宅小区（滨河路西侧）	NDY M44	175°		双十字形砖室墓，由两甬道、前室、两侧室、两后室组成。688×500－130－370	不详	扰乱
477	盘龙镜	2005.5.13，市裕华商城（工业路与八一路交叉口东北角）	YHSC M2	182°		长方形单室砖墓。310×220－50－120	不详	扰乱
478	龙虎镜	2005.5.13，市裕华商城（工业路与八一路交叉口东北角）	YHSC M2	182°		长方形单室砖墓。310×220－50－120	不详	扰乱

随葬品	镜出土位置	铜镜拓片	铜镜描述	镜保存状况	墓葬时代	备注
灰陶罐1、铜镜1、五铢钱67、货泉19。	东北部		圆形。半球钮。圆钮座。一凤压在钮下，凤曲颈，展翅翘尾。之外一周铭文带，铭文为："□氏作竟自宜古市兮"。其外一周短直线纹及一周锯齿纹。素卷缘。镜面微凸。面径：8.9厘米，背径：8.15厘米，缘厚：0.45厘米。重量：103.5克。	完整	东汉中期	图二二七，图版一〇三：2
灰陶仓2、圆盒2、方盒1、盒1、井1、灯1、壶2、斗1、鼎1、磨1、炙炉1、灶1、盘1、器盖2、耳杯6、鸭2、碗1、熏炉1、陶片1、铜镜1、五铢钱67、货泉1。	东侧室西南角		圆形。半球钮。圆钮座。座外有浅浮雕隔钮相对峙的两虎，虎的形态比较抽象。之外一周铭文带，铭文为："□□□□大毋伤，宜侯王□"。铭文首尾以一圆点纹相隔。其外一周短直线纹。宽平缘上饰锯齿纹。镜面微凸。面径：9.55厘米，背径：8.6厘米，缘厚：0.55厘米。重量：178.5克。	完整	东汉中期	图二二八，图版一〇四：1
红陶猪圈1、灯1、器盖1、小盆1、釜1、鸡2、磨1、仓1、灶1、井1、鼎1、灰陶瓮1、铜镜3、铜刀1、铜钱1串。	南部2、室内扰土中1		圆形。半球钮。圆钮座。钮座压在龙的身躯上，龙张嘴露齿，回首，四肢作奔驰状。在身躯外侧空白处有铭文，合为："作竟宜子孙"。之外一周短直线纹。宽平缘上饰双线波折纹。镜面微凸。面径：10厘米，背径：9.4厘米，缘厚：0.4厘米。重量：177克。	残缺（修复）	东汉晚期	图二三〇，图版一〇四：2
红陶猪圈1、灯1、器盖1、小盆1、釜1、鸡2、磨1、仓1、灶1、井1、鼎1、灰陶瓮1、铜镜3、铜刀1、铜钱1串。	南部2、室内扰土中1		圆形。半球钮。圆钮座。钮座外两龙两虎，虎仅有虎首，无身。龙虎两两相对。其外一周铭文和一周短斜线纹，铭文为："巧工作竟大毋伤，浮云连出达四方，白虎辟邪居中央，长保二亲富贵昌。"铭文首尾以一立鹤相隔。宽平缘上饰锯齿纹和缠枝叶纹。镜面微凸。面径：12.9厘米，背径：12.1厘米，缘厚：0.7厘米。重量：502克。	完整	东汉晚期	图二二九，图版一〇五：1

续表

序号	镜名	出土时间地点	墓号	方向	墓葬形制		葬具	墓葬保存状况
					平剖面示意图	形制、尺寸（厘米）（长×宽－墓口－墓底）		
479	神人神兽画像镜	2005.5.13，市裕华商城（工业路与八一路交叉口东北角）	YHSC M2	182°		长方形单室砖墓。310×220－50－120	不详	扰乱
480	贴银鎏金鸟兽菱花镜	2002.8.11，市税局住宅小区（建设东路南侧）	NSJ M13	190°		梯形单室砖墓。350×110（94）－140－254	不详	保存完好
481	四仙骑镜	2002.8.11，市税局住宅小区（建设东路南侧）	NSJ M13	190°		梯形单室砖墓。350×110（94）－140－254	不详	保存完好
482	四鸟绕花枝镜	1999.2.7，宛农行住宅小区（独山大道东侧）	WNH M1	11°		抹角长方形砖室墓。336×164－70－190	不详	扰乱

随葬品	镜出土位置	铜镜拓片	铜镜描述	镜保存状况	墓葬时代	备注
红陶猪圈1、灯1、器盖1、小盆1、釜1、鸡2、磨1、仓1、灶1、井1、鼎1、灰陶瓮1、铜镜3、铜刀1、铜钱1串。	南部2、室内扰土中1		圆形。半球钮。圆钮座。四枚带圆座乳钉纹分成的四区内配置四组人物，两组为东王公和西王母相对而坐，一组为白虎，一组为神兽。其外为铭文带，铭文为："尚方作竟大毋伤，辛有善同出丹羊，和巳银锡。"之外一周短直线纹。宽平缘上饰禽鸟神兽纹。镜面微凸。面径：16厘米，背径：15厘米，缘厚：0.2厘米。重量：474克。	稍残（修复）	东汉晚期	图二二一，图版一〇五：2
铜镜2、铜钵1、开元通宝30、铁刀1、铁器1、银盒1、灰陶罐2。	中部2		六瓣菱花形。伏兽钮。镜背贴银鎏金，錾出各种图案。主纹为鸟、兽及缠枝花纹。以繁密的点纹为地纹。六瓣菱花缘。镜面平直。面径：6.28厘米，背径：6厘米，缘厚：0.5厘米。重量：77.5克。	完整	唐代	图二二六，图版一〇六：1
铜镜2、铜钵1、开元通宝30、铁刀1、铁器1、银盒1、灰陶罐2。	中部2		八出葵花形。半球钮。内切圆形。主纹为四仙人骑兽跨鹤，腾空飞翔，同向绕钮。仙人头戴冠，披帛穿过两肋，在背部呈方圆弧形后分成两股向后飘拂。其中二仙跨仙鹤，二鹤展翅引颈，作疾飞状。另二仙人骑瑞兽，二兽四肢奔腾，作迅跑状。八瓣花枝蜂蝶纹缘。镜面平直。面径：11.8厘米，背径：11.45厘米，缘厚：0.5厘米。重量：284克。	完整	唐代	图二二五
铜镜1、开元通宝3、铁剪1、铁器1、铜饰1、料珠1。	北部		八瓣菱花形。半球钮。内切圆形。钮外四禽鸟四折枝花相间环绕，鹊鸟展翅飞翔。八瓣蜂蝶折枝花纹缘。镜面微凸。面径：11.55厘米，缘厚：11.05厘米，缘厚：0.56厘米。重量：271.5克。	完整	唐代	图二二四，图版一〇六：2

序号	镜名	出土时间地点	墓号	方向	墓葬形制		葬具	墓葬保存状况
					平剖面示意图	形制、尺寸（厘米）（长×宽－墓口－墓底）		
483	六瑞兽葡萄镜	2005.4.7，市万家园华鑫苑住宅小区（独山大道东侧）	NWJY M130	135°		长方形单室砖墓。278×118－60－80	不详	扰乱
484	三虎镜	2002.8.19，市税局住宅小区（建设东路南侧）	NSJ M30	35°		六边形砖室墓。124×124－135－170	不详	保存完好
485	三虎镜	2002.6.1，市墙改办住宅小区（建设东路南侧）	NQGB M27	92°		六边形砖室墓。121×108－120－210	不详	保存完好
486	弦纹素镜	2002.6.1，市墙改办住宅小区（建设东路南侧）	NQGB M27	92°		六边形砖室墓。121×108－120－210	不详	保存完好

随葬品	镜出土位置	铜镜拓片	铜镜描述	镜保存状况	墓葬时代	备注
铜镜1、开元通宝1。	中部偏西		圆形。伏兽钮。钮外六瑞兽与葡萄枝蔓环绕。素平缘。镜面微凸。面径：8.8厘米，背径：8.25厘米，缘厚：0.6厘米。重量：140.5克。	残缺	唐代	图二三七
瓷盅2、瓷碗1、瓷瓶1、铜镜1、大定通宝31。	中部		圆形。半球钮。钮外环列三虎，其中两虎对峙。之外两周弦纹带及波折纹之间有两周短直线纹。素高卷缘。镜面微凸。面径：7.9厘米，背径：7.8厘米，缘厚：0.45厘米。重量：83克。	完整	宋代	图版一〇七：1
铜镜2、大定通宝15、圆形玉片1、瓷灯1、石砚2。	中部		圆形。半球钮。钮外环列三虎，其中两虎对峙。之外两周弦纹带及波折纹之间有两周短直线纹。素高卷缘。镜面微凸。面径：7.9厘米，背径：7.75厘米，缘厚：0.68厘米。重量：119克。	完整	宋代	图二三九
铜镜2、大定通宝15、圆形玉片1、瓷灯1、石砚2。	中部		圆形。半球钮，钮较扁。钮外一周凸弦纹。素高卷缘。镜面平直。面径：6.65厘米，背径：6.58厘米，缘厚：0.7厘米。重量：72.5克。	完整	宋代	图版一〇七：2

续表

序号	镜名	出土时间 地点	墓号	方向	墓葬形制		葬具	墓葬保存状况
					平剖面示意图	形制、尺寸（厘米）（长×宽-墓口-墓底）		
487	河水蜂鸟镜	2003.9.30，南阳理工大学（长江路南侧）	NLGD M74	86°		长方形砖室墓。300×80-96-160	不详	扰乱
488	日光连弧铭带镜	2001.3.4，市一中（建设东路北侧）	NYZ M149	166°		长方形竖穴浇浆墓，由东西两室组成。320×250-80-190	不详	保存完好
489	四乳四神镜	1996.12.19，宛安居新村（独山大道东侧）	WAXC M13	20°		长方形砖室墓。240×100-95-195	不详	扰乱
490	弦纹素镜	2001.2.27，市一中（建设东路北侧）	NYZ M68	180°		长方形单室砖墓，由墓道、墓室组成。墓道：长方形、斜坡状。200×320-62-280 墓室：413×320-62-280	不详	扰乱

随葬品	镜出土位置	铜镜拓片	铜镜描述	镜保存状况	墓葬时代	备注
铜镜1。	东南角		圆形。半球钮，钮较扁。钮外为纹饰带，蜂鸟飞舞在河边草丛中。之外二周锯齿纹之间有一周短直线纹。素高卷缘。镜面微凸。面径：10厘米，背径：9.83厘米，缘厚：0.7厘米。重量：127.5克。	完整	宋代	图二三八，图版一〇八：1
瓷罐1、铜镜1、元丰通宝等74。	西室南部		圆形。半球钮。圆钮座。座外内向八连弧纹内有四短斜线纹。之外两周短斜线纹之间有铭文带，铭文为："见日之光，天下大明。"每字间有"◇"形或"℗"形符号相间环绕。素宽平缘。镜面微凸。面径：7.8厘米，背径：7.7厘米，缘厚：0.5厘米。重量：112.5克。	完整	明代	图二三五 西室墓志1合
瓷罐1、铜镜1、铜钱10（元丰通宝、祥符元宝等）。	中部		圆形。半球钮。圆钮座。座外两周短斜线纹之间为主纹带。主纹是四乳与四神相间环绕。宽平缘上饰双线波折纹。镜面微凸。面径：10.7厘米，背径：10.35厘米，缘厚：0.55厘米。重量：241克。	完整	明代	图二三一
瓷罐2、银簪子2、铜镜2、铜钱15（大定通宝、太平通宝、天圣元宝、至道元宝等）。	南部2		圆形。半球钮，钮较扁。钮外两周凸弦纹。素高卷缘。镜面微凸。面径：8.9厘米，背径：9.0厘米，缘厚：1.0厘米。重量：215克。	完整	明代	图二三〇，图版一〇八：2

序号	镜名	出土时间地点	墓号	方向	墓葬形制		葬具	墓葬保存状况
					平剖面示意图	形制、尺寸（厘米）（长×宽－墓口－墓底）		
491	双鹤镜	2001.2.22，市一中（建设东路北侧）	NYZ M43	86°		长方形单室砖墓。240×120－80－120	不详	扰乱
492	四乳四兽镜	2002.1.27，市电信公司（滨河路北侧）	NDX M1	190°		吕字形砖石混合结构墓，由墓道、前室、甬道、后室、耳室组成。墓道：长方形、斜坡状。150×220－120－466 墓室：872×324－120－466	不详	保存完好
493	昭明圈带铭带镜	2001.2.24，市一中（建设东路北侧）	NYZ M76	18°		刀形竖穴浇浆墓，由东西室组成。256×266－130－350	不详	保存完好
494	四瑞兽葡萄镜	2001.2.24，市一中（建设东路北）	NYZ M76	18°		刀形竖穴浇浆墓，由东西室组成。256×266－130－350	不详	保存完好

随葬品	镜出土位置	铜镜拓片	铜镜描述	镜保存状况	墓葬时代	备注
铜镜1。	室内扰土中		圆形。半球钮，钮扁平。钮上下各饰一鹤，双鹤脖颈细长，展开双翅，两腿直伸，首尾相对配置。钮两侧各有一圭形框，框内有铭文，铭文不清。之外一周弦纹。素卷缘。镜面凸面。面径：11.9厘米，背径：11.75厘米，缘厚：0.35厘米。重量：162克。	完整	明代	图二三四，图版一〇九：1
铜镜1、铜钱76（明道元宝等）、白瓷罐1、建筑构件3、瓦当1、泥甬1。	后室南部		圆形。半球钮。圆钮座。座外有短直线纹，之外两周短斜线纹之间为主纹，四乳间有四兽。四兽均作行走状。宽平缘上饰双线波折纹。镜面微凸。面径：9.9厘米，背径：9.75厘米，缘厚：0.31厘米。重量：128克。	完整	明代	图二三三
金环1、铜镜1、金戒指2、铜镜2、瓷罐1、金饰1、铜钱16（元丰通宝1、天圣元宝、宜和通宝、大观通宝等）。西室出土墓志一合。	西室北部1、东室中部1		圆形。半球钮。圆钮座。钮座外一周凸弦纹圈带内有短直线纹。之外两周短斜线纹之间有铭文，铭文为："内而清而以昭而明而光而象而夫而日而"。铭文首尾以两点纹相隔。镜面微凸。面径：8.83厘米，背径：8.7厘米，缘厚：0.45厘米。重量：195.5克。	完整	明代	图二三六，图版一〇九：2
金环1、铜镜1、金戒指2、铜镜2、瓷罐1、金饰1、铜钱16（元丰通宝1、天圣元宝、宜和通宝、大观通宝）。西室出土墓志一合。	西室北部1、东室中部1		圆形。伏兽钮。双线高圈将镜背分为内外二区。内区四兽攀援葡萄枝蔓，瑞兽姿态各异。外区葡萄枝蔓回旋缠连，六禽鸟飞翔或栖息其间。花枝纹缘。镜面平直。面径：9.4厘米，背径：9.3厘米，缘厚：0.85厘米。重量：296克。	完整	明代	图二三一

序号	镜名	出土时间 地点	墓号	方向	墓葬形制		葬具	墓葬保存状况
					平剖面示意图	形制、尺寸（厘米） （长×宽－墓口－墓底）		
495	四瑞兽葡萄镜	2001.2.27，市一中（建设东路北）	NYZ M68	180°		长方形砖室墓，由墓道、墓室组成。 墓道：长方形、斜坡状。200×320－280 墓室：413×320－62－280	不详	扰乱
496	人物车马画像镜	2003.6.10，兴达电力花园（张衡西路北侧）	DLHY M18	10°		长方形单室砖墓。 150×72－60－110	不详	保存完好
497	兽纹镜	1995.1.22，市公安大厦（人民北路东侧）	GADS M21	20°		梯形竖穴土坑墓、直壁、四边设二层台。 墓口：270×280（250）－60 墓底：260×260（230）－260	双棺	保存完好

随葬品	镜出土位置	铜镜拓片	铜镜描述	镜保存状况	墓葬时代	备注
瓷罐 2、银簪子 2、铜镜 2、铜钱 15（大定通宝、太平通宝、天圣元宝、至道元宝等）。	南部		圆形。伏兽钮。双线高圈将镜背分为内外二区。内区四兽攀援葡萄枝蔓，瑞兽姿态各异。外区葡萄枝蔓回旋缠连，六禽鸟飞翔或栖息其间。花枝纹缘。镜面平直。面径：9.27 厘米，背径：9.15 厘米，缘厚：0.95 厘米。重量：214.5 克。	完整	明代	图版一一〇：1
铁犁铧 1、瓷罐 1、铜钱 2、铜镜 1。	东部		圆形。半球钮。圆钮座。座外一周连珠纹。六枚带圆座乳钉将镜面分成六区，分别是：一组车马，一马驾车，车有华盖；二组房舍；三组庭院；四组骑马；五组车马，二马驾车，车上座二人，另二人骑马；六组骑马。外区为铭文带，铭文为："张氏作竟□□□有宜□□。"铭文首尾以四圆点相隔。之外一周短直线纹。宽平缘上饰锯齿纹和禽兽纹。镜面微凸。面径：17.7 厘米，背径：16.7 厘米，缘厚：0.8 厘米。重量：783.5 克。	完整	明代	图二四一，图版一一〇：2
铜镜 2、铜钱 7、瓷罐 2。	两棺内北部 2		圆形。半球钮。圆钮座。座外围有四兽，兽回首，作奔跑状。之外一周凸弦纹和一周短斜线纹间有铭文带，铭文为："□得秦王□□□□千金□□秋□□□□自□心"。素卷缘。镜面微凸。面径：9.1 厘米，背径：9 厘米，缘厚：0.5 厘米。重量：107.5 克。	稍残（修复）	明代	图二四〇，图版一一一：1

序号	镜名	出土时间地点	墓号	方向	墓葬形制		葬具	墓葬保存状况
					平剖面示意图	形制、尺寸（厘米）（长×宽－墓口－墓底）		
498	为善最乐镜	1995.1.22，市公安大厦（人民北路东侧）	GADS M21	20°		梯形竖穴土坑墓、直壁、四边设二层台。墓口：270 × 280（250）－60墓底：260 × 260（230）－260	双棺	保存完好
499	昭明连弧铭带镜	1996.2.2，市公安大厦（人民北路东侧）	GADS M28	24°		梯形竖穴土坑墓，直壁。210×160（150）－55－210	双棺	保存完好
500	禽兽简化博局镜	1996.2.2，市公安大厦（人民北路东侧）	GADS M29	42°		刀形竖穴土坑墓，直壁。240×150－60－230	双棺	保存完好

随葬品	镜出土位置	铜镜拓片	铜镜描述	镜保存状况	墓葬时代	备注
铜镜 2、铜钱 7、瓷罐 2。	两棺内北部 2		圆形。银锭钮。钮左右两侧各有二字铭，连续为："为善最乐"。素卷缘。镜面微凸。面径：8.2 厘米，背径：8.1 厘米，缘厚：0.4 厘米。重量：61 克。	完整	明代	图二三九，图版一一一：2
铜镜 1、铜钱 10 枚、瓷罐 1。	西棺内中部		圆形。半球钮。圆钮座。座外一周内向十二连弧纹内有四组短直线、弧线纹。之外两周短斜线纹间有铭文带，铭文为："内而清而以而昭而明而光而夫而日而月"。铭文首尾以一长方形小框相隔。宽平缘。镜面微凸。面径：8.9 厘米，背径：8.8 厘米，缘厚：0.5 厘米。重量：146.5 克。	残缺	明代	图二三七
铜镜 1、铜钱 12 枚、瓷罐 2。	西棺内中部		圆形。半球钮。圆钮座。座外一凹面形方格，方格四边中点有 T 形纹，四角与 V 形纹相对，缺 L 形纹。V 形纹分成的四区内有青龙、神兽、白虎、神兽。之外一周短斜线纹。宽平缘上饰锯齿纹和双线波折纹。镜面微凸。面径：9.5 厘米，背径：9.4 厘米，缘厚：0.3 厘米。重量：156 克。	完整	明代	图二三八

南阳市区出土铁镜统计表

序号	镜名	出土时间地点	墓号	方向	墓葬形制		葬具	墓葬保存状况
					平剖面示意图	形制、尺寸（厘米）（长×宽－墓口－墓底）		
1	素镜	2000.4.6，市拆迁办永泰住宅小区（建设东路南侧）	NCQB M23	98°		十字形砖室墓，由封门、甬道、前室、两侧室、后室组成组成。1326×1524－50－1232	木棺	扰乱
2	素镜	2001.2.27，市一中（建设东路北侧）	NYZ M84	106°		卜字形砖室墓，由前室、后室、耳室组成。360×120－80－200	不详	扰乱
3	素镜	2002.10.6，市防爆厂丰泰住宅小区（建设东路南侧）	NFBC M62	95°		干字形砖室墓，由墓道、封门、甬道、两侧室、前室、两后室组成。墓道：梯形、斜坡状。550×220（320）－170－510 墓室：1220×735－170－510	不详	扰乱
4	素镜	2002.10.6，市防爆厂丰泰住宅小区（建设东路南侧）	NFBC M62	95°		干字形砖室墓，由墓道、封门、甬道、两侧室、前室、两后室组成。墓道：梯形、斜坡状。550×220（320）－170－510 墓室：1220×735－170－510	不详	扰乱

随葬品	镜出土位置	铁镜线图	铁镜描述	镜保存状况	时代	备注
灰陶罐 6、钵 2、铜环 5、铜铺首衔环 3、铜弩机 1、铜扣饰 9、铜泡钉 2、铜盖弓帽 2、圆形铜片 2、铜盏 1、铜铺首 2、五铢钱 23、铅饰 6、漆器 1、六棱形铁饰 3、铁刀 2、石饰 1、灰陶瓦当 1、铁镜 1。	前室与北侧室过道中部		圆形。扁圆钮。素面。面径：16.4 厘米。钮径：2.6 厘米。	残	东汉晚期	
铁镜 1、铁匕首 1、陶片。	后室南部偏东		圆形。细线。素面。面径：13 厘米。钮残。	残	西汉晚期	
铁灯 4、铜环 19、瓷罐 1、铜钉 20、灶 1、甬 7、钵 1、铜饰 4 铅人 4、木器漆 2、罐 3、器盖 3、圆案 2、耳杯 4、方奁盒 2、方案 2、铜弩机 3、猪圈 1、鸡 2、盂 4、水晶块 43、圆盒 2、大壶 2、熏炉 1、豆 2、魁 1、铜镜 1、碗 1、铜带钩 1、铁镜 2、炭精虎 1、料珠 101、石虎 4、莲花形嵌顶石 1、五铢钱 88。	两后室过道中 2		圆形。	残缺	东汉晚期	
铁灯 4、铜环 19、瓷罐 1、铜钉 20、灶 1、甬 7、钵 1、铜饰 4 铅人 4、木器漆 2、罐 3、器盖 3、圆案 2、耳杯 4、方奁盒 2、方案 2、铜弩机 3、猪圈 1、鸡 2、盂 4、水晶块 43、圆盒 2、大壶 2、熏炉 1、豆 2、魁 1、铜镜 1、碗 1、铜带钩 1、铁镜 2、炭精虎 1、料珠 101、石虎 4、莲花形嵌顶石 1、五铢钱 88。	两后室过道中 2		圆形。扁圆钮。素面。面径：13.2 厘米。钮径：2.6 厘米。	残	东汉晚期	图版一一二：1

续表

序号	镜名	出土时间 地点	墓号	方向	墓葬形制 平剖面示意图	形制、尺寸（厘米）（长×宽－墓口－墓底）	葬具	墓葬保存状况
5		2002.8.16，市防爆厂丰泰住宅小区（建设东路南侧）	NFBC M84	95°		品字形砖室墓，由墓道、封门、甬道、前室、两后室组成。墓道：长方形、斜坡状。470×330－185－465 墓室：1130×720－185－465	不详	扰乱
6		2002.8.16，市防爆厂丰泰住宅小区（建设东路南侧）	NFBC M84	95°		品字形砖室墓，由墓道、封门、甬道、前室、两后室组成。墓道：长方形、斜坡状。470×330－185－465 墓室：1130×720－185－465	不详	扰乱
7	素镜	2002.11.23，市防爆厂丰泰住宅小区（建设东路南侧）	NFB M265	10°		长方形竖穴土坑墓，直壁、四边设二层台。墓口：280×180－210 墓底：240×140－354	木棺	保存完好
8	素镜	2004.6.11，市质检站住宅小区住宅小区（建设东路南侧）	NZJZ M15	15°		长方形并列双室砖墓。360×230－210－245	不详	扰乱
9		1995.12.12，罗庄变电站（建设东路南侧）	LZDZ M15	260°		品字形砖室墓，由墓道、甬道、前室、两后室组成。墓道：长方形、斜坡状。410×210－160－420 墓室：1260×700－160－4200	不详	扰乱

随葬品	镜出土位置	铁镜线图	铁镜描述	镜保存状况	时代	备注
灰陶罐2、瓷罐3、耳杯20、方案2、陶泡钉2、圆案1、熏炉1、陶片（鼎、方盒、瓮等）、铁灯1、铁镜2、五铢钱20、铜弩机6。	前室东南角1、扰土中1		圆形。	残块	东汉晚期	
灰陶罐2、瓷罐3、耳杯20、方案2、陶泡钉2、圆案1、熏炉1、陶片（鼎、方盒、瓮等）、铁灯1、铁镜2、五铢钱20、铜弩机6。	前室东南角1、扰土中1		圆形。	残块	东汉晚期	
灰陶车轮2、铜镜1、铁镜1、铁鍪1、铁刀1。	棺外西南部		圆形。扁圆钮。素面。面径：16.3厘米。钮径：4.7厘米。	残	西汉早期	图二三三；图版一二二：2
陶圆盒1、铜钱6、铜饰件1、瓷罐1、铁镜1、铁剑1。	室内扰土中		圆形。扁圆钮。素面。面径：16.2厘米。钮径：4.7厘米。	稍残	西汉晚期	图二三三；图版一二二：3
陶案1、甑1、豆1、灶1、熏炉1、器盖1、铜镜1、铜钱1串、铁镜1、铁器1、瓷罐1。	甬道北		圆形。	残块	东汉晚期	

后 记

　　《南阳出土铜镜》是河南省南阳市文物考古研究所多年来考古发掘工作的重要成果之一，是对南阳出土铜镜整理研究的一个报告。发掘工作是在河南省文物局、河南省文物考古研究所、南阳市文化局、南阳市文物局的直接领导下进行的，同时得到了他们的大力协助和支持。

　　《南阳出土铜镜》是对 1995 年至 2010 年这段时间内出土的铜镜进行的整理。在编写过程中，承蒙原中国文物交流中心主任孔祥星先生的指导，并在百忙中赐序。同时也得到了南阳市文物考古研究所领导和同志们的鼎力协助与支持。赵成甫先生和徐承泰先生提出了许多宝贵的意见。

　　本书在编写过程中，为了能够全面反映南阳地区古代铜镜的面貌，还承蒙王凤剑、乔保同、杨俊峰、梁玉坡、赫玉建、崔本信、刘小兵、魏晓东、王伟等同志提供了部分铜镜资料。

　　值此本书出版之际，我们一并向所有支持、帮助本书编辑出版的同志和朋友表示最诚挚的谢意。

　　本书由王振行、王艳负责铜镜的修复；王丽黎、雷金玉承担铜镜拓片任务；蒋宏杰承担墓葬平剖面示意图的绘制；韩骅负责绘制地理位置图、墓葬位置图和铜、铁镜的线图。

　　由于水平与条件的限制，所收录的铜镜仅是这 68 个工地发掘出土的 500 面，未必能全面反映南阳市所藏铜镜的内容，错误和疏漏之处在所难免，敬祈专家和读者不吝赐教。

1. 素面镜（市拆建公司 M60）

2. 素面镜（市日报社 M30）

图版二

1. 弦纹素镜（市拆迁办 M73）

2. 宽弦纹素镜（市拆迁办 M140）

1. 宽弦纹素镜（市税局 M73）

2. 宽弦纹素镜（盛唐商务苑 M9）

图版四

1. 宽弦纹素镜（市训练馆 M63）

2. 素镜（名门华府 M32）

1. 四叶羽状地纹镜（市一中 M50）

2. 四山镜（市一中 M36）

1. 三龙镜（市防爆厂 M97）

2. 三凤镜（市拆迁办 M122）

1. 三龙三兽镜（市税局 M191）

2. 三龙镜（市广电公司 M59）

1. 四凤四菱镜（市一中 M22）

2. 凤鸟镜（市一中 M133）

1. 四龙镜（市一中 M219）

2. 四兽镜（市一中 M436）

1. 变形兽纹镜（宛计生委 M4）

2. 变形兽纹镜（市一中 M168）

1. 三花叶三凤镜（南阳理工大学 M8）

2. 蟠螭透雕镜（淅川县郭庄 M2）

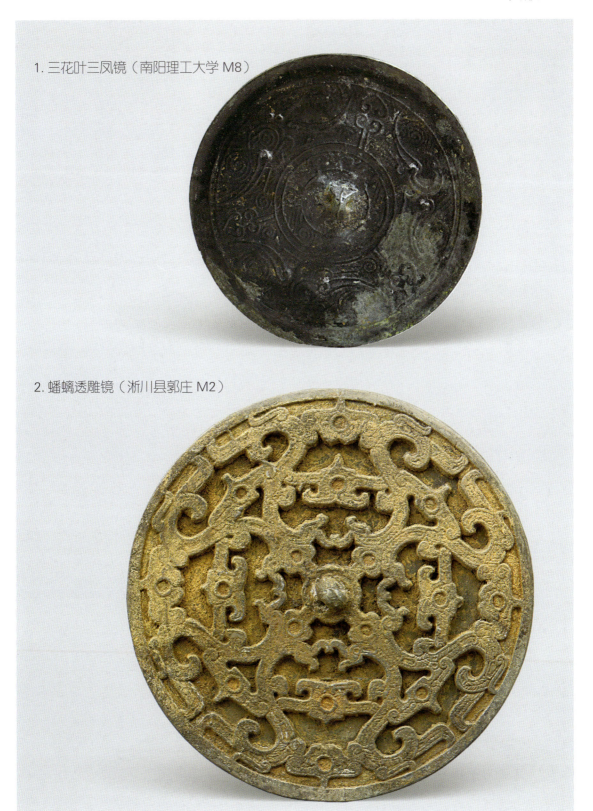

1. 蟠螭叶纹镜
（宛计生委 M60）

2. 蟠螭叶纹镜
（宛计生委 M97）

1. 千金蟠螭叶纹镜
   （宛检察院 M84）

2. 蟠螭叶纹镜
   （市税局 M109）

1. 蟠螭镜（市一中 M224）

2. 蟠螭镜（宛计生委 M5）

1. 蟠螭叶纹镜
（南阳理工大学 M203）

2. 蟠螭叶纹镜（市一中 M128）

1. 蟠螭菱纹镜（宛计生委 M23）

2. 蟠螭菱纹镜（宛计生委 M49）

1. 蟠螭菱纹镜（宛计生委 M15）

2. 蟠螭菱纹镜（市一中 M295）

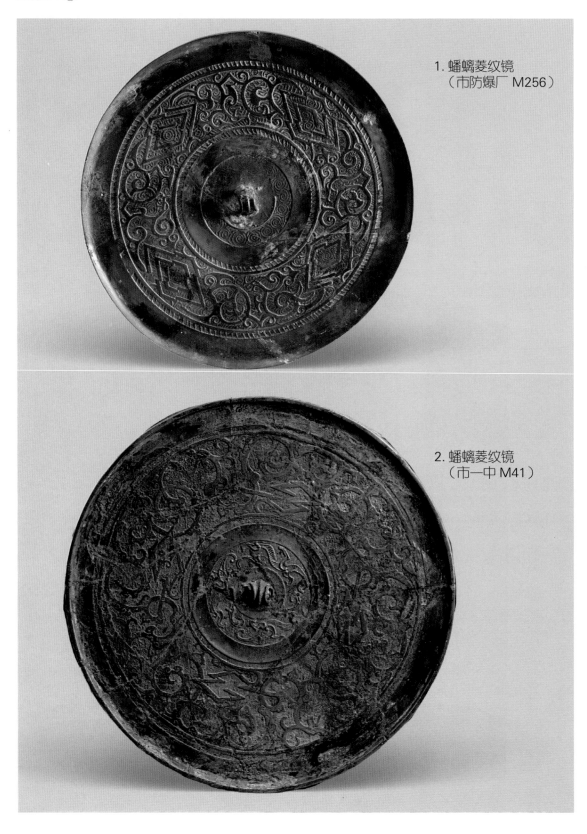

1. 蟠螭菱纹镜
（市防爆厂 M256）

2. 蟠螭菱纹镜
（市一中 M41）

1. 蟠螭菱纹镜
   （宛运三公司 M19）

2. 蟠螭菱纹镜
   （万家安防器材厂 M3）

图版二二

1. 蟠螭叶纹镜
（市防爆厂 M294）

2. 蟠螭叶纹镜
（市一中 M27）

1. 蟠螭镜
（宛审计局 M14）

2. 大乐贵富四叶蟠螭镜
（市高管局 M12）

1. 叠压缠绕四蟠螭镜
（市拆迁办 M142）

2. 三乳三蟠龙镜
（市税局 M192）

1. 桃叶纹连弧镜
（市高管局 M17）

2. 四乳四蟠龙镜
（市一中 M221）

1. 四乳二蟠龙镜（市一中 M96）

2. 四乳四蟠龙镜（宛计生委 M36）

1. 云纹地四扁叶镜
  （市一中 M395）

2. 桃叶连弧纹镜（市体育馆 M46）

图版三〇

1. 蟠虺连弧纹镜（宛计生委 M22）

2. 云雷纹镜（市日报社 M90）

1. 云雷纹镜
　（南阳理工大学 M95）

2. 长宜子孙八连弧云雷纹镜
　（市日报社 M80）

1. 君宜官位八连弧凹面圈带镜
（市防爆厂 M62）

2. 日明方格蟠虺镜
（宛计生委 M6）

1. 圈带蟠虺镜（市税局 M116）

2. 圈带蟠虺镜（市税局 M116）

1. 圈带叠压蟠爬镜
（市税局 M38）

2. 日光八花叶镜
（市税局 M63）

1. 四花瓣四猴四鱼镜
（市一中 M371）

2. 圈带四花瓣四花叶镜
（宛计生委 M51）

1. 四花瓣四虺镜（市拆迁办 M61）

2. 四花瓣四螭镜（宛计生委 M88）

1. 圈带四花叶四乳镜（市拆迁办 M72）

2. 日光四花叶镜（市体育馆 M69）

1. 长毋相忘四花瓣八蟠龙镜
（市审计局 M68）

2. 圈带镜（市一中 M217）

1. 圈带镜（书香水岸 M18）

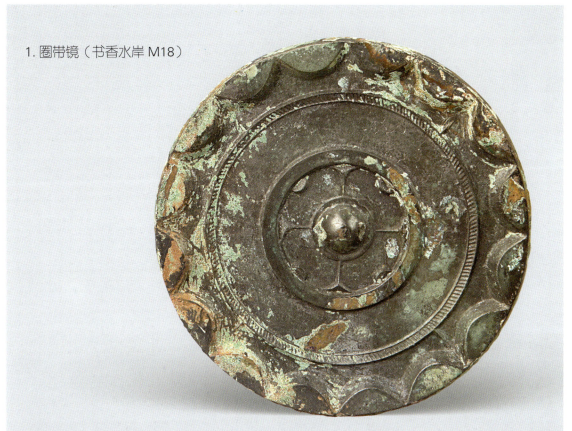

2. 日光单层草叶镜（宛计生委 M8）

图版四二

1. 连叠草叶镜
（市拆迁办 M98）

2. 四蟠龙单层草叶镜
（市一中 M421）

1. 毋忘对称连叠草叶镜
　（市防爆厂 M271）

2. 蟠龙连叠草叶镜
　（市税局 M90）

图版四六

1. 日光对称连叠草叶镜
（宛计生委 M109）

2. 日光对称连叠草叶镜
（市一中 M27）

1. 日光对称连叠草叶镜
   （市一中 M225）

2. 日光对称连叠草叶镜
   （市体育馆 M57）

1. 日光对称连叠草叶镜
（市拆建公司 M37）

2. 日光连叠草叶镜
（宛检察院 M121）

1. 日明对称连叠草叶镜
   （市税局 M144）

2. 日光对称连叠草叶镜
   （宛计生委 M95）

1. 日光对称连叠草叶镜
（市拆迁办 M97）

2. 日光对称连叠草叶镜
（市拆建公司 M40）

1. 日有熹对称连叠草叶镜
   （市一中 M23）

2. 日光对称单层草叶镜
   （宛计生委 M86）

1. 日光对称单层草叶镜
（市防爆厂 M260）

2. 日光对称单层草叶镜
（市税局 M116）

1. 对称单层草叶镜
（市高管局 M41）

2. 日光对称单层草叶镜
（市一中 M417）

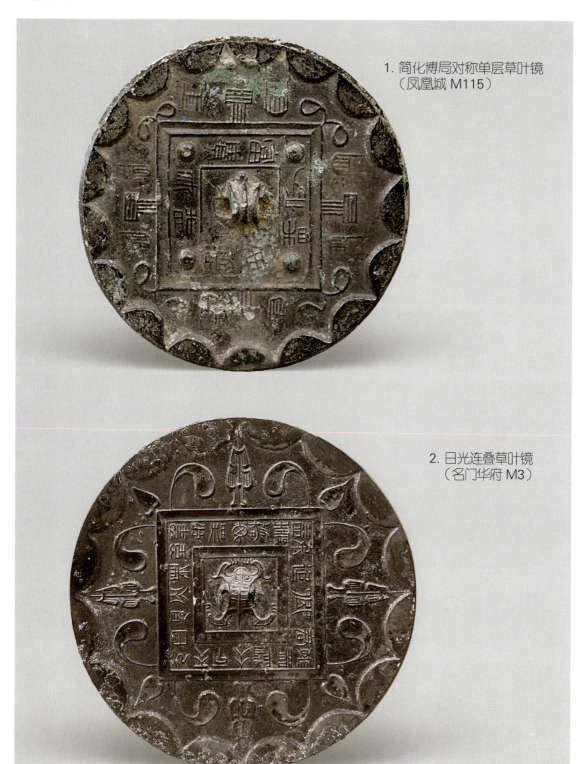

1. 简化博局对称单层草叶镜
（凤凰城 M115）

2. 日光连叠草叶镜
（名门华府 M3）

1. 对称单层草叶镜
（盛唐商务苑 M16）

2. 对称连叠草叶镜
（盛唐商务苑 M4）

1. 单层草叶镜
（东华新村 M22）

2. 博局对称单层草叶镜
（东华新村 M18）

1. 星云镜
（凤凰城 M109）

2. 星云镜
（市财局 M27）

图版五八

1. 星云镜
（东华小区 M7）

2. 星云镜
（宛检察院 M80）

1. 星云镜
（市体育馆 M12）

2. 星云镜
（市防爆厂 M304）

图版六〇

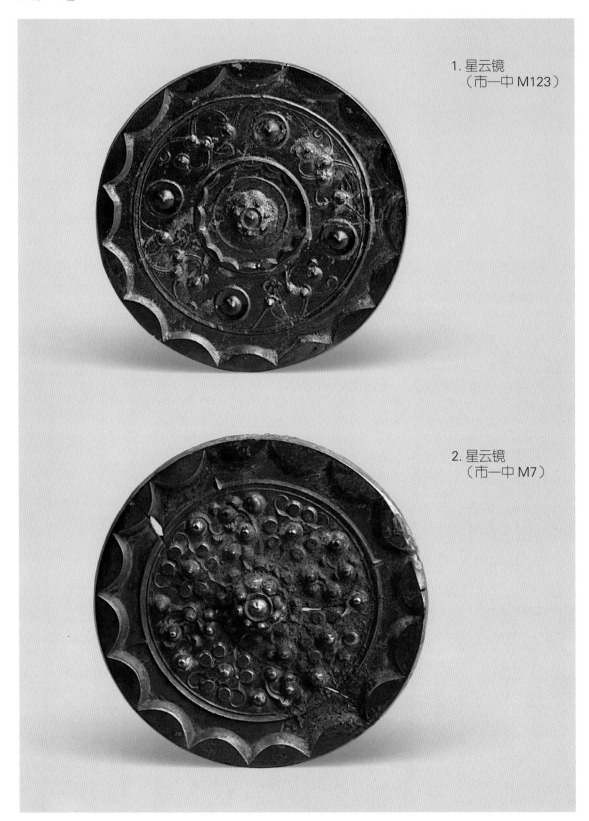

1. 星云镜
（市一中 M123）

2. 星云镜
（市一中 M7）

1. 星云镜
（市拆迁办 M168）

2. 星云镜
（宛计生委 M75）

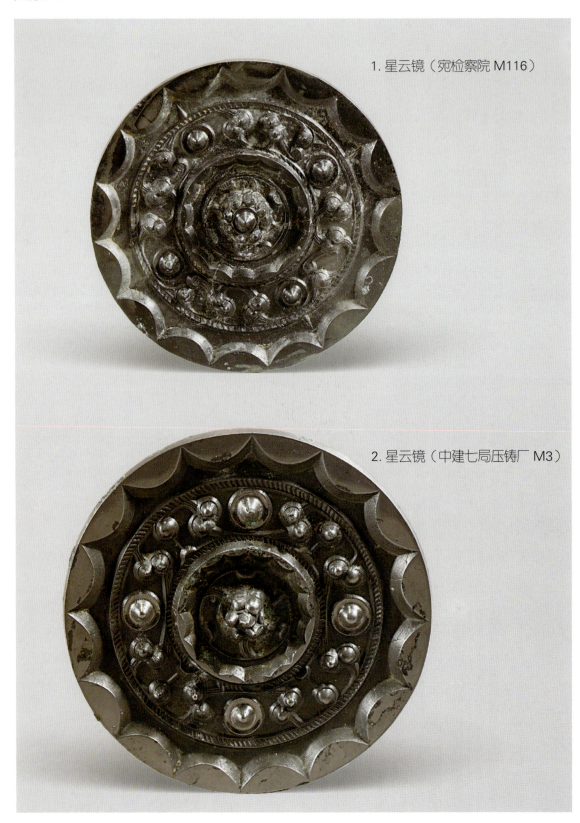

1. 星云镜（宛检察院 M116）

2. 星云镜（中建七局压铸厂 M3）

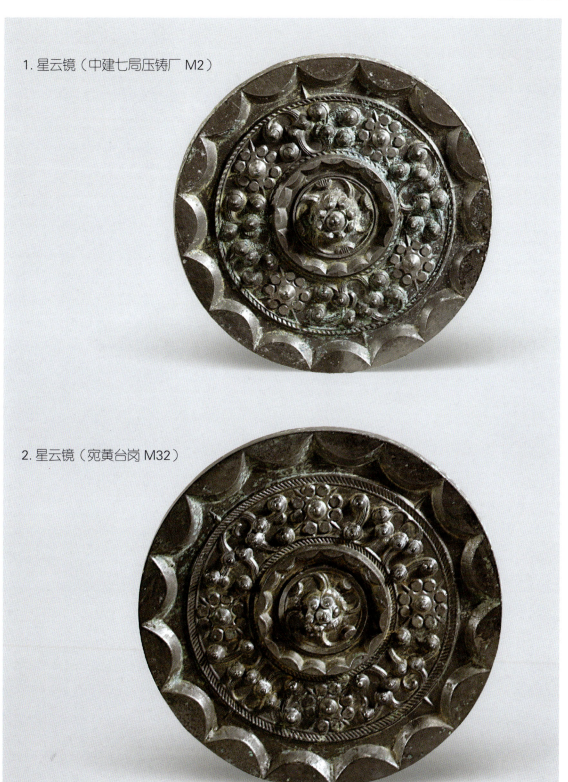

1. 星云镜（中建七局压铸厂 M2）

2. 星云镜（宛黄台岗 M32）

1. 星云镜（宛黄台岗 M30）

2. 星云镜（市体育馆 M17）

1. 星云镜（市税局 M188）

2. 星云镜（市税局 M102）

1. 星云镜（市税局 M50）

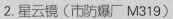

2. 星云镜（市防爆厂 M319）

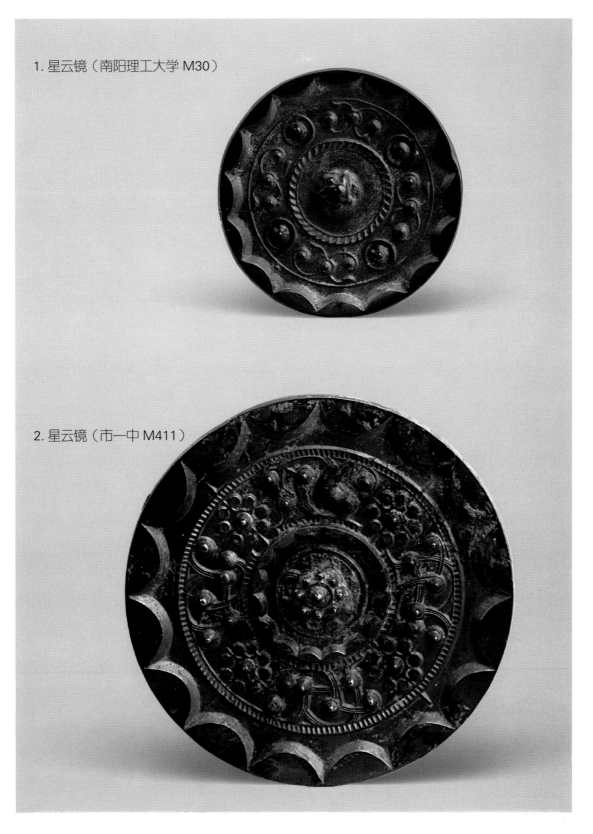

1. 星云镜（南阳理工大学 M30）

2. 星云镜（市一中 M411）

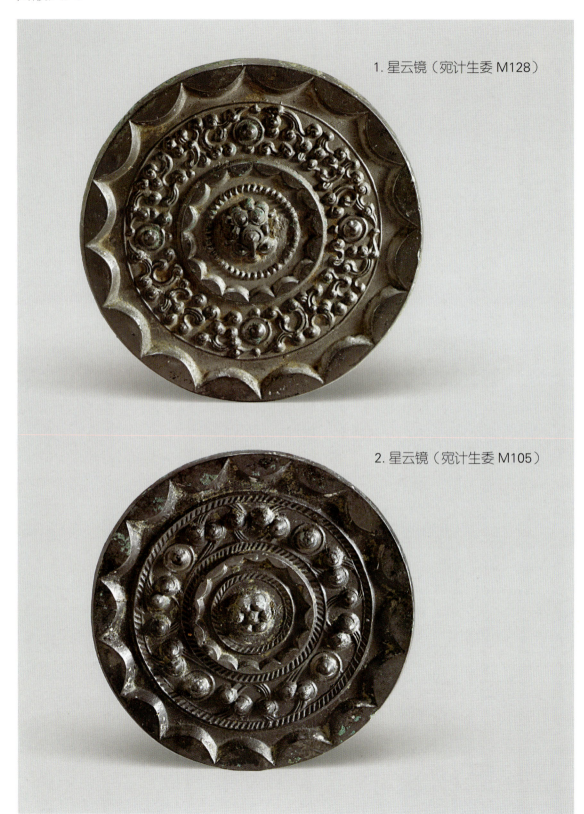

1. 星云镜（宛计生委 M128）

2. 星云镜（宛计生委 M105）

1. 日光连弧铭带镜
（市万家园 M136）

2. 日光连弧铭带镜
（宛检察院 M80）

图版七四

1. 日光连弧铭带镜（市防爆厂 M296）

2. 日光连弧铭带镜（市防爆厂 M51）

1. 日光连弧铭带镜（市防爆厂 M44）

2. 日光连弧铭带镜（市拆迁办 M217）

图版七六

1. 日光连弧铭带镜
（市一中 M52）

2. 日光圈带铭带镜
（宛黄台岗 M40）

1. 日光圈带铭带镜
（南阳理工大学 M55）

2. 久不相见连弧铭带镜
（凤凰城 M17）

图版七八

1. 昭明连弧铭带镜
（市日报社 M108）

2. 昭明连弧铭带镜
（宛辛店乡 M11）

1. 昭明连弧铭带镜
   （宛检察院 M65）

2. 昭明连弧铭带镜
   （市税局 M103）

1. 昭明连弧铭带镜
（市税局 M103）

2. 昭明连弧铭带镜
（市一中 M399）

1. 昭明连弧铭带镜
   （市审计局 M30）

2. 昭明连弧铭带镜
   （市审计局 M47）

1. 昭明连弧铭带镜
（市税局 M49）

2. 昭明连弧铭带镜
（市万家园 M197）

1. 昭明连弧铭带镜
（市经济适用房 M42）

2. 昭明圈带铭带镜
（宛黄台岗 M2）

1. 昭明圈带铭带镜
（市拆迁办 M211）

2. 昭明圈带铭带镜
（市防爆厂 M111）

1. 日光、铜华重圈铭带镜
   （市拆建公司 M44）

2. 日光、昭明重圈铭带镜
   （宛食品商贸城 M24）

1. 日光、昭明重圈铭带镜
（市防爆厂 M297）

2. 昭明、清白重圈铭带镜
（市三杰公司 M49）

1. 四乳龙虎镜
（市拆迁办 M20）

2. 四乳龙虎镜
（柴油机厂 M1）

1. 四乳四禽鸟镜
（淅川县东沟长岭 M50）

2. 五乳禽兽镜
（市财局 M10）

1. 七乳禽兽镜
（公路技校 M2）

2. 四乳八禽镜
（市拆迁办 M10）

1. 几何纹博局镜
（市审计局 M19）

2. 几何纹简化博局镜
（宛食品商贸城 M12）

1. 四神博局镜
   （市一中 M73）

2. 禽兽简化博局镜
   （市拆迁办 M193）

图版九四

1. 禽兽博局镜
（南阳理工大学 M147）

2. 禽兽博局镜
（宛计生委 M123）

1. 四神博局镜
　（市防爆厂 M186）

2. 禽兽博局镜
　（陈棚村 M1）

1. 善铜四神博局镜
（牛王庙村三组 M1）

2. 禽兽简化博局镜
（东华小区 M3）

1. 四神博局镜
（金冠公司 M47）

2. 神人禽兽博局镜
（鸭电公司 M37）

1. 四神禽兽博局镜
（东风厂 M20）

2. 八禽鸟博局镜
（四福井 M6）

1. 四乳连弧镜
   （宛检察院 M12）

2. 四乳连弧镜
   （市税局 M52）

1. 羽状地纹四乳镜
（市防爆厂 M303）

2. 四乳镜
（南阳理工大学 M14）

1. 变形四叶对凤镜
（市防爆厂 M208）

2. 变形四叶夔纹镜
（市防爆厂 M208）

图版一〇四

1. 二虎对峙镜
   （市碘盐中心 M44）

2. 盘龙镜
   （裕华商城 M2）

1. 龙虎镜
（裕华商城 M2）

2. 神人神兽画像镜
（裕华商城 M2）

1. 贴银鎏金鸟兽菱花镜
（市税局 M13）

2. 四鹊绕花枝镜
（宛农行 M1）

1. 三虎镜（市税局 M30）

2. 弦纹素镜（市墙改办 M27）

1. 河水蜂鸟镜
（南阳理工大学 M74）

2. 弦纹素镜
（市一中 M68）

1. 双鹤镜
（市一中 M43）

2. 昭明圈带铭带镜
（市一中 M76）

1. 铁镜（市防爆厂 M62）

2. 铁镜（市防爆厂 M265）

3. 铁镜（市质检站 M15）

1. 名门华府 M20
出土铜镜

2. 名门华府 M20

延喜二年神兽镜（唐河县出土）

1. 蟠螭菱纹镜（市防爆厂 M71）

2. 蟠螭菱纹镜（局部）

子孙千人出南阳铜镜